일본인의 당나라 견문록

圓仁 일행과 遣唐使

E·O·라이샤워 지음

서병국 詳解·完譯

明文堂

E·O·라이샤워

엔닌 초상화
兵庫縣一乘寺所藏

엔닌이 귀국하는 배그림
北叡山明德院藏

엔닌이 새긴 관음상
横川中堂本尊

入唐求法巡礼行記卷第一

承和五年六月十三日午時第一第四兩舶諸使

駕舶緣无順風停宿三箇日十七日夜半得藏風

上杭搖櫨行之時到志賀鳴東海岸元信風互

箇日停宿矣廿二日卯時得良風進發更不竟

纜投夜暗行廿三日巳時到有勑鳴東北風吹行

當夜刊比重直時上杭渡海束北風瞪八夜暗行

兼胤 필사한 『入唐求法巡禮行記』
京都東寺觀智院藏

일러두기

'중국'이란 명칭이 손문孫文의 '중화민국' 건국(1912) 이전에는 국호로 쓴 일이 없다. 동이족이 세운 상商나라의 별칭이 중국이었다. 주나라가 상나라를 멸해 그 땅을 점령으로써 '중국'이란 말이 주周나라의 별칭이 되어 역대 정권이 이를 답습하다 보니 국민당과 공산당은 '중화민국'의 약칭인 '중국'을 각기 국호로 쓰고 있다.

상나라의 이웃 나라인 상고시대 인도 사람은 상나라를 '지나支那'라고 칭했다. 상나라 사람들이 '사려思慮'가 많다고 해서 '지나'라고 했는데, '지나'는 인도말로 지혜와 상통하는 '사려'를 말한다. '지나'는 정신적 의미를 담고 있으며 '중국'은 지역적 의미밖에 없다.

진정한 의미의 '중국'이라는 상나라가 사라졌으므로 현실적으로 진정한 '중국'은 존재하지 않는다. 영어권에서는 '중국'으로 통하는 '차이나(China)'의 바른 의미를 모른채 쓰고 있지만 동양권에서는, 현행 '중국'이란 나라가 '사려' 깊은 언행을 해주기를 소망하는 뜻에서 존칭의 의미가 담겨져 있는 '지나'라는 명칭을 써야 할 것이다. 지나는 폄훼貶毁가 아니고 존칭이다.

이런 바탕에서 필자는 원문의 '중국'이란 명칭을 '지나'로, '한족'을 '지나족'으로 바꾸었다.

완역자의 머리말

　상고 이래 만주 땅은 우리 민족이 중심이 된 동이족의 생활터전이자 활동무대이었다. 동이족은 지금 역사학계에서 북방민족으로 불리어지고 있다. 동이족 중에 맨 동쪽의 민족은 일본 민족이다. 필자가 지금까지 관심을 갖고 연구한 분야는 동이족을 달리 말하기도 하는 북방민족이다.

　정년을 하고 나서 오랜 서가를 들여다보니 우리 역사와 관련이 있는 책이 눈에 들어왔다〔해방 전에 일본인이 지은 『滿洲史通論』(이미 출간)과 9세기 일본의 승려 엔닌이 남긴 『入唐求法巡禮行記』를 일본인이 아니면서 일본인 같은 미국의 라이샤워 박사가 학문적으로 연구하여 출판한 『*Ennin's Travels in T'ang China*』〕.

　엔닌은 838년부터 847년까지 지나(支那 : 중국)의 선진 불교를 연구하기 위하여 당나라 사절이 탄 배를 타고 지나 땅에 상륙하여 연구 목적으로 당나라 땅을 여행하였다. 라이샤워는 지나에 관심을 갖고 있는 사람들을 위하여 엔닌의 여행기를 최초로 학문적으로 연구하여 출판하였다.

　라이샤워의 저서를 통해 엔닌의 여행기가 일본에 알려지면서 엔닌은 일본 최초의 위대한 일기 작가이며, 지나를 최초로 해설한 외국인 해설자라는 평가를 받고 있다. 또한 엔닌은 지나의 불교를 일본에 소개함으로써 일본의 불교 역사상 가장 위대한 승려로 인정을 받게 되었다.

엔닌 시대의 일본인들은 이후 세대의 승려보다 그를 공정하게 평가하였다. 즉 그는 사후 불과 3년이 채 안되어 일본의 불교 역사상 최초의 불교 지도자인 '대사(大師 : 자비와 이해의 큰 스승)'라는 호칭을 받았다. 하지만 반세기 동안에 극소수의 사람들만이 그의 일기에 기록된 사건에만 오직 관심을 갖고 있었다. 그러다 보니 일반 대중은 그와 그의 여행기에 대해 아는 것이 없었다.

엔닌은 당나라의 불교문화를 공부하기 위하여 파견된 만큼 당나라 불교계의 여러 상황에 대해 지대한 관심을 갖고 있었다. 특히 불교탄압을 전후한 시기의 불교계 상황을 살피는데 소홀하지 않았다. 사원에서 행해지는 부처에 대한 관정灌頂과 만다라는 엔닌의 흥미를 흠뻑 자극하였다.

불교의 전파 과정상 일본보다 앞선 우리 삼국시대의 불교계 상황을 알려주는 기록과 문헌은 빈약하다. 이러한 공백상황을 간접적으로나마 들여다보게 하는 것이 엔닌의 당나라 불교 관련 기록이 아닐까 한다. 그런 의미에서 엔닌의 일기는 우리 삼국시대 불교계의 공허한 상황을 메꿔줄 수 있는 유일한 자료인 듯하다. 따라서 엔닌의 일기에 관심을 기울인다.

특히 관심을 끌만한 것으로 짐작할 수 있는 것이 있다. 일기를 통해 볼 때 삼국의 불교사원에서도 채식요리가 일상화되었을 것이며, 크고 작은 행사가 있을 때마다 어김없이 다른 사원의 승려와 일반 사람에게도 채식요리를 제공했을 것이다. 더욱이 사원의 큰 공사가 있을 때 신자들은 신앙의 표시로 돈과 재물을 희사했을 것이다.

지나의 불교 역사상 불교탄압이 세 차례 있었다. 당나라에서도 불교탄압이 있었는데, 불교가 하나의 종교 교단으로 자립하지 못해 황실에 의존하고 있었다는 것을 의미한다. 당나라 황실은 황실의 안녕을 불교를 통해 이루어보려고 하였다. 또 황실은 황제의 생일을 기념하기 위하여 승려들이 불경을 읽게 하였다. 이뿐 아니라 비가 오지 않아 가뭄이 들면 승려로 하여금 불경을 읽게 하였다. 언급한 이런 점은 삼국시대에도 마찬가지이었다고 할 것이다.

라이샤워에 의하면, 당나라는 멸망 시까지 중단 없이 발전을 이어가고 있었다. 그 배경의 하나는 사라센 상인들이 당나라와 벌인 무역이었다. 사라센 상인들의 무역거래는 주로 당나라의 동남부 지방에서 이루어졌다. 한편 당나라 동부지방의 무역은 신라 상인들이 전담하였다. 이점은 『삼국사기』가 놓친 부분이다. 라이샤워의 이 부분 설명에 따르면, 당시 신라인들의 항해술은 국제적 수준이었으나 일본은 이에 훨씬 미치지 못했다는 것이다. 신라인들의 해상무역하면 장보고張保皐를 떠올린다. 장보고는 해상왕으로 잘 알려있지만 엔닌의 여행기는 특히 장보고를 엔닌과 관련짓고 있다. 엔닌 일행은 적산원赤山院에 장기간 머무름으로써 적산원을 고향처럼 생각하였으며 장보고로부터 물심양면의 많은 도움을 받다 보니 장보고를 존경하여 '대사大使'라는 존칭을 사용하였다. 엔닌이 여행기에서 장보고와의 끈끈한 관계를 기록함으로써 장보고의 활약상이 라이샤워에 의해 새로 밝혀지게 되었다.

라이샤워는 엔닌의 여행에 관한 연구를 주로 한문으로 기록된 일기를 근거로 하였으며 『속일본후기續日本後記』를 비롯하여 일본·신라·지나의 사료까지 이용하였다. 이 책은 처음에 영어로 저술되었으며, 서구 세계 사람들의 관심을 끌기에 충분한 매력이 있다는 판단에 따라 다시 프랑스어로, 이어서 독일어로 번역되어 출판되었으며 일본어로도 출판되었다.

엔닌의 여행일기와 관련하여 문득 떠오르는 것이 있다. 혜초의 『왕오천축국전』이 남아있는 것으로 보아 삼국시대의 승려들도 엔닌처럼 여행기를 남겼을 것 같다. 일본에 엔닌의 여행기가 남아 있는 것은 고문서들이 훼손될만한 사건이 존재하지 않았기 때문일 것이다. 『왕오천축국전』이 남아있게 된 것은 그것이 한반도가 아니고 중앙아시아에 보존되어 있었다는 것을 염두에 둘 필요가 있다. 이렇듯 우리의 경우는 그렇지 않았다. 발해국의 경우를 보면 알 수 있듯이 많은 역사책이 편찬되었으나 남아 전해지고 있는 것이 없다. 이런 관점에서 엔닌의 여행기는 우리 삼국시대에도 불교 관련 서적이 당시 존재했을 가능성을 엿보게 한다. 그러니 엔닌이 설명하고 있는 지나 불교계의 여러 상황은, 곧 삼국시대 우리 불교 승려들이 본 것과도 크게 어긋나지 않을 것이다.

일본의 승려 엔닌은 서기 838년 바다를 넘어 지나로 건너갔다가 일본으로 돌아오는 847년까지 9년 반 동안 광대한 대당大唐 제국에 관해 상세한 기록을 남겼다. 그의 방황과 고난, 그리고 승리를 기록한 방대한 기록은 극동의 역사에서 최초의 위대한 일기일 뿐 아니라 지나의 생활에 관해 외국인이 쓴 최초의 기록이기도 하다.

엔닌은 일본에서는 그의 사망 후 추증된 '자각대사慈覺大師'라는 시호로 잘 알려져 있다. 그는 그 시대를 대표하는 제일급의 종교적 인물이다. 하지만 현재 그의 이름은 겨우 역사학자나 종파의 사람들만이 기억하고 있을 정도이다. 그의 일기 『입당구법순례행기』는 전문 학자 외에는 거의 알려져 있지 않다. 일기는 역사상 중요한 문헌의 하나이며, 당시 세계의 선두국가와 민족에 관해 다채로운 내용을 풍부하게 담고 있어 그 시대에 관한 독특한 제일급의 자료이다.

20년 전 나는 대학원 학생으로서 일본에서 훈련을 받고 있었다. 그때 이 훌륭한 기록을 서구의 학계에 소개하려 하여 번역을 시작했다. 그러나 이 일은 자꾸 다른 학문적인 일과 학문 연구 이외의 활동으로 오랫동안 지연되어 번역이 완성된 것은 최근이었다. 약 1,600개의 각주를 덧붙인 일기의 전문 번역은 또 한권으로 된 이 책의 자매편, 즉 『圓仁の 日記

- 入唐求法巡禮行記』(*Ennin's Diary-The Record of a Pilgrimage to China in Search of the Law*)』로 출판되었다.

번역이 진행됨에 따라 엔닌의 일기는 학구적 관심뿐만 아니라 다른 면에서도 흥미롭다는 생각이 들었다. 현재 동양과 서양이 하나의 세계가 되기까지 어려운 과정을 경험하고 있음을 생각하면 이러한 위대한 역사적 문헌은 시간적으로 중세에 속하며, 지역적으로는 극동에 속하지만 시간과 공간의 제약을 초월하여 인류가 공유하는 재산의 일부이므로 실로 의의가 크다고 할 수 있다. 확실히 일기는 세계사적으로 중요한 여행자의 기록이다. 인류 역사의 야만인 시대부터 정도가 높지만 불안정한 현대에 이르기까지 오랜 괴로움으로 찬 여정旅程에서 가장 신뢰할만한 직접적인 자료이다.

나는 단순히 극동에 대해 특별히 관심을 가진 사람들을 위하여 이 책을 저술한 것이 아니고 보다 보편적으로 넓은 의미에서 인류의 역사기록에 관심을 가진 사람들을 위해 출판하게 되었다.

나는 엔닌의 일기에 나오는 여러 사건에서 적당한 사례를 모아 당시 지나의 여러 생활양식을 재현하려고 시도했다. 그런데 제2장과 3장에서 일기가 불완전하다 보니 다른 자료에서 보충한 것이 적지 않다. 제1장에서 일기와 그 역사적 자리 매김을 서술하고, 제2장에서는 엔닌의 생애 전모를 기술하고 있지만 주로 9세기와 10세기 초에 기록된 두 종류의 전기傳記를 근거로 기술하였다. 제3장에서는 대부분 엔닌과 함께 당나라에 파견된 일본사절을 다루고 있는데 대부분 일본 황실의 기록에 의거하였다.

제7장의 첫 부분, 즉 엔닌이 지나에서 불교를 모조리 쓸어버린 격한

탄압을 다룬 부분은 당시 지나의 여러 자료를 근거로 하고, 특히 다음 장에서 다룬 신라의 무역왕 장보고에 대해서는 신라의 여러 연대기 외에 일본과 지나의 몇몇 자료를 근거로 했다. 거의 다른 부분은 완전히 엔닌의 일기에 의존했는데 대부분 엔닌 자신의 말로 서술하였다. 말하자면 나는 엔닌이 사용한 9세기 지나어 회화체와 고전적인 숙어를 기묘하게 혼합한 문장을 20세기 현대 영어로 바꿨다.

엔닌의 일기에 기댄 서문에서는 번역을 도와준 사람들에게 고마움을 나타냈다. 여기서 이 저서의 초고에 대해 유익한 비평을 가한 나의 의붓아버지 죠지·H·단튼George H. Danton 박사, 그리고 제임스·R·하이타워James R. Hightower 박사, 에드워드·A·크라크Edward A. Kracke 박사, 그리고 나의 아버지 A·K 라이샤워A. K. Reischauer 박사에게 고마움을 드리고 싶다. 게다가 내 처의 헌신적 협력과 인쇄 준비를 위해 보낸 시간과 노력에 대해 고마운 뜻을 거듭 표명하고 싶다.

켐브리지에서 1955년 1월

E·O·R

지나支那와 중국中國의 의미를 밝힌다

　일본 강점기에 일본 사람들은 중국을 일러 지나라고 했다. 지금은 이런 말을 쓰지 않고 중국이라고 칭한다. 이른바 지나라는 것은 상고시대 인도 사람들이 상商나라를 가리키는 호칭이지 지나족의 국호國號는 아니다. 역사적으로 한漢·당唐 등의 국호는 있었으나 중국이라는 국호는 존재하지 않았다. 이 지나라는 호칭의 기원에 대해 여러 설이 있다. 지금까지 통설로 알려져 있는 것은 명나라 말기 청나라 초에 지나족의 땅에 머문 예수회의 Martin Martini가 『*Novus Atlas Sinensis*』(Vienna, 1655)에서 시황제始皇帝에 의해 세워진 진秦이란 국호에서 비롯되었다는 것이다.

　즉 시황제가 전국을 통일하여 그 세력이 이웃 나라에까지 떨쳐 부근의 민족들은 이를 Ts'in〔秦〕이라 불렀으며, 이것이 이웃의 여러 민족 간에 와전되어 China·Cina·Cinas·Th'in·Chin·Sino가 되었다는 것이다. 독일의 철학자 H·Jacobi와 일본의 후지타 모토하루(藤田元吉 : 1879 ~1958, 지리학자)는 이를 반대했지만 오늘날에도 통설로 되어 있다.

　진나라는 존립 기간이 짧아 진이란 국호가 그 기간에 사방으로 퍼져 나갔다고 보지 않는다. 그런데 그 국호는 한漢나라 시대에 그대로 전해져 이웃민족들은 아예 지나족의 나라를 진秦이라 부르고, 그 나라 사람을 진나라 사람이라고 칭했다. 이로써 진이란 명칭이 널리 퍼졌다는 것이다. 지나족의 입장에서 생각하면, 지나란 칭호는 외국어로서의 표현이다. 지나족이 이 명칭을 처음 알게 된 것은 불교가 소개되고서부터였다. 『대당서역기大唐西域記』에 실린 지나란 명칭은, 지나至那·지나脂那·지난전단脂難旃丹·마가지나摩訶支那 등으로 음역音譯되고 있다. 이는 지나족의 불교도가 인도사람에게서 전해들은 것이다. 摩訶는 Matha, 즉 산스크리트의 대大란 뜻이다. 그 밖에 진단震旦·진단振旦·신단神丹 등으로 기록되어 있기도 하다. 이란에서는 치니스탄Chinistan, 시리아에서는 티니스탄Tsinistan 이라고 하는데 모두 이와 같은 계통에 속한다.

거란족의 요遼나라가 중원中原을 점령하면서 세력이 강성해져 그 일족一族이 중앙아시아에 나라를 세웠다. 이로써 거란이 Kitai·Kytai·Khitai·Kitan·Cathay·Cataya·Catin 등으로 와전되었다. 이것은 중원 북쪽 또는 지나족의 전 영토를 가리키며 지금도 러시아인·페르시아인·중앙아시아인·그리스인은 이 칭호를 널리 사용하고 있다. Ktai와 Cathay란 명칭이 문헌상 최초로 나타난 것은 13세기 중엽 이탈리아의 프란체스코회 수도사인 Plano Carpini의 기행문과 Armenia(지금 터키에 속함) 왕 Hayton(1224~1269) 1세의 동생이자 사절로서 원元나라의 수도인 Karakorum和林에 온 Sempad의 서신이다. Marco Polo는 자신의 여행기에서 지나족의 북쪽 지방을 Cathay, 남쪽 지방을 Manji蠻子라고 했다. 일본에서도 도쿠가와 시대 이후 지나라는 문자가 널리 사용되어왔다.

이상은 지나에 대한 외국인의 칭호와 그 기원설에 대한 설명이다. 지나족은 자신들의 국가를 이르는 말로 중화中華·중원中原·화하華夏·중국, 지금은 중화민국中華民國 또는 중화인민공화국中華人民共和國이라 칭하고 있다. 많은 사람들은 China의 유래를 도자기陶瓷器란 명칭에서 찾고 있다. 하지만 이는 아무 근거가 없다. 다시 말하지만, 지나의 유래는 진나라가 등장하기 훨씬 이전 기원전 1400년경으로 올라간다. 범어(梵語 : 고대 인도어인 산스크리트어)에서는 중국을 지나支那 · 진단震旦이라고도 한다. 그러면 지나란 무슨 뜻인가. 『혜원음의彗苑音義』란 문헌에 따르면 범어의 지나는 사유思惟 · 사례思慮에 해당한다. 『만수전집서찰집曼殊全集書札集』에 따르면, 지나라는 말은 진자秦字의 전음이 아닌 것이 더욱 분명해진다.

그러면 고대 인도 사람은 왜 중국(상나라)을 지나라고 표현했을까. 파라다왕조婆羅多王朝의 마가파라摩訶婆羅라는 고대 인도의 서사시敍事詩에 지나라는 명칭이 있다. 파라다왕은 일찍이 친히 대군을 이끌고 행군하여 지나족과의 국경에 도달했다. 당시 지나족의 왕조는 기원전 1400년경 반경盤庚 통치하의 상商나라이다. 파나다왕은 상나라의 문물이 매우 번성했음을 직접 확인했다. 파나다왕은 상나라의 문물이 번성한 것은 상나라 사람들의 슬기와 깊은 사려에서 비롯되었다고 판단했다. 이를 계기로 당시 인도 사람들은 상나라의 문물을 높이 평가해 마지않았다.

보았듯이 범어로 중국을 지나支那 · 지나脂那 · 진단震旦이라고 했다. 그중에 가장 잘 알려진 것은 지나支那이다. 상나라 사람들은 지혜가 많고 사려가 깊어 무엇이던지 잘 만들어냈다. 그래서 고대 인도 사람들은 사유思惟의 범어인 지나를, 상나라를 가리키는 명칭으로 부르게 되었다. 상나라 사람들이 만들어낸 것 중에 대표적인 것이라고 할 만한 것은 갑골문자甲骨文字의 창제라고 할 수 있다. 사람들은 갑골문자를 한자의 바탕 글자라 하고, 이를 한자漢字라고 한다. 한데 상나라는 동이족이 세운 국가이다. 그러면 갑골문자는 한자가 아니다. 동이족인 우리 민족이 만들었다는 데서 '한자韓字'라고 고쳐 부르는 것이 이치적으로 온당할 것이다.

고대 인도 사람의 후손은 지나족의 나라를 무엇이라고 표현했을까? 『송사宋史』(권 490, 天竺國傳)에 따르면, 송나라 시대의 인도 사람 역시 지나라고 표현했다. 982년(태평흥국 7)에 천축국天竺國에서 송나라에 표문表文이 왔다. 이를 번역하면 "近聞支那國內有大明王 至聖至明 威力自有……伏願支那皇帝福彗 壽命延長……"이라는 내용이 된다. 풀이하면 982년(北宋의 태종 太平興國 7) "근래에 지나 국내에 크게 밝은 큰 왕이 있는데 지극히 성스럽고 아주 밝으며 위력을 지니고 있다는 것을 들었다.…… 지나의 황제는 복되고 지혜로우며 원만하니 수명이 연장되기를 엎드려 바란다."는 것이다. 위의 표문이 보여주듯이 인도 사람은 북송을 지나라고 했던 것이다.

이상의 설명을 근거로 지나라는 말은 중국이란 말보다 훨씬 격조가 높다. 북송을 최대로 격찬한 말이 바로 지나인 것이다. 지나란 말에 고귀한 의미가 담겨져 있음을 모르는 내외국인은 지나라는 말에 강한 불쾌감을 느끼고 있다. 모르니깐 그럴 수밖에 없다. 일제 강점시대에 일본사람들이 중국을 지나라고 말한 사실만을 기억하고 있기 때문이다. 일본사람은 어떤 의미로 지나라는 말을 사용했는지 정확하게 알 수 없다. 현재 지나족은 자국을 중국이라고 표현하고 있다. 헌데 그들의 언동은 중국이란 국호에 걸맞지 않다. 이웃민족과 국가를 경시하고 스스로를 높이려는 그런 오만한 태도는 고대 인도 사람들이 상나라를 지나라고 불렀다는 사실에 비추어 보면 자신을 낮추는 자기 비하卑下에 지나지 않는다.

필자는 지나란 진의眞意대로 중국을 지나라고 늘 표현하고 있다. 상고시대 상나라 사람처럼 지혜롭고 사려 깊은 언동을 하기를 바라는 염원에서 지나라는 표현을 즐겨 사용하고 있다. 지나족이 지나라는 참뜻대로 말과 행동을 한다면 동아시아, 더 나아가 세계의 평화가 그만큼 빨리 올 것이라고 믿는다. 지금 지나족의 언동은 반反지나적이다. 영어의 China가 바로 지나이므로 앞으로 지나라는 말에 대해 거부감을 갖기보다 친근감을 가져야 할 것이다.

고래로 인도 사람은 역사보다 종교와 철학에 관심을 쏟았다. 그러므로 인도에서는 지나 만큼 역사책의 편찬을 찾아볼 수 없다. 상나라를 지나라고 표현한 것은 역사책이 아니고 서사시이다. 인도의 역사는 역사책이 아닌 종교 철학서와 서사시 이런 데에서 간헐적으로 나타나고 있다. 인도의 정식 역사책이 아니지만 고대 서사시에서 중국을 지나라고 표현했다는 것은 아주 주목할 대목이다. 그것은 상나라가 지혜와 사려의 국가라는 것이다. 지나의 문화 바탕은 인도 사람들이 인정했듯이 상나라의 문화이다.

일반적으로 지나족 문화의 바탕은 주周나라에 있다고 한다. 그것은 상나라의 문화를 몰라서 하는 말이다. 주나라는 초기에 지나의 서쪽 변방 불모지不毛地에서 일어난 국가이다. 그러니 제대로 된 문화라고 할 만한 것이 있었을까. 주나라 사람이 지나족의 조상이라는 데서 주나라의 문화를 후대에 높이려는 데서 지나족의 문화 바탕이 주나라에 있다고 억지로 끌어대었던 것이다.

변방에서 일어난 주나라의 저급한 문화가 어떻게 지나족 문화의 바탕이 될 수 있을까? 지나족이 지혜로운 민족임을 이웃민족으로부터 인정을 받으려면 지나족의 문화바탕은 상나라에 있었음을 사실대로 인정해야 할 것이다. 그래야만 지나족은 세계의 여러 민족국가로부터 존경을 받게 될 것이다.

질 높은 우수한 문화는 반드시 여러 민족이 공유하기 마련이다. 마치 공기를 사람들이 공유하듯이. 주나라보다 앞선 왕조인 상나라가 우수한 문화를 만들어내지 않았다면, 주나라 또는 그 이후 지나족의 문화는 별 볼일이 없게 되었을 것이다. 지나족은 지나란 고귀한 의미를 바르게 이해하여 지나인다운 언동을 하도록 해야 할 것이다. 기원전 1400년 전의 지나인을 동경하며 닮으려고 해야 할 것이다.

상나라 이후 지나족의 흔적을 되돌아보면 이웃 민족국가에 대해 정신적 피해를 많이 안겨준 것이 사실이다. 그것은 지나족이 상나라를 본받지 않고 주나라만을 닮으려고 했기 때문이다. 상나라가 고대 인도 사람들의 찬사를 받은 것은 동이족東夷族의 천성을 생활화했기 때문이다. 즉 어진 성품에다 창조적인 능력을 발휘하여 질 높은 우수한 문화를 이루어냈기 때문이다.

공자가 창시했다는 유교儒敎도 동이족의 어진 천성, 즉 인仁이 그 밑거름이었다. 공자가 동이족이라는 것은 이제 새삼스런 얘기가 아니다. 공자는 상나라를 멸한 주나라 시대를 살았지만 동이족 출신이므로 상나라적인 품성을 품고 있어서 유교문화를 열어 놓았던 것이다. 동이족의 품성을 지닌 공자라는 인물을 통해 주나라는 상나라의 우수한 문화를 물려받을 수 있었던 것이다. 상나라는 주나라에 의해 망했으나 그 문화는 공자 등 동이족 출신의 인물들에 의해 계속 보존되어 마침내 주나라의 문화로 정착되었던 것이다. 상나라의 지나(사유·지혜)가 어떤 형태로든지 그래도 이어졌음을 보여주는 것은 982년 인도가 송나라를 지나라고 표현했다는 것이다. 송나라의 문화는 앞선 시기의 동이문화를 외면하지 않았다는 데서 특성을 찾을 수 있다. 당시 인도는 상나라 시대의 면모가 송나라 시대에도 보였다는 데서 송나라를 지나라고 표현했던 것이다.

잘못 알려진 중국의 의미

　지나는 고대시대 인도 사람들이 상나라를 부르는 미칭美稱이다. 지금 지나족은 자국을, 중국 또는 중화中華·중하中夏라고 한다. 이들의 표현에 따르면, 세계의 여러 민족이 살고 있는 지구의 정중앙에 자리를 잡고 있는 국가가 중국이라는 것이다. 지리적 관념이 보잘 것 없었던 고대민족은 대부분 자기 민족의 거주지를 지구의 중심이라고 믿어왔다. 그러다 보니 그 민족이 발전하면 중국이란 관념은 확대되기 마련이다. 지나의 경우를 보면 고대에는 황하 중류의 남북지방으로 국한되었다. 진秦나라의 대통일 무렵부터는 장성 이남도 중국이라고 칭하기에 이르렀다.

　중국이라는 자칭 외에 타칭他稱으로 당나라에서 유래하는 Tangus, 거란에서 유래하는 Khatai 또는 지나족의 특산물의 하나인 비단을 의미하는 세레스 등도 있다. 일본에서는 카라 모로코시·한토漢土·당토唐土라 했고, 제2차 대전 기간에는 지나라고만 했으며 대전 이후에는 중국이란 칭호가 일반화되어 있다.

　거슬러 올라가면 중국이란 명칭은 상·주나라 시대에도 존재했다. 그러면 그 당시 어느 지역이 중국일까? 주나라 이전 상나라의 땅은 사람이 살기 좋은 조건의 산동지방을 중심으로 하고 있었다. 동쪽에는 바다가 있고 비옥한 토지도 있기 때문에 상나라 사람들은 사려思慮가 깊어 양질의 우수한 고급문화를 창조하여 누리고 있었다. 동이족인 상나라 사람들은 물론 자신들의 거주지를 중국이라고 믿어 의심치 않았다. 하지만 상나라 사람들의 거주지 밖은 사람 살기에 적합지 않아 중국이란 범위에 포함되지 않았다. 상나라 말기에 존재가 드러난 것이 주나라이다. 당시 주나라 사람의 거주지는 서쪽 변방의 불모지인 섬서성 지방이다. 이곳은 문화의 사각지대이다.

주나라 사람은 살아가기 불편한 이런 곳에 거주하고 있어 근검과 절약이 생활의 기본방침이 되다시피 했다. 주나가 항상 염원한 것은 문화의 중심지역인 상나라의 땅을 자신들의 생활터전으로 만들어 보려는 것이었다. 주나라 사람들이 보기에도 진정한 중국은 바로 상나라의 영토이다. 문화의 중심지인 상나라의 영토를 차지하려는 주나라의 염원은 상나라가 주나라에 의해 쓰러짐으로써 성취되었다. 이로써 변방의 주나라는 중국의 새로운 주인이 되었다. 주나라가 실질적으로 상나라의 땅을 차지함으로써 중국이란 명칭이 주나라의 전유물이 되었다.

동이족인 상나라의 중국이란 관념이 고스란히 지나족의 주나라로 넘어가 중국이란 말은 지나족이 자국을 말하는 칭호가 되었다. 주나라가 중국이란 관념을 점유함에 따라 중국이란 울타리 안으로 들어오는 다른 민족의 국가까지 언필칭 중국이라고 칭했다. 역사적으로 중국이란 관념의 영토를 넓혀준 것은 북방민족 국가이다. 다시 말해 중원을 통치한 북방민족 국가는 중국이란 관념을 크게 넓혀 주었다.

지나의 역사상 영토를 가장 크게 넓혀 중국이란 관념을 역시 가장 크게 넓힌 북방민족 국가는 청淸나라이다. 청나라 시대에는 18성省으로 나눈 지역이 중국이었다. 지금은 이를 토대로 중국이란 관념이 몽골·만주·티베트·신강까지 포함하고 있다. 장성 밖의 이들 지역은 사실상 청나라가 넓힌 지역이다. 청나라를 비롯하여 지나의 어떤 왕조도 중국이란 명칭을 국호로 사용한 적이 없다. 이는 중국이란 명칭이 지나의 왕조에서 국호가 아니었음을 분명히 보여주고 있다. 그러면 현재 중국이란 관념이 왜 국호로 사용되기에 이르렀을까? 그것은 지나족의 영토 팽창에 따라 중국이란 관념이 크게 확대되었기 때문이다. 그렇게 해야만 강제로 편입시킨 땅을 자국의 땅으로 귀속시킬 수 있다. 이런 판단에 따라 역사적으로 국호로 사용된 적이 없는 중국이란 명칭을 국호로 정하여 사용하고 있는 것이다.

오늘날 중국이란 국호 하에 여러 민족이 거주하고 있다. 하지만 이들 민족과 지나족 간에는 민족적인 마찰이 끊임없이 계속되고 있다. 비非지나족은 중국이란 국호의 사용을 바라고 있지 않다. 이를 단적으로 보여주고 있는 것이 갈등이 그치지 않고 발생하고 있다는 것이다.

언제 끝날지 모르는 아시아의 영토분쟁은 중국이란 국호가 계속 사용되고 있는 한 지속될 수밖에 없다. 언어학적으로 보면 중국이란 말은 문명의 중심을 이룬 국가를 이르는 미칭이다. 문명국은 어떤 국가일까? 세계사적인 견지에서 찾는다면 자국의 국익을 챙기기보다 다른 나라에 문화적 이익을 베풀어주려는 그런 나라를 말한다. 다른 민족의 땅을 강제로 빼앗아 자국의 땅으로 강제 편입시키는 그런 나라는 문명국이 아니다. 문명국은 경제적인 부富만을 축적한 그런 나라가 아니다. 경제적인 부를 다른 나라에도 나누어주는 그런 나라가 진정 문명국이다.

현대판 자칭 중국은 역사 이래 최대의 땅을 차지하고 있다. 그런데도 땅에 대한 욕심은 그칠 줄 몰라 여러 이웃나라들과 영토분쟁을 일으키고 있다. 현재 우리나라에 대해서는 우리의 역사를 저들의 것으로 만들려고 하는 역사침탈을 자행하고 있다. 동북공정이란 관제공작에 따라 최근에는 장성의 길이를 고무줄 늘이듯이 늘려 잡고 있다. 우리민족더러 관제 장성의 길이를 인정하라는 것이다.

주나라는 상나라의 영토를 차지함으로써 이후 지나족이 다른 민족의 영토를 탐내거나 욕심을 갖게 하도록 만들었다. 역사상 장성의 길이가 만 리라는 것은 확고부동하다. 그런데 지금 와서 장성의 길이를 늘려 잡는 속심은 무엇일까? 장성의 길이를 만주 쪽으로 늘려 잡음으로써 그 지역에 국가로 존재한 고구려(高句麗)와 발해국이 저들의 지방정권이라는 관제 주장을 보다 확고하게 못을 박을 수 있다는 판단에 따라 갑자기 장성의 길이를 늘려 발표하게 된 것이다. 갑작스럽게 그렇게 함으로써 지나족은 여전히 다른 민족의 영토에 탐을 내고 있다는 것을 스스로 드러낸 것이다.

고구려와 발해국이 정녕 과거 지나정권의 지방정부라는 것이 사실이라면 장성의 길이를 굳이 늘려 잡을 이유가 없다. 이 두 나라가 과거 지나 정권의 지방정부가 아님을 잘 알고 있기 때문에 논리적으로 맞지 않지만 엉뚱한 주장을 한번 던져 본 것이다.

중국이란 관념이 가장 미약한 때는 주나라 초기이다. 주나라는 봉건제를 확대시키면서 중국이란 관념이 점차 확대되기 시작했다. 봉건제후국 상호 간에 영토 확장이 치열해지면서 중국이란 관념은 확대되었다. 그러던 봉건제는 전제군주제로 바뀌었다. 하지만 땅을 늘리려는 야망은 중단되지 않고 지속되었다. 왜냐하면 중국이란 관념이 확고해졌기 때문이다. 넓어진 영토는 중국이란 관념의 땅으로 확고해져 땅을 넓히려는 야망은 조금도 줄어들지 않았다. 오히려 전제국가 시대로 접어들면서 영토 확대는 조직적으로 추진되었다. 전제국가의 내부 혼란기에도 영토 확장은 그치지 않았다.

지금 지나족의 정권은 한창 이웃 나라들과 영토 분쟁을 일으키고 있어 자만적인 중국이란 관념이 정점에 이르고 있다. 지나인의 영토 확장 욕심은 이제는 고질적인 민족성으로 자리를 잡고 있다. 지나인의 고질적인 병폐가 존재하는 한 아시아의 평화는 기대하기 어렵다. 지나족이 이웃 민족국가와의 마찰을 피하고 평화관계를 맺기 원한다면 중국이란 관념을 고집하려 들지 말고 가벼운 마음으로 포기해야 한다.

지나족은 중국이란 관념을 내걸고 통치하고 있는 여러 민족의 고유한 문화를 지나족의 문화라고 포장하고 있다. 그들만이 할 수 있을 법한 일이다. 고구려와 발해국은 지나족의 영토 밖에 자주국으로 존립했으나 그 땅이 지금은 지나족의 것이 되었다. 그렇다고 해서 고구려와 발해국을 당시부터 지나 정권의 지방정부라고 주장해서는 안 된다. 당시 두 나라는 지나족의 통치권 밖에 있었던 자주국이었으나 지금은 그 땅이 지나족의 땅이 되었다고 표현해야 온당하다.

중국이란 관념에 사로잡힌 지금의 지나족은 조상들의 이기적인 전철을 반성하고 이웃 민족국가와 공존 번영하는 방법이 무엇이지 찾아야 할 것이다. 고대시대부터 민족 간의 교류는 자연스레 이루어져 왔다. 헌데 현재 지나족의 땅에는 부여·고구려·발해국 등 우리 민족 계열의 사람들이 적지 아니 타의로 끌려가 지나족의 일원으로 편입되었다. 한편 지나족 사회의 대혼란으로 살 길을 찾아 우리의 조상 국가로 자발적으로 망명, 이주한 지나족이 적지 않았다. 우리의 조상은 이들 지나족의 망명자들에 대해 편견을 갖지 않고 동등하게 대우하여 그 후손들은 지금도 평화로운 삶을 누리고 있다.

고대시대 이래 우리 민족 계열의 사람들이 지나인의 땅으로 들어간 것은 전적으로 타의에 의한 강제이주이다. 이를 보더라도 진정 중국이란 관념의 국가는 전적으로 지나인만의 국가가 아니고 거기에는 우리 민족의 피가 상당 부분 섞여있다. 역사에서 보듯이 고대시대 이래 한반도는 지나인들의 정치적인 망명처이다.

지나인들은 이제 중국이란 편협한 관념에 사로잡히지 말고 여기서 빠져나와 이웃민족 국가를 진정으로 배려하는 진정성을 보여주어야 한다. 그래야만 진정한 중국, 즉 문명국다운 국가가 될 수 있는 것이다. 지나인들은 편협한 중국이란 관념 속에서 살아왔음을 직시하고 진정 중국이란 관념이 무엇인지 찾아야 할 것이다.

현재를 살고 있는 지나인들은 고대 인도 사람들이 사려가 깊고 지혜가 많다고 격찬한 상나라 사람들을 따라 배워야 할 것이다. 그런 의미에서 필자는 중국 사람을 지나인이라고 표현하고 있다. 지나의 참뜻이 무엇인지 밝혀졌다. 지나인은 더 이상 자국을 중국이라 하지 말고 지나라고 표현해야 온당하다. 즉 지혜 있는 사람, 국가가 되라는 말이다. 지나라는 말은 절대로 중국을 폄훼하는 말이 아니다. 오히려 최대로 존경하는 말이다. 지나인을 포함하여 세계인들은 반드시 알아야 할 것이다.

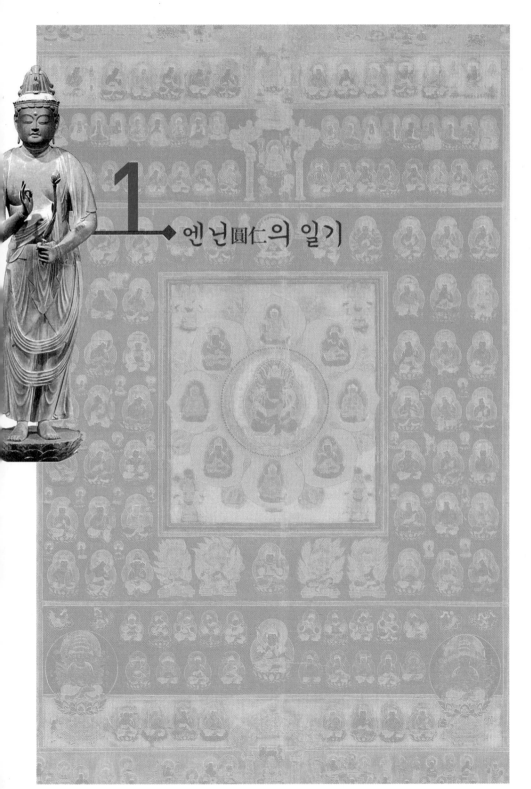

1 엔닌圓仁의 일기

엔닌의 일기

　먼 옛날, 그리고 먼 장소에서 실제로 발자취를 남겼으며 사물을 식별하는 안목이 날카로운 여행자를 동반자로 하여 우리의 상상을 짜낼 정도로 즐거운 일은 없다. 우리들의 상상 가운데서 역사의 저편으로 망각되어버린 무미건조한 연대기에서 다시 생명의 숨결로 가득찬 광경이나 사람들의 소리를 찬찬히 실감하는 것만큼 가슴이 두근거리는 것은 없을 것이다. 몽골이 정복하고 있었을 무렵, 지나를 방문한 베니스의 상인 마르코 폴로의 이정표는 꽤 오랫동안 우리를 즐겁게 해주었다. 지금 우리는 채 경험하지 못한 시대에 휘황찬란한 위대한 문화로 둘러싸인 지나에 대해 신뢰할만한 안내자로서 자각대사慈覺大師라는 시호로 일부 사람들에게 알려져 있는 일본의 승려 엔닌을 찾아낼 것이다.

　마르코 폴로가 무역의 보고를 더듬어 찾아 아득히 먼 지나를 향해 대륙횡단이란 나그네 길을 걸었던 때보다 4세기 전에 엔닌은 새로운 불교의 복음과 신앙에서 깨달음을 깊게 하기 위하여 위험한 파도를 무릅쓰고 서쪽의 지나로 건너왔다. 자신의 종교목적을 추구하면서 9년 이상 지나의 각지를 여행한 그는 놀랄 만큼 상세하며 정확한 일기를 남겼다. 오랫동안 유럽이 놀라 떨게 한 이탈리아 상인의 『동방견문록』은 애매모호한 묘사에다 때로 잘못 받아들인 인상을 언급하고 있다. 이와 비교하면 이 일기는 너무나 대조적이다.

이 두 개의 위대한 여행기는 본질적으로 서로 틀린다. 이를 예시하면 두 명의 방랑자가 연대를 달리하여 만난 장소인 양자가 하류에서 가까운 무역과 행정의 중심지인 양주揚州에 관한 기록에서 볼 수 있을 것 같다.

13세기가 끝날 무렵, 마르코 폴로는 양주에서 3년을 보냈는데도 그가 기록한 것은 다음과 같이 서술이 짧다.

태주泰州의 거리를 지나 많은 읍과 촌의 어느 비옥한 땅을 동남으로 향해 하루 여행하였다. 그곳에서 양주라는 크고 고귀한 거리에 도착하였다. 그 거리는 거대하며 세력이 있는 다른 27개의 거리가 의존하고 있다. 이들 거리들도 각기 크며 무역이 번창하고 있다. 이 거리에는 대칸(大汗 : 쿠빌라이)의 강직한 신하 12명 중의 한 사람이 주재하고 있다. 이 거리가 그들의 12행성行省의 하나로 선택될 정도로 중요하기 때문이다. 그들은 우상숭배자이다. 그들은 지폐를 사용하며 대칸에게 충성을 맹세하고 있다. 그 원인을 말하는 마르코는 대칸의 명에 따라 3년간 이 읍의 행정을 맡았다. 그들은 무역과 수공예로 생활하며 기병과 무장한 군인의 잦은 외출은 여기서 이루어진다. 결국 이 거리와 그 주변에 많은 부대가 주둔하고 있음을 말해준다. 또 그 이상 말할 정도로 중요한 것이 없기 때문에 여기를 떠나 다음에 만지지방(현재 華南 일대)의 일부를 이룬 두 개의 큰 주州에 대해 말하려

고 한다.[1]

엔닌은 지나에 도착하여 시간이 많이 지나지 않은 838년 여름 양주에 도착하였다. 그는 이 거리에서 보낸 8개월 동안에 거의 매일 주변에서 일어난 작은 사건까지 일기에 기록하였다. 예를 들면, 섣달 그믐날에 대해 다음과 같이 기록하였다. '날이 저물자 승려와 일반인들은 지폐를 불태웠다(미신적인 신앙에서는 돈 모양의 종이를 태웠다고 한다). 한밤중이 지나자 일반 민가는 집집마다 만세라고 외치며 폭죽을 울렸다. 거리의 상점에는 모든 종류의 음식이 풍부하게 갖추어져 있었다.' 더구나 그는 양주에 머무는 동안에 일어난 한 사건을 다음과 같이 묘사하고 있다.

구리 사용을 금하는 칙령이 내려와 나라 안의 구리 매매가 금지되었다. 원칙적으로 6년에 한 번씩 이러한 금령이 발표되는 것이 관례이었다고 한다. 법령으로 금하는 이유는 나라 안의 사람들이 끊임없이 구리 제품을 만들면, 화폐를 만드는 구리가 부족하게 될 염려가 있기 때문이라고 한다.

11월 7일 개원사開元寺의 승려 정순貞順은 깨진 항아리 19여 파운드를 몰래 상인에게 팔아버렸다. 상인은 그 철을 몰래 가지고 밖으로 나갔다. 절의 문 앞에서 순시하는 경관을 만나 붙잡혀 연행되었다. 다섯 명의 경관이 와서 말했다. "최근에 국무대신이 철의 사용을 금지하였으므로 누구도 철을 매매하는 것을 허용하지 않는다. 어떻게 귀승은 이를 팔았는가?"라

---

1 『마르코 폴로의 여행기』(*The Travel of Marco Polo*, "The Broadway Traveller" Series, London : Routledge & Kegan Paul, 1950), 224~225쪽 참조. 알도 리치 Aldo Ricci 교수에 의해 L, F. Benedett 판이 영역英譯되었다.

고 하였다. 정순은 "이를 파는 것이 금지되어 있다는 것을 몰랐다."고 답변하였다.

그래서 담당 관리와 정순이 결재를 바라는 서류(시말서인 듯함)를 제출하자, 관리는 그를 용서하였다. 이리하여 우리는 양주의 법률이 철의 매매도 금지하고 있다는 것을 알았다.

(이상 인용문)

마르코 폴로와 엔닌

　여행가인 마르코 폴로의 명성은 세계에 널리 알려져 있다. 하지만 자각대사 엔닌의 명성은 그의 고국인 일본에서도 약간의 학자에게만 알려져 있을 뿐이다.

　베니스의 상인 마르코 폴로가 세계를 마음 내키는 대로 놀러 다닌 기록은 사람들의 상상력을 자아냄으로써 역사 흐름에 큰 걸음을 남겼으나 엔닌의 여행기는 오늘날까지 거의 알려져 있지 않다. 하지만 엔닌은 이탈리아인보다 먼저 저 위대한 지나에 자취를 남겨 어느 의미에서는 마르코 폴로의 기록을 능가하는 여러 가지 업적을 남기고 있다.

　마르코 폴로에 대해 말하면, 여행이 끝난 뒤 몇 년이 지나 문맹인 그가 자신의 모험담을 구전한 것이므로 매우 막막하기만 하다. 하지만 엔닌이 변화에 풍부하게 경험한 것을 하루하루 극명하게 밝혀 기록한 일기는 세계사에서 당시 문헌치고는 독특하다고 해야 할 것이다.

　마르코 폴로는 전혀 전통을 달리하는 문화권의 나라에서 와서 느닷없이 당시 지나의 수준이 높은 문명을 보고 정당하게 이해하고 평할만한 준비와 가치를 판단하는 기준을 갖고 있었다고 생각되지 않는다. 그가 이 나라의 위대한 문학적 유산에 대해 실제 알지 못한 것은 분명하다. 지나에 거주하고 있었으면서 당시 이 나라의 불교 신앙을 우상숭배라고 할 정도로 아는 것이 없었다.

　이에 반해 엔닌은 지나 문화의 분가分家인 일본에서 왔기 때문에 마치 지나 문화의 계승자 같았다. 그는 한자로 글씨를 쓰는 방법으로 교육을 받은 데다 매우 뛰어난 불교 학자였다. 마르코 폴로는 당시 지나인이 싫어하는 몽골 정복자의 한 무리로서 지나에 왔지만, 엔닌은 지나인처럼 불교를 신봉하고 있어 쉽게 이들의 생활에 뛰어들 수 있었다. 결국 엔닌은 지나인의 생활 내부를 환하게 들여다 볼 수 있었으나 마르코 폴로는 외부에서 바라다보았을 뿐이다. 다시 말하면, 엔닌은 동포의 눈으로 바라다보았으나 마르코 폴로는 이적(夷狄 : 원래 지나 사방의 민족을 가리키며 영어로는 야만인)의 눈으로 대했다.

　하지만 마르코 폴로의 『견문록』은 엔닌의 일기와 비교가 되지 않을 정도로 유명하여 후세에 영향을 미쳤다. 물론 당시 일본의 승려 엔닌의 이름은 훨씬 유명했지만 마르코 폴로는 부족한 여행 상인에 불과하였다. 우연히 그의 얘기가 다른 사람의 손으로 대필됨으로써 유명하게 되었다. 대필되지 않았다면 역사의 도도한 흐름에 이름 없는 사람으로 묻혀버리고 말았을 것이다. 즉 여러 세대에 걸쳐 변함없이 인기를 누리고 있는 그의 모험담은 단순한 역사의 뒤안길로 망각되었을 것이다.

그와 그의 숙부들이 더듬어 다다른 산과 사막을 넘어 이루어진 무역은 결국 사라져 버려 고대의 동양과 서양의 접촉도 두절되었다. 마르코 폴로가 지나에서 벼슬한 몽골대제국은 인간이 일찍이 창조한 지상 최대의 제국이었으나 곧 붕괴하여 다시는 옛 판도로 돌아가지 못하였다.

　한편 엔닌은 시대의 각광을 받고 있는 영광스러운 명예를 지닌 인물인데도 마르코 폴로처럼 로맨틱한 반응을 보이지 못하였다. 하지만 한층 역사적으로 의의가 많은 큰 길을 최초로 걷고 있었다. 즉 그는 그의 시대에 지적인 문화 활동에서 맨 앞에 있었다. 당시 일본 종교계의 지도자로서 일본에 불교의 새로운 국면을 소개하는 등 중요한 역할을 하여 오늘에 이르기까지 지배적인 흐름이 된 종문宗門의 체질 개선에 지대한 공헌을 하였다.

　세계사의 눈으로 보면, 엔닌은 매우 중요한 문화운동에 가담하고 있었다. 즉 높은 수준의 문명이 유럽과 아시아의 각 말단에 미치는 시대적 요청에 가담하고 있었다고 할 것이다. 지구상의 고전문명은 일찍부터 번영했다. 서구에서는 로마제국을 끝으로 일단 마지막을 고하고 극동에서는 한제국漢帝國으로 끝이 났다. 시대가 흐름에 따라 서구문명은 바다를 건너 지상의 구석구석까지 이르러 각 문화와 접촉하였다. 특히 뜻밖에 아시아의 여러 문명과도 만나게 되었다.

　세계사에서 수준 높은 문명이 그렇지 않은 세계의 벽을 넘어 침투하고 있는데, 이것만이 역사 발전으로 여겨질 것이다. 지중해 문명은 북상하여 북유럽의 나라들을 석권하고 지나 문명은 남하하여 남지나南支那와 동남아시아에 이르고 동북으로 만주, 한국, 그리고 일본에 이르렀다. 유럽의 경우 이 과정은 완만하여 때로는 거의 정신이 들지 않을 정도이지만 일본의 경우 그 과정의 속도가 빨랐다. 즉 6세기 후반부터 9세기 중엽에 걸쳐 수준 높은 문화가 급속도로 일본으로 밀어닥쳤다. 이 시대의 끝머리에 극동에서 역사의 흐름을 대표하는 마지막 인물이 엔닌이다.

9세기의 지나

엔닌과 마르코 폴로가 본 두개의 지나는 4세기라는 간격이 있기 때문에 당연히 다르다. 마르코 폴로가 본 지나는 적어도 표면적으로 화려하여 한층 사람들의 흥미를 유발할 것이다. 지나는 당시 지상 최대의 인구와 부富를 갖고 있어 가장 진보한 국가이었으나 몽골에서 온 마적馬賊에게 역사상 처음 송두리째 점령당하여 영토는 거대하지만 통제가 느슨한 대원大元 제국의 일부분이었다.

하지만 엔닌이 본 지나는 그다지 극적이지 않았다. 그러므로 오히려 역사의 넓은 형태로 보면 한결 의의가 깊다. 서구에서는 로마제국의 고전적 통일이 일단 붕괴되자 원래 상태로 되돌아갈 수 없었다. 지나에서는 로마의 완만한 붕괴와 달리 3세기에서 4세기에 걸쳐 한제국의 급속한 붕괴가 보이는데 그 이후 역사의 진행에서 동양과 서양은 길을 달리하였다.

6세기 후반 지나인은 일찍 고대의 정치적 통일을 복원하는데 성공하였다. 618년부터 907년에 걸쳐 화려한 당唐 왕조 시대가 나타났다. 이로써 지나는 수준 높은 정치적·문화적 발전을 새롭게 이루었다. 시험제도를 통해 관리 임용 제도가 확립되었다. 이는 이후 1천 년간 잇달아 지나를 지배한 왕조의 전형적인 관리의 근성을 형성하였다. 지나의 왕조제도는 100여 년 전에 붕괴하기까지 유지되었다. 국내무역과 육로와 수로에 의한 국제무역은 급속도로 발전하여 눈부신 경제성장을 하였다. 문화면에서도 많은 성과가 있었다. 인쇄술은 문화면에서 가장 두드러진 예이다. 왜냐하면 당나라 시대 후반 지나에서 발달한 인쇄술은 서구인들이 꿈에서나 그렸는데 수세기 전에 이미 실현되었기 때문이다.

엔닌이 지나에 머문 동안에 당 왕조는 정치적으로 기울어지고 있었다. 지나의 역사 전체를 통해 역대 왕조에 공통적으로 나타나는 경향은 성장과 발전에 이어 큰 규모의 약체화와 노후화가 온다는 것이다. 국가의 부담이 늘어나 행정기능이 저하되기 때문이다. 게다가 흔히 조정이 추락하다 보니 황제 측근 간에 파벌주의가 증대하여 결국 정치기구 전체가 붕괴하기에 이른다.

이것이 이른바 과거의 왕조가 겪은 운명이었다. 모든 관료주의 정부가 겪은 피할 수 없는 기구한 운명일 것이다. 아무튼 되풀이 되는 왕조의 운명은 엔닌 시대에도 그러하였다. 투르크인 출신의 당나라 장군으로서 궁중의 신임을 얻은 안록산安祿山이 755년에 일으킨 난은 바로 10년간 지속된 내란의 시작이다. 이로 인해 드디어 당 왕조를 망하게 만든 이적夷狄의 침입을 부르게 되었다.

지나는 자주 정복을 당하였다. 그러다 보니 언제나 북쪽과 서쪽의 유목민에 대해 방위태세를 취하였다. 당나라 시대의 남은 150년은 국고의 파탄을 바로잡는 노력과 방어 때문에 군비와 중앙집권제도가 서서히 무력해지는 것이 특징이다. 일반 행정면에서의 관료주의는 더욱 파벌을 조장시키더니 궁정의 쿠데타를 일으켰다. 지방사령관〔節度使〕들은 광대한 지역의 행정권과 군사적 권력을 완전히 장악함으로써 서서히 중앙으로부터 독립하였다. 드디어 907년 이들 지방사령관들은 중앙정부의 권위를 인정하기를 거부함으로써 왕조는 와해되었다. 이어서 50년간의 정치적 혼란시대〔唐末 五代〕가 나타났다.

엔닌은 왕조가 붕괴하는 여러 단계의 하나로 지나를 구체적으로 관찰하다 보니 당시 민중의 생활과 정치 실태를 상세히 묘사하고 있다. 엔닌은 이런 점에서 우리의 관심을 불러일으켰다고 할 수 있다. 당초 외국사절단의 일원이면서 외국인 순례자, 그리고 정부의 유학생, 마지막에 지나의 역사상 최대의 종교탄압으로 붙잡힌 수천 명의 불교 승려의 한 사람인 엔닌은 여러 종류의 관료와 여러 형태로 밀접하게 접촉하였다. 이로써 그는 관리와 작은 지방의 여러 부락에 대해서도 장황하게 기사를 썼으며 그 시대를 대표하는 정치적인 거물을 만나 얘기할 기회도 얻었다. 한 사람은 학자 관료 간에 지배적인 파벌의 우두머리인 이덕유李德裕이며, 또 한 사람은 동화童話에서도 나오듯이 터무니없이 막대한 재력을 갖고 있는 궁중의 환관이면서 장군인 구사량仇土良이었다.

엔닌이 터무니없이 까다로운 관료에 관한 수백 개의 기사와 그의 일기에 실린 수십 개의 공문서에서 놀랄만한 정치의 실태가 나타나고 있다. 중앙집권으로 인해 상급관청이 하급관청의 사소한 정치까지 개입하는 등 엄청난 양의 문헌이 소개되고 있다. 이는 왕조의 쇠락시대에도 그러했다는 면에서 더욱 사람들을 놀라게 한다.

이 묘사를 통해 나온 결론은 지나의 9세기는 왕조가 쇠퇴하는 시기인데도 정치적 성장기이었다고 할 것이다. 지나인들은 왕조가 겪어야 할 운명에 따른 주기적인 정치적 와해를 극복할 수 없었지만 당나라 말기에는 한나라나 로마의 몰락에 따른 일반적인 혼란 공식을 되풀이하지 않았다.

이렇듯 지나인들은 수준 높은 행정적 조직을 갖추었다. 당나라의 몰락에 이어 정치적 혼란이 있었으나 퇴폐보다 문화적·경제적 성장이 있었다. 이는 이 시기가 지나의 역사에서 다양한 정치적 분열을 마지막으로 마감했음을 말해준다.

960년에 나타난 송나라는 당나라 시대의 중요한 행정기구와 함께 정치적 통일을 신속하게 재현하여 그 이후 지나의 정치적 통일과 행정기구는 왕조의 성쇠나 교체 또는 이적의 정복이 있었으나 계속 살아남을 수 있었다. 어떻게 19세기와 20세기에 '이적'의 파괴적인 기계와 사상의 침략이 있었는데도 활기에 넘쳤을까? 이는 금후에 풀어야 할 과제이다.

그러니깐 9세기 지나의 경제적·문화적 발전은 뚜렷하거니와 어떤 면에서는 정치적 전개보다 중요하다. 국가세입의 감소와 되풀이되는 경제위기는 종종 추가예산을 편성하여 보충하였다. 이에 대해 후일 지나의 역사가는 당나라 초기의 정치적 부흥과 쇄신처럼 중요한 의미를 부여하고 있다. 더구나 군비의 약체와 외국의 위협은 당나라가 종말로 가까워짐에 따라 국민의 애국심을 조장시켜 '이적'의 세계에 대해 적개심을 품게 하였다. 이는 이후 천 년간 지나인의 사상과 문화를 형성하는 큰 요소가 되었으며 당나라 초기에 불교가 내세운 보편주의의 영향보다 크다고 할 것이다.

9세기는 정확히 당나라 초기에 부흥한 고전주의로 인해 근대 지나로 변모하는 형성기(7세기에서 13세기에 걸친 기간)의 정점에 서 있었다. 그래서 변모한 근대 지나는 서구세계와 접촉하게 되었다. 실질적으로 근대 지나를 특징짓는 것은 이미 9세기에 싹이 텄으며 다음 송宋나라 시대에 와서 꽃이 피었던 것이다. 신유교 철학〔朱子學의 대두〕, 근대의 백과사전적인 스콜라 철학〔宋學, 즉 理氣學 등의 경향〕, 풍경화와 도자기 등 우수한 미술품, 개인보다 토지에 의존하는 새로운 세법稅法, 국가재정을 바탕으로 한 상업자본의 강화, 남쪽과 동쪽의 항구를 통한 해외무역의 성행, 큰 상업도시의 형성 등이 대표적인 예이다. 수로를 통한 무역루트는 마르코 폴로와 몽골인 시대의 중요한 대상隊商 길을 대신하였다. 근대 지나를 고전적인 조상과 구별하는 조짐이 보이는데, 그것은 엔닌 시대의 지나에서 나타나기 시작하였다.

엔닌은 이들 중요한 전개에 대해 왜 그런지 시종일관 기술하고 있지 않다. 하지만 빛을 던지고 있는 것은 사실이다. 예를 들면, 지나의 동부 연안에서 이루어진 많은 통상과 배에 실은 화물 기사라든지, 엔닌이 상세히 기술한 지나 연안의 항해는 당시 지나의 외국무역에 대한 가장 신뢰할만한 묘사라고 할 수 있다.

똑같이 지나의 불교신자와 이들의 의식, 그리고 성스러운 유적에 관한 친절한 기술은 생동감 있는 불교에 대한 최고 수준의 남다른 통찰이다. 그가 지나에 머문 말년에 일어난 불교탄압에 대한 묘사는 온 국민의 지적, 문화적 생활의 전환점과 관련하여 하나밖에 없는 상세한 기록이다.

엔닌이 보고 기술한 당나라를 전통적인 지나의 사학자는 왕조가 쇠망한 시대라고 업신여기겠지만 실은 성장과 발전이 잘 이루어진 시기의 지나이었다. 마르코 폴로 시기의 지나는 극적인 외관外觀에도 불구하고 기본적으로는 위대한 성장기의 끝에 가깝고 보다 안정적인 지나이었다. 엔닌 시기의 지나는 지나사의 시대구분이란 입장에서 보면 보다 한층 중요하다. 말하자면, 역사의 전환점에 서 있었다. 9세기 인류사회의 지리적 구분이란 입장에서는 더욱 중요하다. 왜냐하면 당나라는 다른 어떤 시기의 나라보다 지상에서 최고의 부富와 진보, 그리고 조직을 이룩한 국가이기 때문이다.

엔닌의 일기는 9세기의 훌륭한 기록이다. 지나를 대상으로 하였으며 다른 어떤 지역을 다루지 않았다. 당시 다른 지역인 유럽은 대당제국에 비하면 미개한 시대이었다. 만약 후세 사람들이 19세기의 생활을 대표하는 하나의 상세한 보고를 구하려고 한다면 유럽, 즉 특히 영국에 관한 것을 바랄 것이다. 20세기에는 아메리카 합중국 또한 달리 생각하면 소비에트 연방을 고를 것이다. 하지만 9세기에 가장 흥미 있는 인간의 기록은 뭐라 해도 지나에 관한 것임에 틀림없다.

현장玄奘 · 엔친圓珍 · 죠진成尋

　　마르코 폴로의 유명한 여행기는 당시 엔닌의 일기와 어깨를 나란히 하는 제1급에 속하는 것은 분명하지만, 사실대로 말하면 내용이나 시간 면에서 좀 더 우리 주위에서 흔하게 볼 수 있는 사람의 업적이 있다. 가장 잘 알려져 있는 것의 하나는 지나의 위대한 승려이며 여행가인 현장이 쓴 『서역기西城記』이다. 그는 629년 지나를 출발하여 중앙아시아를 거쳐 인도에 이르렀으며 645년에 돌아왔는데 정확히 당나라 초기에 왕복하였다. 귀국하자 현장은 당시 가장 훌륭한 불교인이 되었으며 불교를 인도에서 지나로 전한 최후의 중요한 삼장법사(三藏法師 : 경전 번역가)의 한 사람으로 숭상을 받았다.

　　이렇듯이 현장과 엔닌은 각기 불교동점(佛敎東漸 : 고래로 불교가 그 발상지에서 동방으로 전해진다는 예언이 행해졌다)이란 두 개의 물결을 대표하는 등 지극히 유사한 역할을 완수하였다. 하지만 신앙심이 두터운 두 사람의 순례 여행기는 매우 취미를 달리하고 있다. 현장은 그가 통과한 국토의 사정에 관해 일기를 남긴 것이 아니고 대략 추억을 기록하고 있을 따름이다. 결국 그는 지나로 돌아온 후에 그러한 추억을 편집하였다. 『서역기』는 당시 관련이 있는 여러 나라에 대해 우리가 가장 신뢰할만한 기록이며, 정확히 그 무렵 연대적으로 분명하지 않은 인도의 역사가 연대적으로 분명하지 않은 점을 보충하는 중요한 실마리가 되고 있다. 하지만 엔닌의 일기에서 보이는 그런 상세함과 생동감이 넘치는 인간 기록이 부족한 점이 있는 것은 부정하지 못할 것이다.[2]

엔닌이 해낸 것과 가장 가까운 것은 일본 승려 엔친이 쓴 『행력초 行歷抄』이다. 엔친은 엔닌과 같은 시대 천태종의 후배이며 좋은 경쟁 상대이었다. 천태종은 당시 일본 불교를 대표하는 집단이었다. 엔친은 853년부터 858년에 걸쳐 정확히 엔닌보다 15년 늦게 지나를 여행하였다. 그 역시 대륙여행과 관련하여 상세한 기록을 정리하여 드디어 일본으로 돌아온 뒤에 엔닌의 후계자로서 교토의 동북쪽에 우뚝 솟은 히에이잔(比叡山, 교토시 시가현) 중턱에 있는 천태종의 총본산인

---

2 다행히 현장의 생애와 그의 일대 여행기는 서양의 독자도 읽을 수 있게 되었다. 그의 생애와 여행기에 대해서는 훌륭한 업적이 영어로 씌여져 있다. 아서 웨일리의 『史實의 三藏과 다른 斷片』(Arthur Waley, *The Real Tripitaka and Other Pieces*, London : Allen & Unwin, 1952) 및 르네 그루세의 『불타의 행적을 찾아서』(René Grousset, *In the Footsteps of the Buddha*, London : George Routledge, 1932)가 있다.

『西域記』(The Hsi-yü-chi) 자체는 사무엘 빌Samuel Beal에 의해 두 권으로 번역되었는데, 표제는 『서역기-서방세계에 관한 불교도의 기록-玄奘의 중국어(A.D. 629년부터의 번역』(*Si-Yu-ki, Buddhist Records Western World, Translated from the Chinese of Hieun Tsiang(A.D. 629)*, London, 1906) 및 부분적으로는 토마스 위터스의 『현장의 인도 여행에 대하여』(Thomas Watters, *On Yuan Chwang's Travels in India*, London : Royal Asiatic Society, 1904 and 1905)의 두 권의 방대한 주석서에 삽입되어 있다.

엔랴쿠지延曆寺의 좌주(座主 : 불교의 經·論을 講說하는 스님)를 계승하였다.

하지만 엔친은 사후에도 살아있을 때처럼 엔닌의 가장 좋은 경쟁 상대이었다. 이 두 스승의 제자들은 서로 반목하게 되면서 천태종을 두 개로 대립하는 집단으로 갈라지게 하여 엔친의 후계자들은 히에이잔에서 퇴각당하여 산기슭에 온죠지園城寺 또는 미이데라三井寺로서 알려진 그들의 총본산을 설립하였다. 그 이후 천태종의 산문파山門派로서 여러 세기에 걸쳐 히에이잔의 정상에 자리를 잡았다. 산문파山門派와 불교사적佛敎史的으로, 때로는 군사적으로도 서로 싸웠다.

그런데 엔친은 일기 작가로서는 한층 뒤떨어진다. 엔닌의 기록은 실질적으로 그 전체가 보존되어 있다고 생각되지만 엔친의 『행력초』는 단편만 남아 있을 뿐이다.[3] 이런 단편은 많은 기사를 포함하고 있다. 예를 들면, 그의 지나 여행 중에 견문한 엔닌의 일본인 동행자 두 명의 그 후 행동에 관한 정보도 있지만 부분적으로 되어 있어 보잘 것 없다. 엔닌은 마르코 폴로나 현장과 어깨를 나란히 하는 인물로 등장하고 있다. 하지만 엔친은 오히려 역사의 각주脚註 정도로 만족하지 않으면 안 된다.

보다 한층 훌륭한 기록은 일본에서 지나로 건너갔던 후대 불교 순례자의 것을 기다리지 않으면 안 된다. 그중에 유명한 것은 엔친의 계통을 이어 받은 미이데라三井寺 본산 출신의 죠진(成尋, 1011~1081, 승려)의 것이다. 그는 1072년 62세라는 고령인데도 위험을 무릅쓰고 지나로 건너갔다. 그는 나이 많은 어머니를 남기고 출발하였다. 그의

---

3 『대일본불교전서大日本佛敎全書』 제113책, 289~295쪽에 수록되었다.

어머니는 80세를 넘은 고령인데도 자식과 떨어져 있는 동안에 훌륭한 노래 일기를 기록하였다. 문학적 향기가 높아 지금도 칭송을 받고 있다. 죠진은 정력적인 순례자이었을 뿐 아니라 끈기가 있는 일기 작가이기도 하였다. 1년이 채 안 되는 동안에 남쪽의 천태산과 북쪽의 오대산五臺山 2대 성스러운 유적을 참배하였다. 이 2대 유적이야말로 일찍이 엔닌이 순례하려는 최대의 목표이었다. 또한 죠진은 어느 기간에 수도에 머물러 송나라의 황제로부터 특별한 대우를 받았다. 그는 바쁜 여행과 연구 시간을 쪼개 믿기 어려울 정도로 상세한 일기를 기록하였다.[4]

그러나 죠진이나 후대 지나를 여행한 일본 승려는 흥미 있는 자료를 다수 제공하지만 엔닌의 일기를 능가할만한 가치가 있다고 보지 않는다. 그 이유는 간단하다. 그들이 말하는 지나는 엔닌이 말하는 9세기의 지나와 다르며, 지나 자료에서 한결 분명한 사정을 알게 되었기 때문이다. 엔닌의 업적은 일본인에 의한 제1급의 일기를 남겼을 뿐 아니라 지나의 생활양식까지 면밀하게 기록하였다는 데 있다.

그렇다 해도 지나사의 자료가 엔닌 시대까지 충분하지 않다는 것은 아니다. 지나의 과거는 고전시대 후반부터 근세에 이르기까지 세계 어느 곳보다 충실하게 기록되어 있다. 판례집이나 인사의 기록 등 기초자료가 되는 것은 많지 않지만 이 시대부터 실로 잘 보존되어 있다. 지나인은 서구보다 한층 강한 역사 관념을 품고 있어 과거의 방대한 공문문서를 편집하고 보존하는데 주도면밀한 주의를 기울였다.

---

4 『대일본불교전서』 제115책, 321~487쪽에 수록되었다. 사진판 고사본 복제寫眞版 古寫本 複製 『농양분고논종東洋文庫論叢』 제7호로서 1937년에 간행되었다. 죠진成尋은 1081년 지나에서 객사하였다. 일기는 그의 만년을 기록하고 있지 않다.

하지만 지나인은 너무 과거를 의식하다 보니 장래의 역사적 판단을 중대한 관심사라고 여겨 그들의 기록은 종종 극단적으로 형식화되고 아름답게 과장되었다. 그러다 보니 민중의 생활보다 정치적 사건에 관한 기존 사실만을 나열하는 쪽으로 기울어지기 일쑤이었다.

역대 왕조의 역사는 방대하고 굉장히 정확하지만 민중의 생활모습은 온통 한쪽으로 밀려났다. 철학자와 문필가는 여러 가지 역사소설의 재료를 남겼다. 한데 지나의 문화적 전통 분위기에서 이런 재료는 실제로 일어난 내용에서 떨어져 나가 세련되거나 도덕적인 얘기로 변형되었다. 시인과 수필가는 자신들의 사상과 감정처럼 생활 자체를 많이 서술하는 등 기념할만한 불후의 업적을 남겼다. 하지만 모두 인습의 형식에 치우쳐 자손들에게 말하는 듯한 자의식自意識으로 많이 기우려졌다. 따라서 가공되지 않은 인간의 생활보다 오히려 문학적으로 과장된 이상상理想像만 전하게 되었다.

10세기 후반 송나라가 건립된 후 지나인이 써서 남아있는 기록은 다소 시야가 넓어져 보다 수준 높은 진실을 전하고 있지만, 엔닌은 송나라 이전 시기에 발전하는 지나의 동적인 생생한 일상생활을 되돌아보는 창을 넓게 열어 놓았다.[5]

---

5 회교도의 무역상이 수로를 통해 8세기부터 9세기에 걸쳐 극동을 방문하고 있지만, 이들의 기록은 엔닌의 일기에 비하면 매우 엉성한 것 밖에 없다. 가브리엘 페란드의 8세기부터 18세기에 미치는 극동에 관한 항해 사정과 아라비아 페르시아 및 투르크의 지리서(Gabriel Ferrand, *Relations de voyages et textes géographiques arabes, persans et turks relatifs à l'extrême-orient du VIII au XVIII siècles*, Paris : 1913) 및 쟝 소바제의 『중국에서 인도로의 여행. 851년 당시 쓰여진 중국과 인도의 관계』(Jean Sauvaget, *Abbār as-sin wa I-hind. Relation de la Chine et de l'Inde rédigé en 851*, Paris ; 1948) 참조.

엔닌 일기의 현재 상태

　위에서 말한 내용이 사실이라면 어째서 일기가 그다지 주목을 받지 못했을까? 그의 일기에 대해 가장 관심을 기울여야 할 지나인까지도 전혀 모르고 있다. 대여섯 명의 서구 학자까지도 신경을 쓰고 있지 않다. 그중에 학자 한 사람만이 특수한 연구 제목과 관련하여 크게 차이가 나는 한두 행을 이용하고 있을 따름이다.[6] 당나라 시대를 전공하는 일본의 학자한테는 알려져 있다. 하지만 겨우 학술잡지에 부분적으로 이용되고 있을 따름이고 일반 독자층에게는 거의 알려져 있지 않다.

　왜 그럴까? 답은 둘일 것이다. 하나는 일기가 극동에서 거의 독자

---

　6 아서 웨일리는 『사실史實의 삼장三藏과 그 외의 단편斷片』의 일절(133~168)을 엔닌과 그의 최초의 여행 동료인 엔사이의 기사에 충당하고 있다. 이 부분은 엔닌의 일기의 이곳저곳의 기사와 엔사이圓載의 지나에서의 만년 생활을 전하는 엔친圓珍의 『행력초行歷抄』에 의하고 있다.

가 가까이하기가 어려웠기 때문인 듯하다. 일기가 중세의 지나어(한문)로 기록되어 9세기의 유럽이 서구인에게 아주 가깝지 않은 이상으로 다루어지고 있는 시대와 생활이 현대의 지나인과 일본인에게 동떨어져 있기 때문이다. 게다가 일본의 역사학자도 지나의 역사학자처럼 역사를 중요한 인명이나 지명과 사건의 기록이라고 여기는 경향이 있기 때문이다. 그러다 보니 지나의 일상생활을 전해주고 있는 일기의 가치를 모르고 있다.

일본인 학자의 공통적인 폐단 중에 가장 좋은 예를 들면, 저명한 지나학자인 오카다 마사유키(剛田正之, 1864~1927, 문학가)이다. 그는 남들이 하지 않는 엔닌의 일기를 연구하느라고 노년을 바쳤다. 그는 가장 오래된 일기의 사본을 사진판으로 복제하여 공식적으로 발간하였다.[7] 이는 원전 연구에 뜻을 둔 학도에게는 헤아릴 수 없는 귀중한 공헌이었다. 그는 권위가 있는 원전의 어느 부분을 연구하여 잇달아 발표함으로써 중요한 역사적 사건에 대한 종래의 정설을 증명하고 보충하여 바로잡았다. 그가 연구하여 발견한 중요한 대목은 다음과 같다.

(1) 장안 수도에서 지배적인 군사력을 가진 환관이 장군을 암살하려 한 것이 황제의 주도하에 이루어졌다는 음모.
(2) 7세기 일본과 지나가 말려든 한반도의 전쟁(신라의 통일 전쟁)에서 일본인 부대가 약간의 지나인을 포로로 했음을 전하는 비문.
(3) 투르크계의 위글 족이 수차례에 걸쳐 지나를 침입한 날짜를 확인.
(4) 영웅적이며 규모가 큰 상인으로서 신라의 왕을 옹립한 장보고의 보다 상세한 생애.

---

7 『동양문고논총』 제7호의 보유補遺로서 1926년에 간행.

(5) 지나의 최대 불교탄압 기록.

언급한 이들 모두는 흥미롭다. 특히 (4)와 (5)는 중요하지만 오카다는 엔닌의 일기에서 더욱 중요한 생활을 묘사한 것을 문제 삼으려고 하지 않았기 때문이다.[8]

이러한 상황은 고대 지나의 유명한 도학자道學者인 장자莊子가 말한 얘기를 생각하게 한다. 친구 한 사람이 장자에게 말을 하였다. "내가 표주박 씨를 얻어 심었더니 표주박이 되었다네. 그 가운데에다 물이든 고기 국물이든 가득 담아 들어 올리려 하니 젊은 사람 5~6명이 필요할 정도였지. 그래서 반으로 쪼개어 가운데를 퍼내니깐 바닥이 얕아 액체를 담을 수 없었네. 표주박이 너무 크다는 것을 누구나 알았지만 이를 유용하게 쓰는 방법을 찾지 못해 할 수 없이 부서 팽개쳐 버렸지."[9] 라고 했다.

장자는 친구의 우둔함을 비웃으면서 매일 손이 트지 않고 비단을 햇빛에 쬐여 말리는 한 집안에 대대로 전해내려오는 비장의 약에 대해 말했다. "전혀 모르는 사람이 약 처방전을 사들이고 나서 해군의 지휘관이 되어 그 약을 진영에서 사용하였더니 해전에서 크게 승리하여 그는 막대한 봉토封土를 얻었다."고 했다.

---

8 오카다 씨의 연구는 「자각대사의 입당기행에 대하여」라는 제목으로 잡지 『동양학보東洋學報』 제11호, 461~486쪽, 제12호 147~186쪽, 273~295쪽, 제13호 1~28쪽 참조. 다른 많은 학자도 각기 특수한 연구과제에 대하여 엔닌의 일기를 이용하고 있다. 이 중에 두드러진 것은 불교 교인으로서 동시에 학자인 오오타니 코쇼大谷光照의 『당대唐代의 불교의례佛教儀禮』(동경, 1937년 간행)이다. 그는 당대의 불교의례에 관한 주요한 자료로서 엔닌의 상세한 불교의식의 묘사를 이용하고 있다.

9 아서 웨일리의 『고대 중국 사상의 세 방면』(Arthur Waley, *Three Way of Thought in Ancient China*, London : Allen & Unwin, 1939 and 1946) 18~20쪽 참조.

장자는 다시 다음과 같이 결론을 냈다. "네 자신과 네 표주박에 대해 말한다면, 왜 네 허리에 표주박을 튜브로 묶어 물 위에 띄어 작은 내나 바다 가운데로 표류하도록 하지 않았을까? 너는 어리석게 쓸데 없이 투덜투덜 푸념하기만 했다. 국자로 퍼 마셔보아도 도움이 되지 않는다고 말할 텐가."라고 하였다.

엔닌의 일기가 궁정의 역사를 어느 정도 퍼낸 만큼 당나라 시대의 생활을 아예 되돌아보려고 하지 않는 전문 학자에게 이 얘기를 적용시키는 것은 무의미할지 모르겠다. 아무튼 학자까지 엔닌의 일기를 이용하지 않았으니 많은 사람들이 이를 깨닫지 못한 것도 무리는 아닐 것이다. 엔닌의 일기가 마르코 폴로의 『견문록』처럼 알려졌다면 일반 독자도 관심을 가질 수 있었을 것이다.

언어학으로 말하면, 중세 여러 나라 말로 된 마르코 폴로의 기록은 현대 유럽인과 미국인이 읽기 어려운 것에 비하면, 엔닌의 일기는 현대의 일본인과 근대 교육을 받은 지나인한테는 다소 낫다. 일단 그 내용으로 들어가면 서구인이 마르코 폴로를 대하기보다 지나인과 일본인한테도 난해하다. 마르코 폴로는 다른 나라 사람들에게 먼 나라, 진기한 장소를 전하려고 시도하다 보니 설명이 필요하다고 생각하면 이를 다른 것으로 갈아 부쳤다.

그런데 엔닌은 의욕적이지만 제약된 조건 하에서 자신의 개인적인 여행과 종교적 연구 기록을 남기려고만 하였다. 게다가 일기에는 피할 수 없는 사건의 단편적인 소식과 물릴 정도로 반복되는 얘기가 있다. 그것을 전체적으로 파악하려 할 때 비로소 의미가 있다. 마르코 폴로의 베스트셀러 방식에 비하면 그의 일기는 그다지 매력이 없다. 환영을 받지 못한 것은 불가사의하다고만 볼 수 없다. 그뿐만 아니라 원전을 본래 그대로의 형태로, 즉 중세 훨씬 이전에 망각된 일반사회 및 종교계의 고유명사나 칭호로 윤색되고 여기저기 필사자의 틀린 글자로 읽혀지게 되면, 일반 독자가 이를 소화할 수 없으므로 해낼 수 있는 특수한 학자에게 맡기고 돌아보지 않은 이유를 저절로 알 수 있다.

일기의 제목 자체는 신비스럽고 난해하다. 이는 약칭이 아니고 생소한 『입당구법순례행기』라는 원명으로 알려져 있다. 일기의 분량은 변덕스런 독자를 당황케 하여 물러나게 한다. 그것은 네 부분의 책, 즉 지나 식으로 말하면, 4권으로 이루어졌으며 7만 자가 넘는 한자로 쓰여 있다. 한문이 간결하다 보니 영어로 고치면 10만 자가 된다.

일기에 쓰인 원어는 분량보다 큰 장애로 되어 있다. 엔닌은 마치 북유럽의 승려들이 라틴어로 쓴 것처럼 한문으로 썼다. 9세기 되자 일본인은 한자로부터 자신의 언어를 쓰기에 어울리는 음표문자音標文字를 비로소 발달시켰다. 의미 있게 나타난 것은 10세기 이후이다. 엔닌은 불교 승려로서 신기한 문자로 방언을 음사音寫한 맨 마지막 사람인지 모르겠다. 그는 틀림없이 한문으로 정규교육을 받았기 때문에 지나로 건너가기 이전에 제법 어학실력을 갖추었을 것이다.

일기의 맨 처음 부분은 그가 지나에 도착했을 때에는 지나어로 회화를 할 수 없었다고 밝히고 있지만 9년간 머무는 동안에 일상회화가 가능하여 지식을 획득했음에 틀림없다. 그 결과 그의 일기는 지나의 고전적인 문어체와 9세기에 나타나기 시작한 근대 지나어의 구어체가 기묘하게 연결되었다. 엔닌은 또한 당시 얻기가 힘든 시골구석의 관리들이 쓴 진기한 관용어慣用語로 쓰인 공문서를 일기에 써 넣고 있다. 그래서 일기의 언어는 매우 복잡하고 많은 이상한 말투와 어색한 말이 많이 보인다. 결국 지나어는 엔닌의 모국어가 아니었음에 틀림없다.

원전의 전승

엔닌의 일기는 말할 필요도 없이 결코 쉽게 읽을 만한 문장이 아니다 보니 수백 년 동안 어느 한 사람도 읽지 않고 세월이 지나가 버렸을 수도 있다. 실제 근대학자에 의해 재발견되어 인쇄되지 않았다면 거의 흩어져 없어질 위기에 놓여 있었다. 겨우 두 개의 사본 밖에 보존되어 있지 않았기 때문이다. 하나는 그것을 보존하고 있는 교토의 옛 사원의 이름에 따라 도우지본東寺本이라고 불리며 천태승天台僧인 켄인兼胤에 의해 필사된 것이다. 그는 72세의 고령으로 '늙은 눈을 깜박거리면서' 1291년 간신히 그의 임무를 완성하였다. 또 하나의 사본은 이케다본池田本으로 알려져 있는데, 1805년 켄인의 사본을 약간 교정한 형태로 나타났다.

그러므로 우리들은 엔닌 자신의 원저와 관련이 있는 유일한 도우지본을 택할 수 있다. 나이를 먹은 켄인이 손을 떨며 힘없는 붓글씨의 흔적을 분명히 알 수 있다. 초서체로 정교하게 생략된 한자와 옛 필사본이 불가피하게 잠식한 결과 특정한 한자에 많은 의문을 남긴데다가 필사한 필자의 정확함 그 자체에서도 의문이 생긴다. 켄인은 과연 자신이 필사한 것을 완전히 이해했을까, 혹은 단순한 신앙심이 깊은 종교행사로 필사했는지 나는 확실히 말할 수 없다.

아마 그나 그 이전의 필사인은 이해하지 못하고 그것을 베꼈다고 생각된다. 왜냐하면 수십 회에 걸쳐 같은 한자에서 비슷한 잘못이 나타나기 때문이다. 이러한 기계적인 필사는 일기의 소중한 부분을 탈락시키거나 앞뒤가 뒤바뀌기도 하여 더욱 판단할 수 없게 하고 있다. 독자가 우연히 마주치는 이러한 모든 곤란을 생각하면, 현재 형태의 일기가 과연 신뢰할 수 있을지 의문을 품지 않을 없다. 그러나 이는 읽어보지 못한 사람이 잠시 아주 잠깐 생각하는 걱정에 불과하다. 전승된 필사본이 부정확한데도 불구하고 일기는 틀림없이 시종 진실을 전하고 있다. 전승자의 오류는 거의 명료함에 영향을 주지 못하고 있다. 후세에 가필되었다고 생각되는 부분은 거의 없다고 해도 좋다.

당시 지나의 판명되지 않은 수백의 지명이나 9세기의 거의 알려지지 않은 고유명사는 어느 부분에서에서는 전 항목을 채우고 있지만 다행히 최근의 학문 발달로 그것을 정리하는 것이 가능하게 되었다. 엔닌이 다른 사람한테서 들은 소문을 기록할 경우 분명히 오류가 보이지만 그 자신이 직접 보았거나 행한 것은 정확하게 기록되어 이 점에 관해서는 놀랄 정도의 정확함이 오늘날 증명되고 있다.

엔닌의 지리에 관한 기술이 그런 좋은 예이다. 그의 면밀한 여정 기록은 현대의 상세한 지도로 대조해 보아도 정말로 부합되며 수십 개의 예 중에 서너 개가 초점이 맞지 않을 정도인데, 이는 도오지본의 20, 30, 40 등이나 그밖에 몇 가지 중요한 숫자가 흘려 쓰여져 혼선을 일으켜 잘못 읽혀진 것이 아닌가도 한다. 엔닌이 기술한 수백 개의 지명 중에 약간의 오류가 있을 뿐인데, 그것도 쉽게 필사할 때의 오류라고 생각된다. 게다가 대개의 경우 현대 표준이 된 참고서에서도 볼 수 없는 엔닌이 기술한 지명이 최근 도서관 시설이 발달한 결과 비로소 가능해진 연구 자료에 따라 확인될 수 있게 되었다. 만일 지나의 사정이 허용된다면, 오늘날 그의 일기를 유일한 안내서로 하여 엔닌이 걸었던 같은 길을 더듬어 그가 잠을 잤던 읍이나 마을에서 하룻밤을 보내며 그가 따라 내려간 같은 코스를 하루에 1, 2마일씩 북지나 전역을 여행할 수 있을 것이다.

그러나 엔닌의 일기가 잘못 전승된 점은 과소평가해서는 안 된다. 그렇다고 하지만 궁중의 연대기 기록자나 자의식自意識이 강한 문필가가 종종 범하는 고의적인 왜곡이나 재치가 빠진 엉터리 과장에 비하면 매우 사소하다. 그런데 일기의 사실과 후세에 씌어진 기록 간에 가로 놓인 틈을 실감하기 위해서는 엔닌의 사후 바로 편찬된 공상적인 부분을 포함함에도 불구하고 생생한 생활을 부족하게 묘사하고 있는 엔닌의 많은 전기와 엔닌 자신의 일기를 비교해 보면 좋을 것이다.

엔닌의 일기는 과거 50년 간 일본에서 네 차례 출판되었다. 어느 경우나 현대의 일본 학자가 자랑하는 고대 문헌의 방대한 총서(전집)의 한 책으로 간행되었다. 그러나 그것들은 일반 독자에게는 인연이 없고 도서관의 서가에만 엄숙하게 장식되어 있을 따름이다.[10]

네 차례에 걸친 일기의 간행은 학계에서 이용도를 높이고 원전의 수명을 연장하는 기회를 주었지만 일본에서조차 결코 대중적인 관심

---

10 나는 이들 세 종류의 판본을 비교하여 1918년 간행된 『대일본불교전서大日本佛教全書』(제113책, 169~182쪽) 판본이 가장 편리하여 신용할 수 있음을 발견했다.

의 대상이 될 수 없었다.

마르코 폴로의 유명한 기록은 그 초판부터 여러 차례 번역되고 새롭게 번역됨으로써 현재는 세계의 주요한 언어와 그 여러 종류의 파생어로도 읽는 것이 가능하게 되었다. 그러나 엔닌의 일기는 그것이 처음에 씌어진 한문에서 전혀 번역된 것이 없다. 일본에서 네 번째 간행은[11] 정말 번역의 형태를 갖추었으나 그것은 원저에 일본어 문법을 응용한 이른바 한문의 내려쓰기를 한 문장에 지나지 않는다. 그러므로 그것을 읽는 데에는 일본어의 문법과 동시에 9세기 지나어의 어휘를 동시에 알지 않으면 안 된다.

이 저서의 자매편으로 나는 엔닌의 일기에 주역을 붙인 번역서를 『엔니의 일기—입당구법순례행기入唐求法巡禮行記』(Ennin's Diary— THE Record of a Pilgrimage to China in Search of the Law)라는 제목으로 출판하였다. 이 영어 번역으로 엔닌의 업적이 이전보다 읽기 쉽고 이해하기 편하게 되었다고 믿지만, 그래도 아직 약간의 부분은 난해하며 혼란을 부르기 쉬운 문장이 있다고 하지 않으면 안 된다.[12] 이러한 이유로 나는 다시 이 저서를 세상에 내놓아 일기에 나타

---

11 『국역일체경國譯一切經』(동경, 1939년 간행) A 24책 1∼154쪽.

12 일기나 그 다음의 인용을 가급적 읽기 쉽게 하기 위하여 이 저서에서는 대략 모든 관명官名을 영역하고 가능한 한 칭호를 문자 그대로의 의미와 함께 그 보유자의 업무 성격을 다소 보이려고 시도했다. 일본, 한국 및 인도의 고유명사는 원 한문에서는 모두 구별 없이 한자로 쓰고 있지만, 여기서는 각각의 국어에 통용하는 표음 문자로 바꾸었다.
불교의 술어는 역시 똑같은 의미이니깐 각각 산스크리트어·지나어·일본어의 형태로 번역할 수 있지만, 여기서는 엔닌이 알았던 불교의, 아직도 사용하고 있는 형태는 일본의 종교 및 학문적 전통에 한정된다는 이유로 보통 그들의 일본어 발음에 따라 음사音寫했다.

난 중요한 얘기를 정리한 형태로 제공하려고 한다. 일기의 여러 곳에 산재하는 자료와 그것과 관련된 당시 역사의 중요한 장면에 대해서는 다른 자료를 근거로 하여 이 저서를 펴내어 성과를 거두었다. 이 저서가 전문가한테는 유익한 엔닌의 일기를 이해하는 책이 되리라는 것을 보증한다.[13] 일반 독자는 이 책을 통해 엔닌이 더듬은 자취와 그가 본 세계로 이끌림으로써 만족을 느낄 것이다. 그러나 더 나아가 내가 희망하는 바는 누군가가 그것에 멈추지 않는 호기심을 품고 엔닌 자신이 걸어서 순례한 여행길에 길잡이가 되기를 바란다.

---

13 중국·일본·한국의 고유명사나 술어의 원서 한자를 확인하기를 원하는 전문가는 이 책의 자매편인 『엔닌의 일기—입당구법순례행기入唐求法巡禮行記』(*Ennin's Diary — the Record of Pilgrimage to China in Search of the Law*)를 참조하기 바란다. 이들 한자의 대부분은 색인에 의하여 발견되며, 나머지는 색인의 앞에 있는 특별한 한자의 어휘표에 수록되어 있다.

2 엔닌의 순례와 스승

엔닌의 순례와 스승

엔닌의 생애에서 가장 잘 알려지고 가장 흥미가 많았던 때는 그가 지나에서 보낸 9년간이다. 이 기간의 내용은 그의 일기에 상세히 기록되어 있다. 같은 시대의 사료와 후세의 전기는 그의 여생에 대해 비교적 신뢰할 만한 내용을 기술하고 있다. 초기 일본의 궁정은 당나라 조정을 모방하여 한문으로 된 조정의 연대기를 보존하고 있었다. 이들 기록은 종종 엔닌의 활동에 대해 언급하고 있다. 특히 그의 제삿날〔西曆〕864년〔太陰曆〕1월 14일 항목 아래에서는 이런 종류의 연대기 치고는 이상할 정도로 그의 전기가 상세히 기록되어 있다.[1] 천여 자

---

1 초기 일본 연대기는 『육국사六國史』로서 알려진 6권에 모아져 편집되어 있다. 후반의 3권은 833년부터 887년에 이르는 기간을 다루어 엔닌에 관한 정보도 포함되어 있다. 그의 전기는 최후의 6권에서 발견된다. 이 권은 『삼대실록三代實錄』이라 불린다. 이들 연대기는 모두 연대순으로 편집되어, 여기서는 엔닌의 일기에 대해서와 똑같이 그것들을 참조하는 경우에는 각각의 날짜를 부치는 걸로 하였다. 864년 1월 14일은 서양력으로는 864년 1월 24일이었다. 극동의 태음력은 통상 서양력보다 1개월 정도 늦게 시작하였다.

로 압축된 한문 문장으로 눈을 돌리면, 이 전기는 믿을 만한 엔닌의 생애 사료이다. 그렇기는 하지만 10세기 전반에 나타나는 다른 초기의 전기 때문에 기술이 보태지다 보니 조정의 연대기보다 길이가 아홉 배나 늘어나 전체를 늘리고 있다.[2]

---

2 이 전기는 단순히 『자각대사전慈覺大師傳』이라 불린다. 자각대사는 엔닌의 시호이다. 이 책 『속군서유종續群書類從』(동경, 1904년 간행) 제221장 즉 제8책 684~700쪽 및 『사적집람史籍集覽』(동경, 1902년 간행), 제12책, 58~73쪽 참조. 원전을 한 방향으로 전승하는 판권 책장에 의하면, 태정관太政官 준대납언准大納言 겸 민부경民部卿이라는 직함의 인물에 의하여 912년 편찬되었다. 이 인물은 유명한 미나모토 노토오루(源融 : 822~895)의 둘째 아들인 미나모토 노노호루源昇이었다고 믿어진다. 제2의 전승에 의하면, 우다천황(宇多天皇 : 887~897)의 세 번째 황태자인 나리요齋世 친왕(뒤에 출가하여 칸표입도친왕寬平入道親王이라고 한다)에 의하여 비롯되었다고 한다. 927년 친왕의 죽음 뒤에도 계속되어 그의 장남인 미나모토노히데아키源英明가 유지를 이어 그것을 유명한 서예가 오노미치가제小野道風에게 쓰게 하였다. 그리고 마지막으로 히데아키가 죽은 후 그의 동생 모리아키庶明에 의해 완성되었다.(판권책장에 의하면, 929년에 완성한 것으로 되지만 그때는 히데아키가 살아있기 때문에 아마 그보다는 후일 것이다.)

이들 두 원판의 시작이 세밀하게 의론되었지만 그것들을 조화시키는 정교한 연구는 1914년 천태종에 의해 동경에서 간행된 엔닌에 관한 논문집 『자각대사慈覺大師』(102~109쪽) 중의 와시오지 윤케이鷲尾順敬의 논문에서 보인다.

엔닌의 긴 여러 전기는 대부분 이들의 초기 업적에 기초를 두고 있다. 이것들은 유명한 일본 고승의 전기를 모은, 예를 들면 1249~1251년 사이에 편찬된 『일본고승전요문초日本高僧傳要文抄』, 『대일본불교전서大日本佛教全集書』(제101책, 32~42쪽), 1322년의 『원향석서元享釋書』(같은 전서 제101책, 170~174쪽) 및 1702년의 『본조고승전本朝高僧傳』(같은 전서 102책, 115~119쪽) 등에 수록되었다. 『대일본불교전서大日本佛教全書』는 또한 엔닌의 일기나 지나에서 그가 가져온 서적이나 성화聖畵의 목록을 포함하여 엔닌에게 돌아가는 15가지의 업적을 수록하고 있다. 18세기와 19세기에 편찬한 『천태하표天台霞標』는 엔닌 자신의 것인지 그와 관계가 있는 70여 편의 소편小篇을 포함하고 있다(같은 전서 제126책, 372~374쪽의 이 업적에 대한 색인 참조). 페이지 59의 주석 2)번입니다.

새로운 불교도의 출현

일본의 역사 초기에 훌륭한 불교 승려는 대부분 수도에서 가까운 지방의 귀족 자손인 경우가 보통이었으나 엔닌만은 그렇지 않다. 동일본東日本, 시모즈케노쿠니츠가고리下野國都賀郡라는 이름도 잘 알려져 있지 않은 집에서 태어났다. 당시 시모즈케는 당시 야마토大和민족과 그 지방의 선주민先住民인 아이누족의 경계선에서 멀지 않은 벽촌이었다. 그의 가족은 자칭 미부壬生씨라고 하여 일본의 제10대 천황이라고 전해지고 있는 스진천황崇神天皇의 후예라고 주장하였다. 그러나 누구나 계통을 자랑하는 습관이 있는 나라에서 그러한 주장은 납득할 수 없을 것이다.

엔닌은 793년에 태어났다.[3] 그가 성장한 후 훌륭한 업적에서 기대

---

3 『자각대사전』에서는 794년이라는 날짜로 되어 있는데, 이는 실질적으로 모든 권위자에 의해 인정을 받고 있다. 그러나 『삼대실록』은 엔닌이 72세로 사망했기 때문에 그의 탄생 날짜는 793년이 아니면 안 된다고 기술하지만, 이 날짜는 두 개의 문헌에 의해

되듯이 태어난 날 자색 구름이 집 위로 드리워졌다고 한다. 이는 가족이 관찰한 것이 아니고 히로치廣智라는 승려가 가끔 탁발하러 가는 도중에 마침 그 집 앞을 지나가다가 알아차렸다. 그는 집안으로 들어와 그 이유를 설명하지 않고 아들을 자신에게 맡기라고 당부하였다. 아버지는 엔닌이 어릴 때 사망하는 바람에 가정에서는 지나의 고전 첫걸음을 뗀 후 아홉 살 때 히로치가 거두게 되었다. 그래서 그는 종교를 믿는 마음이 깊어지고 학문에 충실한 불교도가 되었으며 5피드 7인치의 날씬한 미남 청년으로 성장하였다.[4]

어느 날 밤에 엔닌은 꿈에서 위엄 있게 보이는 승려의 모습을 보았다. 꿈을 꾸는 베갯머리에 선 승려야말로 일본에 천태종을 전한 위대한 승려 사이쵸(最澄, 766~822)라는 기분이 들었다. 이 상서로운 꿈을 생각하여 엔닌은 열여섯 살 때 새로운 수도 교토의 동북지방에 우뚝 솟은 히에이잔比叡山 정상에서 가까운 사이쵸의 새로운 종문宗門의 총본산인 엔랴쿠지延曆寺로 찾아갔다. 거기서 그는 꿈에 본 위대한 사람을 만나 그의 충실한 제자가 되었다. 그리하여 6세기 지나의 조사祖師인 지의智顗의 주요 저서인 『마가지관摩訶止觀』에 대해 사이쵸로부터 특별교육을 받았다. 엔닌은 동료 학승學僧을 능가하여 814년 정식으로 연도자(年度者, 매년 정원이 정해진 官給 장학금 수령자) 후보자가 되었다. 2년 뒤에 그는 고도인 나라의 도다이지東大寺의 승원에서 한 사람만 승려가 되는 서약식에 참석하였다. 드디어 그는 사이쵸에

긍정을 받고 있다. 즉 (842년 5월 26일 및 843년 5월 26일자) 엔닌의 일기는 각각 그의 연령을 50세 및 51세로 전하고 있다. 그러나 연령은 극동의 습관에 의하면, 서양의 세는 방법보다도 한 살 내지 두 살 정도가 더 계산된다. 왜냐하면 그가 탄생한 해를 한 살로 세고, 달력상으로 다음 해가 시작되면 두 살로 계산하기 때문이다.

4 우리들의 도량형으로는 5피드 8인치가 된다.

의해 전통적인 옛 불교인 소승小乘에 대항하는 자유로운 대승불교의 대표적 경전의 하나인 『법화경』을 배우고 또한 스승한테서 불법의 계승자가 되기 위한 관정(灌頂 : 英譯하면 세례. 원문에서는 傳法灌頂)을 받았다.

822년 사이쵸의 사망 후 엔닌은 수년간 헤에이잔에 머물면서 불법을 설명하고 종교적 의식을 집행하기도 하였으나 동료의 간절한 종용으로 드디어 세속세계로 나가 불법을 설명하기에 이르렀다. 828년 여름 나라의 옛 수도 근처, 이미 역사적인 호류지法隆寺의 승원에서 『법화경』을 강론하였다. 다음 해 현재는 거대한 공업도시로 알려진 오사카에 있는 시텐노지四天王寺에서 강의를 하고 고향인 호츠코쿠北國에서도 설명을 하였다. 하지만 그의 종교적 정렬이 너무 열렬하여 체력의 한계를 넘다 보니 40세인데도[5] 육체는 노쇠하고 눈은 안개가 끼어 희미해졌다. 그는 여기서 멈추지 않고 히에이잔 협곡의 한 모퉁이로 물러나 작은 암자를 지어 조용히 죽음만을 기다리고 있었다. 하지만 그는 죽지 않았다. 한적한 종교적 은둔도 몇 년이 흘렀다. 어느 날 밤 그는 훌륭한 꿈을 꾸고 나서 하늘에서 꿀 같은 약을 하사받더니 어느새 건강이 회복되었다.[6]

834년 지나로 건너가는 사절단이 황제로부터 임명을 받았다. 다음 해 이 소식을 듣고 나서 엔닌이 꿈을 꾸는데 스승인 사이쵸가 나타나 불법을 구하려면 위험을 무릅쓰고 지나로 가라고 타일렀다. 그런 일

---

5 『삼대실록』의 전기는, 이 위기는 엔닌이 30세 때, 즉 사이쵸가 사망했을 때 덮쳤다고 기록하고 있다.

6 엔닌의 고독한 은둔 장소는 뒤에 슈리요우곤인首楞嚴院이 되고, 또한 요코가와橫川로 알려진 히에잔比叡山의 화려한 종교시설의 3대 지역의 하나가 되었다.

이 있고 나서 곧 엔닌은 청익승(請益僧 : 학문승)의 자격으로 사절단 일행에 가담하라는 명을 받았다. 청익승이란 당시 일본 정부가 지나로 파견하는 두 종류의 승려 자격 중에 상위에 속하여 유학승과 구별되었다. 지나는 극동의 불교국가로서 인도 다음의 성지聖地이다 보니 동경의 대상이 되었다.

학문승學問僧으로서 지나로 가는 것은 엔닌으로서는 그의 스승 사이쵸의 자취를 더듬는 일이다. 즉 스승 사이쵸는 804년 견당사절단으로 엔닌과 똑같은 케이스로 지나로 건너간 일이 있었다. 그러므로 사이쵸가 다시 그의 후계자의 베갯머리에 나타나 그가 지나로 건너가 무엇을 배워야 할지 가르쳤다는 것은 얼핏 보면 신비스럽게 느껴지지만 수긍이 안 되는 것은 아닐 것이다. 엔닌이 견당사의 일원으로 선발된 것은 천태종에서 선배의 추천을 받았기 때문이다. 그로서는 단순한 명예가 아니고 무거운 짐이다. 엔랴쿠지의 동료들은 불교의 의문점을 목록으로 작성하여 지나에서 중심이 되는 사원으로 찾아가서 해결을 받아오도록 엔닌에게 부탁하였다. 그리하여 그는 종문의 전통 위에 새로운 명예를 보태기 위하여 지나에서 불법을 구하였다. 이로써 그는 사이쵸의 임무를 계승하게 되었다.

지나로 건너가다

엔닌의 일기는 그가 지나에서 보낸 9년 동안에 경험한 것을 다룬 그 어떤 전기傳記보다 상세하고 정확한 정보를 제공하고 있다. 실제 이 기간에 있었던 것을 기술한 여러 전기와 일기는 너무 우스꽝스런 대조를 보이고 있다.

전기 작가들은 엔닌이 지나 체류 기간에 등장하는 인명과 지명을 정확하게 기술하고 있다. 다만 그들은 있는 그대로의 사실만 해도 자신들의 종교적 정열을 만족시키기 위하여 얘기를 덧붙이고 있다 보니 역사적 정확성보다 엔닌에 대한 깊은 존경을 나타내 보이려고 하였다. 예를 들면, 전기는 일기가 언급하지 않은 사건과 대화를 기록하고 있다. 엔닌은 지나인이 자신을 존경했다고 묘사하고 있는데, 전기 작가들은 훨씬 높게 존경한 걸로 표현하고 있다. 전기 작가들은 엔닌이 가끔 여러 부처와 옛 성인들을 꿈꾸었다고 강조하고 있다. 마치 이것이 엔닌으로 하여금 지나에 체류하게 하는 모험적 운명을 결정한 중요한 동기이었다고 해석하고 있다. 게다가 엔닌이 보았다는 겸허한 두서너 가지 기적적인 광경에 대한 조심스러운 기술을 붙잡아 가지고 터무니없이 놀랄만한 얘기라고 변형시켰다. 일기는 오로지 현실적으로 자질구레한 사실을 꿰맨 순례 상태를 전하고 있는데 엔닌의 사후 20, 30년 뒤에 쓰인 전기는 기적적으로 축복을 받은 불교의 스승으로 그를 묘사하고 있다.

엔닌을 동반한 견당사절단은 지나로 건너가려고 하여 836~837년에 두 차례나 시도하였으나 실패하였다. 간신히 세 번째, 즉 838년 7월 상순에 목적지에 도착할 수 있었다. 엔닌의 지나 도착은 결코 축복이 아니었다. 그가 탄 배가 양자강 하구 북쪽의 얕은 여울에 걸려 그와 동료들은 파도와 바닷물로 치룬 악전고투 끝에 간신히 살아남아 해안에 도착하여 수로로 양주揚州에 이르렀다. 양주는 양자강에서 북쪽으로 2~3마일 지점에 있는 지방의 중요한 도시이다. 당나라 시대에는 양자강 하류의 중요한 상업의 집산지로서 현재 상해처럼 각광을 받고 있었다.

10월 상순 견당사절단의 중요한 관리와 동행한 승려들은 양주를 출발하여 대당제국의 수도인 장안長安을 목표로 서북 방향으로 여행을 하였다. 엔닌은 현재 절강성에 있는 천태산에 이르기 위하여 남쪽으로 가는 허가를 얻어냈다. 이 성스러운 산은 천태종이란 이름에서 유래하거니와 천태종의 승려에게는 마음의 고향이며 총본산이었다. 또한 40년 전 사이쵸가 지나를 순례할 때 가장 중요한 목적이었다.

엔닌은 양주에 머무는 허가를 얻고 나서 자신과 관련된 세속적인 환경문제에 대해서도 예리하게 관찰하면서 일본의 불교사원에 알려지지 않은 불교의 새로운 장면을 연구하기 시작하였다. 마침 이때 그는 당시 위대한 정치가인 이덕유李德裕와 가까워지게 되었다. 그는 양주 지방의 최고사령관〔都督〕이었다.

엔닌은 천태산으로 가고 싶었으나 천태산으로 가는 허가가 내려오지 않았다. 그의 청원은 중앙에서 엔닌이 견당사절단과 함께 일본으로 돌아가기로 예정되었기 때문에 충분한 시간이 없다는 이유로 각하되었다. 엔닌은 청익승의 자격을 얻는 것이 오랜 숙원이었으나 역효과가 났다. 한편 지금까지 그와 가장 가까운 여행 동료인 천태승 엔사이圓載는 유학승의 자격이 있는 관계로 성지聖地를 방문하는 허가를 얻었다. 유학승은 문자 그대로 머무르면서 배우는 승려이다. 그러므로 견당사와 함께 반드시 돌아가야 한다는 속박이 없었다. 엔닌은 지나를 순례하려는 주목적이 이루어지지 않음으로써 큰 실망을 맛보았다.

칙명을 재고하는 항소규정이 없다 보니 어쩔 수 없이 동행인과 함께 귀국 준비를 하지 않으면 안 되었다. 양주에 머물고 있는 엔닌과 일행은 839년 2월 양주를 출발하여 양자강과 회하淮河를 잇는 수로를 통해 북쪽의 초주楚州로 향하였다. 이 수로를 따라 북으로 향하면 회하의 지류가 황하로 들어가는 지점에 이른다. 그런데 이들은 운하가 회하와 만나는 초주에서 장안을 향해 오는 일행과 합류하였다. 3월 합류한 일본인 전원은 초주에서 배로 출발하여 귀국길에 올랐다. 회하를 따라 내려가 산동 반도의 남쪽에서 약간 남쪽으로 내려온 지점으로 나왔다.

이때 엔닌은 중대한 결정을 하지 않으면 안 되었다. 즉 초주에 거주하고 있는 신라 상인들은 지나의 법률과 그 맹점에 대해 일본인보다 훤히 알고 있는지라 엔닌에게 산동 반도의 연안을 따라 있는 지점으로 상륙하라고 권하였다. 그 지점에는 친구인 신라 사람이 기다리고 있었다. 신라 사람들은 엔닌을 지나의 관헌으로부터 숨겨주었으며 어떻게 해서든 순례를 계속할 수 있는 길을 찾으라고 하였다. 그런데 여기서 예기치 않은 곤란한 문제가 생겼다. 사절단의 관리들은 말다툼 끝에 일본으로 가는 방법으로 산동 반도를 따라 항해하기로 한다는 예정을 뒤집고 순풍을 기다리다가 현재 지점에서 곧바로 동쪽의 큰 바다로 나가기로 결정했기 때문이다. 엔닌은 뚜렷한 대안이 없다 보니 동포를 믿고 두 명의 제자인 이쇼우惟正와 이교오惟曉, 그리고 하인인 테이유우만丁雄萬이 함께 회하의 하구에서 북쪽으로 좀 멀지 않은 해안의 한 지점으로 상륙하게 하였다.

이 지점에서 여러 전기가 즐겨 말하는 하나의 사건이 일어났다. 해안으로 내려선 네 사람은 뜻밖에 무슨 소리를 귀 기울여 들었다. 방금 내려선 일본의 선단이 일어날 정도의 후미진 물가로 이상한 배 1척이 들어가는 것을 보았다. 혹시 해적의 손으로 넘어가지 않을까 염려하여 엔닌은 모든 소지품을 그 배의 선원들에게 맡겼다. 그런데 우호적인 신라의 상인들이다. 이들은 산동에서 남쪽의 초주로 숯을 수송하는 사람들이었다.

이들은 친절하게도 선원 한 사람을 안내자로 내세우고는 산과 구릉을 넘어 일본인들을 제일 가까운 부락으로 인도하였다. 이 사건은 즐겁게 끝이 났는데도 전기 작가들은 악의가 없는 숯 상인들을 강도로 활동한 무서운 해적이라 하고 숨통을 끊을 듯한 위기일발 때 기적적인 상황이 나타난 것은 엔닌이 모든 것을 내버린 무저항주의가 빚은 결과라고 기술하고 있다.

엔닌이 만난 어려움은 이렇게 끝나지 않았다. 엔닌과 일행은 속여

서라도 통과하려 하여 사려 깊지 않게 신라 사람이라고 허위로 신고하였다. 결국 네 사람은 지나의 관헌에게 체포되어 마침 가까운 항구에 정박해 있는 일본사절단의 배로 보내졌다.

엔닌은 다시 체념하여 일본으로 돌아가는 배편에 몸을 맡겼다. 2, 3일 후에 배는 동쪽을 향해 큰 바다로 나아갔다. 이번에 운명은 그의 편이었다. 바람이 산동의 북쪽 연안으로 불어 배는 되돌려졌다. 엔닌에게 지나 관료주의의 두꺼운 벽을 부술 좋은 기회가 한차례 더 생겼다. 일행은 비참하게도 7주간에 걸친 폭풍으로 농락을 당하였다. 결국 배는 6월 7일 반도의 동쪽 끝에 간신히 도착하였다. 다음날 엔닌과 그의 수행원은 상륙하여 근처의 신라 사람의 작은 승원을 찾았다. 적산승원赤山僧院이라고 불리고 있었다. 이들은 열흘 뒤에 드디어 일본 배가 출항할 때 신라인 사회의 따뜻한 보호를 받아 여기에 머물렀다.

순례

　네 명의 일본인은 그해 가을부터 겨울까지 신라의 절에서 조용히 지내고 있었다. 봄이 왔는데도 순례 여행이 자꾸 지연되다 보니 이들은 흥분하는 등 참을성을 잃었다. 이들의 목적지는 이제 아득한 남방의 천태산天台山이 아니고, 그들이 있는 현재 지점에서 서북쪽으로 직선거리로 약 520마일 지점, 즉 현재 산서성의 동북에 있는 오대산五臺山이었다. 절의 신라 승려들이 지적한 바에 의하면, 이 성스러운 산은 천태보다 쉽게 갈 수 있다는 것이다. 오대산은 천태산과 아울러 불교 학문의 중심지이었다. 엔닌은 결국 신라 승려들의 권유를 따랐다.

　일행 네 사람은 840년 2월 19일 출발하여 먼저 현청縣廳이 있는 문등文登지방으로 들어갔다. 거기서 신라 친구의 호의로 엔닌은 여행을 계속하는 허가증을 받아냈다. 이를 배경으로 이들은 다음 주州의 수도로 들어가 거기서 다음 지방의 수도로 가는 여행증을 받았다. 이렇게 해서 드디어 오대산에 이르는 허가를 얻어내어 오대산에서 당나라의 수도 장안으로 가는 허가를 얻을 수 있었다. 적산원을 떠난 지 2개월 이상이 지났는데, 엔닌의 계산에 의하면 길 위에서 44일이 걸려 드디어 4월 28일 그와 일행은 오대산의 성지聖地에 도착하였다. 이곳은 당나라 불교센터의 하나이며, 지혜의 보살문수(菩薩文殊 : 산스크리스트어로는 만쥬스리Mānjuśri)를 정성스레 받드는 연고지로 번영하고 있었다. 보살은 종종 때에 따라 별의별 모습으로 나타나 그 땅을 깨끗하게 하였다. 오대산이란 문자 그대로 다섯 개의 봉우리가 있는 산이란 말이다. 실제로 다섯 개의 봉우리가 솟아 있다. 엔닌의 말을 빌리면 굽이치는 물굽이처럼 보인다. 다섯 개의 봉우리는 지역을 넓게 차지하고 수한대(樹限帶 : 초목이 돋아나는 높은 한계)를 넘어 주위의 산들보다 눈에 띠게 치솟아 있다.

엔닌 일행은 오대산에 2개월 넘게 머물렀다. 이들은 대부분의 시간을 이 지역의 두 절에서 보냈다. 이곳에서 엔닌은 불교학자 밑에서 욕심껏 배웠다. 그의 두 제자는 여기서 지나의 국법에 따라 불문佛門으로 들어가는 득도得度 의식을 집행할 수 있는 한 계단(戒壇 : 승려가 되는 계율을 주는 장소)에 올라 한 사람만이 승려가 되는 서약식을 거행하여 받을 수 있었다. 일본인 일행은 두 사원 말고 다른 사원도 순회하고 문수보살의 위엄이 있는 형상을 경이로운 눈으로 처음 만나 뵈었으며, 기타 불보살상佛菩薩像과 유적에 대해서도 경건한 마음으로 기도를 올렸다. 이들은 또한 다섯 개의 봉우리에 올랐는데, 각 산의 꼭대기와 가는 길에 제사를 모시는 여러 부처와 모든 하늘을 구석구석 나아가 뵈었다.

오대산은 말할 필요 없이 기적의 산이다. 엔닌은 정성을 들여 일기에 많은 것을 언급하였다. 그리고 그 자신이 경험한 조신한 기적도 이곳에서 일어났다. 어느 때인가 그만이 급히 다섯 개의 햇빛이 강당으로 쏟아져 들어왔다고 생각하였는데 홀연히 사라졌다. 그와 함께 있었던 사람들도 색이 환한 구름이 빛을 내보내 산의 중턱의 공간에서 꼭대기로 오르더니 드디어 사라졌다고 확인하였다. 또한 그들은 야간에 두 개의 빛을 보았다고 한다. 하나는 산등성이 위로, 또 하나는 깊숙한 계곡으로 비친 희미한 빛이 점점 커져 작은 집 같은 크기의 불덩어리가 드디어 사라져 버렸다고 한다.

현대 회의적인 사람이라도 엔닌이 사소한 기적을 목격한 것을 무시하지 않을 것이다. 한데 전기 작가들은 이러한 조심스러운 기적을 그리 만족하지 않았다. 이들은 엔닌이 강당에서 본 빛을 과장하여 엔닌의 머리 뒤쪽으로 눈부시게 빛난 오색의 후광後光을 모든 사람에게 알려진 소문으로 변형시켰다. 또한 전기 작가들의 필치는 엔닌이 밤중에 본 두 개의 빛을 새로 문장에 살을 붙였다. 두 개 빛이 하나로 되는 과정에 그들의 묘사에 따르면, 깊은 골짜기에 가득 차고 먼 꼭대기를 비추고, 그 빛은 다섯 봉우리 전체로 퍼져나가 빛났다고 한다.

다시 전기 작가들은 자신들이 꾸민 기적을 앞다투어 서술하였다. 사자獅子가 지나에 없는데도 오대산에는 있다고 생각하였다. 왜냐하면, 문수보살이 항상 서방의 고귀한 동물을 걸터앉았다고 묘사하고 있기 때문이다. 엔닌은 문수보살이 사자 등에 탄 조각이 많으며 그려진 사자를 보았다고 기록하고 있지만, 전기 작가들은 이를 극적으로 구성하여 마치 엔닌이 직접 살아 있는 무서운 사자를 만났다고 표현하고 있다. 두 차례, 또는 어느 전기에 의하면 세 차례, 엔닌이 다섯 성스러운 봉우리를 참배하고 있는 도중에 그의 앞길을 막았다고 한다. 엔닌은 두려워하지 않고 다시 순례의 발걸음을 앞으로 내디뎠을 때 사자가 사라지자 정신이 들었다고 한다.

불교 탄압

　7월 상순 네 명의 일본인은 오대산을 떠나 현재 산서성의 동북방향에서 서남쪽으로 방향을 잡아 드디어 황하를 건너 현재의 서안西安, 즉 장안에 840년 8월 20일에 도착하였다. 며칠이 지나지 않아 정부의 명령으로 이들은 수도의 동쪽에 있는 자성사資聖寺에 자리를 잡았다. 여기서 이들은 유력한 환관 구사량仇土良의 관할 밑으로 들어가게 되었다. 그는 궁정의 추밀고문樞密顧問인 동시에 육군대장이며 수도의 동반부에 있는 사원의 행정 책임자이기도 하였다. 엔닌은 수도에서 저명한 불교학자인 지나인과 인도인 중에서 저명한 불교학자를 스승으로 맞아 2~3년간 학문 연구에 몰두하였다.

　엔닌은 불교연구에 몰두해서인지, 아니면 고귀한 지나 생활에 혼을 뺏겨서인지 수도에서 겪은 다양한 생활을 많이 기술하지 않고 대부분 종교적 제사나 정치적으로 중요한 사건과 관련된 소문만을 적어 두었다.

그러나 엔닌의 연구는, 곧 방해를 받아 중단되지 않을 수 없었다. 840년 이른 봄 무종武宗이 즉위하자, 양주에서 이덕유를 불러들여 국무대신[宰相]에 임명하였다. 무종은 종교에 관심을 가졌으나 나이를 먹으면서 열렬한 도교의 신봉자가 되었다. 도교는 당시 지나에서 불교의 경쟁상대가 되었다. 엔닌이 기록한 바에 의하면, 황제는 기이한 행동을 하는 성격이상자이었다고 한다. 9세기까지 국가는 일찍이 불교에 준 특전을 회수하였다. 불교가 외국 종교인데다가 가족의 아버지로서, 토지의 경작자로서, 나라의 심부름꾼으로서 정상적인 사회적 기능을 해야 할 선량한 인민을 사회로부터 뺏는 반사회적 종교라고 단정하였다. 다시 말해, 불교 때문에 많은 토지가 세금이 면제되는 땅이 되었다는 점을 주목하여 심하게 불교를 미워하게 되었다.

관료의 적의적 태도와 황제의 도교 심취가 한 몸이 되어 지나의 역사상 최대의 종교탄압이 발생하였다. 이렇게 해서 당시 지나에서 명성과 지적 활동의 정점에 있었던 불교사원은 일대 타격을 받아 다시는 회복할 수 없게 되었다. 불교보다 약세인 외국 종교, 예를 들면 기독교의 네스토리우스파[景敎] 등은 겨우 장안에서 지위가 불안하다 보니 함께 흔적도 없이 사라졌다.

박해가 나타날 징조는 842년 이른 봄에 분명해졌다. 같은 해 10월 승려와 여승을 환속시켜 납세 의무자로 한다는 첫 칙령이 발표되었다. 구사량은 불교탄압 움직임을 반대하여 최선을 다해 자신의 관할하에 있는 세 명의 일본 승려와 18명의 외국인 성직자를 보호하는 일을 소홀히 하지 않았다. 그는 실론Ceylon과 중앙아시아의 쿠차kucha에서 온 각 한 사람, 그리고 인도와 신라에서 온 여러 사람을 마음에 품고 있었다. 불교도로서는 불행하게도 위대한 환관이 843년 6월에 사망하였다. 다음 날 엔닌은 또 한 사람의 손실을 보았다. 즉 그의 제자 2명 중에 이교오가 사망하였다.

탄압은 844년 후반에 더욱 매우 격렬해지면서 이듬해까지 계속되었다. 탄압이 강화됨에 따라 남은 모든 승려와 여승이 환속되고 모든 사원과 불교의 건축물을 파괴하라는 명령이 내려졌다. 841년, 일찍 엔닌은 고국으로 돌아가게 해달라는 탄원서를 제출하기 시작하였다. 845년 3월, 그는 절망한 끝에 환속하기를 원하였다. 지나의 관료들은 이 요구에 대해 이전에도 그랬듯이 표면상 아무 관심도 나타내지 않았다.

2개월이 지나자, 그와 모든 외국인 승려는 환속을 명령받아 국외로 추방하라는 칙령이 발표되었다. 엔닌의 일기가 괴롭게 기술하듯이 그는 100회 이상 고국으로 돌아가게 해달라고 청원하였으나 한 번도 성공하지 못하였다. 이번에는 탄압이 강화되어서인지 급히 귀국하라는 명령을 받았다. 그는 그때를 서술하기를, 슬프기도 하고 기쁘기도 하였다고 하였다. 수도에 있던 엔닌의 친구인 관료들은 그런 사정에서인지 허용된 범위에서 환송회를 베풀어 주었다. 장안에서 연안으로 향하는 일본인 3명에 대해 처음에는 지나인 장교가 호위를 맡았으나 뒤에는 다만 여행 일정만 지시하였다. 일본인들은 강제로 양주로 갔다. 그곳에서 다시 대운하를 통해 초주로 갔다. 초주에서 일본으로 타고 갈 배를 기다리는 동안에 그곳에서 체류허가를 얻지 못해 이들은 산동 반도의 튀어나온 끝까지 도보로 가지 않으면 안 되었다. 그리하여 845년 8월 27일 그곳에 도착하였다. 거기서 이들의 옛 보금자리인 적산사원이 무참히 파괴되었음을 목격하였다. 한편 신라인 친구의 도움으로 숙소를 제공받는 등 따뜻한 보호를 받았다.

846년 3월 무종이 사망하자, 그의 후계는 불교도에 대한 억압을 누그러뜨렸다. 그 결과 엔닌은 초주의 신라 친구의 집에 내버린 귀중한 불교경전과 여러 가지 그림을 되찾을 수 있었다. 같은 해 10월, 일본에서 엔닌을 찾기 위하여 파견된 일본 승려 쇼카이性海를 만났다. 847년 이른 봄에, 일본인 일행은 다시 정박 중인 일본 배로 아쉬운 대로 남쪽으로 향해 출발하였다. 그러나 초주에 도착하였을 때 이들은 배가 출범하였음을 알았다. 그러나 신라의 배 한 척이 산동의 연안을 따라 이들을 기다리고 있었다. 곧바로 북쪽으로 가서 서둘러 선편을 얻어 간신히 9월 2일 지나의 연안에 마지막 이별을 고하였다. 신라의 서쪽과 남쪽 연안 바다의 무수한 섬들을 뚫고 나가 15일 간의 항해 끝에, 이들은 엔닌이 9년 전에 지나를 향해 출범한 서일본의 출발 지점으로 간신히 되돌아올 수 있었다.

사원의 아버지

　엔닌은 848년 3월 29일 쇼카이惟海와 이쇼오惟正을 데리고 일본의 수도 교토에 이르렀다. 그곳에서 이들은 칙사의 환영을 받고 천황의 선물을 받았다. 엔닌은 이제 방황하는 승려가 아니고 위험한 지나에서 사명을 끝까지 마치고 개선한 국가적인 대 영웅이 되었기 때문이다. 엔랴쿠지延曆寺의 동료들은 '구름처럼' 모여들어와 그를 환영하였다. 그가 지나에서 가져온 종교적 그림과 원전이 많음을 보고 놀라는 빛으로 기뻐하면서 칭찬을 하였다.

　엔닌은 즉시 그의 동료들에게 지나에서 배운 새로운 종교적 실천을 가르치기 시작하였다. 황실은 그를 사랑하여 귀국 후, 곧 최고의 승위기(僧位記 : 傳燈大法師位)[7]를 주고 같은 해 7월에 그를 궁정의 승

---

　7 위位는 전등법사이었지만, 이것은 아마 이전의 칭호를 다시 재발행하였던 것이었을 것이다. 엔닌의 연령은 문헌에는 50세라고 되어 있기 때문에 842년의 것이 되고, 그의 일기에 의하면, 그 자신은 이미 이 위位를 지나 최초의 달에 갖고 있었던 것이 분명하기 때문이다.

려〔內供奉〕에 임명하였다.[8] 이러한 황실의 총애는 남은 16년간의 생애를 통해 변함없이 지속되었다.

이 기간에 대해 전기 작가들은 그가 지나에서 가져온 의식과 종교적 실천들을 목록에 기록하고, 그가 쓴 경전의 주석서 이름을 열거하였으며 또한 그가 세운 종교적 건축물들을 기록하였다. 그리고 그가 천황한테서 받은 여러 가지 명예를 열거한 것 말고는 거의 아무것도 기록하지 않았다. 9세기에 이러한 순수한 성공은 현대의 사정에 비하면 전혀 남다른 탐색적인 흥미를 자아내지 못한다. 적어도 엔닌은 만년에 개선장군처럼 승리를 거두어 불교가 그다지 감격적이지 않은 시대에 불교의 상세한 역사를 알려는 사람들의 관심을 불러일으킬 뿐이다.

그러나 엔닌의 노년기 경력에서 몇 가지 중요한 점은 기록할 가치가 있다. 예를 들면, 그가 일본으로 돌아온 첫해에 지나에서 얻은 두 개의 대만다라〔金剛界와 胎藏界〕를 복제시킨 것이다. 이것들은 불교의 모든 신들의 초상肖像과 어느 교학적인 원리의 상징을 정성과 공을 들여 만든 거대한 그림이다. 또한 849년 5월에, 황실이 주최하고 정부가 비용을 들여 천 명 이상의 승려가 참가한 가운데 정수리에 물을 붓는 큰 의식이 엔닌의 지도하에 거행되었다.

다음 해 몬토쿠文德 천황(850~858)이 즉위하자, 엔닌은 새로운 통치자와 그의 영토를 태평하게 하는 여러 가지 은밀한 법을 닦는 일을 위촉받았다. 드디어 854년 4월, 엔랴쿠지의 좌주(座主로 經·論을 강의하는 스님)가 되는 칙명을 받았다. 이리하여 당당하게 명실 공히 일본 천태종에 군림하게 되었다. 856년, 엔닌은 천황과 그의 측근에

---

8 엔닌의 '내봉공' 임명은 『삼대실록』에 의하면, 849년 7월로 그 날짜가 기록되어 있다.

게 특수한 종교적 의식에 따라 정수리에 물을 부었다. 이로써 그는 먼저 일본으로 넓히려는 밀교(密敎 : 7세기 후반기에 흥했던 불교의 한 파)에 황실이 가깝게 하도록 시도하였다. 2, 3개월이 지나자, 그는 황태자와 다른 황실의 고관들에게도 똑같이 정수리에 물을 부었다.

858년, 몬토쿠 천황을 이어 세이와淸和 황제(858~876)가 즉위하였다. 세이와 황제는 즉위하자 불교 교리에 대해 강의하도록 종용하였다. 게다가 천황은 이 고승의 지도하에 보살계의 서약을 하였다. 엔닌은 이어서 똑같은 서약을 황후를 시작으로 하여 150명의 단체를 포함하여 궁정에 벼슬하는 많은 사람들에게 일시에 주는 의식을 집행하였다.

이 사이에 엔닌은 지나에서 전하는 새로운 의식과 수양하는 법, 그리고 종교의 뜻을 계속 가르쳤다. 또한 동시에 경전과 의례에 관한 주석서를 많이 저술하고 오대산을 순례할 때 은총을 받은 문수보살에게 바치는 불당佛堂을 포함하여 많은 종교시설을 건조하였다. 엔닌은 어느새 나이를 먹어 서서히 후계자인 야스에安惠를 격려하여 서서히 여러 가지 의무를 맡겼다. 드디어 엔닌은 863년 10월, 병상에 누웠다. 다음 해 1월 14일, 72세를 일기로 화천化天하였다.

일본에서는 사후에 주어진 명예는 보잘것없는 텅 빈 허영이라고 보지 않는다. 엔닌의 경력은 그의 죽음과 더불어 끝나지 않았다. 그러므로 그의 전기는 사망 후에도 계속 기술되고 있다. 그의 사망 후 한 달째가 되는 2월 16일, 칙사가 그의 무덤 앞에서 승려의 세계에서는 찾아볼 수 없는 최고의 지위인 법인대화상(法印大和尙 : 법의 상징을 지닌 위대한 승려)을 주는 조서를 읽었다. 즉 이 특별한 지위는 새로 만들어졌으며 승려의 계급제도 전체가 차제에 바뀌게 되었다. 그 정

도로 황실은 엔닌에게 특별한 명예를 주려고 하였다.[9]

엔닌의 스승이며 일본 천태종의 개조開祖인 사이쵸(最澄, 766~822), 사이쵸와 함께 804년 지나로 건너갔다가 2년 늦게 부처의 말을 전해 이 시대를 대표하는 또 하나의 위대한 종문宗門의 개조開祖가 된 쿠카이(空海, 774~835)도 한 달 이상 지나에서 간신히 이 지위를 받기에 이르렀다.[10]

이와 같이 두 조사祖師는 각기 엔닌보다 42년과 29년 전에 사망하였지만 엔닌보다 나중에 명예를 받았다. 그러니 엔닌이 달성한 그런 모양새는 없었다.

사이쵸는 최고의 명예를 받긴 하였으나 유명한 제자의 힘을 입은 바가 적지 않다. 866년 7월 14일, 일본의 황실이 역사상 처음 대사의 호칭을 준 엔닌에게 자각대사(慈覺大師 : 자비와 이해가 큰 스승)를 추증할 때 사이쵸에게는 전교대사(傳敎大師 : 가르침을 전하는 큰 스승)이란 시호가 추증되었다. 우카이는 황실로부터 홍법대사(弘法大師 : 법을 넓힌 큰 스승)란 시호를 받았으나 엔닌보다 55년을 기다리지 않으면 안되었다.

이렇듯이 사후의 엔닌에게 여러 가지 명예가 주어진 기간에 엔랴쿠지에서는 그의 후계자와 제자들이 스승의 유업을 완수해나가고 있었다. 즉 이들은 스승이 시작한 계획을 차근차근 완성하기도 하면서 스승이 손수 쓰기 시작한 문헌을 완성하고, 스승이 창건하려고 서원한 건물공사를 완성하였으며, 스승이 넓히려고 한 밀법密法을

---

9 같은 책, 864년 2월 16일 참조.

10 같은 책, 864년 3월 27일.

닦았다.

　이러한 사망 후의 마지막 업무에 대해 10세기 엔닌의 전기에 의하면, 916년의 항목에 다음과 같이 기록되어 있다. 즉 이 해에 이 업무가 아직 부분적으로 밖에 완성되지 않았지만 백단(白檀 : 좋은 향기가 나는 나무로 동남아시아에 자생함)으로 아미타불의 존상尊像을 조각하며 금박가루를 아교풀에 개어서 경전을 필사하는 두 가지 사업을 엔닌이 사망하기 전에 성취하려고 맹세하고는 완수하지 못한 것을 제자들이 성취하였다.

엔닌의 성장 내력과 인품

　이처럼 엔닌의 생애와 그의 많은 사적과 관련하여 그를 한 개인, 혹은 역사상에 등장하는 한 인물이라고 하는 것은 바람직하지 않다. 결국 전기 작가들은 그들의 신앙심이 돈독하여 두려운 생각을 갖고 알리고 있으며, 엔닌이 완수한 여러 종교적 업적을 정성과 공을 들여 기록하고 있지만 그의 인품에 대해서는 무엇인가 전하고 있지 않다. 그것이 쓰인 시대에는 생생한 인상을 주었을 것이지만 천 년이 지난 오늘날 입장에서 보면 외관적으로 전혀 하찮은 행적의 연속에 불과하다.

　엔닌은 그가 속한 종파의 조사祖師가 아니고 엔랴쿠지를 세운 것도 아니다. 그의 사망과 우리가 살고 있는 시대 사이에는 240대代가 넘는 승려들이 있으며 모두 좌주(座主 : 經·論을 講說하는 스님)의 지위를 차지하였다. 엔닌의 이름은 일반 대중한테는 서서히 역사 속으로 또는 많은 사람들로부터 잊혀졌다. 하지만 쿠카이와 사이쵸가 그 시대를 대표하는 각 종파의 개조開祖로서 영원히 기억되리라고 그렇게 간단히 말할 수 없다.

하지만 역사가로서는 엔닌을 이런 운명에 만족하도록 내버려 둘 수 없다. 엔닌의 이름을 썩어 없어지지 않게 한 그의 일기가 다행히 보존되었다는 것을 제외하더라도 그의 경력은 전기 작가들이 서술한 것보다 훨씬 중요한 역사적 의의가 있다. 엔닌은 사이쵸나 쿠카이가 쇄신한 것을 발전시켜 더욱 확고하게 만들었다. 엔닌의 노력이 없었다면 그들의 개종開宗은 역사의 흐름에서 사실 많은 성과를 내지 못하였을 것이다. 사이쵸나 쿠카이가 일본 불교의 큰 영웅으로 역사에 그 명성이 길이 빛나게 된 것은 엔닌을 비롯하여 보이지 않는 훌륭한 인재의 힘이 있었기 때문이다.

그렇다고 해서 쿠카이나 사이쵸의 업적을 과소평가해서는 안 된다. 이들은 8세기 일본을 지배한 나라奈良 불교의 전통에 대항하여 새로운 시대의 불교를 히에이잔과 코야잔高野山에서 시작하였다. 특히 사이쵸의 위대함은 불과 1년도 되지 않는 짧은 기간에 지나에 머물음으로써 다방면에 걸친 방대한 천태불교의 본뜻과 업적을 충분히 음미하고 종합적으로 혼합하여 일본에 소개하는 데 성공하였다. 쿠카이도 똑같이 예로부터 전래하는 일본 불교의 더러운 습관을 타파하고, 당시 지나에서 급속하게 유행하고 있었던 진언밀교眞言密教를 새로 전파하고 수도에서 남쪽으로 떨어진 코야잔 정상의 장대한 산림 속에 종교적 센터를 열었다.

엔닌은 지나를 두 번째로 방문한 일본 천태의 지도자로서 돌아가신 스승 사이쵸가 지나에 짧게 머무는 바람에 못보고 빠뜨린 종문宗門의 많은 종교적 주지主旨에 대해 대륙에 오래 머물러 남몰래 배울 기회를 얻었다. 엔닌이 일본 천태에 끼친 중요한 공헌은 밀교를 소개하는데 있었다. 쿠카이는 이미 그의 진언종으로 밀교를 전했지만 엔닌 이후 여러 해가 지나 지나로 건너갔던 엔친圓珍도 밀교의 수행법을 가지고 돌아왔다.

일본의 승려가 지나에서 불법을 배우고 귀국한 후에 어떤 일이 벌어졌을까? 엔친의 제자들과 엔닌의 후계자들은 그들이 예전에 살았던 고향인 히에이잔의 사원을 둘러싸고 대립하는 상황이 벌어졌다. 다시 말하자면, 그 정도로 당시 지나에서 불교가 성행하고 있었음을 알 수 있다. 엔닌이 불교의 이러한 상황에 정력을 기우린 것은 무리가 아니다.

엔닌은 엄밀하게 일본 불교에 새로운 것을 가져오지 않았지만, 그의 공헌은 천태 철학과 밀교를 성공적으로 결합하고 그가 배운 것을 활발하게 세상에 전파한 점에 있다. 쿠카이의 진언은 수도의 평지에서 떨어져 있는 남쪽의 산간오진에 집중하고 있었지만, 엔닌이 가져온 밀교는 수도를 한 번에 보는 히에이산에서 행해져 곧바로 황실을 매료시켜, 황실은 이 새로운 이국적인 종교행사를 열광적으로 환영하였다. 화려한 의식·풍부한 상징·밀교를 닦는 빛나는 예술적 부속품 등은 곧바로 오랫동안 세속적인 권위의 겉치레에 길들여진 일본의 궁정 사람들을 매혹시켰다.

이는 일본에 처음 쿠카이가 가져온 밀교의 승리일 뿐 아니라 사이쵸가 전한 천태종으로서도 승리이었다. 사이쵸는 나라 6종宗으로부터 독립하여 그들의 절대 권세와 투쟁하는데 자신의 정력을 소모해 버렸다. 엔닌은 스승의 본래 뜻을 계승하여 천태 가르침의 매력을 확대함으로써 이 투쟁에서 결정적인 승리를 가져왔다. 이리하여 천태종은 황실로부터 미증유의 은혜를 받음으로써 당시 불교계에 군림하게 되었다.

　이후 2, 3세기 동안에 종교생활에서 주도권을 장악한 것은 사이쵸가 시작한 천태의 현교(顯敎 : 思量, 설명, 해석 등을 할 수 있는 경전, 밀교 이외의 종파)가 아니고 오히려 반半밀교적인 엔닌에 의해 화려하게 체질이 개선된 천태이었다. 후일 일본 불교의 종교적 토대를 쌓은 많은 조사祖師들이 보금자리를 떠난 엔랴쿠지의 사원은 사이쵸가 시작하였으나 발전시킨 것은 엔닌이었다. 사이쵸가 가져온 종합적인 가르침처럼 엔닌은 밀교의 수행법을 당시 귀족들에게 많이 호소하였다. 헌데 12세기부터 13세기에 걸쳐 광범위한 종교적 각성시대가 열리자 대중의 신앙을 지도하는 선각자들이 나타났다. 이들은 엔닌의 돌아가신 스승 사이쵸가 가져온 철학적 가르침에서 많은 것을 배웠듯이 엔닌이 대중화한 신앙의 상징적 행위에서도 많은 것을 배웠다. 엔닌은 쿠카이의 낭만적인 모습이라든지 사이쵸, 또는 후일 불교적 지도자 몇 사람에게서 보이는 지적인 매력은 부족하지만 1천 년 동안 일본을 지배한 종교의 가장 중요한 형성자로서 일본 불교의 역사상 걸출한 인물이다.

　엔닌이 역사적인 인물로서 어떤 역할을 했다고 하더라도 엔닌이란 인물에 대한 정확한 파악은 문제치고는 곤란하다. 그의 전기 작가들은 그들이 공경하는 불보살佛菩薩의 하나에 대하듯이 엔닌에 대해서도 숭배하는 마음을 품고 있다. 엔닌 자신이 쓴 것조차도 그의 인격에 대해 우리가 알려고 하는 모든 것을 전해주고 있지 않다. 그는 정확하게 특징이 나타나 우리를 기쁘게 해주는 기록을 상세히 일기에 적었지만 자손을 그의 좋은 이해자로 하려는 훌륭한 보즈엘(Boswell : 영국의 父子 2대에 걸친 전기 작가)과 같은 인물은 결국 아니었다.

그런데도 불구하고 우리들은 일기와 다른 저술 및 그의 전기를 통해 엔닌이 어떠한 인물이었는지 어렴풋이 결론을 끌어낼 수 있다. 그는 훌륭한 독창성과 아주 뛰어난 두뇌의 소유자이었다고 볼 수 없다. 하지만 보통이 아닌 실력을 가지고 있었던 것은 의심되지 않는다. 많은 저서와 그의 전 생애는 이를 증명하고 있지만 참으로 경탄할 점은 그가 동일본의 시골구석의 성씨이므로 혜택을 누리지 못하고 상경했는데도 이런 위대한 업적을 달성하였다. 9세기 일본에서는 출생이 인생의 모든 진행을 운명 짓는 결정적 요소이었다. 이 점은 승려의 세계에서도 예외는 아니었지만, 당시 승려의 세계만은 천한 신분의 사람에게도 문호를 열었다. 사이쵸는, 예를 들면 대륙의 혈통을 받은 수도 지방에 거주하는 집에서 출생하고, 쿠카이는 서일본의 시코크四國 지방의 귀족 출신이었다. 그러나 엔닌은 이름도 모르는 평민 출신인데도 최고의 명예에 도달하여 일본의 역사상 누구도 성취할 수 없는 일을 해냈던 것이다.

성격이란 엔닌에게도 지적인 능력과 똑같이 종교에 군림하는 큰 요소가 되었다. 그래서 그가 지녔다고 생각되는 성격이 충분히 발휘된 셈이었다. 그가 지나에서 역경에 처했는데도 나타난 과감한 용단은 누구도 흉내를 낼 수 없었을 것이다. 또한 누구도 그를 따르던 충실한 제자와 친구를 가질 수 없었을 것이다. 엔닌은 자신의 인간적 약점을 구태여 헤집어 내어 감추려고 하지 않았다. 그는 종종 실망하기도 하고 때로는 겁이 많았다. 그래서 언제나 신중하게 말을 했다고 할 수 없다 하였다. 그러나 가령 한순간이라도 그의 신앙이나 종교적 정렬이 동요하지 않았다. 또한 어떤 곤경에 처하더라도 단 한 번도 이성을 잃을 정도의 행동거지는 나타나지 않았다.

우리가 아는 한 엔닌의 생애를 통해 단 한 번도 다툼이 없었다. 그의 첫 여행 동료인 엔사이元載가 지나에서 엔닌의 연구를 재물로 도와주기 위하여 황실에서 보낸준 금 14온스兩를 그 자신의 목적으로 유용했을 때에도 엔닌은 초조함을 나타내 보이지 않았다. 그리고 몇 년 뒤에 엔친圓珍이 지나에서 그를 만나 묘사하였듯이 엔사이는 이미 타락하여 도리에 어긋난 천성을 드러내어 위선적이며 쓸모없는 너절한 인간이 되었을 것이다.

성공이 절정에 이르렀을 때에도 엔닌의 성자聖者다운 성격은 변하지 않았다. 그의 시대 최고의 불교인인 엔닌은 순진한 신자이며, 자신의 업무에 열정을 바치고 조심스레 순례와 법을 구하면서도 만족을 모르는 학문 연구자 시대처럼 대인관계에서도 어떠한 수치스러운 오점을 만들지 않았다.

엔닌이 사람이 되는 묘사는 아무래도 불완전하지만 매우 드문 정력과 지성에다 조화로운 성격을 지닌 훌륭한 인물이며, 성자처럼 과감한 행동에서 보이듯이 우수한 능력의 소유자이고 굳건하여 움직이지 않는 신앙을 일관되게 유지하고 있었다. 그는 얼핏 보면 지성의 새로운 번득임을 보여주는 독창적인 상상력을 지닌 사람은 아니지만, 스스로의 결정력과 사람을 고무시키는 성격으로 그의 선배들이 발견한 새로운 영역을 개척하는 것은 화려하지 않지만 처리하기 어려운 업무가 있을 많은 사람들을 인도할 수 있었다.

3

견당사遣唐使

견당사

엔닌이 견당사절단의 공식적인 일원으로 지나로 건너갔다는 것은 역사적으로 다행스런 사건이다. 그의 일기에서 삼분의 일을 차지하는 도입 부분은 그 자신 주변의 일을 알리는 동시에 동지나해東支那海의 거친 파도를 넘어 건넜던 사절단의 모험과 소동이 많았던 항해 기록과 우리가 알 수 있는 극동지방의 유일한 국제관계의 초기 단계에 관한 상세한 자료이다.

더욱 다행스러운 것은 이 특수한 사절단은 일본의 연대기에서도 다룬 어떤 해외파견 사절단보다 충분히 다루어지고 있다. 일본 역사에서 이 시대를 보충하는 『속일본후기續日本後記』는 첫 번째 임명에서 마지막 폐지에 이르기까지 많은 기사를 여기저기에 적고 있다. 이를 엔닌의 일기에 상세하게 쓰인 실제 해외활동과 합치면 당나라에 파견된 일본사절단의 전모가 명백해진다.

오늘날 외국에 파견된 정부기관으로서 대사관과 공사관은 보통 표면적인 의례만을 다루고 있다. 외국에 주재하는 정부기관은 대개 모국 내부의 정치적 움직임하고는 큰 관계가 없다. 즉 직접 국제관계를 결정하는 기관이 아니고, 국가 간에 일어나는 보다 유기적인 접촉에서 긴장관계를 표면적으로 대표할 따름이다.

그러나 9세기 극동의 상황은 결코 그러하지 않았다. 외교사절단은 대당제국大唐帝國에 있어서는 대외관계의 핵심을 이루고 있으며, 지나인이 생각하는 국제관계의 모든 원리를 구체화한 것이었다. 고대의 일본인에게는 그 이상의 중요한 의미가 있었다. 결국 견당사절단은 일본이 외부의 세계와 접촉하는 중요한 기관이며, 대륙의 문물을 아는 가장 큰 통로이다 보니 일본을 미개한 나라에서 신속하게 문명사회의 일원으로 변화시키는 중요한 역할을 완수하였다.

고대 극동의 국제관계

　고대 지나인은 자신들의 나라를 사방의 이적夷狄으로 둘러싸인 특이한 문명의 나라라고 생각하였다. 즉 지나를 둘러싼 사방의 중요한 지방에는 그들보다 문명의 정도가 낮은 민족이 거주하고 있다고 생각하였다. 실제 적어도 당나라 시대가 시작되기까지 이런 생각이 극동에서 실정을 바르게 전하였다고 할 수 있다. 그들 세계의 주변 민족은 지나의 정치적, 문화적 영향권 밑에 놓여 있다고 지나인이 생각하고 있기 때문에 그들은 지나에 공물貢物을 바치는 관계에 있어야 한다고 여겼다.

　이적은 정기적으로 자신들의 공물을 가지고 지나의 수도를 방문한다고 생각하였다. 결국 자주 공물을 가지고 오면 그들은 중요한 이적이며, 찾아오지 않으면 그만큼 멀고 그만큼 중요하지 않게 된다. 그들의 공물과 충성을 표현한 답례로 지나의 황제는 선물을 하사하며 때로는 공적인 작위爵位를 하사하였다. 이렇게 해서 그들은 문명의 은

총에서 멀리 동떨어져 아직 개화되지 않은 고향으로 가지고 돌아갔다.

주변의 나라들이 토산물을 공물로 황제에게 바치면, 황제가 견제품이나 지나의 공예품을 주는 교환 형식은 일종의 국제적 물물교환 제도를 자연스레 확립하였다. 국제무역이 아직 중요한 역할을 하지 않았던 당시로서는 실제 극동의 무역은 이러한 형식으로 밖에 행해질 수 없었다고 할 것이다. 이러한 공물을 가져오는 외교사절단의 경제적 역할보다도 한층 중요한 것은 그들의 외교적 의의이다. 조공 관계가 지나인이 인정한 유일한 국제관계이므로, 지나에 조공하지 않는 나라는 벽촌僻村으로 문명의 범위를 넘어섰기 때문에 중요하지 않거나 실제로 적대행위를 하지 않았는데도 지나에 적의를 품고 있는 것이 아닐까 이렇게 생각하였다.

이처럼 지나에 대한 조공사절단은 극동에서 당시 국제관계의 유일한 상징이며, 어느 경우에는 지나에서 먼 이웃 나라와의 접촉이 거의 모두 형성되었다. 이후의 왕조에서는 조공제도가 보다 한층 완전하게 되고 동시에 형식화하여 초기의 경제적 중요성과 정치적 본바탕을 잃게 되었다. 하지만 당나라 시대에는 생동감이 넘치는 실효가 있는 제도이었다. 그래서 이 제도는 공식적으로 19세기 중엽까지 지나의 외교관계의 전통으로 자리가 잡혔다.

일본인은 당나라 시대 지나의 주변 민족처럼 지나와의 관계는 조공관계이었다. 견당사를 파견할 때마다 그들은 지나 황제에게 공물을 바치고 돌아올 때에는 선물과 작위를 받았다. 실제로 당나라가 출현하기 이전에도 일본은 지나와 관계를 유지하고 있었다. 일본의 역사는 상고시대 사절의 교환에 대해 매우 애매한 기술밖에 하고 있지 않지만 지나의 역대 왕조의 역사는 일본에서 이따금 온 사절단을 정확하게 기록하고 있다.

지나의 기록에 나타나는 가장 오래된 일본 사절단은 서기 57년에 왔다고 전해지고 있다. 이때 후한의 황제는 일본의 '노奴' 나라에서 온 사절단에게 그 주인을 위해 작위의 도장을 주었다고 한다.[1] 기묘하게도 '한漢의 〔영토〕인 일본의 노왕奴王'이라고 새겨진 황금 옥새가 우연히 대륙과 전통적으로 접촉한 지점인 서일본의 북규슈九州의 옛 도시의 유적에서 관개용 도랑을 파고 있었던 농부에 의해 1784년 발견되었다. 이것이 과연 지나의 자료에 기록된 것과 같은 옥새인지, 또는 '노의 왕'이라는 것은 실제 누구의 것인지 확인할 수 없다.

서기 57년, 일본에는 통일국가의 체제가 이루어지지 않았다. 지나의 자료에 의하면, 수많은 소부족으로 분할되어 각기 세습사제世襲司祭 또는 여사제女司祭에 의해 지배를 받았다고 한다. "奴의 王"이란 아마 많은 사제적司祭的 수장首長의 한 사람이었음에 틀림없다. 그가

---

1 『후한서』권 115의 '동이東夷'에 관한 기록에 의한다. 이 가운데 일본에 관한 부분에 관한 이어진 지나 역대 역조의 역사는 츠노다류사쿠角田柳作와 카링톤 굿리치(L. Carington Goddrich) 공역共譯에 의한 편리한 영역본인 『지나 역대왕조에서 일본. 후한後漢부터 명조明朝까지』(Japan in the Chinese Dynastic Histories, Later Han through Ming Dynasties, South Pasadena : P. D. & Ione Perkins, 1951)에 종합되어있다.
이 원전에서 일본을 가리킨다고 일반적으로 해석되는 두 개의 한자 '왜倭'와 '노奴'의 정확한 의미에 대해서는 의문이 있다. 전자는 보통 일본어로 와(ワ)라고 발음되어 일본을 의미하지만, '왜'와 '노'는 다른 것이 섞이지 않은 이름으로 함께 읽어야 한다. 왜냐하면 '누(ス)'를 나타내는 한자는 노예를 의미하고, '와(ワ)'도 경멸적인 의미를 갖는다. 일본인들은 후대가 되면 그들의 나라에 대한 이름을 분개하여 배척하고 새로이 만들어낸 '니혼(ニホン, 日本)' 또는 닛폰(ニッポン)'이라는 말을 즐겨 사용하였다. 일본이 지나 남부華南의 발음에 따라 영어의 'Japan'이 되어 우리들에게 알려지게 되었다.

5세기부터 6세기 무렵까지 일본의 천황가로 발전한 사제적 수장의 세습적인 혈통으로 이어지는 선조의 한 사람인지, 혹은 친척이었는지 결정할 방법이 없다.

지나의 역사가 보여주는 다음 일본 사절단은 107년 160명의 노예를 공물로 가지고 후한을 찾아왔다. 3세기 전반에 다시 여러 차례의 사절단이 북위北魏를 방문하였다고 기록되어 있다. 5세기에는 이전보다 배가 되는 사절단이 당시 남조의 수도인 남경南京을 방문하였다. 이들 사절단이 과연 일본의 중앙정부로서 서서히 확립되고 있었던 집단의 대표인지, 혹은 과연 어떤 정부를 대표하는 공식적인 사절단이었는지 판단되지 않는다.

지나에 파견된 이른바 사절단은 실제 어느 외국 통치자의 대표라고 인정을 받음으로써 보다 좋은 무역조건을 공식적으로 인정받기 위하여 꾸며서 말한 사적인 상인들이었는지도 모른다. 서기 1666년, 서아시아에서 지나의 남쪽 국경으로 들어온 상인들이 로마제국의 마르쿠스 아우렐리우스Marcus Aurelius 황제의 사절이라고 사칭한 것도 어쩌면 이러한 경우에 해당할 것이다. 상고시대 일본에서 온 사절단이 바친 신임장만 해도 마찬가지로 가짜이었는지 모를 일이다.

견수사遣隋使와 견당사

　　다시 1세기 이상이 지나 7세기 초가 되자, 지나로 떠나가는 일본 사절단은 갑자기 쇄신되었다. 항구적인 계획에 따라 규모가 확대됨으로써 이전과는 비교가 안 될 정도로 달라졌다. 그 이유는 부분적으로는 지나가 4세기에 걸쳐 혼란이 극에 달한 정치적 분열을 극복하고 일어나 다시 강력한 통일국가가 되었기 때문이다. 가장 중요한 이유는 일본이 이때까지 적어도 무엇인가 통일국가 체제를 정비하고, 이미 어느 정도 대륙의 문화를 소유하여 지나의 문자로 문장을 쓰는 방법을 받아들여 상대上代보다 신속히 지나로부터 배우는 것이 가능해졌기 때문이다. 실제 거의 느슨하여 마음이 가지 않을 정도의 대륙문화가 들어오고 나서 수세기 뒤에, 정확히 이 무렵에 일본인은 물질적, 정신적으로 보다 우수한 지나의 지식과 기술이 가져다주는 여러 가지 이익을 보고 정신을 차리기 시작하였다.

　　얘기는 그보다 수십 년 전으로 소급하면, 552년에 아직 미약하지만 급속하게 발흥하고 있었던 일본의 황실은 대륙문화를 수입하는 것이 어떨까라는 중대한 문제에 직면하였다. 백제에서 불상, 경전 기타 불구佛具 등의 선물이 들어올 때 외국 종교의 상징을 받아들이는 것이 과연 바람직할까라는 문제를 놓고 황실의 유력한 귀족 가문 간에 논쟁이 벌어졌다. 587년에 일어난 짧은 기간의 내란은 소가씨蘇我氏 측으로 하여금 문제를 매듭짓게 하였다. 결국 소가씨는 불교 수용을 주장하였다. 이렇듯이 작고 미약한 일본의 중앙정부는 불교 수용뿐 아니라 지나의 정치형태와 우수한 대륙문명에서 받아들일 수 있는 모든 것을 수용하려는 적극적인 태도로 망설이지 않고 첫걸음을 내딛었다.

외국 종교와 지나에서 직접 정치형태를 수입한 첫 번째 인물로 등장한 것은 쇼토쿠 태자(聖德太子, 574~622, 섭정)이다. 그는 그의 큰어머니인 스이코推古 천황(592~628)의 섭정으로 그의 시대를 지배하였으나 622년 일찍 사망함으로써 자신의 명성으로 일군 통치의 기회는 막을 내렸다. 쇼토쿠 태자의 2대 사업은 불교사원의 창설과 604년 이른바 '17조의 헌법'을 발포한 것이다. 이는 실제 대부분 유교적 원리를 함께 담은 도덕적 훈계와 정치적인 여러 충고로 구성되어 있으나 저자의 불교 귀의도 함께 담겨져 있다. 또 하나의 사업은 태자와 그의 측근들이 새로운 일본을 건설하려 하여 본보기로 선택한 지나로부터 배우기 위하여 사절단을 파견한 것이었다.

607년 쇼토쿠 태자는 오노노이모코(小野妹子, 7세기 초, 견당사)를 우두머리로 하는 사절단을 단명한 수나라에 파견하였다. 수나라는 이보다 20~30년 전에 지나를 통일한 왕조이다. 일본의 사절단이 지나의 황제에게 보낸 서한에는 "해가 돋는 곳의 천자가 편지를 해가

지는 곳의 천자에게 보낸다."고 쓰여 있다.[2] 이 필치는 지나의 황제와 격이 같음을 주장한 것이다. 이 말이 지나인에게는 모욕적으로 들린다. 더욱이 일본의 지리적 우월성을 시사하는 표현은 지나인의 국제관계에 대한 지나인의 개념을 무시한 태자의 무지에서 비롯되었는지 모르지만, 일본의 역사가는 대부분 거기에 일본의 국가적 존엄을 태자가 자각한 것이라고 여기고 있다.

확실히 일본 같은 섬나라 사람은 영국이나 북유럽의 건방진 만족蠻族처럼 세계의 다른 민족보다 훨씬 일찍부터 국가의식을 기르고 있었다. 아마 그들은 높은 수준의 문명을 흡수하려 했던 국가보다 훨씬 미숙하고 약하다 보니 분명히 당혹감을 느껴 그 대가로 스스로 국가의식을 발달시켰다고 생각된다. 그러나 일본에서 그러한 국가의식이 발생하기 시작한 것은 쇼토쿠 태자의 사망 후 6세기나 기다리지 않으면 안 되었다. 태자의 국가적 자아의식 행위가 만일 사실이었다면 다음 3세기 동안 일본과 지나의 국교에 그의 정신이 아무런 흔적을 남기지 않았다고 하면 안 된다. 왜냐하면 일본은 마치 당연하듯이 지나에 조공하는 것을 만족하고 있었기 때문이다.

지나인은 어떤 경우도 용서하지 않았다. 『수서隋書』가 전하는 바에 의하면, 수나라의 황제는 일본에서 보내온 서한 내용에 기분이 상해 측근에게 "이적의 편지는 무례하다."고 입 밖으로 냈다고 한다. 아마 지나의 답서가 오노노이모코를 통해 일본의 주인에게 나타낸 것은 관계가 안 좋다고 느끼게 하는 말투를 마음속에 품게 했다고 생각된다. 이러한 사정이 오오노이모코로 하여금 귀국하는 도중에 지

---

2 『수서隋書』 제81장, 츠노다〔角田〕 굿리치가 공역한 앞의 책 32쪽.

나 황제의 답서를 신라 사람이 탈취하였다는 놀랄만한 보고를 일본 황실에게 하게 했었을 것이다.[3]

수나라 황제는 일본의 무례함을 보고 분개했는지 모르지만, 그는 일본이 조공국의 하나가 되기를 원했던 것은 분명하다. 왜냐하면 608년 일본으로 답례 사절단을 보내고 있기 때문이다. 일본의 지배자는 지나의 기록이 전하는 바에 의하면, 수나라 사절에게 최고의 명예를 주고 일본을 '이적', '아직 문명을 받지 않은 국민'이라 자칭하고, '위대한 문명국인 수나라'에 정보를 청했다고 한다. 지나의 사절단이 돌아갈 때 오오노이코모는 다시 사절단과 함께 지나로 건너가 수나라 황실에 두 번째 공물을 바쳤다. 이때 일본의 서한은 일본 측의 사료[4]에 의하면, "동방의 천자가 서방의 천자에게 존경을 보낸다."고 했다. 이는 지나인의 입장에서는 전의 서한보다 정도를 높였다고 할 수 없다. 『수서』가 아무것도 언급하지 않은 것을 보면 외교적인 오오노이코모가 적당히 이들 문자를 지워 없앴을 것이라고 생각된다.

2, 3년 후인 614년에 또 하나의 사절단을 수나라에 파견하였다. 그러나 그 후 곧 수나라는 붕괴하여 618년에는 당나라의 천하가 되었다. 새로운 왕조에 파견되는 최초의 일본 사절단은 630년에 출발하여 이듬해 지나 궁정에 도착하였다.[5] 632년, 일본에 온 지나의 답례 사절은 일본 황실과 말다툼을 하여 "그의 주권자의 메시지를 전하지

---

3 『일본서기日本書紀』(『六國史』의 제1권) 608년 6월.

4 같은 책, 608년 9월 11일.

5 츠지 젠노수케(辻善之助 : 1877~1955, 역사학자)의 『증정해외교통사화增訂海外交通史話』(동경, 1933년 간행), 67~80쪽 및 카미야 야수히코木宮恭彦의 『일지교통사日支交通史』(동경, 1912년 간행), 제1권 120~128쪽은 일본에서 출발한 모든 견당사의 편리한 일람표를 포함한다.

않고 화를 내고 귀국하였다."고 한다.[6]

653년, 두 무리의 일본 사절단이 따로따로 지나에 파견되었는데 각기 120명 이상의 불교 승려와 유학생, 그리고 수행원을 데리고 출발하였다. 이 두 개의 원정대 중에 한 원정대는 불행하게 거친 파도에 휩쓸려 불귀의 객이 되었다. 세 번째 견당사절은 654년에 지나에 이르고 네 번째는 659년에 갔다. 그런데 이번에 배 한 척이 바람이 남쪽으로 부는 바람에 표류하여 일행의 대부분이 야만인에 의해 불행하게도 살육을 당하였다. 운 좋게 무사히 지나에 도착한 일행은 660년 백제 왕국을 습격하는 지나의 계획이 새어나가는 것을 미연에 방지하기 위하여 661년까지 지나 관헌에 의해 억류되었다.

다섯 번째의 견당사는 665년에 일본을 출발하였는데 지나의 많은 사절을 그의 고향으로 보냈다. 여섯 번째는 669년에 파견되었는데 몸집이 크고 얼굴에 수염이 난 아이누족의 뱃사람이 승선하여 지나의 기록은 아이누인에 몹시 놀래 기록하고 있다. 이어서 702년 당나라로 건너간 사절단의 우두머리는 아와다노마히토(粟田眞人 : ?~719, 학자·정치가)이었다. 그는 지나치게 지나인에게 강렬한 인상을 주어 지나의 여러 정사正史는 그가 '학자로서 시를 잘 하고 행동거지가 세련되었다.'고 전하고 있다.

717년, 지나로 건너간 또 하나의 사절단은 557명인데 학자인 키비노마키비(吉備眞備, 695~775, 학자·관료)와 승려 겐보(玄昉, ?~746)가 가담하였다. 두 사람은 유학留學 때문에 지나에 머물렀다. 이들은 733년에 지나로 간 사절단의 배 한 척을 타고 734년에 일본으로 돌아

---

6 『신당서新唐書』 권 220에 기록되었다. 츠노다 굿리치가 공역한 앞의 책 39쪽 참조.

왔다. 이 사절단의 다른 배 3척 중에 2척은 돌아오다가 난파를 당하였다. 키비노마키비와 겐보는 귀국하여 각기 지나의 높은 세속적, 종교적인 학문을 전하는 중요한 인물이 되었다.

다시 의문이 생긴 키비노마키비는 이를 해결하기 위하여 다음의 사절단과 힘께 752년 일본을 출발하여 2년 뒤에 귀국하였다. 이 사절단은 지나의 위대한 불교 지도자인 감진鑑眞을 데리고 왔다. 이 고승은 당시 67세이며 장님이다. 그는 선택한 선교 대상으로 잡은 일본으로 가려고 다섯 차례나 시도하였으나 실패하고 여섯 번째 간신히 성공하였다. 그는 율종(律宗 : 戒律宗)의 조사祖師가 되었다. 717년, 견당사절단과 함께 지나로 건너간 유학생 아베노나카마로(阿倍仲麻呂, 698~770, 관료)도 754년에 사절단과 함께 귀국하려고 시도하였으나 바람이 남방으로 바람이 불어 그가 탄 배는 떠내려갔다. 그의 벗인 위대한 시인 이백(李白, 701~762, 당나라 시인)은 그가 죽었다고 생각하여 그에게 시 한 편을 바쳤다. 그러나 나카마로는 죽지 않았다. 살아남아 간신히 지나에 도착할 수 있었다. 그래서 그는 지나를 남은 생애의 고향으로 정하더니 당나라 왕실의 고관이 되어 현재 베트남의 북부인 안남安南의 총독이 되었다.

777년에 지나로 향한 다음의 사절단 일부도 다음 해 귀국하다가 바다에서 실종되었다. 다음 사절단도 803년에 지나로 건너가려는 첫 기도에서 조난을 당하였다. 그러나 다음 해에 대륙으로 건너가는데 성공하였다. 이 사절단은 사이쵸와 쿠카이가 지나로 건너간 사절단으로 기억되고 있다.

838년에 드디어 지나에 도착한 다음 사절단이야말로[7] 엔닌이 가담

---

7 츠지의 설에 의하면 제12회 견사가 되고, 카미야의 설에 의하면 제18회가 된다. 카미야 설은 실제로 지나에 건너가지 않은 견당사를 포함하여 계산하기 때문이다.

한 사절단이었다. 좀 더 중요하게 기억해야 할 점은 이 사절단이야말로 당나라를 건너간 마지막 사절단이었다. 일본의 황실이 해외로 파견한 사절단으로서도 19세기에 이르기까지 마지막이었다. 다음의 견당사는 894년에 조직되었는데 유명한 학자이며 정치가인 스가와라노미치자네(菅原道眞, 845~903, 관료)가 대사로 임명을 받았는데, 그는 위험을 무릅쓰면서까지 쇠퇴하고 있는 당나라에 사절단을 보낼 가치가 있는지에 대해 의문을 품었다. 그리하여 모든 것은 결국 포기되었다. 이 무렵 당나라는 질질 끌린 임종의 고통을 만났다.

그러나 일본이 이 사절단을 포기하기로 결정하고 새로운 왕조가 지나에 탄생했을 때조차 정식으로 국교가 회복되는 문제에 구태여 유념하지 않았다. 거기에는 더 근본적인 이유가 있었다. 일본도 변화하고 있었다. 9세기 말까지 일본은 지나에서 배운 것을 자신의 필요에 적합하도록 수정하는 일에 매진하고 있었다. 과거 3세기 이상 계속 열광적으로 받아들인 지나의 높은 문명은 뚜렷하게 일본적인 것으로 바뀌고 있었다. 시대가 요청하는 것은 새로운 시설과 학문 기술을 받아들이는 것이 아니고 나라 형편에 맞도록 동화시키는 것이었다. 그래서 일본인에게는 견당사의 존재 이유가 없게 되었다.

견당사의 구성

　이처럼 수와 당나라에 파견된 일본의 사절단은 운명의 지배를 받아 여러 가지 변화가 많았지만, 시대가 흐르자 견당사의 구성과 공식적인 수속은 적어도 일정한 형식으로 틀이 잡혔다. 초기의 사절단 구성을 보면 각기 우두머리의 이름이 두세 개 정도 알려져 있을 뿐이며 상세한 것은 거의 알지 못한다. 어느 사절단은 배 한 척, 다른 사절단은 두 척으로 구성되어 있었다는 막연한 기록 밖에 남아 있지 않다.

　그런데 717년에 시작된 후기의 여섯 차례의 사절단 구성에 대해서는 아주 상세한 사정이 명백히 드러나 있다. 즉 사절단은 모두 각기 4척으로 구성되었으며, 중앙이나 지방의 행정기구에서 일반적으로 행해진 네 범주에 속하는 관리의 계급에 상당하는 네 직책이 배당되었다. 엔닌이 가담한 사절단은 그 구성과 임명 수속에서 이러한 형식을 취한 전형적인 것인 듯하다. 이처럼 천년 이상 지난 과거의 외교사절단의 내부 구성이 상세하게 알려져 있는 것은 극동 역사의 흥미롭고 중요한 국면을 말해주는 매우 뛰어난 사례라고 할 수 있다.

엔닌이 가담한 사절단은 834년 1월 19일 네 범주의 최고 직책이 임명되었을 때 비로소 구성되었다. 즉 네 종류의 배역이란 대사大師 한 사람, 부사副使 한 사람, 네 척에 각기 한 사람씩 배속되었던 네 사람의 행정관[判官] 및 여섯 명의 비서관[錄事]으로 구성되었다.

후지와라노츠네츠구(藤原常嗣, 796~840, 관료)가 대사에 임명된 것은 여러 가지 이유에서 중요하다. 그는 후지와라씨 일족의 일원인데, 당시 후지와라씨의 세력은 마치 아침 해의 기운 같아 일본의 황실 전체에 지배권을 미치고 있었기 때문이다. 그뿐 아니라 츠네츠구는 804년 먼저 파견된 사절단의 우두머리인 아버지 후지와라노카도노마로(藤原葛野麻呂, 755~818, 관료)의 일곱째 아들이었다. 그리고 또 하나를 보태면, 츠네츠구는 지나인에게 호감을 준 그런 인물이었다. 그는 지나 문학의 학자이며 또한 훌륭한 서예가이었기 때문이다.[8] 부사 오노노타카무라(小野篁, 802~852 학자, 관료) 역시 문학적인 재능을 가진 인물이었다. 그는 시인으로서도 유명하며 지나의 학문에 훤히 깨달아서 알고 있었다. 더욱이 일본인치고는 확실히 거인의 부류에 속해 있었다. 그의 전기 작가들은 그의 키가 6피드 2인치이었다고 한다.[9]

사절단의 하급관직 임명은 잇따라 2년 사이에 이루어졌다고 생각된다. 왜냐하면 그들의 임명 날짜가 대사나 중요한 관리직의 임명보다 몇 개월 지나서 기록되어 있기 때문이다. 몇 개 최고직책도 전임자

---

8 그에 대해서는 『속일본후기續日本後記』 840년 4월 23일, 그의 죽음을 전하는 항목에 짧은 전기가 기록되어 있다.

9 그에 대해서는 『문덕실록文德實錄』 즉 육국사六國史의 제5권, 852년 12월 22일, 그의 제삿날의 항목 아래에 기록되어 있다.

가 탈락된 것을 보충하는 형식으로 종종 임명이 이루어졌다. 『속일본후기』는 사절단에 임명된 관리나 학자의 이름을 전부 39명 들고 있다. 하지만 이들 모두가 실제 지나에 도착한 것은 아니었다. 엔닌은 그의 일기에서 이들 18명의 이름을 기록하고 있지만 견당사의 하급 직책에 속하는 32명의 이름도 기술하고 있다.

네 종류의 최고 직책 외에 더욱 복잡한 다른 직책이 마련되었다. 때로는 세 명의 대리행정관〔准判官〕이 임명되었다. 이들 중의 한 사람인 나가미네노타카나長峯高名는 임명된 지 2~3개월 뒤에 판관으로 승진하였다.[10] 이어서 요시미네노나가마츠良峯長松는 지나에서 급사한 판관의 직책을 임시로 맡았다. 그러나 세 번째의 후지와라노사다토시(藤原貞敏, 807~867, 비파연주자)는 지나로 건너가기 훨씬 전인 835년에 이미 준판관이었는데, 839년에 대륙에서 되돌아올 때에도 같은 칭호를 갖고 있었다. 또한 대리비서관代理祕書官 세 명의 이름이 기록되어 있는데, 아마 그들은 원래 녹사 6명이 부족하여 그 직책을 대행하게 되었을 것이다.

이 사절단의 고관들은 비교적 젊은 사람으로 구성된 듯하다. 대사는 임명될 때 39세이고, 부사는 33세, 판관 스가와라노요시누시(菅原善主, 803~852, 관료)는 834년에 32세이고, 준판관 후지와라노사다토시는 같은 해 28세, 준판관 요시미네노나가마츠는 겨우 21세이었다. 그렇다고 하지만 5년이 지난 뒤에도 그 지위에 임명되었다. 우리가 아는 한 엔닌의 나이와 비슷한 사절단의 고관은 단 한 사람, 즉 판관 나가미네노타카나 뿐이었다. 그는 사절단에 임명된 835년에 엔닌보

---

10 『속일본후기』 835년 2월 2일 및 5월 13일.

다 한 살이 어린 42세이었다.[11]

녹사와 준녹사准錄事 다음가는 직책은 배의 관리관[知乘船事]이었다. 이 칭호는 문자 그대로 '선박의 짐을 관리하는 사람'이며, 이들은 짐이나 공물에 대해 책임을 지는 직책인 듯하다. 이 추정은 지승선사 6명 중에 한 사람의 이름이 지나에 체재 중인 엔닌에 의해 기록되어 있으며 국가의 공물관리인[監國信]이란 직무 이름이 적혀있음으로써 인정된다.[12]

지승선사에 대해 또 하나의 재미있는 것은 그들 중에 세 사람이 대륙계의 인물이라는 것이다. 그러므로 대개 어떤 특수한 대륙의 지리에 관한 지식을 갖고 있었다고 생각된다. 그중에 두 사람은 7세기에 소멸한 백제 왕국 출신의 이민 자손이라고 한다. 다른 한 사람은 후한後漢 황제의 후예라고 한다. 사절단의 다른 구성원 중에서 유일한 대륙계의 인물은 백제와 같은 무렵에 소멸한 한반도 북부의 고구려 왕국에서 온 이민의 자손이라고 하는 녹사이었다.[13] 지승선사는 사절단 선단船團의 항로 결정과 행정적 지배에는 전혀 관여하지 않았다고 생각된다. 엔닌은 이따금 또한 선장[艇師]과 선장대리[准船師]에 대해서도 언급하고 있지만[14] 그들이야말로 실제 각기 선단의 배 2척을 움

---

11 극동에서 나이를 계산하는 방법에 의해 나타나는 이들의 연령은 모두 그들의 제삿날 아래에 각각 기록되는 전기에 명확하게 되어 있는 연호 날짜에 의해 계산된 것이다. 우리들(서구인)이 계산하는 방법으로는 대체로 1년씩 감해진다. 마지막 네 사람에 대한 이런 종류의 전기는 『문덕실록』 852년 11월 17일. 『삼대실록』 867년 10월 4일 및 879년 11월 10일, 『문덕실록』 857년 9월 3일에서 각각 발견된다.

12 839년 2월 20일. 이하 단지 날짜만을 기록하는 경우는 엔닌의 일기 경우를 의미한다.

13 『속일본후기』 834년 6월 22일. 835년 10월 27일 및 11월 20일. 836년 4월 29일. 837년 3월 5일.

14 838년 7월 19일 및 8월 10일.

직이는 선장이었다고 생각된다. 각 선박에는 각기 배지휘관(船指揮官 : 船頭) 한 사람이 있는데 대개 사절단의 고위 인물이며 선박의 모든 지휘권과 인사권을 쥐고 있었다.

사절단의 다른 구성원으로는 서기관〔史生〕이라고 불리는 사람들이 있는데 세 명의 이름이 알려져 있다. 통역이라고 불리는 사람들은 4명의 이름이 알려져 있는데, 그중의 한 사람은 에레이惠靈이라고 하는데 원래 승려로 있다가 환속하여 키노하루네시紀春主라는 출가 이전의 이름으로 되돌아갔다.[15]

엔닌의 일기에 의하면, 일본 측의 기록에는 기록되지 않은 또 하나의 범주에 속하는 통역이 존재하였는데 일본인 통역보다 중요한 역할을 했다는 것이 알려져 있다. 이들은 세 명의 신라인 통역—오히려 신라 통역이라고 하는 편이 명확하다고 생각하지만—이었다. 이때 한반도 남쪽의 신라는 삼국을 통일한지 2세기 정도 지났기 때문이다. 불교 승려 한 명이 포함된 이들 신라인들이 각기 분승하여서 세 척의 선박은 무사히 지나에 건너갈 수 있었다. 이들은 일본인 통역보다 훨씬 지나 사정을 잘 알고 있었기 때문에 해외에서의 외교적 절충은 대부분 이들의 손으로 이루어졌다고 해도 과언이 아닐 것이다.

엔닌의 일기는 사절단의 하부 구조에 대해서도 여러 유형의 직책 개념을 세세하게 전하고 있다. 예를 들면, 서무관(庶務官 : 雜使), 돛을 관리하는 우두머리〔水手長〕, 사절단에 부속된 무관〔參軍〕 등에 대해서도 기술하고 있다.[16] 참군은 사절단의 군사적 책임자일 것이다. 그

---

15 839년 4월 8일 및 『속일본후기』 836년 윤5월 13일. 윤월閏月이란 태음력을 태양력의 1년으로 바꾸기 위해 보통 1년 12개월에 대하여 때때로 가산되는 달을 말한다.

16 838년 8월 21일. 839년 2월 20일 및 4월 8일.

는 또한 여러 인원의 수행에 대해서도 언급하고 있다. 수행원은 섬기는 주인의 지위에 따라 천차만별이었다. 대사를 수행한 아와다노이에츠구粟田家繼는 화가이면서 관립대학官立大學의 조교수[權博士] 지위를 가지고 있었다.[17] 한편 서기관의 수행원 중의 한 사람과 판관判官 나가미네노타카나長峯高名의 수행원 세 사람은 성씨가 없는 낮은 계급의 출신이었다. 선단의 한 배를 탄 점을 치는 한 사람[卜部]도 마찬가지이었다.[18] 사절단의 배 위에서 일하는 많은 사람들은 보통 사수(射手 : 활 쏘는 사람)·수수(水手 : 뱃사람)·직인(職人 : 細工生, 즉 손재주로 물건을 만드는 수공업자)과 짐꾼 등으로 나뉘었다. 엔닌은 어느 때에는 첫째 선박에 있는 50명 이상의 세공생·짐꾼·뱃사람 등에 대해 기술하고 다른 때에는 같은 선박인데도 사수와 수수가 60여 명이라고 기술하고 있다. 다시 36명의 목수의 우두머리·목수·선박 목수와 첫째 선박에서 넷째 선박까지의 조선업자[造船都匠] 등에 대해서도 언급하고 있다.[19]

이런 숫자를 통해 엿보이는 것은 첫째 선박만 해도 여러 범주로 나뉘는 90명의 구성원을 가지고 있으며, 엔닌의 계산 방법이 반드시 완전하지 않으므로 그 이상의 인원이 있었는지 모른다는 것이다. 엔닌이 기록한 5명의 사수 이름이 일본 귀족의 성을 내세우고 있다. 그중에 한 사람이 황실 측근을 호위하는 키코엔左近衛의 한 사람이라는 것은 이들이 상당히 상류사회 출신이라는 것을 말한다. 엔닌이 기록한 수수 세 사람의 이름은 이들 인물에 비교하면 훨씬 신분이

---

17 838년 11월 29일. 839년 1월 3일 및 7월 21일.

18 839년 5월 27일.

19 838년 12월 23일. 839년 윤1월 4일 및 5일.

낫다.[20]

대부분의 경우 견당사의 중요한 인물은 거의 학문이 있는 사람들이었다. 이들은 승려 또는 세속인이든 학문과 특수한 기술 영역을 연구하기 위하여 지나로 건너갔다. 이들은 정상적인 사절단 구성에 들어있지 않았다. 이들 중에 중요한 인물은 대사를 제외한 다른 고관과 어깨를 나란히 할만한 지위를 갖고 있었다. 일본의 사료와 엔닌의 일기에 당시 일본에 존재한 여러 종파에서 환학승(還學僧 : 단기유학승인 請益僧의 별칭) 또는 유학승으로 견당사절단에 가담한 8명의 승려와 이들을 수행한 제자 4명의 이름이 알려져 있다. 가끔 기록된 세속의 학자와 예술가의 이름 중에는 역사연구생〔紀傳留學生〕·의사·코요미쇼우야쿠쇼(曆請益生 : 달력 단기 유학생) 및 역유학생曆留學生·천문유학생天文留學生·점성사(占星師 : 陰陽師)·음악의 지휘자〔音聲長〕와 시요(笙師 : 관악기 연주자)를 겸한 자·화가·아악답생사雅樂答笙師 등이 있다. 틀림없이 여기에 기록된 것보다 많은 종류의 예술가·음악가·학자들이 동행하였다고 생각된다. 예를 들면, 엔닌은 이름을 밝히지 않고 있지만 일본인 화가 3명에 대해 한 차례 언급하고 있다.[21]

사절단의 관리 중에 일부분은 학자와 예술가를 겸하였다. 대사와 부사는 물론 문필에 능하였지만, 토모노스가오伴須賀雄라는 인물은 처음에 엔닌의 일기에는 다만 청익생으로 되어 있지만 바둑 전문가이며, 돌아올 때에는 선단의 배 한 척을 지휘하는 중요한 직무에 능통하였다. 이미 기술하였듯이 대사의 수행원인 이와다노이에츠구는 학

---

20 838년 7월 2일, 12일, 20일, 8월 1일 및 4일. 839년 2월 20일, 22일 및 3월 22일.
21 839년 3월 1일, 4월 1일 및 『속일본후기』 836년 4월 28일. 839년 3월 16일 및 8월 25일. 841년 1월 23일. 834년 12월 19일. 836년 윤5월 8일.

자인 동시에 화가이었다. 지승선사〔승선 업무를 주관함〕의 한 사람은 『의경醫經』이라는 지나의 의학서적에 통달하여 황실의 내시의內侍醫가 되었다.[22] 음악가로서 유명한 사절단의 한 사람으로 준판관准判官인 후지와라노사다토시藤原貞敏는 비파를 잘해 궁중의 음악가가 되었다. 그의 전기에 의하면, 지나에 머물 때 사다토시는 유명한 비파 스승인 유이랑劉二郞에게 가르친 사례로 금 200온스의 큰돈을 지불하였다. 그의 교묘한 재주가 스승을 감탄시켜 스승은 그에게 음악 책 수십 권과 진귀한 비파 2개를 주었을 뿐만 아니라 자신의 딸과 결혼시켰다. 딸을 준 것은 완전히 보너스〔賞與〕라고 하지 않으면 안 된다. 왜냐하면 사다토시의 색시는 훌륭한 음악가이므로 그에게 많은 곡을 가르칠 수 있기 때문이다.[23]

관리 · 학자 · 활 쏘는 사람 · 뱃사공 · 기타 일반인으로 구성된 사절단은 틀림없이 하나의 거대한 원정대이었다. 실제로 836년에 4척의 배에 651명을 태우고 출발하였다고 하는데, 세 번째 배만도 침몰할 당시 그전에 이미 익사한 자를 제외하고도 또한 140명도 타고 있었음을 우리들은 알고 있다.[24] 견당사가 일본으로 귀국한 이후 잠시라고 하더라도 지나를 여행한 391명의 이름이 특별한 명부에 기록되었

---

22 838년 10월 4일. 839년 4월 4일. 『속일본후기』 839년 8월 25일 및 10월 1일. 『문덕실록』 853년 6월 2일.

23 『삼대실록』 867년 10월 4일. 후지와라노 사다토시의 전기에 의하면, 그가 유이랑을 만난 것은 지나의 수도에서였다. 엔닌의 일기에서는 그러나 장안으로 가지 않고 엔닌과 함께 양주에 머무르기로 되어 있다(838년 11월 29일 및 12월 9일 참조).

24 『속일본후기』 836년 8월 2일 및 20일. 『속일본후기』는 단지 견당사는 6백 명 이상이었다고만 기록하지만, 『제왕편년기帝王編年記』(『신증정보국가대계新增訂補國家大系』 제12책, 194쪽)는 651명이라고 인원수를 명확히 하고 있다.

다.[25] 이들 이름은 이미 사망한 자도 포함되고 있지만 이들은 대부분 무사히 왕복 여행을 마칠 수 있었다. 그러니 이 숫자는 사실 첫 배와 넷째 배의 사람들과 두 번째 배의 극소수 인원 밖에 일본으로 무사히 도착할 수 없었음을 말한다. 엔닌이 지나에서 들은 소식에 의하면, 둘째 선박에서 겨우 30여 명 밖에 무사히 고향으로 돌아올 수 없었다.[26] 아마 살아남은 몇 사람과 셋째 선박에서 교체된 인원이 다른 세척의 정원에 보태졌을 것이다. 이는 838년에 지나로 건너가는데 성공했을 때 각 선박은 180여 명의 인원을 운송하였음을 의미한다.

25 『속일본후기』 840년 9월 26일.
26 842년 5월 25일.

준비

　사절단을 구성하는 인원을 선발하는 것이 편성에서 가장 귀찮은 문제는 결코 아니다. 게다가 설비 문제도 있었다. 예를 들면, 한 차례 원정대를 위하여 보통 4척의 배를 건조하지 않으면 안 되었다. 이 목적 때문에 대사〔藤原常嗣〕의 임명 후 2주 이내에 즉시 조박사造舶使의 장長과 부副의 직책을 임명하지 않으며 안 되었다. 그 해 늦은 이유는 명확하지 않지만 이 직책의 두 사람은 최초의 인물에서 다른 사람으로 교체되었다. 그리하여 새로 부副의 역할에 훤한 자는 이 조선계획에 능력이 뛰어난 목수이었다.[27]

　동시에 조선 박사 전원이 임명되었다. 다른 고관 두 사람이 장속사獎束司에 임명되었다. 이들의 일은 견당사사절단 일행에게 어울리는 복장 등을 마련하는 것이다. 그런데 이들이 어디서 무슨 일을 했는지

---

27 『속일본후기』 834년 2월 2일, 5월 13일, 8월 4일 및 10일.

우리는 모른다. 그러나 적어도 1년 뒤에 북규슈의 행정부인 다자이후(大宰府, 율령제 밑에서 702년 외교, 국방의 정부기관으로 설치되었다. 무로마치鎌倉시대 이래 유명무실해졌다. 북규수의 현재 지명으로는 다자이후, 그 근처에 다자이후 터가 있다)에 비단으로 장식한 백 개의 갑옷·백 개의 투구와 4백 벌의 승마용 바지를 사절단이 사용하기 위하여 준비하라는 명령이 내려졌다는 것을 우리들은 알고 있다. 이 사이에 다른 관리나 정부의 직원들은 지나로 가지고 갈 공물과 기타 물품을 정리하느라고 바빴다. 오늘날 우리가 이 준비상황에 대해 알아야 할 것은 황후궁직皇后宮職이 임시로 견당사를 위하여 견직물을 만드는 일에 이용되었다는 것뿐이다.[28]

또 하나의 준비 모습은 우리가 종종 들었듯이 사절단의 고관에게 관위官位의 승진과 지위를 준 것이었다. 신년 축하를 맞이하여 정월에 서둘러 특히 발령되는 승진은 완전히 관습에 따른 것인지 알 수 없지만 대부분의 승진은 그들에게 맡겨진 위험한 사명을 보상하는 특별한 의미가 있었다고 생각된다.

일본의 궁중 계급은 매우 복잡하였다. 중요한 계급은 아홉 개인데, 각기 정正과 부副로 나뉘며 다시 최고위를 제외하고는 각기 상위上位와 하위下位로 세분되었다. 예를 들면, 대사는 임명될 때 종4위상從四位上의 지위이고, 부사는 종5위하從五位下의 지위이었다. 835년 1월 7일 부사는 한 계급 승진하여 종5위상의 지위가 되고 다시 정확히 1년 뒤에 정5위하가 되었다. 동시에 대사는 정4위하의 지위로 승진하였다. 다른 많은 사절단의 관리들도 똑같이 한 계급 승진되고 승려 8

---

28 『속일본후기』 835년 3월 12일. 836년 윤5월 14일.

명도 각기 한 계급씩 승위僧位를 올렸다.[29]

사절단의 관리들은 궁정의 지위가 올랐을 뿐 아니라 정부의 직책에서도 사절단의 임명과 동시에 승진되었다. 많은 경우 이들의 승진은 새로운 의무가 주어진다는 것보다 오히려 급료가 오르는 것을 의미하였다 예를 들면, 대사는 임명될 때 다지요칸참의太政官參議·우대변右大弁·겸사카미노카미兼相模守이었다. 834년 5월 13일 이 마지막 지위는 세토나이카시내(瀬戸內海 : 혼슈·시고쿠·규슈로 둘러싼 긴 내해) 연안의 비추지역備中國의 임시 태수로 바뀌고 2개월도 지나지 않아 수도에서 멀지 않은 오미지역近江國의 임시 태수에 임명되었다. 두 차례에 걸친 승진은 새로운 부임지가 이전의 지방보다 수도에서 가깝기 때문이다. 오미국의 경우 또 하나의 이유로 이전의 지방보다 풍요하다는 것이 보태졌다.

연달아 대사는 우대변에서 좌대변으로 승진하였다. 극동에선 좌左가 우右보다 우선하는 것이 관례이다. 그의 첫 번째 지나 항해 시도가 실패로 끝나자 다시 다자이후大宰府의 임시 총독(帥)으로 승진하는 은혜를 받았다.[30]

똑같은 승진이 동시에 다른 사절단 관리에게도 있었다고 기록되어 있다. 어떤 때에는 직위가 없고 관직도 없는 자가 사절단 일행에 가담함과 동시에 상응하는 임관이 이루어졌다. 이와 같이 서기관(史生)에서 수행원에 이르기까지 모두 관위官位를 받았다. 승려 에레이惠靈는 사절단의 통역에 임명된 날에 정6위상正六位上의 직위가 주어진 동시

29 『속일본후기』 836년 3월 14일.

30 『속일본후기』 835년 12월 25일. 837년 2월 13일.

에 타지마但馬의 임시 행정장관〔掾〕에 임명되었다.[31] 이 관직은 이 지방에서는 제3위에 해당된다.

정기 승진에다가 대사와 부사에게는 지나에 머무는 기간에 이들의 명예를 높여주기 위하여 한층 높지만 임시적인 정2위正二位의 높은 지위가 부여되었고, 후지와라노츠네츠구藤原常嗣는 정2위라는 높은 지위로 승진되었고, 오노노타카무라(小野篁, 802~852, 학자·관료)는 정4위상正四位上의 지위를 받았다. 이런 명예가 임시적이라는 것은 구두로 내려졌다는 것으로 납득될 것이다. 대사와 부사는 다른 방법으로도 특별한 명예를 받았다. 대사의 어머니는 아무 지위도 없지만 예로부터 내려오는 관례에 따라 종5위하從五位下의 지위가 부여되었다. 똑같이 오노가小野家의 씨신氏神에게도 부사의 소원에 따라 똑같은 지위가 부여되었다.[32]

또한 황실은 다른 방법으로 견당사절단의 어떤 사람에게 은혜를 주었는데, 이를 낱낱이 들추어낼 수 없다. 어떤 사람은 귀족적인 이름을 허락받았는데, 이는 고도로 귀족주의적인 일본에서는 결코 사소한 일이 아니다. 또한 소수의 어떤 사람은 지방의 임지에서 수도로 이주하는 것이 허락되었다. 집안 이름을 바꾸는 것은 복잡한 의미가 있다. 당시 귀족은 각기 고유한 씨氏를 갖고 있을 뿐 아니라 카바네〔계급적 칭호〕는 원래 그 씨족의 직업적 지위의 성격을 나타냈지만 결국 세습적 위계位階의 성격을 띠게 된 성姓으로 합쳐지게 되었다. 그리하여 대사의 이름 전체는 후지와라아손츠네츠구藤原朝臣常嗣가 된다.

---

31 『속일본후기』 836년 2월 17일 및 윤 5월 13일.

32 『속일본후기』 835년 12월 2일. 836년 4월 29일 및 5월 2일.

조신朝臣은 '궁정인'이란 의미로 후지와라씨 일족의 성姓이며 기타 많은 귀족의 성으로 사용되었다.

우리는 사절단의 11사람의 성 또는 씨와 성의 둘이 바뀐 기록을 갖고 있는데, 이들 중에 세 사람과 선의(船醫 : 배 안의 승무원과 선객의 건강을 맡은 의사) 때문에 주소 변경이 허용된 기록도 있다. 외국인의 혈통을 받은 네 사람 중에 세 명의 지승선사와 녹사 한 사람이 어떤 형식으로 씨성氏姓을 변경한 사람 중에 포함되어 있다는 것은 중요하다. 결국 남은 일곱 사람 중에 두 사람은 서기이며, 더구나 두 사람은 음악가, 한 사람은 음양사陰陽師, 한 사람은 준녹사准錄事, 한 사람은 통역이므로 이들은 지나의 언어와 문물에 밝으며 모두 대륙계 출신이다. 그러므로 순수한 일본인 동료에 비해 귀족적인 씨나 성을 갖고 있지 않았다고 해도 별로 신기하지 않다고 생각된다.[33] 이러한 이름으로 이중으로 승진한 재미있는 실례는 신라의 혈통을 이어받은 녹사에게서 보인다. 그가 사절단에 임명될 당시 전체 이름은 마츠카와노미야츠코사다츠구松川造貞嗣이었다. 마츠카와는 그의 씨이고, 미야츠코造는 성이며, 사다츠구貞嗣는 그의 이름이다. 2~3개월 뒤에 씨와 성이 타카미네노스쿠네高峯宿禰로 바뀌었다. 다시 사절단이 출항하기 직전에 또 한 번 성을 승진시켜 결국 타카미네노아손사다츠구高峯朝臣貞嗣가 되었다.[34]

특별한 상여나 명예는 사절단 일행에게만 국한된 것은 아니었다. 견당사가 위험한 사명을 무사히 완수하도록 수호하여 주는 일본의

---

33 『속일본후기』834년 6월 22일 및 12월 19일. 835년 1월 7일, 10월 16일, 27일 및 11월 20일. 836년 2월 9일, 3월 30일, 4월 28일, 5월 2일 및 윤5월 8일. 837년 3월 5일.

34 『속일본후기』835년 2월 2일 및 10월 27일. 836년 4월 29일.

전통적인 신도神道의 신神들까지 고려하였다. 그러나 견당사와 관련하여 거론해야 할 최초의 신에게 수호를 기원하기보다 먼저 몇 차례 봉헌을 하였다. 이 신의 이름은 야미조코가네노카미八溝黃金神라 하며 아득히 먼 북쪽 지역인 무츠陸奧에서 제사를 지냈다. 이 신은 836년 지방 관리의 기원을 듣고 사절단의 비용을 조달할 만큼 많은 금을 생산하므로 이 신을 위하여 두 가족을 도울 정도의 봉토封土가 헌납되었다.[35]

2, 3일 후에 궁정에서는 특별한 제삿날이 마련되고 견당사를 위하여 천지의 신들에게 공양물이 바쳐졌다. 잠시 후 사절들은 스스로 수도의 카모타이샤賀茂大社로 가서 공양물을 바쳤다. 이어서 사절단을 위하여 전국의 유명한 신사에도 빠짐없이 공양물이 바쳐졌다. 마지막으로 어느 일정한 중요 신들에게 의례적인 궁정의 관위官位를 승진시키는 조서가 사절단의 출발 2, 3일 전에 발포되었다. 이러한 문서를 끝맺을 때 황실 선조先祖의 수호가 사절단에게 더해지도록 다음과 같은 특별한 기도가 올려졌다. "다시 바라고 원하는 것은 견당사 정4위하正四位下의 참의參議인 후지와라아손츠네츠구에게 자애로운 눈을 나타내 보이시고 도중에 풍파의 어려움 없이 무사히 건강하게 귀국하게 해주소서."[36]

출발하는 날이 다가오자 궁정에서는 연일 의식이 거행되었다. 836년 2월 9일 견당사절단의 중요한 구성원은 궁중의 대강당〔紫宸殿〕에서 배알하였다. 그리고 궁중의 고관들이 이들에게 칙어를 읽어준 뒤

---

35 『속일본후기』 836년 1월 25일.

36 『속일본후기』 836년 2월 1일 및 7일, 4월 25일 및 5월 9일.

에 각기 일동에게 하사품을 주었다. 대사는 견직물 100두루마리, 삼베 20반(反 : 1반은 10.9m)을 받고 부사副使 · 판관判官 · 준판관准判官 · 녹사 · 지승선사 · 통역〔譯語〕 · 청익승請益僧에게는 각기 그에 준하는 선물이 하사되었다. 유학승들은 각자 비단 10두루마리 정도만을 받았다.[37] 다음에 궁중의 의례는 836년 4월 9일에 행해졌는데, 이번에는 이전의 관례에 따라 배알을 하지 않고 정부의 요직자만이 다지요 우대신太政大臣을 비롯하여 좌대신左大臣 · 우대신右大臣 기타 고관참의高官參議에 이르기까지 참여하였다.

같은 달 23일에 환송연이 천황 자신에 의해 주최되었다. 이러한 경우 극동의 전형적인 관습은 무언가 판에 박은 제목, 예를 들면 '견당사를 보내는 연회'에 대하여 강제적으로 짓지 않으면 안 되었는데 5위位이상의 인물로 제한되었다.

결국 이 지위가 정식으로 인정을 받은 공가(公家 : 조정에 출사하는 사람)와 그 이하의 백관을 구별하는 경계선이었다고 할 것이다. 천황도 시 한 편을 지어 대사에게 주자, 대사는 공손하게 받아 마음속으로 거둬들여 조심스럽게 의례적으로 춤추는 걸음으로 제자리로 돌아갔다.

궁정의 연대기가 상세히 전하는 바에 의하면, 이 연회는 대사가 천황을 위하여 건배를 올릴 때 최고조에 달하였다. 이 건배는 서양식이 아니고 극동에서 잔을 주고받는 방식으로 이루어졌다. 천황과 잔을 주고받는 것은 츠네츠구로서는 넘치는 영광이며 대사란 지위 때문에 천황의 깊은 은혜를 허락받게 된다. 잔을 주고받는 뒤에 츠네츠구는

---

37 비단의 두루마기 단위는 필疋이고 당대唐代에는 대개 40피드이었다. 재물인 삼처럼 가늘고 설핀 베의 길이는 반反이라고 하며 대개 50피드이었다. 이 문장文章에서는 청익승請益僧은 환학승還學僧이라고 달리 불리고 있다.

무릎을 구부려 잔을 말리며 의례적인 춤추는 걸음으로 제자리로 물러났다. 다시 천황으로부터 선물이 두 중요한 사절에게 하사되었는데 각기 여행복 한 벌씩, 대사에게는 흰 비단 외투 두 벌과 황금 200온스, 부사에게는 붉은 비단 외투 두 벌과 황금 100온스가 하사되었다. 저녁 연회가 성공리에 치러지고 각기 몹시 취해 귀갓길을 더듬어 갔다고 전해지고 있다.

연회 이후 5일이 지나 대사와 부사는 '자르는 칼(권위의 칼)'을 받았다. 칼은 칙명에 따라 이들에게 부하가 저지른 무례한 행동에 대해, 경우에 따라 칼로 쳐 죽여도 좋다는 권위를 주었음을 의미한다. 이때 두 사람은 동시에 다시 황실로부터 선물로 베를 받았다. 사절단의 마지막 의식은 836년 5월 10일에 거행되었는데 해외에서 사망한 이전의 견당사절단 8명에게 관위官位가 추서되고 사망한 이들, 사망한 영웅의 영혼이 이번 견당사절단의 위험한 사명에 눈에 보이지 않는 수호를 지키고 보호해달라는 기도가 드리워졌다.

이처럼 명예를 받은 8명 중에는 종1위從一位를 받은 대사 후지와라노키요카와(藤原淸河, ?~779, 관료)와 불행하게도 754년에 그가 거느린 귀국선에 함께 탄 유학생으로 종2위를 받은 아베노나카마로(阿倍仲麻呂, 698~770, 관료)도 포함되었다.

첫 번째 도항 시도

　사절단은 만반의 준비를 마친지 이틀 뒤, 즉 836년 5월 12일에 세토(瀨戶:愛知縣)의 내해內海 입구인 나니와(難波:오사카의 옛 이름) 항구에서 마지막 이별을 고하는데, 이때 칙사가 위문하는 칙어와 술과 과일을 황실로부터 받아 가지고 왔다. 다음날 다른 관리가 정부 대표기관〔太政官〕과 헤어지는 서한을 전하였는데, 대사와 부사가 전체 부하에 대해 절대적인 권위를 갖는다는 것을 확인시켰다. 같은 날 사절단은 승선하는데 대사는 첫 번째 배에, 부사는 두 번째 배에 올라탔다. 다음날 배는 닻을 올려 비교적 온화하게 세토의 내해에서 규슈로 향하였다.

　나흘 뒤에 심한 폭풍이 교토를 엄습하자 천황은 사절단의 안전을 염려하여 즉시 배의 안부를 묻는 사신을 보냈다. 마침 그때 선단은 나니와 만灣을 가로 질러 현재 고베(新戶:일본의 혼슈本州 서부인 효고현兵庫縣의 현청縣廳 소재지)항 근처에 정박하고 있었다. 첫 번째 사신은 해

일 때문에 도달할 수 없었지만 두 번째는 성공하여 선단에 이상이 없다는 것이 확인되었다. 며칠 지나지 않아 황실은 해외 원정대와 관계가 있는 4명의 선제先帝의 능陵에 제공양물을 바치고 겸허하게 기도를 드리고 이들 중 가장 황공스러운 황실의 선조 영혼에게 사절단이 무사히 귀국하도록 은총과 연민을 기원하였다. 4명의 황실 선조란 두 번 선단을 파견한 코닌光仁제(770~781)와 칸무桓武제(781~806), 7세기에 두 번 선단을 파견한 텐치天智제(662~671) 및 3세기 전반에 한반도에 출병한 걸로 유명한 진구神功 황후이다.

황실은 이 정도로 안심하지 않아 이 신성한 행사 외에 한반도의 신라에 키노미츠紀三津을 사절로 보내 만일 일본의 선단이 신라의 연안에 표류하면 그들을 도와주고 결코 억류하지 말도록 간청하였다.[38] 7세기에 견수견당遣隋遣唐 사절단은 보통 지나로 가는 도중에 한반도 연안을 따라 내려감으로 한반도의 땅이 보이는 언저리에 다다르곤 하였다. 그러나 일본과 적대관계에 있었던 신라에 의해 한반도가 통일된 이후에 일본의 선단은 이 코스를 피해 북규슈에서 직접 서쪽으로 향해 위험한 대양을 건넜다. 그런데도 그렇게 해도 언제나 배는 한반도에 표류하는 경우가 많았다. 신라에 사절을 보낸 것은 이유 있는 예방책이었다. 일본정부로부터 신라정부에 전해진 서신은 외교적으로 양국 간의 오랜 반목을 무시하고 다음과 같은 솔직한 말로 시작하였다. "우리의 옛날 우정이 변하지 않은 나라여, 이제 우리 이웃나라의 친분을 새롭게 하고 싶다."

사절단의 안전을 염려한 황실의 배려는 결코 부당한 것이 아니다.

---

38 『속일본후기』 836년 윤5월 13일.

9세기 극동인의 항해기술은 육지가 보이는 연안을 띄엄띄엄 건너뛰어 항해하기에는 부족함이 없었으나 일본과 지나 간의 500마일 공해를 건너기에는 충분하였다고 생각되지 않기 때문이다. 나침반은 이 수역에서도 아직 용도로 이용될 수 없었으며 그 사용은 3세기를 더 기다려야만 했다. 풍향이 좋은 때에만 출항할 수 있기 때문에 쓸데없이 시간을 보내는 것은 당시의 상식이었다.

가장 나쁜 것으로는 일본인은 항해에 필요한 극동 주변의 기초적인 기상학조차 가지고 있지 않은 듯하다. 이번에도 여러 전례처럼 사절단의 규슈 출발은 늦어져 통상 태양력으로 8월 중순부터 10월에 걸쳐 이 지방을 엄습하는 무서운 태풍 철을 피하느라 이른 출발은 이루어지지 않았다.

북규슈에서 지나를 향해 4척의 배가 겨우 출발한 것은 7월 2일, 태양력으로 고치면 836년 8월 17일이 된다. 그들의 출발 보고가 다자이후大宰府에서 조정으로 도달하였다. 그날 급하게 연락하는 사자는 첫 번째 배와 네 번째 배가 동시에 규슈의 서북 연안으로 되돌아왔다고 보고하였다. 2~3일이 지나 말을 탄 다른 사자가 다지이후에서 수도에 도착했는데, 둘째 배도 규슈의 서북 돌출한 곳에서 표류하고 있다는 슬픈 소식을 알려왔다. 이어서 셋째 배에서 16명이 뗏목으로 짜맞춰진 널빤지 위로 올라탔는데 파도가 일본과 신라 사이에 있는 해협에 있는 쓰시마對馬 해안을 때렸다는 슬픈 소식이 전해졌다. 이어서 9명이 뗏목을 타고 규슈의 서북 연안으로 표류하고 있다고 전해져 왔다. 마지막에 난파한 선체 자체는 쓰시마 해안으로 밀려 올라갔는데 갑판에는 세 사람 밖에 확인되지 않았다는 소식이 들어왔다.[39]

39 『속일본후기』 836년 7월 15일, 17일 및 24일, 8월 1일, 4일 및 25일.

세 번째 배에서 살아남은 28명 중에 진언종眞言宗의 청익승請益僧인 신자이眞濟가 있었는데 상세한 피해 상황에 대해 황실에 보고서를 보냈다. 폭풍으로 배의 키는 꺾이고 파도가 배를 씻어내어 몇 사람을 휩쓸어갔다. 배는 파도가 격류하는 대로 어쩔 수 없이 떠내려갔다. 드디어 판관 타지히노후미오丹墀文雄는 배의 지휘관〔船頭〕으로서 책임상 만일 살아남은 140명이 기능을 상실한 배에 그대로 남겨두게 되면 모두 굶주려 죽게 되므로 배를 부수어 뗏목을 만들어 이곳으로 분산해서 태우기로 결단을 내렸다. 그러나 뗏목 소식은 다시 들을 수 없게 되었다. 이런 불행한 출발 뒤에 신자이가 사절단에서 빠져버린 것은 놀랄 일이 아니다.

배로 바다를 건너는 일이 실패하였다는 보고는 급사急使로 하여금 교토와 북규슈 사이를 몇 차례 빨리 움직이게 하였다. 상륙하자마자 대사는 연달아 황실에 2통의 봉서封書를 재촉하였다. 천황은 속히 위로의 답서를 내려 그에게 "선단이 이미 부서졌으니, 부서진 부분을 복구하지 않으면 안 된다. 복구가 될 때까지 도항을 보류하라."고 알렸다. 동시에 다자이후의 부독副督 다이니大貳에게 통지하여 배를 복구할 것을 명하고 그 목적을 달성하기 위하여 목수를 파견하라는 취지를 전하였다. 이 똑같은 통지로 다자이후는 서규슈의 고토우(五島 : 長崎縣) 열도의 옛 이름인 치카値賀 군도群島에서 멀리 앞을 바라다보는 고층전각高層殿閣을 세워 난파한 배를 보면 구조의 손길을 펼치도록 명령하였다.

대사는 문장을 덧붙였다. 하지만 겸손한 말로 츠네츠구와 부하 일동은 천황의 뜻대로 충실히 따르겠다고 답하였다. 그는 또한 바다 가운데서 일행이 살아남을 희망을 잃어 바다 가운데의 해초 부스러기로 사라져 버리려고 했을 때 가령 살아남는다고 해도 영혼은 실패로 시달리어 반사반생半死半生하게 되어 살아있는 보람이 없기는 하지만, 다만 천황의 넓고 큰 은총이 그들로서는 유일한 최대의 위안이었다고 생사의 갈림길에 있었을 때를 회고하며 상세히 아뢰었다.

둘째 배도 돌아왔다는 좋은 소식이 들린 뒤에 칙어가 다시 부사에게도 내려왔다. 대사와 함께 다시 사명을 완수할 수 있도록 작은 배와 본선의 손실을 복구하도록 명령이 내려졌다. 이 사이에 다자이후는 한발과 나쁜 돌림병의 유행으로 식량이 부족하다고 알리고 어디까지나 판관과 녹사만이 복구 작업을 감독하기 위하여 남기고 다른 전원은 수도로 돌아가게 하도록 조정에 탄원하였다. 이 탄원은 받아들여져 그렇게 하도록 칙령이 내려졌다. 다만 대사와 부사는 다자이후에 머물든가 교토로 돌아오던지 그들이 스스로 적당히 판단하라고 맡겨졌다. 다자이후는 계속 외딴 섬과 무인도에도 있을 세 번째 배의 생존자를 찾기 위하여 사람을 파견하도록 명령이 내려졌다. 드디어 9월 15일 대사와 부사는 수도로 올라와 공손하게 칼을 반납하였다. 이렇게 해서 첫 도항 시도는 끝이 났음을 알리고 있다.

그러나 이 불행한 제1막은 신라에 파견된 키노미츠가 연기가 끝나는 막을 치지 않으면 끝나지 않는다. 이 운수가 언짢은 인물은 그의 사명 목적이 시기가 걸맞지 않게 되었을 때까지도 아직 신라를 향해 출발하지 않았다. 다자이후로부터 그의 출발이 교토에 전해진 그때 세 번째 배로부터 마지막 세 사람의 생존이 발견되었다는 보고가 전해졌다. 그가 신라에 도착했을 때 그의 사명은 완전히 수포로 돌아갔다. 수도로 돌아온 뒤에 정부에 제출한 보고에서 할 수 없이 인정했듯이 일본의 기록에 전문이 인용되고 있는 다지요우칸太政官에 대한 신라의 회답은 키노미츠와 그가 가져온 서한을 모두 모욕하였다. 특히 그들은 그가 선의의 사절인 점과 견당사절의 선단을 도와달라는 특별한 요청 사이에 차질이 있음을 예리하게 찌르고 있다. 일본 사절단의 불행한 진행 사항에 대한 그들의 질문은 한층 혼란을 불렀을 따름이었다. 결국 신라의 관리들은 키노미츠와 그의 서한은 단순한 속임수이며, 일본인의 그러한 일구이언을 날카롭게 경계해야 한다고 믿었다.[40]

어디에 과실이 있었는지 지금으로서는 결정하기가 곤란하다. 그러나 틀림없이 누군가가 비난을 받았던 것이다. 신분이 낮은 키노미츠는 국가적인 모욕사건의 희생이 되었다. 황실은 그의 사명이 참된 목적을 잃었으며 오해를 바로잡기 위한 충분한 노력과 수완이 부족하였음을 나무랬다. 이 비난은 부분적으로는 정확할지 모르지만 실패의 보다 기본적인 원인은 아마 신라와 일본 간의 본질적인 반목에 있었다고 생각한다. 첫째, 일본 측의 요구는 조금 제멋대로이며 아마 약간 존경을 소홀히 하였다고 생각된다. 아무래도 신라의 회답은 뿌리 깊은 적의를 나타냈으나 무언가 얻기에 부족한 관리 한두 명의 힘만으로 진정시킬 수 없었다. 일본 정부는 현명하게 그 이상 견당사 문제로 신라의 도움을 요구하지 않았다.

---

40 『속일본후기』 836년 8월 25일 및 12월 3일.

두 번째 도항 시도

　이러는 동안에도 두 번째 대륙 도항 준비가 시작되고 있었다. 836년 가을, 처음 사절단의 배를 건조하는 책임을 맡은 두 사람이 남아 있던 3척의 배를 복구하게 되었다.[41] 이듬해 신년에 벌써 출발을 위한 의례적인 준비가 시작되었다. 전년과 똑같이 2월 1일 공식 제삿날이라고 선언되어 견당사는 천지의 신들에게 공양물을 바쳤다. 다음 달 11일 모든 궁정인과 함께 황실 연휴가 마련되어 다시 시를 지으라고 명령하였다. 이때의 제목은 지난해와 거의 같아 '봄의 하루 저녁에 견당사를 보내는 연회'라고 하였다. 그러나 절차에서는 전번과 다른 변화가 있었다. 조정에 출사한 사람들은 저녁에 자신들의 시를 제출하였으나 대사는 이미 그때 몹시 취해 자리를 물러났다.

　이틀 후 견당사는 궁궐에 들어갔으며, 또 이틀 후에 전년과 같은

---

41 『속일본후기』 839년 9월 25일.

서한과 함께 '권위의 칼'이 주어졌다. 대사는 칼을 받아 왼쪽 어깨에 얹었고 부사와 함께 어전을 걸어서 물러났다. 며칠이 지나 대사는 교토를 멀리하고 다자이후로 향했는데 곧 부사도 그 뒤를 따라갔다. 한편 황실은 도항을 위하여 정신적인 모든 준비를 게을리하지 않았다. 즉 황실의 대선조大先祖인 태양의 여신을 제사하는 이세伊勢 대신궁大神宮에 공양물을 대신 바치는 사람이 파견되었다. 사절단의 첫 배는 타이헤이라大平良라고 이름을 붙였는데 인간과 동등하게 종5위하從五位下를 받았다.[42]

사절단은 전년보다 일찍 수도를 출발하였으나 또다시 규슈 출발을 늦추었다. 7월 22일, 태양력으로 고치면 837년 8월 26일 슬픈 소식이 수도에 도착하였다. 규슈의 서북쪽의 튀어나온 끝을 출발한 배 3척 중에 첫째 배와 넷째 배가 규슈의 북쪽 연안에서 멀어진 이키壹岐 섬으로 떠내려가고, 둘째 배는 고토우(五島 : 長鬐縣) 열도의 연안에서 어려움 끝에 겨우 이르렀다는 통지가 이르렀다. 선단은 다시 계속 항해를 하는 것이 곤란할 정도로 손해를 입어서 부젠노카미豊前守인 니시카와노하시츠구石川橋繼에게 복구하라는 명령이 내려지고 치쿠젠콘노카미筑前權守와 판관 나가미네노타카나長峯高名 두 사람이 복구의 보좌역에 임명되었다.[43] 이리하여 지나로 건너가는 두 번째 시도도 첫 번째처럼 비통하게 수포로 끝이 났다.

---

42 『속일본후기』 837년 3월 19일, 22일 및 24일. 마지막 항목은 『속일본후기』 837년 5월 7일과 21일 사이의 기사에 기록되어 있다. 그러나 주기적인 날짜의 기록은 4월 5일이 된다.

43 『속일본후기』 837년 9월 21일.

세 번째 도항 준비

두 차례나 괴롭고 슬픈 일을 겪게 되자 일본인은 그들이 하는 일을 신들이 반대하고 있는 것이 틀림없다고 생각하였다. 그래서 그들은 세 번째 도항을 시도할 준비함에 있어 정신적 노력을 두 배로 강화하였다. 지금까지 황실은 예로부터 내려오는 신도神道의 신들에게만 의존하고 있었다. 이번에는 보다 국제적인 힘을 갖고 있는 불교의 신들과 경전으로 눈을 돌렸다. 838년 봄 조서가 발포되었는데, 먼저 견당사의 이전 불행을 인용하면서 '믿음은 반드시 보답을 한다.' 는 확신이 표명되었다. 조서는 규슈의 아홉 개 주에 각기 25세 이상으로 불문佛門에 들어가 경전에 밝고 나쁜 짓을 하지 않은 우수한 인물 한 명씩 선발하여 사절단이 지나에서 무사히 돌아올 때까지 부처님과 하느님에게 공양물을 바치며 종교적 의식을 집행하도록 명령하였다. 이 아홉 사람은 규슈에서 가장 큰 신사神社 네 곳에 배속되었는데, 그들은 각 주州에서 1세기 정도 이전에 지어진 정부의 사원인 코쿠분지國分

寺와 신사에 부속되어 건립된 불교 시설에서 예배를 집행하였다.[44]

　그 직후 또 하나의 조서가 내려왔는데, 바다의 용왕에 관한 경전인 『해룡왕경海龍王經』으로 알려진 불교경전을 전국 방방곡곡에서 "견당사가 일본을 떠나는 날부터 일본으로 돌아오는 날까지" 소리를 내어 읽도록 명령이 내려졌다.[45] 용이 물과 관계가 있다는 일반적인 생각에서 이 경전이 위험한 바다를 건널 때에 특별한 공덕이 있다고 생각한 것은 매우 자연스럽다.

　4월 28일 천황은 두 번째 실패 이후 교토로 돌아오지 않았다고 생각되는 대사와 부사에게 서한을 보냈다. 그 가운데 천황은 이들에게 순풍의 계절이 왔는데도 출발 준비를 하지 않은 것을 유감스럽게 생각한다는 뜻을 전하고 경고를 하였다. 천황은 다시 궁중의 고관을 파견하여 그들이 늦추고 있는 이유를 알아보게 하였다. 4일 후에 대사와 부사로부터 신神들의 반대를 거역하면 성공은 의심스럽다는 취지의 답장이 왔다는데 "신들의 은총을 받지 않고서 어떻게 우리가 성공할 수 있겠습니까?"라고 호소하였다. 답장은 다시 다른 유명한 불교경전인 『대반야경大般若經』을 곳곳에서 읽기를 바란다는 소원의 말

----

44 『속일본후기』 838년 3월 27일. 두 사람씩 각기 4사社에 파견되었다. 즉 대재부大宰府가 있었던 치쿠젠筑前의 카시이香椎 신사·무나카타宗像 신사·규슈 중부의 아소阿蘇 신사·북규슈 동북의 우사하치만宇佐八幡 신사이었다. 아홉 번째의 인물은 역사 초기의 인물인 타케노우치노스쿠네武內宿禰를 의미하는 '대신大臣'으로 파견되었다. 그는 카이시 신사에서 제사를 받는 신들의 하나이었다. 하치만은 신도의 신으로 일반적으로 군신軍神으로 추앙되고 있지만, 이 문장에서는 '하치만 대보살'로 존칭을 받으며 완전히 불교화한 이름이며 이미 당시 대중화되어 있음이 알려져 있다.

45 『속일본후기』 838년 4월 5일. 『해룡왕경海龍王經』은 어떻게 해서 불타가 바다의 용왕에게 설법하였는가를 전한다.

로 끝을 맺었다.[46]

그날 일찍이 황실은 '바다의 용왕 경전'을 강의하라고 명하고, 다시 『대반야경』이 전국 방방곳곳에서 같은 달 중순부터 사절단이 돌아오는 날까지 소리 내어 읽으라고 명하였다. 경전의 의식적인 독송讀誦은 보통 예를 들면, 각 장의 처음 수십 행이 아니면 마지막 수십행 등을 골라 억양을 붙여 여러 사람이 곡조에 따라 노래를 부르는 것으로 되어 있다. 이 두터운 믿음의 행위는 다른 경전에 대한 강의처럼 각 주州에 소재하고 있는 정부의 사원〔國分寺와 國分尼寺〕의 승려들에 의해 집행되었다.

이렇게 강화된 정신적 도움으로 사절단은 격려를 받아 끈기 있게 세 번째로 출항하였다. 첫 번째 배와 네 번째 배는 2년 전의 경우보다 조금 일찍 출항하였다. 엔닌에 의하면, 이들이 일본의 가장 서쪽 끝의 섬 모습을 마지막으로 희미하게 알아차린 것은 6월 23일, 서양의 달력으로는 838년 7월 18일이 된다. 두 번째 배의 출발은 다른 배가 출항하였다는 통지가 수도에 이른지 14일이 지나도록 어떤 통지도 도착하지 않았다. 출발이 지연된 것은 다분히 부사의 갑작스런 출발 거부로 야기되었던 것이다. 1개월 전에 천황이 견당사의 출발을 확인하기 위하여 보낸 사자는 오노노타카무라小野篁의 병 때문에 출발할 수 없었다고 보고하였다. 그러나 이는 꾀병이라는 것이 판명되고 늦어도 연내에 소문의 전모가 명확히 드러났다.[47]

부사는 아마 836년 불쾌한 나머지 자신의 사명에 근심을 품기 시

---

46 이 유명한 경전의 산스크리트어로어에 의한 보다 완전한 이름은 마하 프라쥬니야 파라미타 스트라 Mahā. Prājñā. Pāramitā-sūta라고 한다.

47 『속일본후기』 838년 6월 22일, 7월 5일 및 29일. 부사가 지나로 가기를 따르지 않은

작하였을 것이다. 왜냐하면 츠네츠구에 대한 천황의 위로 서한과 타카무라에게 자신의 임무를 참고 견디도록 경고한 천황의 말은 표현상 약간 다른 분위기가 있었기 때문이다. 하지만 진짜 말썽의 원인은 이미 두 번째 실패할 때 시작되었다.

결국 대사의 첫 번째 배는 그때 부사의 두 번째 배보다 심하게 파손되어 츠네츠구는 두 번째 배와 바꾸라고 명하였다. 츠네츠구는 조정에 탄원서를 바쳤는데 선박이 처음 건조되었을 때 조선도장造船都匠들이 그들의 순서를 결정하였으나 오랜 옛 관례와 달라 천황의 허락을 얻어 신묘한 결정에 따라 순서를 다시 결정한 결과 파손이 적은 두 번째 배가 때마침 첫 번째 배가 된 것은 감사할 일이지만 예상조차 하지 못했다고 정황을 상세히 아뢰었다. 얌전한 오노노타카무라는 이 경박하게 변장된 책략에 대해 가장 우수한 배가 처음에 첫 번째로 정해지고, 뒤에 우연히 운 좋게 파손이 적은 배와 다른 운수가 언짢은 배를 교환시키는 것은 공평하지 않다는 반론을 제출할 수도 있었으나 굳이 유보하였다.

대사는 틀림없이 부사와의 다른 의견이 결국 조정의 주의를 끌 것이라고 예상하고 바로 그 이유 때문에 그가 출항할 때 천황에게 겸손한 충성을 서약하는 편지를 남겼는데 그중에 주군主君을 위하여 살아 있는 세상뿐 아니라 죽은 후에 다시 태어나 만 번이라도 생명을 받들 결의가 있다고 보고하였다.[48]

사연의 진상은 그의 재판으로 내려진 판결문으로 매듭질 수 있다. 즉 『속일본후기』 838년 12월 15일의 항목에 기록되어 있다. 또한 『문덕실록』 852년 12월 22일 오노노다카무라小野篁의 전기로도 알 수 있다.

48 『속일본후기』 838년 8월 3일에 기록되어 있다.

오노노타카무라 역시 우수한 글재주를 발휘하여 "서방으로의 길"이라는 노래를 지어 견당사의 모든 목적을 공격하였다. 게다가 그 노래에서 선제先帝의 추억을 모욕하였다고 한다. 아무튼 사가(嵯峨, 809~823) 상황上皇은 그 한 편을 보고 격노하였다고 한다. 그 해 늦게 오노노타카무라에게 내린 판결은 사명을 완수하는 것을 거부하였기 때문에 교수형에 처해지겠지만 그의 죄상은 한 단계 감형되어 서혼슈西本州의 북쪽 연안의 멀리 떨어진 바다의 오키隱岐섬에서 먼 섬으로 보내지고 다시 12일 뒤에 관위官位를 박탈당했다.

오노노타카무라는 견당사의 일원으로 완수해야 할 사명을 동지나해東支那海의 폭풍 때문에 불행하게도 실패하였지만 이처럼 괴롭고 슬픈 일을 당한 것은 그 한 사람만이 아니었다. 네 명의 하급 직책, 즉 지승선사知乘船事 한 사람·역청익생曆請益生·역유학생曆留學生 및 천문유학생天文留學生 각 한 사람은 배가 출항하기 전에 도망쳤다. 그들의 죄상 판결은 일등이 감해져 혼슈(本州 : 일본 열도 최대의 섬) 북쪽의 서쪽 연안에서 떨어진 사도가佐渡섬으로 유배되었다.[49]

---

49 『속일본후기』 839년 3월 16일.

배를 타고 건너다

    838년 여름 견당사절단은 3척의 선단船團을 꾸려 출항하였다. 이
번 출발은 일본의 정사에는 기록되어 있지 않다. 839년 봄, 조정은 국
내 사원에서 뽑힌 두 종류의 불교경전을 계속 소리 내어 읽도록 명하
였다.[50]

    이러는 동안에 엔닌은 견당사의 첫 번째 배를 타고서 붓을 쥐고 일
기를 쓰기 시작하였다. 6월 13일자 일기의 첫머리에는 사절단의 다
른 일행이 세토瀨戶 내해內海의 서쪽 끝에 위치하는 현재의 시모노세
키下關市 시 근처라고 생각되는 장소에서 첫 번째 배와 네 번째 배에
올라탔다고 기록하고 있다. 4일 뒤에 10시간 동안 연안을 따라 내려
오자 다자이후에서 가까운 하카다만(博多灣 : 福岡市) 근처에 도착하였
다. 22일 그들은 다시 닻을 올려 30시간 정도 항해하여 고토우五島 열

---

50 『속일본후기』 839년 3월 1일.

도의 북쪽 끝의 섬에 도착하였다. 그곳에서 23일 아득히 먼 이곳까지 전송하러 온 사람들을 내려주고 드디어 동북쪽의 순풍에 돛을 달아 일로 공해로 나아갔다.

해상에서 첫 이틀 밤에 2척의 배는 봉화를 올려 서로 확인하였다. 그것은 마치 '밤하늘의 별' 같았다. 셋째 날 새벽까지 네 번째 배는 어느새 시야에서 사라졌다. 바람은 동남쪽으로 바뀌고 있었다. 그러나 이는 순풍이었다고 한다. 첫째 날이 저물자 대사는 관음보살을, 그리고 엔닌과 동료 엔사이는 불경을 읽으면서 기도를 하였다. 항해 도중에 일본인들은 바다에 뜬 대나무와 갈대, 가고 오며 어지럽게 날아다니는 새 종류, 바닷물의 색이 변하는 것에 대해서도 보통과 달리 주의를 기울였다. 이런 현상 때문에 얼마간 이들은 지금 어디에 있는지 알아차리려고 하였다. 3일째 물은 담녹색으로 변하고, 5일 째에는 흰빛을 띤 녹색이 되었으며, 다음 날에는 누런 진흙색이 되었다. 그들은 이것이 유명한 양자강에서 나오는 물이라고 추측하였다. 그리고 다시 담녹색인 바닷물과 마주쳤다. 신라인 통역 김정남金正南은 이를 보고 이들이 양자강보다 북쪽의 연안에서 양주로 이어지는 운하 입구를 통과하고 있는지 모른다고 하였다.

같은 날 정오가 조금 지나 그들은 다시 진흙물 가운데 있다는 것을 알았다. 소리의 반응은 수심이 50피드임을 나타내더니 다시 40피드가 되었다. 의논 끝에 주의 깊게 전진하기로 결정하였다. 드디어 높은 파도가 갑자기 덤벼들어 해질녘에 여태 낮게 가로 놓인 연안의 그림자조차 보이지 않는 동안에 배는 얕은 여울에 올라탔다. 뱃사공들은 즉시 돛을 내렸으나 배는 심하게 난타당하여 키는 효력을 발휘할 수 없게 돛대는 꺾이고 말았다. 그런 순간에 파도는 약간 진정되었다. 엔닌은 그 꺾인 모양을 다음과 같이 기록하였다.

> …… 파도가 동쪽에서 와서 배는 서쪽으로 기울었다. 파도가 서쪽에서 왔을 때에는 배가 동쪽으로 기울었다. 셀 수 없는 파도가 배를 씻었다. 배 위의 모든 사람들은 마음속으로 부처님에게 빌고 신도의 신들에게 기도하였다. 기도하지 않는 사람은 한 사람도 없었다. 그러나 사람들은 절망하여 대사를 비롯하여 뱃사공까지 모두 알몸이 되어 잠방이를 단단히 조였다. 배가 한가운데서 둘로 깨어지려고 해서 우리는 뱃머리와 선미로 돌진하였다. 각자 파손되지 않은 안전한 장소를 찾아 얻었다. 심한 파도의 충격 때문에 선체의 접합점이 모두 양방향에서 당겨져 나가 언제 균형이 잡힐지 알 수 없어 그들은 양손으로 줄을 번갈아가며 단단하게 결합하여 어떻게든 배의 수명을 연장시키려고 시도하였다. 배 바닥에는 물이 고이고 모래가 가득 차 내 짐은 물에 잠기게 되었다.
>
> (이상 인용문)

다음 날 아침 바닷물이 물러나자 배는 절반이 모래 가운데 묻혔다. 일본인들은 조속히 다음에 올 높은 바닷물을 대비하여 깨진 배를 보수하는데 힘껏 노력하였다. 아깝게도 일기는 정확히 여기서 조금 탈락이 있지만, 다음 부분의 기록에서 대사와 일행 중 상당한 사람들이 작은 배를 타고 물가로 향했음이 분명하다. 엔닌은 30여 명이 잔류한 무리 중에 있었다. 7월 1일 밤 첫 일행이 상륙한지 만 2일이 지나 마침내 잔류한 무리가 물가의 등불이 틀림없음을 확인했다고 엔닌은 기록하고 있다. 다음날 배는 조류의 힘으로 흘러가 모처럼 육지가 보이는 곳까지 이르면서 다시 얕은 여울에 올라앉았다. 또 한 번 사태가 심각해졌다. 엔닌은 그때의 모습을 다음과 같이 묘사하고 있다.

…… 물살은 강하고 빨라 배 옆의 진흙을 파냈으며 들끓듯이 소용돌이 치고 있었다. 배는 때마침 뒤집혀 바로 침몰하려고 하였다. 사람들은 무서워 오들오들 떨며 기울어진 배 옆으로 기어오르려고 허덕이었다. 전원은 잠방이를 단단하게 죄이고 각기 줄을 자신의 몸을 선체의 여기저기에 매었다. 이처럼 매어진 그때 죽음을 기다릴 따름이었다. 훨씬 전에 선체는 다시 왼쪽으로 뒤집히자 사람들은 쏠려 선체의 우측으로 기어올랐다. 이렇게 몇 번이고 기울어서 그때마다 장소를 옮겼다. …… 사람들은 살 것 같은 기분도 없이 울부짖으면서 애원하였다.

(이상 인용문)

이처럼 절망적인 상황에 처해 있었을 때 이미 물가로 향한 일행 중에 활 쏘는 사람의 안내를 받은 지나인 6명의 구조선이 시야에 나타났다. 일본인들은 급히 배에서 지나 측의 배로 공물을 옮기고 자신들도 옮겨 타 간신히 물가에 도착할 수 있었다. 그곳에서 그들은 경계선을 지키는 군대 주둔 장소에서 숙박하였다. 엔닌은 이 날이 7월 2일인데, 기이하게도 지나에서 연호가 개성開成 3년(838)이라는 것을 알았다. 그리고 그는 그들이 양주 영역에 속하는 양자강 어귀에 와 있다는 것을 알았다. 다음 날 그와 동료들은 첫 번째 배의 대사와 그 외의 사람들과 재회하고, 그들은 상륙할 때 마음고생을 하였으며 일행이 앞으로 스산하고 인구가 희박한 지역에서 흔하지 않은 문명 거점의 하나인 '소금 전매국의 소재지'를 목표로 하고 있다는 것을 들었다.

같은 날 네 번째 배에 관한 첫 소문이 이르렀다. 종종 전해지는 바를 종합하면, 네 번째 배도 첫 번째 배와 조금 멀지 않은 곳에 있어서 파도에 농락을 당하고 있었으나 첫 번째 배보다 다소 나은 상태를 유지하고 있었다고 생각된다. 처음에 사람들은 배에 머무를 수 있었으나 배가 부서지려 하자, 배의 책임자인 판관은 급히 상륙하여 어부의 집으로 이동하였다. 그러나 배에 머문 많은 사람은 배에 머물렀으며, 그중에 다섯 사람은 몸이 부풀러 올라 사망하였다. 드디어 10척의 지나 배가 구조하러 와서 날씨가 허락하는 한 매일 난파당한 배를 오가면서 짐을 운반하였다. 네 번째 배의 사람들이 양주에서 대사 일행과 합류한 것은, 그들이 처음 지나 연안에 나타나고서부터 거의 2개월 가까이 지난 8월 25일이 되어서였다.[51]

두 번째 배는 다른 두 배보다 늦게 일본을 출발하여 당연히 그보다 일찍 도착할 수 없었다. 엔닌이 두 번째 배의 도착에 대해 처음 얻은 정보는 대사가 탄 배에 있는 신라인 통역 김정남에게 보낸 두 번째 배의 신라인 통역의 편지를 통해서였다. 엔닌은 이 편지를 8월 10일에 보았지만 1개월이 지나도 부사가 지나로 오지 않았다는 것과, 따라서 판관 후지와라노토요나미藤原豊竝가 지휘하였다는 것을 알았다. 그래서 두 번째 배는 산동 반도 남쪽 기부(基部 : 대륙에서 돌출한 반도의 밑둥)에 가까운 해주海州 항구에 도착하였다. 배 3척 중에 이 배만이 손해를 받지 않아 다음 해 일본으로 귀항할 수 있었다.

두 번째 배에 탄 일행은 수도를 목표로 여행길에 올랐는데 도중에 토요나미豊竝가 갑자기 사망하였다는 것이 알려져 그 외의 고관은 최초의 일행과 합류하였음에 틀림없다. 또한 일행 중에는 법상종法相宗의 청익승請益僧으로 생각되는 카이묘(戒明, 나라시대 승려)가 다음 해 엔닌과 함께 동행하였는데, 장안에서 카이묘가 몹시 애를 쓰고 있었다는 것을 엔닌은 뒤에 서술하고 있다.

---

51 838년 7월 3일, 24일, 8월 8일, 17일, 24일 및 25일.

그러나 배와 일행 대부분은 해주에 머무르면서 겨울을 넘겼다고 생각된다. 엔닌이 그들과 만났던 것은 839년 4월, 정확히 그들의 귀항 직전이었다.[52]

---

52 838년 8월 10일 및 9월 11일. 839년 2월 20일, 4월 6일, 8일 및 6월 9일.

운하로 가는 양주 여행

　엔닌이 탄 배의 일행은 상륙하자 며칠 만에 몸 구석구석을 말리고 양주로 가기 위하여 운하를 왕래하는 배를 빌리고 지나 정부가 견당 사절에게 정식으로 연락을 주기를 기다렸다. 드디어 7월 9일 군사 8명과 수행원을 데리고 지방 수비대의 제복으로 정장한 대표 관리 한 명이 도착하여 술, 과자와 음악으로 일본인들을 환대한 후 본거지로 돌아갔다. 3일 후 한없이 못 기다리는 일본인들은 통역과 활 쏘는 사람을 현청縣廳이 있는 읍邑으로 파견하여 그들을 태울 배가 빨리 도착하도록 요청하였다. 다시 이틀을 기다린 후 고관을 포함한 사절단 일행 30명은 더 이상 기다리기를 포기하고 출발하기로 결정하였다. 그리하여 그들이 배를 만나자 닥치는 대로 올라타고 현청이 있는 읍으로 향해 운하 여행을 강행하였다.

　그들이 한없이 기다리지 않은 이유의 하나는 질퍽질퍽한 델타지대의 생활이 매우 불쾌하였기 때문일 것이다. 심한 더위는 참기 어려울 정도로 혹독하고 천둥과 광풍은 시종 엄습하였다. 가장 기분이 나쁜 것은 이르는 곳마다 나타나는 모기떼이다. 엔닌의 말을 빌리면 "파리처럼 크고, 침은 찌르는 듯이 문다."고 하였다. 게다가 이전부터 일부 사람은 이질로 괴로워하고 있었다. 엔닌 자신은 불쾌하기 짝이 없는 주둔군의 부락을 피해 근처의 사원으로 이동하였다. 그곳에는 이미 고관들이 와서 머물고 있었으며, 여기서 이질에 걸린 엔사이와 재회하였다.

드디어 17일 양주로 향하였는데 맨 처음의 읍, 즉 그들이 있었던 곳에서 서쪽으로 40여 마일 되는 여고진如皋鎭, 현재 여고현如皋縣에서 30척이 넘는 배가 도착하였다. 다음날 일찍 대부분의 일본인들은 총 40여 척의 배를 2, 3척씩 묶어 길게 일렬로 하여 물소 2마리에 이끌려 출발하였다. 그들이 지금 여행하고 있는 운하는 2세기 정도 전에 수나라가 만들었는데 '폭이 20피드를 넘으며 굴곡이 없이 일직선이다.' 엔닌은 그들이 가는 도중에 처음 밤에 묶었던 곳에서 큰 북소리를 듣고 '이 땅에 파수꾼을 두고 밤이 되면 정부의 재산을 지키기 위하여 큰 북을 치는 것이 습관이다.' 라고 일기에 기록하였다.

엔닌 자신은 운하 여행이 매우 빠르다고 느꼈지만 3일 째에 덥적거리는 지방의 우두머리라는 관리는 그들이 꾸물꾸물 거리면서 나가자 배를 셋으로 나누어 각기 뱃사공 7명이 잡아끌어 당기도록 명하였다. 하지만 그것은 사람들을 피로하게 하므로 드디어 다시 물소가 끌어당기는 선박 행렬이 짜여졌다. 이런 형태로 같은 날 늦게 여고진에 도착하였다. 그곳에서 대사와 일행이 그들을 기다리고 있었다.

여고진은 수비대 사령관의 근거지이므로 대사는 이곳을 통해 지나 정부와 예비절충으로 들어갈 수 있었다. 그 결과 2, 3일 일찍 결정이 이루어져 그 지방의 지나 관리들이 파손된 첫 번째 배와 화물을 관리하게 하고 모든 일본인들은 양주에 도착이 되도록 처리되었다. 또 하나의 결과는 지나 정부가 성의 있는 외국 사절단에게 그러했듯이 일본 사절단에게도 매일 생활에 필요한 물자가 공급되게 되었다. 여고진의 관리들은 이렇게 대접이 늦어진 점에 대해 사절단을 확인하는 데 오해가 있었기 때문이라고 변명을 하였다. 즉 지나 관리는 일본과 신라는 같은 장소에 있다고 믿고 있는데다, 이 주변의 연안에는 늘 많은 신라 사람들이 있다 보니 그들과 같은 부류라고 생각하여 견당사절단에게 거의 주의를 하지 않았다. 그러나 이제는 지나 관리도 일본은 신라와 다르며 더구나 먼 곳이라고 인식하였다. 그들은 조공사절단이라고 간주하여 상급 관청에 그 도착을 전달하였다.

21일, 일행 전원은 여고진을 출발하여 운하 양쪽에 나란히 줄지어 있는 '풍요롭고 고귀한 집들을' 뒤에서 바라다보았다. 그리고 또다시 일본인들은 인구가 드문 지역을 가로질러 몇 마일을 갔으나 집 한 채도 볼 수 없었다. 그러나 엔닌은 길 양쪽의 광경을 보고 강한 인상을 받았다. 그 하나는 수로를 따라 흰색 집오리와 흰색 거위 무리가 잘 보호를 받고 있었다. 때로는 한 무리가 2천 마리를 넘기까지 하였다. 또 하나는 '소금을 쌓은 소금 전매국의 배가 3, 4척씩, 또는 4, 5척 씩 옆으로 연결되어' 긴 행렬을 이루고 있는 광경이었다. 그런데 그 열은 '끊어지지 않고 많은 구슬이 이어지듯이' 수마일 이어져 있었다. 이러한 광경은 큰 소금의 생산지로서는 아주 당연하겠지만 일본인들이 예사롭지 않게 놀란 것은 무리가 아니다.

여고진의 서쪽 37마일 되는 곳에 있는 해릉현海陵縣, 즉 현재 태현泰縣의 현청이 있는 큰 읍에 일행이 도착하는데 이틀 반나절이 걸렸다. 고관들은 밤을 사원에서 보냈는데 지방의 관리들은 그들에게 동전을 제공하였다. 그러나 엔닌은 배에 머물렀는데 "모든 마을의 사람들은 떼를 지어 우리들을 보려고 했다."고 기록하였다. 다음날 아침 지나의 사원 승려들은 일본 승려들을 방문하였으나 지방의 관리들은 장교를 보내 전송했을 뿐 결국 친절하게 예를 갖추지 않았다.

그러나 일본인들은 절박한 문제에 직면한 듯하다. 즉 엔닌의 기록에 의하면 "사람들은 이질로 괴로워하였으며 배의 속도는 조금도 나아가지 않았다. 선두로 가는 배는 맨 뒤로 처지고, 맨 뒤에 처진 배가 어느새 앞으로 나와 있었다."는 것이다. 그러나 이러한 어려움이 있었지만 이틀 정도의 여행 뒤에 약 28마일 서쪽의 양주에 그런대로 이를 수 있었다. 시내로 들어가기 전에 그들은 교외의 사원에 잠깐 바로 들러 도중에 급사한 이전 사절단의 부사를 비롯한 희생자의 영혼을 위로하는 추도회에 가담하였다. 그런 뒤에 그들의 도착을 전하는 심부름꾼을 시내의 청사로 보냈다. 일본인들은 양주 주변의 수로에 가득 차 넘치는 모든 종류의 배를 누비고 나가 겨우 시市의 북쪽 벽 반대쪽에 머물렀다.

양주의 견당사 일행

　양주에 도착한 그날 저녁에 고관들은 육지로 올랐다. 때는 7월 25일이었다. 그런데 엔닌과 엔사이는 다음 날 오후가 되기까지 강의 남쪽 연안에 정해진 관청의 숙소로 옮기지 않았다. 숙소는 넓고 크게 보였으며 승려 2명은 따로따로 방을 받았다. 대사와 엔닌은 양주에서 눈앞에 닥친 중요한 일을 시작하는데 다음 달 1일까지 기다렸다.

　1일 아침 대사는 비로소 지방사령관〔節度使〕인 이덕유李德裕를 방문하고 그날 오후 엔닌과 엔사이는 대사에게 보낸 문서에서 그들 종문宗門의 본산인 천태산天台山으로 가는 허가를 요구하였다. 이 편지에서 '승려들은 '법을 구하는 여행길에 신변의 일을 보살펴 줄' 뱃사공을 각기 한 사람씩 들러붙게 해달라고 부탁하였다. 대사는 소원을 받아들여 이틀 뒤에 지나 정부에 문서로 엔닌과 엔사이 뿐만 아니라 엔닌의 제자인 이쇼오와 이교오 및 하인 테이유우만(丁雄満 또는 丁雄萬, 원문에서는 두 가지가 사용되고 있다), 아울러 엔사이의 제자까지 포함된 여행 허가를 요구하였다.

이덕유는 도량이 너그럽지 않아 사절단에 대한 모든 대접은 오히려 냉담한 듯하다. 4일, 그는 청원에 즈음하여 바친 일본의 토산물을 밀어내고 뇌물을 경고하는 의미로 사절단에게 필요한 매일 생활물자를 줄였다. 그는 또한 일본 측의 청원서를 고쳐 쓰도록 명령하고 대표자 두 명을 제외한 다른 모든 사람의 이름을 삭제하고 서식을 간략히 하도록 요구하였다. 9일, 일본 사절단 담당관〔勾當日本國使〕이라는 관리가 승려 두 명을 방문하였다. 이 방문으로 힘을 얻어 희망에 부풀어 신속히 여장을 갖춘 승려들은 다음날 아침 이를 사절단의 관리에게 보고하였다. 그러나 그들의 이른 출발 희망은, 그날 오후 이덕유가 그들을 위해 조정에 청원을 하였으나 칙허勅許가 도착할 때까지 그들의 천태산행을 보류하고 기다리지 않으면 안 된다는 소식으로 맥없이 무너졌다.

대사는 엔닌이 환학승還學僧으로 사절단과 함께 몇 달 뒤에 일본으로 돌아가지 않으면 안 된다고 생각하면서도 수도의 허가를 빈둥빈둥 기다릴 수 없다고 판단한 끝에 엔닌만이라도 출발을 허가해 달라고 탄원하였다. 한편 엔사이는 유학승이므로 지나에 머무는 기한이 제한을 받지 않아 우선 양주에 남아 있어도 좋게 되었다. 물론 이덕유는 대사의 탄원을 거절하고 그 대신 승려와 그들의 수행원을 시내의 큰 사원의 하나인 개원사開元寺로 들이기로 결정하였다. 이사를 하라는 정식 명령은 22일에 내려지고 사원 측의 응답이 다음 날 알려졌다. 엔닌과 그의 일행은 그 다음 날 개원사로 거처를 옮겼다.

이러는 동안에 사절단은 지나 관리와 다른 문제로 절충으로 들어가 있었는데, 엔닌의 일기는 마침 이를 일기에 기록하고 있다. 17일

선사(船師 : 중생을 배에 태워 깨달음의 피안으로 데려가는 사람) 한 사람이 사망하였다. 전날 일본사절 담당관과 이덕유의 대리인이 숙소로 와서 부상당하여 임종 직전 선사의 짐 기록을 작성하였다. 일본 측의 관리는 짐을 선사의 수행원에게 넘기는 것을 허락받았으나 지나의 관리가 사건을 감독하여 "관을 사는 것부터 현장에 가서 매장까지 지켜보았다."고 한다.

또 하나의 복잡한 사건은 대사가 여행하는 배 위에서 만약 그가 안전하게 연안에 도착하면 그의 몸과 똑같은 큰 불상을 그린다는 맹세를 하였다는 것에서 유래하고 있다. 8월 1일, 엔닌은 개원사를 방문하여 불화佛畵를 제작할 준비를 가지런히 하였다. 이틀 뒤에 화가가 승원의 불화를 그려 모시기 위하여 파견되었다. 그런데 놀란 것은 일본인인 그는 들어가는 것을 거절당하였다. 왜냐하면 '규칙에 따라 외국인은 멋대로 사원의 건물 안으로 들어오는 것이 허용되지 않기' 때문이다.

대사는 이것도 이덕유의 비우호적 태도의 표현이라고 보고 그의 맹세 실현을 다음 해 봄까지 기다리기로 결정하였다. 그러나 이런 결정에 대해 그는 "이렇게 된 것은 부처님의 뜻이 아직 이를 허락해주지 않았기" 때문이라고 나름대로 술회하였다. 엔닌은 이 소식을 듣고 개원사의 문 앞에 서서 기도를 하고 사원의 직원과 교섭을 하였다.

엔닌이 노력한 결과인지 며칠이 지나 이덕유는 불화 제작을 허락하였다. 하지만 대사는 그의 결정을 고집하여 이를 다음 해 봄까지 보류되게 되었다. 드디어 다음 해 봄에 초주에서 불화 몇 개를 그리는데 성공하였을 때, 이에 성대한 법회를 준비하고 완성된 불화에게 공양물을 바쳤다. 동시에 그는 남은 불화를 제작하겠다는 맹세를 재확인하였다. 육지로 올라오고서부터 공적인 의무가 많은 데다 여행에 따른 어려움은 상상 이상이었다. 그는 부처님에게 약속한 것을 전부 완수하지 못하였지만 그가 무사히 일본에 도착하는 날 남은 불화를 그리겠다고 약속하였다.[53]

엔닌이 기다리고 있었던 수도로부터의 답장은 순례하러 출발해도 좋다고 기대했던 허가가 없었다. 9월 13일, 그는 장안에서 답장이 이르렀음을 알았다. 그 답장 내용은 2, 3일 후 사절단의 관리에 의해 그에게 알려졌다. 당나라는 사절단이 수도에 도착하였기 때문에 청원을 새로 하도록 결정하였으며 동시에 엔사이는 양주에 머물도록 결정이 났다. 대사는 이를 듣고 이덕유에게 항의하였다. 이덕유는 그에게 그것은 이미 청원되었으니 빠른 답장을 기대하고 있다고 알렸다.

바로 대사가 장안으로 가는 날이 다가오자, 그는 엔닌에게 개인적 선물로 식용해초와 황실에서 승려의 '구법求法의 자금으로' 보내 준 사금 10양兩을 건네주었다. 대체로 현대의 귀금속류를 계산하는 우리(서양)의 단위로는 13온스를 조금 넘을 것이다. 판관 나가미네노타카나長峯高名는 만약 특별히 사정을 상세히 아뢴 탄원서를 그에게 부탁한다면 수도로 가서 무엇인가 의론하고 싶다는 의사를 두 승려에게 말하였다. 그는 또한 엔닌에게 사절단의 사명 하나를 부탁하였다. 즉 엔닌이 천태산으로 가게 되면 도중에 명주明州의 경계, 현재 절강성의 영파寧波 항에 들러 명주에서 사망한 이전의 견당사의 부사의 직위를 승진시키는 조서를 소리 내어 읽고 나서 그것을 태우라고 부탁하였다. 견당사절이 엔닌에게 부탁한 문서는 다만 4위位로 수여한

---

53 839년 3월 1~3일.

다고만 기록되어 있지만, 이것은 2년 전 일본 황실이 이전의 견당사 절단의 구성원을 위하여 행한 8개의 승진 중의 하나이며, 부사에게 준 종사위하從四位下에서 종사위상從四位上의 지위로 승진하는 것을 의미하는 것이 분명하다.

그런데 사절단도 또한 중요한 요직자가 수도로 올라가는 허가가 장안에서 이르기까지 양주에서 기다리는 것이 부득이하게 되었다고 생각된다. 아마 이 이유에 따라 9월 9일 길일吉日에 이덕유가 그들을 위하여 환송연을 마련하기까지 엔닌은 어쩐지 그들의 출발에 대해 널리 알리지 않고 있다. 대사 자신은 연회에 출석하지 않았다. 아마 그가 출석하지 않음으로써 자신의 지위가 존엄함을 강조하기를 바랐을 것이다. 수도를 목표로 하는 일행이 운하나 육로로 긴 여행길에 오르는 준비를 하고 있는 동안에 몇 주간이 지나갔다. 29일, 이덕유는 송별연을 마련하였으며 일행은 드디어 10월 5일에 출발하였다. 그러나 출발하려는데 24시간 천둥소리가 나면서 비가 세차게 내려 그들의 출발은 불길한 양상을 나타내 보였다.

지나 황제 배알

장안 여행과 지나 황제 배알은 말할 필요 없이 견당사절로서는 최고의 사건이었다. 그러나 유감스럽지만 이 점에 대한 우리의 자료는 정말 부족하다. 지나의 정사는 겨우 839년에 일본인에 의해 '다시 공물을 바쳐졌다.'고만 기록하고, 또한 지나 정부의 일중日中 관계를 기록한 자료는 사절단 그 자체까지 생략하고 엔닌과 그의 수행원만을 언급하고 이 기간에 '일본승려가 우리나라를 방문하여 오대산을 순례하였다.'고 기록하고 있다.[54]

일본 측의 기록은 장안에 있었던 사절단의 경험에 대해 약간 더 좋은 자료를 제공하고 있지만 우리들은 장안으로 간 사람들의 편지나 소문으로 알 수 있는 것을, 엔닌이 일기의 여러 군데에 기록하고 있는 것을 정리함으로써 이 기간에 있었던 얘기의 전모를 살필 수

---

54 『신당서』 권 220 및 『송사』 권 491(츠노다 굿리치 공역한 앞의 책 42 및 52쪽) 참조.

있다.[55]

　대사가 장안에 도착하는데 59일이 걸렸다. 그는 12월 3일 도착하였다. 하지만 대사의 도착 통지가 엔닌에게 돌아오는데 겨우 15일 밖에 걸리지 않았다. 3척의 선단으로 이루어진 총 270명의 일행이 장안 여행에 올랐다. 이 숫자에는 고관들이 모두 들어 있는 것은 아니다. 적어도 판관 한 명과 녹사 한 명은 양주에 머물러 있었다.[56] 사절단은 시(市)의 동쪽 약 2마일 되는 주둔지에서 여행을 할 때 느끼게 되는 외로움과 시름 등을 묻는 황제의 서한을 휴대한 칙사의 환영을 받았다. 일행은 시의 동쪽 구역에 있는 예빈원禮賓院이라는 외국인 접대용 숙소로 안내되었다.

　배알은 1개월 이상 지난 839년 1월 13일이 되기까지 이루어지지 않았다. 그날 일본인 25명은 궁중으로 들어갔다. 황제의 어전으로 나갈 수 있는 것은 대사와 부사를 대행하는 나가미네노타카나 두 사람뿐이었다.[57] 그날 모두 합하면 다섯 종류의 외국 사절단이 접대를 받았다. 현재 운남성의 서남부를 차지하고 있는 옛 타이국, 즉 옛날 남조국南詔國은 일본보다 상위에 위치하여 당나라에 인접한 국가로서 한층 중요시되었다. 일본인은 다른 세 나라의 사절보다 상위에 위치하였으나 결코 일본인의 자존심을 만족시킨 것은 아니었다. 왜냐하면, 엔닌의 묘사에 의하면 다른 '나라에서 온 왕자들은 관冠도 쓰지 않고 흉하게 삐뚤어진 모습으로 모피나 모포를 몸에 걸쳤기' 때

55　견당사의 이 점에 관한 엔닌의 중요 기록은, 838년 10월 4일 및 12월 18일. 839년 1
　　월 21일, 2월 6일, 8일, 20일 및 24~27일의 각 항에서 보인다.

56　838년 10월 19일, 11월 29일 및 12월 9일.

57　『문덕실록』 857년 9월 3일.

문이다.

　배알을 할 때나 그 직후에도 대사는 지나 정부의 명목상의 관직을 받았다. 아마 일본의 통치자를 대당大唐 황제의 신하로 간주하여 관직을 주는 의례의 일환이었을 것인 듯하다. 일본 측의 기록은 이 점에 대해 의미가 있음직한 침묵을 지키고 있다. 왜냐하면 일본인들은 지나와 대등한 입장을 유지하고 있는 시늉을 했다고 생각되기 때문이다. 그러나 엔닌은 대사가 장안에서 받은 관직과 각 요직 인물에게 준 지나 조정의 관위官位를 상세히 기록하고 있다. 예를 들면, 츠네츠구常嗣는 그가 이미 가지고 있었던 일본 정부의 여러 관직에다 새로 지나 정부로부터 구름이 있는 군기軍旗를 가진 '운휘장군雲麾將軍', 황실의 제사를 담당하는 관청의 대리장관代理長官인 '준태상경准太常卿', 궁성을 지키는 좌금오위左金吾衛의 '좌근위장군左近衛將軍'이라는 관직을 받았다. 배알을 한 지 3주 동안 전례에 따라 칙명이 하달되어 수도로 올라온 모든 일본인, 양주와 해주海州에 머물렀던 일본인 모두에게 각기 비단 다섯 두루마리가 하사되었다. 특히 전례를 깨고 이번에는 일본인 승려도 이런 은전을 받도록 명령하였다. 이런 결정 통지가 양주에 알려진 후 곧 엔닌 자신도 그의 말을 빌리면 '관직과 봉록'을 받게 되었다.

　대사는 수도에 도착한 날 곧바로 엔닌의 천태산행 청원서를 제출하고, 또한 사절단이 일본으로 돌아가는 항해를 보장받는 선단의 알선을 바란다고 부탁하였다. 그러나 배알이 끝나기까지 어떤 청원도 수리되지 않는다고 알려졌다. 그러나 대사는 집요하게 그의 요구를 청원하여 바라는 배를 세를 내 이듬해 3월에 지나를 출발하는 허가를 받았다. 한데 엔닌의 요구는 견당사가 일본으로 귀항하기 전에 충분한 시간이 남아있지 않다는 이유로 거부되었다. 대사는 다시 엔닌에 관한 그의 부탁을 수용해달라고 탄원하였으나 황제로부터 매정한 거절 답장 밖에 얻지 못하였으며 뒤에 있었던 탄원도 성공하지 못하였다.

지나의 관청 업무가 답답하게 융통성을 발휘하지 못하고 굼뜬 것에 염증을 느낀 일본 승려는 엔닌만이 아니었다. 장안으로 가는 긴 여행길을 더듬어 찾는 승려는 한 사람도 시내로 들어가는 것조차 허락되지 않았다. 그래서 그의 제자 승려 한 사람은 무리하게 일반 관리가 되어 사절단 판관의 수행원이 되었다. 다른 승려는 처음에 시내의 사원으로 들어가는 것이 거절당하였다. 두 번째의 탄원이 이루어지기까지 15일간 그곳에서 공부하는 것조차 허락되지 않았다. 그런 상황인데도 불구하고 많은 일반사회 및 종교계의 학자로서 견당사가 떠난 뒤에도 오래 체류하는 것을 허락받은 사람은 한 명이다. 그는 유학승 엔사이였다. 그는 5년간 일본 측의 도움으로 지나 정부의 감독 하에 연구에 힘쓰게 되었다. 그래서 견당사는 엔사이에게 비단 35두루마리와 두 종류의 희고 광택이 나는 솜 15보따리 및 사금 25온스를 주었다.

무역과 상업

　무역은 사절단의 주목적이 아니며 또한 지나 관헌이 좋아하는 바도 아니었으나 틀림없이 일본인의 입장에서는 사절단의 중요한 측면이었다. 그러나 그들을 실망시킨 것은 수도에 머물고 있는 동안에 매매가 금지당한 것이다. 또한 장안에서 돌아오는 도중에 그들이 갖고 온 물품을 팔려는 시도는 일본 사절단 담당관에 의해 수포로 돌아갔다. 일본사절단 담당관은, 대사가 양주 여행길에 오르면서부터 2개월 이상 걸려 장안으로 올라갔으나 일본인들이 연안지방으로 되돌아오는 시간에 맞춰 철저하게 감독하였다. 일본인들이 도중에 상행위를 하려고 하면, 그는 언제나 큰 북을 두드려 출발을 알리고 무리하게 내보냈다.

　하는 수 없이 일본인들은 양주로 일행 10명을 보내 그곳에서 장사를 하려고 하였다. 일행은 지승선사인 하루미치노나가쿠라春道永臧의 지휘를 따랐다. 그는 공물을 감독하는 감국신監國信이란 직책도 겸하고 있었다. 그러나 나가쿠라와 일행은 거의 양주에서 성공하지 못하였다고 생각된다. 나가쿠라와 통역은 도착한 그날 바로 칙명으로 '금지하는 물품을 샀다.'는 이유로 체포되어 하룻밤 감금당하였다. 같은 달 일행 중의 다른 사람은 '시장으로 가서 향과 약품을 사려고 하였다가 지방 관리가 그들을 심문하여 2백 련 이상의 현금을 버리고 도망갔으나 세 명만 돌아왔다.' 이는 회계상 중대한 손실이었다. 왜냐하면 현금 1련連은 가운데에 실을 통하게 하기 위하여 사각의 구멍을 뚫었던 둥근 동전 천 매枚나 되기 때문이다.

아와타노이에츠구粟田家繼는 대사의 수행원이며 예술가로서 박사이었으나 시장에서 어떤 것을 사려고 하다가 하룻밤 감금되었다. 사생史生 한 사람과 활 쏘는 사람 한 명은 계속 여러 날 똑같은 이유로 체포되었으나, 활 쏘는 사람은 산 물건을 갖는 것을 허락받았다. 일설에 의하면, 같은 무렵 활 쏘는 사람 3명과 뱃사공이 '여러 명의 지나인을 학대하였다.'는 이유로 대중 앞에서 창피를 당했다고 한다. 이러한 사태는 당초에 계획했던 상업상 거래에 큰 타격이 되었을 것이다.[58]

일본인이 지나에서 매매하려고 한 것이 무엇이었는지 추측에 의할 수밖에 없다. 엔닌이 종종 언급하고 있는 공물의 품목은 틀림없이 지나 황제에게 바치는 성질의 것이었지만, 동시에 그는 '공사公私의 물품'으로서 지나에서 팔거나 교환하기 위하여 정부나 개인이 지참한 물품에 대해서도 기록하고 있다. 중요한 금전상 거래가 많은 현금黃金으로 행해졌다고 하는 기록이 보여주듯이 일본인들은 재산의 대부

---

58 839년 2월 8일 및 20~22일.

분을 이처럼 운반하기에 편리한 형태로 지참하여 용이하게 지나의 동전으로 바꿀 수 있었다. 그들의 부富의 일부분은 비단 원료나 비단솜의 형태로 가져온 듯하다. 그것만이 아니라 일본의 여러 가지 제품을 토산물로 가지고 와 그것을 선물로 이용하였다. 예를 들면, 은으로 장식을 한 칼·허리띠·붓 한 벌·수정 염주·가루로 된 고급 녹차·소라·고동·식용해초 등을 포함하였다.[59]

우리가 아는 한 일본인들이 지나에서 사려고 하였던 물품은 향과 약품이었으며, 그들이 단체로 혹은 개인으로 받은 선물은 대부분 견직물이었으며, 아마 등급이 높은 비단과 일행의 학자가 수집한 베긴 경전과 그림 등으로 돌아올 때의 짐은 대개 컸다고 생각된다. 그밖에 그들이 받은 선물은 복숭아·꿀·잣 등 소모품이었지만 동전·가루로 된 고급 녹차나 칼 등은 틀림없이 일본으로 가지고 돌아갈 만한 가치가 있는 것이었다.

아무튼 견당사는 상업 면에서 가치가 높은 지나의 물품을 싣고 귀국하였다. 궁중에 남겨진 물품과 신도의 신神들, 황실의 선조에게 바쳐진 것을 제외하더라도 견당사가 돌아온 후 여러 주일이 지나지 않은 동안에 '궁중의 시장'을 특별히 준비하지 않으면 안 될 정도로 많은 희귀한 지나의 물품이 펼쳐졌다. 이때 궁성의 문 밖 한 곳에 세 개의 천막이 펼쳐지고, 여기서 지나에서 배로 실어온 물품이 정부 관리에 의해 전시되고 교역에 부쳐졌다.[60]

---

59 838년 7월 2일, 14일, 18일 및 30일, 8월 4일, 9일 및 26일, 9월 28일, 29일, 11월 16일 및 17일. 839년 1월 25일, 2월 17일, 20일 및 27일. 3월 3일 및 22일.

60 838년 7월 14일 및 23일, 8월 9일, 26일 및 11월 17일. 839년 2월 6일, 20일, 3월 23일 및 『속일본후기』 839년 10월 25일.

귀국 준비

　총 배 3척 중에 2척이 양자강의 수령 벌판에 좌초되는 바람에 파손되어 일본인들은 귀국문제로 새로 배를 사서 구하지 않으면 안 되었다. 그런 이유로 대사가 수도에 도착하자마자 이를 보장받는 허가를 신청한 것은 매우 당연하다. 인가는 일찍 내려졌음에 틀림없다. 왜냐하면, 838년 말에 신라 사람 통역 김정남이 배를 고르기 위하여 회하淮河로 나가는 중요한 항구인 초주楚州에서 양주를 떠난 것을 알 수 있기 때문이다.

　거기서 그는 '바닷길에 정통한' 신라 사람 60명 이상을 고용하는 계획을 마련하고 잃어버린 일본 배 2척을 대신하여 그것보다 보다 작다고 생각되는 신라 배 9척을 구입하였다.[61] 839년 이른 봄 윤 1월 4일, 김정남의 요청으로 구입한 배의 수리를 도와주기 위하여 36명의

---

61 838년 12월 18일. 839년 3월 17일.

일본인 목수와 일꾼을 양주에서 불러들였다.

우연하게도 같은 날 대사와 일행은 장안을 출발하여 다음 달 12일 초주에 도착하였다. 18일 엔닌과 엔사이는 양주의 개원사에서 여관으로 옮겼다. 다음 날 견당사의 관리들이 이덕유에게 이별을 알리는 인사말로 찾아온 뒤에 양주에 있던 모든 일본인은 배 10척에 편승하여 대운하를 따라 초주로 향하였다. 그러나 교역상의 죄로 문초를 받아 불쌍하게 체포된 일당은 출발이 늦어졌다. 그들은 24일까지 초주에 도착하지 못하였다. 초주에서도 승려들은 양주처럼 같은 개원사라고 불리는 사원에 숙박하게 되었다. 이는 738년, 당시의 황제가 지나의 각 주州에 똑같은 이름의 절을 세우도록 칙명을 발표한 결과이다.

이틀 뒤에 엔닌에게 밀교密敎의 승규僧規를 가르쳤던 지나의 승려가 양주에서 도착하여 일본사절 담당관의 명령을 받아 엔사이와 그의 수행원 2명을 위하여 배를 빌려 양주를 통해 천태산에 이르는 동안에 그들을 호위하게 되었다. 담당관은 되도록 일찍 출발하도록 주장하여서 다음날은 짐을 꾸리고 헤어지는 인사말을 하는 것으로 허비했다. 대사는 엔사이에게 생활에 필요한 돈과 비단을 주었다. 엔닌은 그에게 교의상敎義上의 질문 목록과 지나의 으뜸 사원인 엔랴쿠지延曆寺로부터 지나의 교구敎區에서 가장 오래된 사원에 배포하도록 부탁을 받은 가사袈裟를 건네주었다. 일본의 관리들은 담당관에게 술을 바치고 엔닌은 "이별하는 슬픔에 취하였다."고 흔한 표현을 하였지만, 실제로는 덥적거리는 지나의 관리하고는 이로써 마지막이라는 것을 기뻐하게 되었다고 생각된다. 이리하여 일행은 남쪽을 향해 28일 출발하였다.

뒤이어 경문敬文이라고 불리는 지나의 승려가 닷새 뒤에 엔닌에게 헤어짐을 알리기 위하여 왔다. 천태산 사원의 일원인 경문은 예전부터 엔닌을 만나기 위하여 양주에 와서 그에게 성스러운 산에 대해 얘기를 하고 34년 전 사이쵸最澄를 만났을 때의 모습 등을 알려준 인물이다.[62] 그는 엔닌이 지금이야말로 양주로 되돌아가 엔사이와 함께 천태산으로 가야 한다고 알렸다.

초주에 머무는 동안에 엔닌은 정부의 허가를 받지 못한다고 하더라도 지나에 머무려고 결심하였다. 신라사람 통역인 김정남은 산동 연안의 모처에 있는 신라인 친구에게 엔닌을 몰래 받아들이려는 특별한 제안을 계획한 장본인이었다고 생각된다. 초주의 신라 무역업자들은 분명히 이 줄거리의 가담자가 되었다. 엔닌이 신라 사회의 통역관인 유신언有愼言에게 분에 넘치는 돈 2온스와 허리띠를 선물하게 된 데에는 아마 이러한 사정이 숨겨져 있었을 것이다. 유신언은 10파운드〔한문으로는 斤〕의 차茶와 약간의 잣을 답례로 가지고 왔다. 엔닌은 이미 그의 계획에 대하여 대사의 승인을 얻었으나 대사는 지극히 당연한 경고를 다음과 같이 잊지 않았다.

…… 귀승이 머물기를 바란다면 그것은 불법佛法 때문일 것이다. 그러니깐 나는 굳이 귀승의 생각을 반대하지 않는다. 귀승이 머물기를 굳이 바란다면 머무는 것이 좋을 것이다. 하지만 이 나라 정부는 극도로 엄격하며, 만약 이것이 관리에게 알려지면 칙명을 배반했다는 죄를 뒤집어쓸 것이다. 그렇게 된다면 귀승은 아마 괴로운 입장에 설 것이다. 그 점을 잘 생각하기 바란다.[63]

---

62 839년 윤1월 19일.
63 839년 3월 5일, 22일 및 23일.

3월 19일, 초주의 지방 장관[刺史]은 견당사 일행을 위하여 이별의 술잔치를 베풀었다. 대사는 다시 술잔치에 가는 것은 그의 존엄이 손상된다고 느껴 참석하지 않았다. 3일 후 일본인은 배 위의 사람이 되었다. 그들은 말을 타고 여유롭게 당당히 초주를 출발하여 전방에 8명의 선도자를 따라 숙소에서 배 위에 올라탔다. 그곳에서 신도神道의 습관에 따라 액막이 부적을 받고 세토瀬戸의 내해内海의 입구에 있는 스미요시오오가住吉大神의 본궁에서 해상의 안전을 보살펴 주도록 스미요시오오가에게 예배를 올리고 출항하였다. 각 배는 고관 한 명이 지휘를 하고 5명에서 7명의 신라의 뱃사공이 함께 승선하였다. 엔닌은 나가미네노타카나가 이끄는 두 번째 배를 탔다. 타카나는 견당사절단 중에서 두 번째 지위에 있었던 것 같다.

회하를 내려갈 때 뒤쳐진 배에는 지나인 장교 1명이 수행하였다. 중앙의 명령이 견당사 일행이 통과하는 주나 현의 지방 관리에게 전해져 그들이 필요로 하는 것을 지급하도록 중앙의 명령이 짜여졌다. 초주에서 바다로 나가는 여행은 느긋하고 온화하였다. 바람이 때때로 거꾸로 불어 서쪽에서 불어올 때에도 바다는 언제나 물결을 바꾸지 않아 바람의 방향은 늘 바뀌는 듯하다. 또한 모든 여행 장소에서 바닷물의 움직임을 느낄 수 있어서 적어도 한 번은 신라의 뱃사람들이 바닷가에서 멀리 떨어져 나가 시간대로 돌아갈 수 없게 되자 배의 운항을 정지시킨 일이 있었다. 그러나 드디어 29일, 회하의 입구를 통과하고 그날 북쪽으로 나아가 당시는 해주 동쪽의 큰 섬이었지만 현재는 농해철도瀧海鐵道의 동쪽 종점에 가까운 본토의 일부분으로 되어 있는 작고 높은 언덕 바로 밑에 육지가 깊이 들어간 바다에 닻을 내렸다.

다른 사람과 관계가 부자연스럽다는 이유로 불결하다고 생각되어 한때 일본 배에서 추방당한 일본인 뱃사공 한 명은 잇따라 온 지나의 배가 하구를 가로지를 수 없었기 때문에 이 배에서 지나가는 해주행 배로 바꿔 타고 해주에서 겨우 다시 견당사절단의 둘째 배에 합류할 수 있었다.

거친 바다에서

　다음 날 사절단의 관리들은 땅으로 올라와 천지신명께 제물祭物을 바쳤다. 이윽고 바람이 불어와 선단이 서로 한데 뒤섞여 육지로 들어간 혼잡한 바다에서 부딪치고 서로 때리기 시작하므로 어떻게 하는 것이 좋을지 결정하기 위하여 회의가 열렸다. 신라의 뱃사공들은 분명히 위험이 적은 신라 연안의 북로北路를 선택하자고 주장하고, 배를 수선하기 위하여 먼저 청도靑島의 동남 30여 마일 되는 산동 연안의 대주산大珠山 기슭으로 향해 하루 정도 항해해야 한다고 하였다. 대사는 이 안을 지지하였으나 그의 부관副官인 나가미네노타카나는 반대 의견을 내고 비록 현재의 위치에서 곧바로 동쪽으로 출항하더라도 바람이 불면 표류하여 적대의사가 있는 신라 연안에 가까워질 위험이 따를 것이며, 들은 바에 의하면 신라에서는 혁명이 진행 중이라고 하니 그들이 북쪽으로 가면 위험률이 증대할 것이라고 하였다.

　각 배의 지휘자[船頭] 중에 4명은 타카나에게 찬성하므로 대사는 현재 위치에서 5척은 거친 파도를 가로지르고 다른 4척은 대주산으로 가기로 결정하였다. 그러나 그가 다른 주장을 한 5명의 선장에게 그의 결재 서류에 서명하기를 요구하였으나 얻어낸 단 하나의 서명은 타카나가 탄 배의 사생史生 뿐이었다.

대사의 결정에 따라 엔닌과 그의 수행원 3명은 두 번째 배에서 여덟 번째 배로 옮겨가 이전의 환학생還學生 토모노스가오伴須賀雄의 지휘 밑으로 들어갔다. 결국 그는 대사와 행동을 함께 할 계획이었기 때문이다. 그러나 이동이 완료되었을 때 대사 자신은 망설이기 시작하였다. 지속된 서쪽의 순풍이 일본을 향해 불기 시작하였다. 그리고 타카나의 주장에 따라, 만약 바람이 다음 날 아침까지 변하지 않는다면 그 아침은 육지로 깊이 들어간 바다에 머무른 지 5일째가 되지만 선단을 모두 직접 동쪽 일본을 향해 출항하기로 결정하였다.

다음 날 아침에도 서풍이 여전히 강하게 불어 엔닌은 모든 짐을 토모노스가오에게 맡기고, 대사로부터 당분간 필요한 생활 물자로 금 20온스를 받았으며 일행 4명은 몹시 거친 바닷가에 상륙하였다.

모든 것은 고요하였다. 엔닌은 '바닷길 아득히 열을 이루어 한 줄을 남기고 있는 선단'을 전송하였다. 그러나 밤이 되자 천둥소리가 나며, 비가 내리고 바람이 동쪽으로 바꾸자 그는 동포의 신변에 대해 마음을 쓰기 시작하였다. 만약 엔닌이 계절풍에 대한 지식을 갖고 있었다면 더욱 마음을 썼을 것이다. 서풍이 일본으로 가는 전 항로를 통해 충분히 지속적으로 부는 계절이 아니므로 일본인들은 너무 봄 늦게 출발하였다.

그들이 출항한 날은 4월 5일인데, 태양력으로 고치면 839년 5월 21일이 된다. 2, 3일 후 엔닌은 배 9척 중에 세 번째 배가 바람 때문에 청도에서 약간 동쪽의 산동 연안으로 바람이 반대 방향으로 불어서 그들은 대주산大珠山에 이르고 거기서 다시 거친 바다로 출발하였다고 들었다. 다시 늦게 엔닌은 5척이 청도의 동쪽 연안에 표류하다가 도착하였으며, 드디어 9척이 모두 그곳에 모여 정박하고 있다는 것을 들었다.[64]

묻으로 오른 뒤에 엔닌과 일행은 산동에서 초주로 숯을 운반하는 신라인 운송업자를 만났는데, 그들은 친절하게 언덕 너머에 있는 촌으로 안내를 받았다 그곳에서 일본인들은 산동으로 가는 배를 같이 탄 초주에서 온 신라 승려와 서로 자기 이름을 댔다. 그러나 촌의 장로 한 사람은 신라 사람을 잘 알고 있었기 때문에 그들끼리 사용한 말이 신라 말이 아니었음을 알아차렸다. 가까운 곳에 견당사의 배가 정박하고 있음을 듣자마자 엔닌과 일행들은 일본의 도망자가 틀림없다고 추측하였다. 마침 해주에서 파견된 경찰관 3명이 마침 촌에 있기 때문에 반드시 견당사의 선박에 관한 조사가 이루어졌을 것이라고 생각된다. 그 결과 일본인 4명이 곧바로 경찰관에게 건네졌다. 엔닌은 이제 시합이 끝났음을 알고 갈피를 못 잡고 있다가 각기병 때문에 묻으로 올랐으며 사고 때문에 일행과 떨어져 남게 되었다고 변명하였다.

일본인이 체포된 것은 계획자 간에 동요를 일으켰다. 이를 계획한 신라의 친구들은 즉시 만灣으로 사람을 보내 배가 실제 출발하였는지 조사하게 하였다. 같은 섬에 있는 동해현東海縣의 현청縣廳 소재지에서 관리가 와서 해주 항구에 아직도 닻을 내리고 있던 일본 선단의 둘째 배에 대하여 도망자와 그들의 수송 절차를 심문하였다. 이틀 뒤에

---

64 839년 4월 8일, 11일, 12일 및 26일.

엔닌 등 4명은 섬을 가로질러 다음 날 섬과 해주 사이에 있는 만灣을 일본 측의 작은 배로 건너 다시 돌아왔다. 섬의 반대쪽에서 그들은 도교의 바다 신을 제사지내는 해룡왕海龍王 사당에 감정이 깃든 일본 선박의 일부 관리를 만났다. 그런 뒤에 해주의 지방장관을 알현하였다.

2, 3일 뒤에 엔닌은 일본 선박으로 올라탔다. 그의 말을 빌리면 "빈손으로 '법을 구하는' 성과를 뭔가 쥘 것이 없다."고 하면서 실패하였기 때문에 한숨을 쉬었다. 4월 11일 동료들은 돛을 올렸다. 한데 배는 항구를 떠나기 전에 암초에 걸렸다. 이틀 뒤에 간신히 다시 수면으로 다시 뜨자, 액막이 의식을 치르고 스미요시오오가住吉大神에 절을 하고서 곧장 동쪽을 향해 일본 쪽의 공해를 타고 나갔다.

이틀째 새벽녘의 해상은 하얀 진흙이 탁하여 수상쩍었다. 정오에 바람이 사라지고 어느새 남풍이 불어왔다. 북북동北北東의 바람이야말로 이런 경우의 배가 항해하기에 가장 바랬던 것이었다. 이런 사태에 직면하여 사람들은 경문과 주문(원문에서는 다라니陀羅尼)을 소리 내어 읽고 5방(동서남북에 가운데를 더함)의 용왕들에게 오곡을 바쳤다. 이들의 기도는 일시적으로 효과가 있었다고 생각된다. 그날 밤은 바람이 서쪽으로 되돌아갔기 때문이다. 그러나 3일째 오후가 지나자 다시 바람은 남동쪽으로 변하였다. 배는 북쪽으로 흐르게 되었다.

점술사가 바람의 방향을 예언하기 위하여 부름을 받았다. 그러나 그는 경계심이 깊어 결국 결정하기가 어려웠다. 그는 만일 한반도의 연안으로 바람이 분다고 하더라도 전혀 마음을 쓸 필요가 없다고 예언하였다. 그래서 관리들은 신불神佛에게 마음속으로 맹세하여 소원을 세우고 순풍을 기원하였다. 승려들은 경문을 소리 내어 읽고 오곡의 제물을 새롭게 하고 신도의 신들에게도 기원을 올렸다. 다시 그들의 기도는 들어주었지만 잠깐뿐이었다. 4일째 새벽에는 안개로 덮여 배가 어느 쪽으로 가는지 도무지 알 수 없었다. 일시적으로 안개가 개이자 그들은 동북쪽으로, 다시 뒤에는 북쪽으로 향하고 있음을 발견하였다.

상황은 결코 용기를 북돋을 수 있는 것이 아니었다. 그래서 물을 모으기로 결정이 났다. 그래서 관리와 지위가 동등한 사람들은 하루에 1갤런(原文에서는 1되 반)을 조금 넘는 양을 할당받고 다른 노역자들은 이의 4분의 3이 허용되었다. 일부 일본인들은 건강을 해쳐 바다 위에 있은 첫 날에 뱃사공 한 명이 사망하고, 이틀 뒤에 또 한 사람이 사망하였다. 4일 째에 엔닌 자신도 몸이 아파 아무것도 먹지 못하고 마실 수도 없었다.

5일 째 아침, 다시 짙은 안개에 둘러싸여 어느 쪽으로 향하고 있는지 알 수 없었다. 그들이 얕은 여울에 있다는 것을 발견하자 그곳에 닻을 던지는 것이 가장 좋다고 생각하였다. 오래간만에 안개가 정말 잠깐 사이에 개었을 때 바위가 다가선 해안선이 보였다. 점술사는 처음에 조선이라고 하였다가 뒤에 지나라고 선언하였다.

믿을만한 소식이 바로 도착하였는데 배에서 내보낸 작은 배를 탄 일행이 지나인 두 명을 데리고 왔는데, 그들이 있는 곳은 산동 반도의 남쪽 연안이며 그 동쪽에서 약 50, 60마일 밖에 떨어져 있지 않다는 것이 알려졌다. 지나인은 술과 풀솜을 받고 그 지방의 주청州廳과 현청縣廳으로 갈 편지를 부탁받고 돌아갔다.

산동의 연안을 떠나며

　모처럼 즐거워하고 있었던 그들이 거둔 정보는 참으로 실망시키는 것이었다. 즉 그들의 앞길에는 항로가 모두 막혀있다는 것을 알았다. 4월 18일, 그들이 육지에 오르고서부터 하루 뒤에 식량과 물의 배급을 다시 한 사람에게 하루에 2파운드를 약간 웃도는 양(原文에서는 1升)으로 줄었다. 엔닌은 점술사에게 신도의 신들에게 기원하게 하고 자신도 스미요시오오카미住吉大神와 바다의 용왕에게 수정을 바치고 선박의 수호신에게 예리한 칼을 바쳐 일행이 무사히 일본으로 돌아가는 것을 보장해주도록 기원하였다. 이들의 기도는 받아들여졌다. 일본인들은 바위가 다가온 산동 연안을 따라 3개월이나 폭풍이 치는 세월을 버틸 수 있었기 때문이다.

　19일, 배는 육지로 깊이 들어간 바다(灣)로 들어가 6일간 정박하였다. 그러나 조수로 흔들리고 암초로 인해 몇 번이나 밧줄이 끊어져서 그때 닻을 잃었다. 25일, 간신히 서남쪽으로 약간 연안을 따라 내려가 공해에서 안개로 덮인 불안한 하룻밤을 새우고 다음날 다시 안전한 장소에 정박할 수 있었다.

처음 정박한 장소를 떠나기 전에 일본인들은 이미 지방의 관청을 대표하는 한 명의 관리와 절충할 수 있었다. 그들은 풀솜과 술, 과일을 선물로 교환하였다. 새로운 정박 장소로 들어가던 날, 다시 지방의 관리와 절충하고 녹사 한 명이 땅으로 올라 일본인 관계 업무를 담당한다고 생각되는 그 지방의 수비관〔押衙〕에게 보내는 문서에서 식량을 지급하기를 원한다는 뜻을 나타냈다. 문서는 다음과 같이 말하고 있다.

"이전에 우리가 동해현東海縣에 있었을 때 배를 타고 바다를 건너가는 식량을 지급받았습니다. 그러나 이 배는 건너가는 중에 역풍을 만나 내몰리어 이 땅에 표류했습니다. 우리가 이 땅에 있는 동안에 도항渡航을 위해 준비한 식량 등을 소모한 것은 현명하지 않다고 생각합니다. 제발 신선한 식량을 지급해 주도록 탄원합니다."

2, 3일 뒤에 일본인들은 가까운 마을에서 약간의 식량을 사서 구할 수 있었으나 그들이 관청에 요구한 것은 거의 3주 가까이 아무 소식도 없었다. 두 번째 탄원에 사무치어 고작 일본인으로부터 공물貢物이 헌납되지 않은 이상 일본인들은 아무것도 지급받지 못한다고 들려주었다.

그런데 안전하게 닻을 던진 것이 엔닌의 원기를 회복시켰다고 생각된다. 왜냐하면 그는 같은 배의 신라인 통역인 승려 도현道玄에게, 여기서 그가 몰래 빠져나가 땅에 오를 수 있는지 물었기 때문이다. 대답은 지극히 좋은 조건이었지만 엔닌이 결심하기 전에 배는 다시 움직이기 시작하였다. 출항하기 전에 일본인들은 '천지신명에게 예배를 하고 공사公私의 비단과 홀치기 염색법(물들일 천을 물감에 담그기 전에 어느 부분을 홀치거나 묶어서 그 부분은 물감이 베어들지 못하게 하여 물들이는 방법)으로 염색한 옷감을 바쳤다. 스미요시오오카미에게는 거울을 바쳤다.' 배 가운데서 스미요시오오카미의 작은 신사神社가 제사를 받고 있어서였다. 그들은 중병이 든 뱃사공을 육지로 옮겼다. 2, 3일 전에 또 한 사람이 배에서 사망하였는데, 이 뱃사공은 죽어서 배를 더럽히기 전에 옮겨갔다. 이 남자는 "음식물과 물을 청하며 괴로워하면서 만약 병이 회복되면 마을을 찾아다닐 것이다."라고 하였다. 엔닌이 "배 안의 한 사람으로서 슬퍼하지 않을 수 없다." 고 기록하고 있는 것도 무리는 아니었다.

그러나 이러한 모든 준비가 이미 이루어진 뒤에도 배는 많은 시간이 지나지 않아 출발점으로 되돌아왔다. 다음 날 연안을 따라 서남쪽으로 겨우 1, 2마일 정도 내려갈 수 있었다. 승려들은 그곳에서 상륙하여 현재 일본에서 다섯 명절의 하나로 알려져 있는 5월 5일 남자아이 축일祝日을 축하하였다. 그리고 오래간만에 목욕탕으로 들어가 그들의 옷을 세탁하였다.

그들이 아직 육지에 있는 동안에 배의 지휘권을 가지고 있는 젊은 관리 준관관 요시미네노나가마츠良峯長松한테서 통고가 와서 전원은 액막이 의식을 치르고 승려들은 3일간 도항 순풍을 기원하기 위한 의식을 거행하라는 명령을 받았다. 이번에 그들의 기원은 여전히 한순간도 들어주지 않았다. 그래서 다시 지나의 천지신명에게 올리는 의식이 거행되었다. 그러나 바람은 여전히 순풍이 되지 않았다.

일본인들이 바람의 변화를 기다리는 동안에 지나 측의 수비관은 승무원 숫자에 관한 상세한 기록과 사절단이 현청에 보낸 편지를 입수하였다. 엔닌은 그를 통해 지나에 머물겠다는 요청을 다시 새롭게 하였다. 이런 사이에 날씨는 더욱 나빠 19일에는 바람이 닻의 밧줄을 휘몰아치고 배의 외부 설비에도 손해를 입혀 그대로 파멸될 위기에 놓였다. 이틀 후 일본인들은 다시 돛을 올려 큰 바다로 나아갔다. 그러나 바람은 즉시 사라졌다. 같은 날 오래 병상에 누워 있었던 점술사를 땅으로 오르게 하였으나 새벽이 오기 전에 사망하였다. 25일, 다시 출발하려고 하면 또한 바람이 사라져 배의 출발은 실패하였다. 그런데 이때보다 우수한 기동력을 가진 신라 배가 나타나 항구에 입항하는가 했는데, 곧바로 닻을 올리고 지체하지 않고 출발해버려 일본인들은 동포가 그 배에 타고 있는지조차 확인할 수 없었다.

불행은 마침내 27일 새벽녘 밤새도록 계속된 천둥과 비가 그친 뒤에 찾아왔다. 즉 돛대는 번개를 맞아 휘어 꺾이고 몇 개의 거대한 부목副木은 휘어서 꺾였다. '4인치 이상의 두께, 6인치의 폭, 길이가 30피드 이상'의 것도 그 가운데 있었다고 한다. 이 사태는 더욱 신들에게 많은 것을 바치게 하고, 극동의 옛 관습인 거북의 '등 껍데기를 불에 구워서' 생기는 균열을 관찰함으로써 점이 행해졌다. 대답은 불행한 점술가가 "지방의 고장신이 앞에 매장되어 그 신의 노여움을 초래하였다. 즉 신은 우리한테 불행을 가져왔다. 하지만 우리 자신이 목욕재계하면 안전하게 항행할 수 있을 것이다."라는 것이었다. 물론 전원이 목욕재계식에 참가하였으나 부서진 돛대 문제가 남았다. 의논 끝에 그들은 할 수 있는 한 최선을 다하여 그것을 연결해서 합치고 새로운 것으로 바꾸지 않기로 결정하였다. 그 지방에서 큰 재목을 발견할 수 없었기 때문이다. 또 하나의 이유는 새 돛대를 찾으려고 한다면 출발이 내년까지 늦어질지 모른다는 두려움이 있기 때문이다.

다음 2, 3일 수차례의 출발이 헛되이 시도되었다. 한 번은 닻이 빠지면서 거의 바위에 부딪칠 뻔하였다. 6월 3일, 배는 실제로 닻을 던진 장소에서 별로 멀지 않은 곳에서 암초에 걸렸다. 그리고 나서 밀물에 씻겨 계속 바위에 부딪친 뒤에 겨우 공해로 떠올랐다. 이 자리에서 일본인들은 또 한차례 천둥소리가 나며 내리는 비에 습격을 받았으나 이번에는 창·도끼·칼을 휘두르면서 힘껏 계속 울어대어 낙뢰를 막는데 성공하였다.

이틀 동안 해안을 따라 내려가 방향을 동북으로 잡아 계속 평온한 항해를 하자, 반도의 동쪽 끝에 가까운 적산赤山 부근으로 일본인들이 줄지어 왔다. 그러나 날씨의 악조건으로 이들은 적산 연안으로 닻을 던질 수 없어 실망하였다. 그런데 깃이 검은 새 한 마리가 배 위에서 세 차례나 원형을 그렸다. 하는 수 없어 공해로 되돌아가 닻을 내렸다. 그러나 또다시 천둥과 비가 그들을 습격하였다. 이렇게 노여워하고 미친 하늘의 모습에서 신들의 불쾌한 표시를 느끼지만 일본인들은 기원을 하고, 몸을 깨끗이 하고 스미요시 대신과 일본의 800개의 신들뿐만 아니라 바다의 용왕을 비롯하여 지나의 이 지방의 산과 섬 신들에게 기원하였다. 그들은 또한 '배에서 제사를 지내는 천둥신에게 기도를 드렸다.' 꼭 3일 전에 벼락이 떨어져 돛대에 상처를 남긴 그 장소에서 공손히 절을 하였을 것이다.

이러한 모든 노력이 그들을 다시 한 번 심각한 불행에서 구하게 되었을 것이다. 그러나 엔닌은 배의 동요가 '참기 어렵고 우리들의 사기는 침울하기만 하였다.'고 기록하고 있다. 그리고 다음 날 그는 덧붙여 "이 이상 비참한 것은 없었다."고 말하고 있다.

다음 날, 즉 6월 7일 배는 마침내 적산의 기슭에 정박하였다. 엔닌과 그의 수행원 세 사람의 운명은 이때부터 호전되었다. 그러나 그들 동포의 운명은 그렇지 않았다. 정박한 다음 날 엔닌과 제자 승려 두 사람은 정박한 지점 위로 우뚝 솟은 산꼭대기에 있는 적산 사원으로 올라갔다. 이 불교 시설도 또한 신라의 사원으로 알려져 있었다. 즉 한 신라인에 의해 창건되고 거주하는 모든 승려는 신라 출신자뿐이었다. '원院'이란 말은 문자 그대로 '중정中庭'을 의미하며, 큰 사원의 여러 건축물이나 행정상의 구분을 나타내는데 바뀌어 이 경우처럼 작은 사원이라든지 정부의 공인을 받지 않은 것을 가리켰을 것이다.

엔닌은 처음에 적산원에 오래 머무르려고 생각하지 않았으나 어느새 하루씩 연장되어 그들의 체류는 길어졌다. 운 좋게도 이들은 2주 뒤에 격한 폭풍이 습격할 때에는 배 위에 있지 않았다. 닻은 질질 끌려지고 큰 배는 서너 차례나 바위에 부딪쳐 방향키가 파손되고 작은 몇 척의 배는 둘로 쪼개졌다. 그 결과 사람들은 분담하여 새로운 닻의 역할을 할 돌을 찾아 나가다가 방향키 막대기가 될 만한 재목을 구하였다.

엔닌은 적산원에서 기분이 좋아 몸을 앉히고 있었으나 신라인 통역 도현에게 지나 체류문제를 상담하였다. 그래서 7월 14일 배 위에 있는 다른 일본인들에게 이별을 고하였다.

다음 날 배는 또 한차례 일본을 향해 출항하였으나 몸 사정으로 하루 지연되고 주청에서 온 대표 4명이 일본인을 위해 지급할 쌀 70석(180부셸, 1부셸은 영국의 경우 약 28kg, 미국의 경우 27kg)을 가지고 왔다. 일주일 지나지 않은 21일, 3개월 전에 일본으로 향해 출발하는 것을 엔닌이 전송한 대사의 배 9척이 적산의 육지로 깊이 들어간 바다로 들어왔다. 엔닌은 자신의 제자 이쇼오를 보내 정중히 안부를 여쭈었다. 대사의 수행원 아와타노이에츠구와 활 쏘는 사람이 선단으로부터 답례를 위해 보내졌다. 이틀 밤뒤에 9척의 선단은 일본을 향해 출발하였다.

귀국 항해

엔닌은 거의 3년이 돼서야 장안에 머물고 있었던 무렵까지 선단船團과 대사 일행에 대해 아무 소식도 들을 수 없었다.[65] 10척의 선단 항해는 그의 일기에서 사라지지만 동시에 견당사의 선단 소식은 다시 일본 황실의 기록으로 되돌아가고 있었다.

대사의 9척 선단은 8년 뒤에 선택하게 되었듯이 신라의 연안을 따라 가는 북로北路를 택하였다. 도중에 2척은 이 선단에서 떨어졌는데, 그중에 1척, 즉 여섯 번째 배는 적산의 정박 장소를 출발하여 3주 뒤인 8월 14일 규슈의 북쪽 연안에 도착하였다. 일본 조정은 이 소식을 듣고 해안선을 따라 계속 화톳불을 피우라고 호위꾼들에게 명하고 그 밖의 뱃사람을 맞아들이기 위하여 물자를 준비해둘 것을 소홀

---

65 842년 5월 25일. 839년 8월 13일에 대사의 배 9척이 여전히 산동 연안에 있다고 엔닌이 들은 정보는 잘못임에 틀림없다고 이때 그는 미루어 헤아렸다.

히 하지 않도록 명하였다. 동시에 칙령을 15개 사원에 내려 특별히 경전을 소리 내어 읽도록 명하고, 스미요시오오카미住吉大神의 본궁本宮을 비롯하여 혼슈의 서북 연안에서 제사를 지내는 다른 신에게 공양물을 바쳤다. 신화에 의하면, 이 신도 외교와 관계가 있다고 여겨졌다.[66]

이런 동안에 9척 중에 7척이 무사히 규슈의 서북단에서 떨어진 히라도平戸에서 가까운 작은 섬에 도착하였다. 이런 소식이 교토에 이르자, 칙명이 사절들에게 내려져 육로로 속히 수도로 올라오도록 명령이 하달되었다. 곧 가을로 들어서는 시기이므로 그들이 그 지방에 머무는 것은 백성들의 일에 방해한다고 염려하였기 때문이다.

대사와 다른 고관 2명은 첫 번째 무리를 인솔하고 수도로 올라갔다. 나가미네노타카나長峯高名와 관리 9명은 각기 계속 일행을 인솔하였다. 검사관(檢査官 : 원한문에서는 檢校使)이 지나에서 가져온 약을 육로로 수도로 가져가고, 다른 짐과 인원의 상경은 수로 또는 육로 편으로 이용할지 이후의 결정에 맡겼다.

이런 동안에도 9척 중에 잃어버린 1척을 찾는 작업이 계속되고, 또한 아주 이전에 시효에 걸린 두 번째 선박의 탐색도 아울러 계속되었다.[67]

잃어버린 선박 2척 중에 1척이 북규슈에 도착한 것은 1개월 반이나 지나서였다. 그러나 왜 이 배가 다른 8척의 배보다 늦어졌는지 그 이유는 조금도 알려진 바가 없다. 세월이 흘렀다. 그러나 원래의 두 번째 배 소식은 들리지 않았다. 840년 경, 봄 조정은 연안의 파수꾼을

---

66 『속일본후기』 839년 8월 20일.
67 『속일본후기』 839년 8월 24일 및 25일.

엄하게 하고 화톳불을 끊이지 않도록 다시 명령을 내렸다. 그런데 마침내 한 달이 지나 다자이후大宰府는 배의 살아있는 몇 사람이 남규슈에 도착했음을 보고하였다. 그때는 산동 연안을 출발한지 아홉 달이나 지났다.[68]

그 배에는 신라인 뱃사공이 동승하지 않아 아마 한반도 연안을 피해 적산의 정박지에서 직접 일본으로 향하였다고 생각된다. 아무튼 폭풍을 만나 남쪽으로 표류하였으며 오래되어 쓸모가 없는 돛대는 꺾였음에 틀림없다. 불행한 일본인들은 수없이 폭풍우가 심한 거친 날씨 때문에 표류하여 소지품을 거의 잃었으며, 8월에 아마 대만 근처나 그보다 남방의 어느 섬으로 떠내려갔다.

여기서 그들은 흉악한 주민들에게 습격을 당하여 피로에 지친 여행자들은 뚜렷이 그 수가 줄었다. 그러나 지승선사知乘船事이며 의사인 스가와라노카지나리菅原梶成가 신과 부처에게 기도를 하고 천지신명의 배려로 간신히 승리를 거두었으나 손해도 컸다. 5피드의 창·한쪽만 덮은 칼집에 들어간 양날 검·방패와 화살 등의 전리품이 뒤에 조정에 헌납되었는데 모두 지나의 무기하고는 매우 다른 진귀한 것이었다. 전쟁 뒤에 카지나리와 배의 지휘관인 요시미네노나가마츠良峯長松는 파손된 배의 재료로 작은 배를 만들어 지휘를 하였다.

살아남은 사람은 이들 배를 타고 일본을 향해 북쪽으로 항해하였다. 카지나리의 배가 맨 처음에 도착하고 나가마츠의 배는 남규슈에 도착하는데 두 달 남짓 더 걸렸다. 그러나 2년 뒤에 엔닌이 지나에서 얻은 정보에 의하면, 두 번째 배에서 30여 명이 일본으로 돌아올 수

68 『속일본후기』839년 10월 9일. 840년 3월 3일 및 4월 8일.

있었다.[69]

조정은 카지나리의 귀국 소식을 듣고 즉시 비단과 기타 물품을 생존자에게 하사하여 그들은 몸에 걸치는 옷을 준비할 수 있었다. 그 후 그들의 기적적인 승리를 듣고 날짜를 기록한 뒤에 조서로 특별히 감사한다는 뜻이 아득히 먼 데와出羽국의 신에게 바쳤다. 이 신은 앞서 하사한 정5위하에서 종4위하로 승진되고 두 가족을 부양하기에 충분한 봉토封土가 주어졌다. 조서는 이러한 종류의 문서에 흔히 있는 판에 박힌 일본식 한문으로 씌어졌으며, 다음과 같이 말하고 있다.

최근 궁중에 유령이 나타나 점을 친 결과 위대한 신의 노여움으로 인한 것이라고 판단했습니다. 게다가 견당사의 두 번째 배를 탄 사람들이 귀국하여 보고한 바에 의하면, 작년 8월 그들은 남쪽의 산적山賊이 사는 지역으로 표류하여 교전을 하였는데, 적은 많고 아군이 적어 힘으로는 도저히 승산이 없는 싸움인데도 불구하고 예상 밖에 신기하게도 적을 완전히 물리칠 수 있었던 것은 위대한 신의 도움 때문이라고 판단했습니다. 그런데 이 점에 대해 짐은 작년에 데와국出羽國에서 싸우는 함성소리가 10일간에 걸쳐 위대한 신의 사당 위에 떠있는 구름 가운데서 들렸으며, 뒤에 돌 무기가 내려왔다는 보고가 짐에게 이른 것을 기억하고 있습니다. 확실히 남양南洋에서 싸움이 있었던 시기와 날짜가 부합하였습니다. 짐은 위대한 신이 매우 존엄한 힘을 멀리 그들에게 빌려준 점에 대해 삼가 감사를 드립니다. 그런 까닭에 짐은 공손히 위대한 신에게 종4위를 주며 두 가족을 봉양하기에 충분한 봉토封土를 하사합니다.

(이상 인용문)

---

69 842년 5월 25일, 『속일본후기』 840년 4월 15일, 6월 5일, 18일 및 7월 26일. 『문덕실록』 853년 6월 2일, 『삼대실록』 879년 11월 10일.

엔닌은 견당사의 귀국 얘기에 마지막 각주를 붙이고 있다. 즉 초주의 신라인 한 친구가 그에게 보낸 편지를 842년 5월 25일 장안에서 받았는데, 그것에 의하면 (엔닌의 기록은) 대사와 일행을 안내했던 신라의 뱃사공들은 839년 무사히 일본에 도착하여 사명을 완수하고, 이듬해 가을에 지나로 되돌아왔다는 것을 우리들에게 알려주고 있다. 원래 일본의 배 4척은 모두 손해를 입었으나 신라의 배 9척은 전부 무사히 바다를 건너 일본에 도착하였다가 다시 지나로 돌아가는 데 성공한 것은 당시 항해술에서 신라사람이 일본사람보다 훨씬 훌륭했다는 것을 말한다.

일본인은 결코 용기가 부족하지 않았으나 거친 파도를 건너 나가는 뱃사공으로서의 기술이 무사로서의 대담성과 어깨를 나란히 하려면 여러 세기를 기다려야만 하였다. 그 무렵이 되면 일본사람들은 항해술과 검술로 '동지나해東支那海의 적(敵 : 倭寇)'으로서 저속한 명성을 얻기에 이른다.

귀국 환영

    두 번째 선박에 탄 사람들이 남쪽의 외딴 섬과 거친 바다를 표류하고 있는 동안에 대사와 그의 일행은 일본 조정으로부터 귀국 환영을 받고 위험한 사명을 완수한 것에 대해 금품이 주어졌다.

    839년 9월 16일, 츠네츠구常嗣는 수도에서 '권위를 상징하는 칼〔節刀〕'을 반환하였다. 다음 날 지나로부터의 칙서가 궁중 안의 중앙 강당〔紫宸殿〕에서 천황에게 바쳐졌다. 칙서는 아마 일본의 통치자에 대한 작위의 수여이었다고 생각된다. 그러나 이 점에 대해 일본 측의 기록은 애매모호하다. 그때 대사는 천황 앞으로 불려나갔는데, 천황은 친히 그를 어루만져 달래고 그의 공을 칭찬하였다. 츠네츠구는 "영원히"라고 칭송하여 받들어 모시고 의식에 꼭 맞는 춤을 추었다. 술이 제공되고 천황은 빠짐없이 견당사의 보고를 들었다. 의식의 맨 마지막에 대사는 옷 한 벌과 포장하지 않은 칙서를 받았다. 이번에는 대신이 이를 선언하였으며, 츠네츠구는 다시 답하여 "영원히"라고 외치고 의식적인 춤을 추었다.

다음날 지나에서 온 문서는 중무성中務省의 비서과(祕書課 : 內記)에 보존하기 위하여 넘겨졌다. 문서를 비서과에 넘긴 인물은 궁중의 고관인 후지와라노요시후사藤原良房이었다. 이 사람은 17년 뒤에 초대 후지와라섭정藤原攝政이 되었다.

9월 28일, 천황은 위로는 대사부터 아래로는 뱃사공에 이르기까지 견당사절단 전원에게 특례의 승진을 내렸다. 다음 달 1일은 전통적으로 천황이 대신들을 술잔치에 초대하여 향응이 베풀어지는 날이었다. 이때 청익생請益生으로 귀항하는 뱃사공이었던 토모노스가오伴須賀雄와 다른 전문가 한 사람이 불려나와 다섯 차례 정도 어전御前 바둑 시합에 초대를 받았다. 시합마다 새로운 동전 4런連이 걸렸다. 토모노스가오의 바둑 기술과 함께 이 동전들도 새로 지나에서 수입된 것이라고 생각된다. 음악가이며 준판관准判官인 후지와라노사다토시(藤原貞敏, 807~867, 비파 연주가)는 비파를 연주하도록 명령을 받았다. 전원은 취하고 각기 지위에 따른 물건을 싣고 귀로에 올랐다. 5일 후 대신들(大政大臣·左大臣·右大臣)은 귀국한 사절단에 대한 마지막 의식으로 사절단의 관리들을 초대하여 만났다.

10월 13일, 지나에서 가져온 물품들이 공양물로 이세伊勢 대신궁에 헌납되었고, 다시 2개월 후 같은 공양물이 이전에 견수사와 견당사를 파견한 코닌제(光仁帝)와 칸무제(桓武帝)를 포함한 네 천황의 능에 바쳐졌다. 9일 뒤에 조정은 회고하여 후지와라가藤原家 출신의 칸무제의 황후릉皇后陵에도 같은 공양물을 바쳤다. 그리고 나서 '궁중의 시장'이 열려 배로 싣고 온 나머지 물건이 교환되고 장사하는데 붙여졌다.[70]

---

70 『속일본후기』 839년 10월 25일.

대사의 귀국 직후에 행해진 벼슬 진급에서 대사는 2계급 특진하여 정4위하에서 종3위로 승진하였다. 사망한 판관 후지와라노토요나미 藤原豊竝는 똑같이 2계급이 특진되는 은전을 받아 정6위상에서 종5위상으로 진급하였다. 다른 판관 두 사람은 불과 일 계급 밖에 승진되지 못하였다. 그러니 이 중의 나가미네노타카나長峯高名만은 840년 신년에 정기적인 명예가 주어지는 시기에 정5위하의 지위에 승진되었다.

승진의 선을 그을 동안에 일부 관리에게 직급의 영전이 있었으나 대사 자신에게는 이루어지지 않았다. 아마 그가 여행의 피로로 병에 걸려 840년 4월 23일 사망한 사정 때문일 것이다. 두 번째 선박에 탄 생존자의 귀국으로 별도의 승진명부가 필요하였기에 840년 9월 26일 지나 여행을 완료한 391명에 대한 승진이 겨우 모두 마무리되었다. 대부분의 사람은 어울리는 승진을 받았으나 5명만은 불량행위가 있었다고 해서 승진되지 않았다.[71]

---

71 이 문장은 한 명이 3위位를 받고 두 명이 4위, 134명이 5위, 129명이 6위, 59명이 7위, 39명이 8위, 그리고 12명이 9위를 받았다고 되어 있는 듯이 생각된다. 그러나 이 기술은 의문이 없다고 할 수 없다. 왜냐하면 일례로, 견당사의 134명의 인원이 그들을 공가公家로 하는 5위의 임명을 받았다는 것은 조금이라도 있을 수 없기 때문이다. 우리들이 아는 한 특정한 승진의 결과, 견당사의 고관만이 이 지위에 이른 것이 판명되고 있다. 더구나 여기서는 지위를 나타내는 일반적인 말이 사용되지 않았고, 이들 인원은 전부 391명이 안 되는 381명으로 계산되고 있다. 지위는 역 순서로 배열되어 9위가 맨 앞에 오고, 3위는 5명이 어떠한 지위도 받지 않았다는 기술의 바로 앞에 와 있다. 아마 선의로 해석하면, 12명이 9계급 특진하고 39명이 8계급 특진하였다는 등등으로도 받아들일 수 있을 것이다. 모든 아래의 지위는 4개의 계급으로 구분되고 그들의 각각은 더구나 2개의 계급으로 분할되기 때문에 무위無位, 무관無冠에서 9계급 특진하면 겨우 종팔위하從八位下 밖에 되지 못한다. 아무튼 견당사의 376명인가 386명의 구성원은 무엇인가 궁중의 지위를 얻어 마무리 되었다고 생각된다. 그러한 것은 일반 뱃사공처럼 신분이 사회적으로 낮은 사람으로서는 분수에 넘치는 명예이었음에 틀림없다.

대사의 귀국 후 몇 개월 뒤에 천황은 자신이 황태자이었을 때 그의 가정교사 역할을 한 오노노타카무라小野簧에 대한 옛 기억을 회상하여 오키隱岐섬에서 활기가 쇠약해져 쓸쓸하게 세월을 보내고 있는 부사에게 불쌍하고 가련함을 마음에 담아 수도로 불러들였다. 1년 이상 지나자, 타카무라는 간신히 벼슬의 직위가 회복되고 그가 추방될 때까지 가지고 있었던 정4위하의 직위를 다시 받았다. 이때의 조서는 다음과 같이 말한다.

"짐은 지난 일을 도루 생각하고 더욱 문재(文才 : 글재주)를 사랑하므로 관대한 처우를 헤아려 원래의 관위로 돌아가도록 예외적인 조치를 행한다."

타카무라는 자신이 궁궐의 사람으로서 탁월한 경력이 계속되는 것을 기꺼이 받아들였다. 852년 타카무라는 사망하기 직전에 예전에 자신을 일시적으로 궁지로 몰아넣은 견당사의 전직 상관〔常嗣〕과 동등한 관위와 관직을 받았다.[72]

맨 마지막이며 가장 중요한 견당사로 인한 혜택은 견당사를 따라갔던 승려들에 의해 새로운 사상과 종교적 실천이 초래된 것이었다. 기록은 사절단의 귀국 직후 승려 죠교(常曉 또는 常皎)에 의한 이런 종류의 활동을 알리고 있다.[73] 물론 엔닌이야말로 그 이상의 일을 완수하였다. 실제로 모든 견당사절단 일행 중에 엔닌은 역사적으로 가장

---

72 『속일본후기』 840년 2월 14일 및 6월 17일. 841년 윤9월 19일. 『문덕실록』 852년 12월 22일.

73 『속일본후기』 839년 9월 23일. 840년 6월 3일.

중요하며 또한 가장 유명하게 되었다. 견당사에 관한 서적은 847년 10월 2일자 일본의 연대기에 '지나에 보내진 천태청익승天台請益僧 엔닌이 드디어 귀국하였다.'는 한 항목이 기록되기까지 정식으로 끝난 것이 아니었다.

4 엔닌과 지나 관리

엔닌과 지나 관리

엔닌은 적어도 한편 극히 외부의 상태에 적응성이 넉넉하여 가령 우리의 현대생활에 갑자기 뛰어 들어온다고 하더라도 쉽게 적응할 수 있을 만한 인물이었다. 그는 철저하게 완고한 지나 정부의 권위주의나 관청업무로 자유가 속박되었으나 무서워서 뒤로 사라지거나 비굴해지지도 않았다. 견당사의 일행이 지나에 머물렀던 동안에, 그는 스스로 천태산행의 탄원이나 그 외 여러 가지 일본 측과 지나 관료의 절충을 통해 당나라의 관료제도가 경박하지 않고 복잡한 조직임을 알게 되었다.

양주에서 자신의 문제를 해결하려는 시도는 견당사를 통하거나 중앙정부와 직접 교섭을 해도 어느 경우에도 성공하지 못하였다. 그래서 그는 양주의 절도사인 이덕유에게 부탁하여 천태산으로 가는 허가를 해달라고 설득에 나섰다. 그러나 정중하고 확고한 답변은 가령 양주의 지방 사령관의 권위 하에 발행된 문서는 이덕유의 지배를 받는 8주에서는 자유롭게 여행이 가능하지만 양자강 남쪽 천태산 지방은 양주의 관할권에 속하지 않아 효과가 없다는 것이다.[1]

엔닌이 해주海州 당국을 상대로 한 교섭도 결코 그에게 용기를 북돋아주지는 못했다. 그 땅에 무단으로 발을 들여놓은 그날 엔닌은 체포되었다. 그는 체포자에 의해 정중하게 다루어져 지방장관〔刺史〕과의 우호적인 회견을 허락받았으나 여기서도 뼈아플 정도로 지나 관료의 획일적인 규정을 뼈저리게 느꼈다. 결국 체포되었을 때 그는 상륙한 이유와 모든 소지품 목록을 문서 형식으로 제출하도록 요구받았다. 그는 소지품 목록에 대해 대충 다음과 같이 적어두고 있다. '우리들이 휴대한 짐은 법복法服·옷·탁발용 쇠 바릿대·찻잔·작은 청동방울·문구류·물통·7백문文 이상의 화폐, 짚으로 만든 우비이다.' 대사에게서 받은 금 20온스를 일부러 빠트린 것은 엔닌이 고의로 떨어져 홀로 있게 된 이유를 숨길 필요에서 그의 소지품의 목록을 속였던 것이다. 그러나 지나의 관료는 전형적인 관료의 획일적인 규정에 따라 문서형식으로 무엇인가 쓰면 만족하여 그 이상 진상을 추구하려고 하지 않았다.

---

1 839년 1월 17일.

현청縣廳의 신문

　산동의 지방 관리는 엔닌과 일행이 귀국하는 견당사에 의해 적산 사원에 내버려졌다는 것을 알게 됨으로써, 또 하나의 신문이 엔닌 등이 낭패를 보게 하는 것은 피할 수 없었다. 적산의 정박소碇泊所에서 견당사의 두 번째 배가 무사히 출발한지 겨우 13일 밖에 지나지 않았는데 산동 반도의 돌출한 끝에서 30마일 정도의 거리에 있는 중앙부의 문등현文登縣의 현청에서 신문하는 문서를 휴대한 관리가 도착하였다.

　엔닌이 그의 일기에 베껴 쓴 이 문서와 이와 유사한 여러 종류의 것은 당시 보잘것없는 지나 관료의 공문서가 번거롭고 이해하기 어려운 언어의 전형적인 실례가 될 것이다. 아무튼 현대 관료의 문서처럼 그것들은 너무 사소한 기교로 기울어 있고 익히 들어서 새로운 내용이 없으며 애매모호한 언어로 되어 있다.

　문등현의 심문 내용은 분명히 현청의 하급관리에 의해 문장이 작성되고 아마 상급관리가 승인을 하고 다시 마지막으로 현의 우두머리의 대리에 의해 서명됨으로써 올리어진 것이다. 심문 문서는 청녕향(青寧鄉:清寧鄉)이란 지방의 한 부락으로 보내졌는데, 실제로는 부락의 장로들과 촌의 보안 요원인 촌보村保 및 단체의 우두머리인 판두板頭에게 보내졌던 것이다. 이 두 개의 관리직은 아마 정부가 평민들을 각기 집단으로 나누고 그 집단 내에서 개인의 책임을 지게 하여 서로 치안을 유지시키는 조직 내에서 책임을 지게 함으로써 조직답게할 때 그 집단의 우두머리였을 것이다. 문서는 다음과 같이 말한다.

현청縣廳은 청영향青寧鄉에 알리다

우리들은 두문지寶文至 집단의 우두머리한테서 일본 선박이 일본인 3명을 내버려 두고 갔다는 보고를 받았다. 이 사건의 경위를 전하는 문서를 집단의 우두머리한테서 받았는데, 문서에는 배가 이 달 15일에 나갔는데 내버려진 세 사람은 신라의 적산승원에서 발견하였다고 기록되어 있다. 이 보고는 이상과 같다.

위 사건의 경위를 전하는 문서는 이를 집단 내의 우두머리한테서 받았는데, 거기에는 배가 이번 달 15일에 나갔는데 내버려진 세 사람은 적산의 신라 사원에서 발견되었다고 기록되어 있다. 이 보고는 이상과 같다. 이 사건의 인물에 대해 우리들이 조사를 추진하여 알아보니 그들이 배에서 버려졌을 때 촌 보안요원과 집단의 우두머리가 바로 그날 우리에게 이를 보고했어야 했다. 어째서 15일이 지나서 우리에게 알렸는가. 게다가 우리들은 도망자의 성도 이름도 모르며 그들이 어떤 짐을 소지하고, 어떤 의상을 입었는지도 명확하지 않다. 또한 사원의 행정관과 적산사원의 감독 승려들이 그곳에 외국인을 숨겨두고 있다는 것을 조사했는지 귀하의 정보는 아무것도 제시하지 않았다. 부락의 장로들은 이런 이유로 사건을 조사하도록 요청을 받는다. 이 명령서가 귀하에게 도착한 날 곧바로 사태를 상세히 보고하라. 만일 귀하의 조사에 이치가 맞지 않는 점이 있거나 허위 신고가 있으면 귀하는 소환되어 문책을 당할 것이다. 만약 조사와 관련하여 귀하의 구체적 보고가 제한된 시간을 무시하거나 조사가 불충분하면 조사 당사자는 가장 무거운 처벌을 받을 것이다.

개성開成 4년 7월 24일

감독관〔典〕 왕좌王佐가 적다.

기록주임·부사무관〔主簿·副尉〕 호군직胡君直

대리현지사〔攝令〕 세선원歲宣員 〔연대서명〕

(이상 인용문)

신문서는 엔닌과 사원의 주지를 신문하지 않았지만 각기 상세한 변명을 요구받았다고 느꼈다. 엔닌은 결국 자신의 목적을 솔직하게 썼지만 자금 출처에 대해서는 주의 깊게 다시 침묵을 지켰다. 그는 다음과 같이 적었다.

일본 승려 및 그의 제자 2명과 하인 한 명이 적산의 승원에 머무는 이유

졸렬한 승려는 불교의 법을 구하기 위하여 아득히 먼 바다를 건너왔습니다. 지나에 도착은 하였습니다만 오랜 동안 소망을 아직 이루지 못하였습니다. 고국을 떠난 당초의 목적은 스승을 구해 법을 배우기 위하여 지나의 성스러운 유적을 순례하는 것이었습니다. 조공 사절이 일찍 돌아가는 바람에 함께 귀국할 기회를 잃었습니다. 그래서 결국 이 산의 승원에 머무르게 되었습니다. 도를 구하고 (불교적) 실천을 행하기 위하여 어느 유명한 성산聖山으로 순례하려고 생각합니다. 짐은 쇠 바릿대 1개·작은 청동방울 2개·청동 물병 1개·서적 20권 이상, 방한용 의류입니다. 귀관청의 조사에 이상과 같은 이유를 진술하며 이상과 같이 기술합니다.

정중히 기록합니다.

개성 4년 7월 2□일
일본국 승려 엔닌 문서를 작성하고
수행 승려 이쇼오(惟正) 승려 이교오(惟曉), 행자 테이유우만이
문서를 올립니다.

(이상 인용문)

다른 문서에서 신라 사원의 주지인 법청法淸은 별도로 엔닌이 지닌 소지품 목록이 정확함을 보증하고, 일본인들은 "이 산사에서 더위를 피하기 위하여 부랴부랴 머물렀던 것이며, 시원해지면 순례하러 나갈 것입니다."라고 설명하였다. 거듭 "따라서 현청縣廳이 발행한 사증査證 여권을 얻지 못하였습니다."라고 덧붙였다.

9월 3일까지 현청으로부터 아무 소식이 없었는데 그날 지난달 13일자의 문서를 휴대한 관리가 도착하여 지방항만의 감독관(原漢文에서는 海□所由)인 집단의 우두머리와 사원의 감독자들에게, 부락 관리들의 염려스런 요청에 근거하여 일본인들의 동정을 끊임없이 지켜보도록 명령이 발표되었다.

엔닌은 2개월 정도 뒤에 사원의 중앙강당에서 이루어졌던 강의를

게으름피워 가까운 사원의 작은 시설로 옮기려고 하였을 때, 이런 명령이 그의 신변에 문자 그대로 따라다니는 것이 얼마나 절박한지 뼈저리게 느꼈다. 사원의 감독자들은 이 요청에 묶여 아마 부락의 장로들에게 꼬드김을 당했는지, 엔닌에게 즉시 원래의 장소로 되돌아가라는 문서를 직접 전함으로써 그는 거의 행동의 자유를 속박당하여 새 거처로 옮기는 것이 어려웠다. 하지만 엔닌은 답장을 보내 "15일 사이에 퇴거하겠다."고 요구하였는데, 그것은 허락되었다. 하지만 다시 상급 경찰관의 감시를 받았다고 생각된다. 엔닌은 5일 뒤에 '사태가 정당하게 결말이 나지 않아 원래의 본원으로 되돌아갔다.'고 기록하고 있기 때문이다.[2]

현청의 명령에 이어 두 번째 문서가 도착하였는데 대충 전달이 늦어진 이유를 설명하고 있다. 하급관리가 원래의 문서를 분실하였으며 오랫동안 분실이 나타나지 않았기 때문이라고 한다. 두 번째 문서는 똑같이 주청州廳과 산동성의 절도사에게 일본인이 그곳에 있다는 것을 알렸다.

엔닌은 이 문서가 도착한 기회를 이용하여 순례 희망을 새로 밝히는 또 하나의 편지를 관리에게 보냈다. 그러나 이미 가을로 접어들자 법청은 전에 일본 승려들이 더위를 피하기 위하여 산원山院에 머무를 생각으로 답한 내용과 반대로 "추워지려고 함으로 우리들은 어느 곳으로도 가지 못하니 이 산원에서 겨울을 보내려고 합니다. 봄이 오면 유명한 성산聖山으로 순례하러 나가 성스러운 유적을 찾아보려고 생각합니다."라고 말하였다.

---

2 839년 11월 (또는 12월) 17일 및 22일.

통행증 신청

이러는 동안에 엔닌은 남쪽의 천태산으로 가는 대신에 북쪽의 오
대산五臺山으로 가기로 순례 목표를 결정하였다. 일찍이 오대산을 다
녀온 신라의 승려 두 사람이 그곳의 훌륭한 학승學僧이나 신성하고
기이하며 상서로운 조짐에 대해 말을 하였을 뿐 아니라 그곳에 이르
는 길 순서를 아주 상세히 가르쳐 주었다.[3]

9월 26일, 엔닌은 주지 법청이 일찍이 807년 지나의 수도로 갈 때
여행 허가증을 본보기로 하여 통행증을 발행해 달라고 정식으로 탄
원서를 작성하였다. 엔닌이 일기에 베껴놓은 법청의 허가증은, 지난
해 인도 승려가 그의 제자들이 탁발승으로서 여행 허가를 받도록 쓴
성공적인 탄원서의 참고가 되었다. 엔닌은 또한 성공한 전례를 보고
배움으로써 희망을 걸었다. 그의 요청은 다음에 계속 이어진 몇 달 동
안 작성된 문서처럼 전형적인 것으로 다음과 같이 읽힌다.

---

3 839년 7월 23일 및 9월 1일.

법을 구하는 일본 승려들이 이 사원에 알린다

승려 엔닌은 수행승 이쇼오와 이교오, 그리고 하인 테이유우만이 목적지에 이르는 동안에 탁발을 하면서 여행할 수 있도록 사원 당국이 주청과 현청에 대해 우리에게 통행증을 내주도록 상세히 아뢰어 주시기를 원하는 문서

졸렬한 승려들은 다만 마음으로 부처의 가르침을 흠모하여 아득히 먼 이 아름다운 나라를 찾아왔습니다. 우리들은 마음속으로 성스러운 유적을 동경하며 우리들의 혼은 순례에 대한 기대로 두근거리고 있습니다. 오대산과 그 외의 장소는 가르침의 근원이며 올바른 깨달음을 얻은 사람들이 모습을 나타낸 장소라고 일컬어지고 있습니다. 인도에서도 훌륭한 승려들이 위험한 몇몇 산과 강을 넘어 이 땅을 방문하였다고 전해 들었습니다. 또한 유명한 지나의 조사(祖師 : 한 종파를 세워 종지를 펼친 사람의 존칭)들이 그곳에서 깨달음을 얻었다고 전해지고 있습니다.

이 훌륭한 장소를 동경해 온 졸려한 승려는 행운으로 혜택을 받아 이 성스러운 국토에 도착할 수 있었습니다. 이제 우리들은 오랜 세월의 숙원을 이룰 이들 성스러운 유적을 방문하고 싶습니다. 그러나 가는 길에 우리들의 여행 목적을 더럽히는 것들이 나타나지 않을까 두려워하고 있습니다. 우리들은 학식이 있는 반야(般若 : Prajñā) 박사 삼장 三藏이 탁발 승려들을 위하여 조정의 통행증을 청원하여 칙허勅許를 얻었다는 것을 듣고 있습니다. 이 옛날에 있었던 전례를 시작으로 하여 오늘에 미치고 있습니다.

우리들은 삼가 이 나라의 법률과 전례를 따라 통행증이 우리에게 하사되도록 이 사원이 주청과 현청에 신청하여 내려 보내주기를 희망합니다. 그렇게 해서 통행 허가증이 내려오면 귀사원의 …… 행정관 여

러분의 빛나는 명성은 멀리 외국에 전해지고 사랑에 찬 도타운 아량은 태양 같은 부처의 찬란한 빛이 될 것입니다. 우리들은 한결 더 감사하는 마음을 깊이 간직할 것입니다. 기술한 전체는 이상과 같습니다. 내용은 이상과 같이 기록합니다.

정중히 기록합니다.

개성 4년 9월 26일
일본국 엔라쿠지(延暦寺) 구법승〔엔닌 기록함〕

(이상 인용문)

엔닌한테 겨울은 조용히 지나갔다. 그러나 새해가 찾아오자, 즉 극동의 달력으로는 봄이 찾아옴과 동시에 그는 다시 여행 허가를 청원하였다. 1월 19일, 다시 정식으로 탄원서를 사원의 관리에게 바쳤다. 사원의 관리들은 다음날 바로 문서를 갖고 장영張詠이라는 이 지방의 신라사람 집으로 갔다. 이 신라사람의 역할은 엔닌이 그에게 쓴 여러 칭호, 즉 '신라인통역수비관(新羅人通譯守備官 : 원문에서는 新羅通事押衙)', '당주當州의 군사수비관(軍事守備官 : 軍事押衙)', '신라사절의 사무를 취급하는 수비관〔勾當新羅使押衙〕' 등으로 엿볼 수 있다.

몇 년이 지난 후 엔닌이 상영을 만났을 때 그는 상영을 분명히 산동반도의 동쪽 끝 전 지역을 포함한 '문등현 지방 신라인의 우두머리'라고 기술하고 있다.[4] 장영은 분명히 유력한 인물이었다. 아마 엔닌은 장영을 통해 맨 처음 장소에 상륙하여 머무를 수 있었으며 틀림없이 장영의 도움으로 일본인들은 사라진 견당사절단에서 도망친 자

---

4 839년 6월 7일. 840년 1월 20일 및 2월 17일. 845년 8월 27일.

가 아니라 그 지방이 공인한 외국인 거주자라고 한결 더 안전하게 겉포장을 하고 정부 당사자에게 가까이 갈 수 있었다.

당연히 엔닌도 보호자인 그에게 편지를 보내 과거의 은혜에 대해 마음으로부터 고맙다는 말을 하고 조심스럽게 순례 계획에 대해 허가를 받는데, 장영의 도움을 얻기 위하여 그의 '모두를 포용하는 자애'와 '은혜로운 보호'를 기원하였다. 다음 날 장영의 답변이 왔는데, 거기에는 현청으로 심부름꾼을 보냈으며 특별히 일찍 회답이 사원으로 오도록 조치를 취했기 때문에 승려들은 안심하고 '조용히 기다리라'고 기술되었다. 6일 후 회답이 압아(押衙)를 통해 왔는데 현청이 주청에 전달하고 주청으로부터 기대에 어긋나지 않는 회답이 10일 뒤에 올 것이라고 전해졌다.

이런 사이에 장영, 신라 승려와 마을 사람들은 마침 엔닌이 순례길을 떠나는 것을 반대하며 경고하였다. 그들의 이유는 산동 지방이 지난 3, 4년 동안에 '메뚜기로 인하여 재해를 입었는데, 메뚜기 떼는 완전히 곡물을 먹어치워 사람들은 굶어죽기 직전이며, 많은 도적이 나타나 사람을 죽이고 적지 아니 재물을 빼앗았기' 때문이었다.

그들은 가을 추수를 한 뒤까지 기다리라고 권고하였다. 만일 일본인이 무슨 일이 있어도 즉시 출발하기를 고집한다면 양주나 초주로 되돌아가 거기서 북쪽으로 향하라고 권유하였다. 엔닌은 들은 정보가 모순되자 당혹하였다. 그러나 그는 빨리 여행길에 오르기를 원하였다.

엔닌은 현청에서 문서가 온다는 열흘을 기다리지 않고 또 한 통의 긴 편지를 장영에게 보냈다. 그는 편지에서 집요한 요구를 사과하고 변명하기를, '당혹스러워 평정을 되찾을 수 없습니다.'라고 기술하고, 현청이 약속하였는데도 불구하고 관리들이 단순히 개인적 사정으로 탄원서를 지연시키는 것이 아닐까라는 불안감을 피력하였다. 장영은 현청으로 또 심부름꾼 한 명을 보냈으니 엔닌은 마음을 쓰지 않아도 좋도록 처리하겠다고 답해왔다. 그렇기는 하지만 회답에는 엔닌에 대한 회답이 초라하여 그가 초조함을 나타내 보이자 '귀승은 여기에 머물러 내 관할 하에 있으며, 많은 사람들이 종일 귀승을 위하여 그들이 할 수 있는 모든 것을 하고 있다.'고 기술하였다.

엔닌이 마음을 쓰는 것은 결코 단순한 기우가 아니었다. 두 주일이 지났는데도 현청으로부터 아무런 기별도 없었다. 그래서 엔닌은 2월 15일 법회 때 압아를 만났는데, 압아인 장영은 만약 엔닌이 "특히 사태를 재촉하고 싶다면" 책임 있는 중요한 자리에 있는 관리를 직접 만나보도록 현청으로 안내하겠다고 제안하였다. 엔닌은 2, 3일을 기다리고 나서 충고의 말을 받아들이기로 결심하였다. 그러나 그는 사원을 떠나 일본으로 귀국할 때 관계가 좋도록 하는 몇 통의 편지를 썼다.

엔닌은 최崔라는 신라인의 배가 근처에 정박하고 있다는 것을 들었다. 최라는 인물은 적산 사원에서 7개월 전에 만난 적이 있었다.[5] 그는 수비관 칭호를 가졌으나 영향이 동시에 막강한 장보고張保皐의 무역 대리인이기도 하였다. 그는 전에 일본들이 천태산으로 가기 위하여 초주로 되돌아가려고 할 때 배를 준비해 주겠다고 약속한 일도 있었다.

그래서 엔닌은 그에게 편지를 써서 계획이 변경되었다고 기술하고 엔닌과 일행이 일본으로 돌아갈 때가 온다면, 아마 그것은 841년 가

---

5 839년 6월 28일.

을이 되리라고 생각하지만 그때 제발 도움의 손길을 내밀어 달라고 부탁하였다. 그는 동시에 부관〔祕書〕에게 보낸 짧은 각서를 동봉하고 그가 이에 신경을 써달라고 잘 부탁하였다. 더구나 최란 인물의 주인인 장보고한테는 놀라울 정도로 엄청나게 존경을 표하는 편지에서 '대사大使'라고 존칭하였다. 이 편지에서 엔닌은 일본 관리가 대사에게 보내는 친서를 부탁받았지만 양자강의 진흙벌판에서 배가 걸리었을 때 분실하였음을 사죄하였다. 엔닌은 또한 장보고가 적산 사원을 창설한 것에 대해서도 경의를 나타내고 있다. 엔닌은 이런 것을 진술하고 '하찮은 내 몸에 벅찬 큰 행운을 받아 대사의 신불神佛에 대한 기원으로 축복을 받은 땅에 오래 머물러 모실 수 있었습니다.'라고 말하고, 장보고가 끝없이 인덕仁德을 베풀어 준 점에 대해 고마움을 나타냈다.

사원을 떠날 무렵에 엔닌은 신라 승려한테서 문필 기술과 경험 뿐 아니라 지나의 관리한테서도 장래 필요에 도움이 될 보고 서류의 초안을 잡는 방법에 대해 적지 않게 배웠다. 드디어 2월 19일, 일본 승려들은 주지인 법청과 동행하여 사원을 물러나 장영의 집으로 갔다. 그곳에서 그들은 수비관이 기다리고 기다리던 현청으로부터 일본인들에게 통행증을 발행해도 좋다는 인가 서류를 받았다는 것을 알았다.

현청縣廳에서

　수비관한테서 받은 문서를 갖고 엔닌과 수행자 3명은 다음 날 아침 법청과 장영에게 작별을 고하고, 그들이 보낸 사람의 안내를 받아 문등현文登縣으로 출발하였다. 그들은 하루 종일 걸어 간신히 현청이 있는 마을에 도착하여 그곳에 있는 사원에 머물렀다. 아침이 되자 일본인들은 딴 사원으로 옮겼으며, 장영이 보낸 안내인은 곧바로 그의 주인에게서 받은 문서를 제출하기 위하여 현청으로 가서 일본 승려들의 탄원서를 다시 고쳐 새롭게 하였다. 대개 장영이 발행한 통행증은 여기까지 한정되었기 때문일 것이다.

　현지사縣知事는 당일 아무 결정을 내리지 않았으며 다음 날 휴무를 선언하였다. 그래서 엔닌은 적어도 관료의 처사에 대해 많은 것을 알기 시작하였다고 생각된다. 왜냐하면 그의 일기에 '지나의 습관에 의하면, 정치를 하는 관리들은 매일 두 차례 아침과 저녁에 소송사건을 듣는다. 그들은 큰 북의 신호를 들을 때까지 기다리고 있다가 자리로 가서 여러 사람의 말을 받아들이는 공청公聽을 연다. 공사간의 방문자들은 관리를 만나기 위하여 공청이 행해지는 시간까지 기다리지 않으면 안 된다.' 고 기록하고 있기 때문이다.

23일 하급관리 몇 사람이 승원으로 찾아와 상세하게 엔닌을 캐어물었다. 다음날 엔닌은 순례의 다음 단계를 가능케 하는 통행증을 수령하였다. 이 문서는 다음과 같다.

등주도독부登州都督府의 문등현은 일본인 여행 승려 엔닌 외 세 사람에게 알린다.

승려 엔닌圓仁, 제자 승려 이쇼오, 이교오, 수행원 테이유우만 및 그들이 가지고 다니는 의류·쇠 바릿대 등.

기록. 지금까지의 유래를 기록한 서류를 조사한 결과 해당 승려는 지난 개성 4년 6월 일본의 조공선을 타고 문등현 청녕향青寧鄉에 있는 신라의 적산 사원에 도착하여 그곳에 머물고 있었다. 그리고 지금 자유롭게 여행을 하고 여러 장소를 순례하고 싶다고 하는데 그들이 가는 주州, 현縣, 관문關門, 고개와 시장이 있는 소, 그리고 도중에 여행이 불안하게 될 것을 염려하여 증거로 관청의 통행증을 교부받도록 결재를 구하고 있다는 것을 우리들은 알고 있다.

앞서 기술한 승려들을 조사한바, 그들은 아직 쓰여진 허가증을 갖고 다니지 않아 관청의 통행증을 받도록 관대한 조치를 청원하고 있음을 우리들은 알고 있다.

이상의 서술에 근거하여 그들은 증거로서 관의 통행 허가증이 주어진다.

개성 5년 2월 23일
감독관〔典〕왕좌王佐 기록하다〔牒〕
기록주임사무관〔主簿判尉〕호군직胡君直[6]〔서명〕

(이상 인용문)

---

6 이 문헌은 순서가 뒤바뀌어 일기의 840년 2월 17일(또는 19일)의 항목에 나타나 있다.

주청州廳에서

다음 날 엔닌은 현지사縣知事를 방문하여 작별의 인사말을 하고 정오가 조금 지났을 무렵에 그와 일행 세 사람은 문등현에서 서북으로 85마일 되는 산동 반도의 북쪽 연안, 현재 봉래蓬萊, 당시 등주의 주청이 소재한 시市를 향해 출발하였다.

그들은 배 위에서 몇 개월을 보내고 다시 적산원에서 부득이 가을과 겨울을 칩거한 뒤에 도보 여행에 나섰으나 등주를 향한 여행은 그들한테는 지지부진하여 괴로운 것이었다. 이틀 째 오후 이들은 발이 아파 멈추지 않을 수 없었다. 다른 날 이들은 작은 사원의 객승客僧으로서 환대를 받아 유쾌한 날을 보내기도 하였다. 드디어 7일째가 되는 3월 2일 등주에 도착하였다.

엔닌은 다소 과장하였으나 더 없이 극진한 표현으로 다음과 같이 표현하고 있다. 자신의 건강 상태를 빠지지 않고 기록하였다. '산과 언덕을 도보로 넘는 여행이다 보니, 우리의 발은 막대기처럼 되고 손으로 지팡이를 쥐고 무릎으로 걷듯이 하여 간신히 도착하였다.' 고 하였다. 가는 도중에 집은 거의 없고 드문드문 있는 사람은 굶주려 모밀잣밤나무의 열매를 먹을 것으로 이용되고 있음을 엔닌은 발견했다.

등주에서 일본인들은 역시 개원사라고 불리는 세 번째 사원에 머물렀다. 그들이 도착한 날 하급관리 한 사람이 사원으로 그들을 찾아와 캐어 물었다. 엔닌은 일본을 배를 타고 나온 이래 그들의 여행 코스를 간단히 적어 주었다. 다음 날 그들은 현지사를 방문하도록 초대를 받았는데, 지사는 일본인들에게 차를 제공하고 쌀 2석石·밀가루 2석·기름 한 말(斗)·초 한말·소금 한 말·뗄 나무 30뿌리를 그들의 여행용으로 지급하도록 친히 명령서를 써서 주었다. 당시 지나의 '석石'은 28kg과 2/3에 상당하며 '두斗'는 그것의 10분의 1에 해당하는 단위이다.

다음 날 지사와 그의 부하 관리들은 법회에 참석하기 위하여 개원사에 참예하였다. 의식이 끝나자, 그들은 일본인들을 초대하더니 차를 내놓고 일본의 습관에 대해 물었다. 다음 날 엔닌은 정식으로 앞으로 갈 여행 통행증을 관청이 인가해주도록 신청하였다. 그것은 6개월 전에 적산원에서 신청한 서류와 거의 같은 형식이었지만 한결 차례를 명료하게 내세워 "성지를 순례하고 스승을 구해 법을 배우기 위해 오대산 등 유명한 산과 장소로 가는 관청의 통행증을 요청한다."고 적었다. 이 문서는 일본인들이 무슨 까닭으로 산동에 가끔 머물게 되었는지 그 이유를 일부러 밝히지 않고 다음과 같이 애매한 말로 진술하였다.

…… 개성 4년 6월, 우리는 고국 멀리 큰 바다의 거친 파도에 가로 막혀

이 연안에 닿아 사랑하는 모국을 잊은 채 문등현 청령향의 적산 신라원에 도착하였습니다. 다행히도 자유로이 여행할 수 있어 귀 관청의 관할에 있는 문명이 개화된 지역에 올 수 있었습니다.[7]

(이상 인용문)

이 요청과 동시에 엔닌은 지사가 여행용 선물을 내려준 것에 대한 사례 편지를 드렸다. 이 사례 편지를 쓸 때 적산원을 떠나기 전에 배운 서식이 좋은 모범이 되었다. 같은 날 그는 갖고 다니기에 너무 무거운 뗄 나무 전부·밀가루의 절반·쌀의 4분의 1·초·소금·기름의 4분의 1을 개원사에 기부하여 승려를 위해 열리는 채식요리의 재물로만 쓰이도록 부탁하였다.[8] 엔닌은 기부증서에 적고 다음 날 사원의 승려 10여 명을 위하여 한 차례의 식사를 준비하는 자료가 되기를 바란다 하고, "지사의 어진 덕과 은혜를 혼자서 받는 것이 즐겁지 않다."고 진술하였는데, 이로써 그와 일행이 사원에 숙박한 대가를 지불한 셈이 되었을 것이다.

3월 8일, 엔닌은 다시 편지 2통을 지사에게 보냈다. 한 통은 정중한 인사장이고, 또 한 통은 그가 통행증을 받게 되리라고 은근히 기다리고 있다는 것을 적어 상기시켰던 것이었다. 첫 번째 편지는 엔닌이 일기에 기록하는 같은 종류 문서의 좋은 예일 것이다. 즉 다음과 같이 읽혀진다.

---

7 문서는 3월 5일까지 제출되지 않았음에도 불구하고 『토우데라본東寺本』에 의하면, 그것은 840년 3월 3일자로 되어 있다.

8 이 말은 지나어로는 챠이齋, 일본어로는 사이さい이다.

봄이 끝머리에 다가와 많이 따뜻해졌습니다. 정중히 귀관의 인품과 일상생활에 대해 무한한 축복을 기도드립니다. 저 엔닌은 귀관의 어진 덕을 받았습니다. 승려의 여행에 많은 제약이 있다 보니 여러 날이 지났는데도 만나 뵙고 존경을 표할 수 없었습니다. 미흡한 저는 몹시 두려워서 떨려 삼가 제자 승려 이쇼오를 보내 이 편지를 드립니다.

정중히 간단히 기록합니다.

개성 5년 3월 8일
일본국구법승 엔닌이 편지를 올립니다.
지사 각하 [겸손하고 정중하게]
(이상 인용문)

수신인의 이름인 지사 밑에 작은 두 가지 한자가 첨부되어 있는데, 이는 예의 격식이며 '각하는 자신을 낮추어 존경하는 마음을 포함하는' 식으로 번역하면 좋을 것이다. 엔닌은 분명 다시 길을 서두르려고 하니 조바심이 났다. 그러나 지방의 지나인들의 더없는 우호적인 태도가 적어도 그의 출발이 자꾸 늦어져 참기 어려운 상황에서 구해 주었다. 엔닌 등은 네 차례 잘 차린 점심 초대를 받았다. 승려는 오후 식사를 하지 않는 걸로 되어 있어 승려한테는 큰 식사이었음에 틀림없다. 그중 두 차례 어느 군사압아軍事押衙의 초대이고, 그는 게다가 엔닌에게 짐을 운반하는 당나귀를 주었다.

이 사이에 엔닌은 매우 흥미 있는 역사적 발견을 하였다. 그는 불교의 천국[淨土]을 그린 개원사 벽화에서 일본 견당사에 의해 봉납된 불화佛畫를 찾아냈기 때문이다. 이 견당사가 어느 때의 사신이었는지 모르지만 기부자의 이름이 새겨져 있는데, 너무 생략되어 엔닌은 그들이 누구인지 밝힐 수 없었지만 그들의 이름과 담당 임무를 정성과 공을 들여 베껴놓고 있다. 그들의 이름이나 담당 임무를 엔닌이 책임을 지고 밝힐 수 없듯이 유감스럽게도 현대의 학자도 역시 밝힐 수 없다.

맨 마지막으로 11일, 엔닌은 그전부터 온 소식에 따라 통행증을 받으러 지사의 관청을 방문하고 이 기회를 이용하여 작별 인사를 하였다. 건네 받은 서류는 두통이었다. 한 통은 등주에서 서남쪽으로 대략 150마일 지점에 있는 현재의 익도益都, 당시는 산동 반도의 동부 전역의 중심 도시인 청주의 절도사에게 보냈으며, 다른 한 통은 도독부에서 등주의 대표인 유후관留後官에게 보냈다. 엔닌이 일기에 베껴쓴 바 절도사에게 보낸 편지는 등주의 주청州廳에 보낸 맨 처음의 탄원 내용을 그대로 포함하고, 또한 견당사의 선박의 귀국에 관한 전번의 관청 보고와 적산원에 잔류한 일본 승려의 동정을 언급하고 있다. 그 편지는 등주의 관리가 요청받은 대로 통행증을 발행할 권한이 없다 보니 부랴부랴 절도사의 결정을 바라기 때문에 일본인들을 청주로 보낸다고 끝을 맺었다.

엔닌은 아마 이들 문서 때문에 크게 기대를 했었을 것이지만 아무튼 이처럼 긴 여행 동안에 그들은 한 걸음씩 목적지에 다가가는 행정적 조치를 얻어냈다.

칙서

엔닌은 등주에 머물고 있는 동안에 정부의 굉장한 의식에 참예하는 기회를 얻었다. 즉 새 황제 무종武宗의 즉위를 알리는 칙서를 지방의 주청·현청 정부가 정식으로 받아들이는 의식이었다. 엔닌은 2주 전에 무종의 즉위를 들었다. 엔닌의 구체적 표현은 당나라 시대 이런 종류의 의식을 특이하게 전하고 있어 그런 의미에서 전문全文을 인용할 가치가 인정을 받을 것이다.

새 황제의 칙서가 수도로부터 도착하였다. 성벽으로 둘러싸인 시내의 관사官舍 문 앞의 뜰에 양탄자를 2장 깔고 대문의 북쪽 계단 위에는 단상을 마련하고, 그 위에 자주색 피륙을 깔고 그 위에 황색 종이로 쓰인 칙서를 얹어 놓았다. 주의 행정관〔判官〕·비서관〔錄事〕 등 현의 행정관〔縣令〕·사무주임〔主簿〕·병마사兵馬使·군장軍將·군 관리〔軍中行官〕 등 문무백관을 비롯하여 평민(백성)·비구승·비구니·도사道士가 각기 지위에 따라 서쪽을 향해 뜰의 동쪽으로 늘어섰다.

지사는 선도하는 20명의 장교가 각기 10명씩 길의 좌우로 나뉘어 늘어선 한 가운데를 따라 (관사에서) 모습을 나타냈다. 녹사나 현의 관리 등은 지사가 나타나자 머리를 수그리어 땅에 바짝 갖다 댈 정도로 수그리었다.

지사가 "평민들이여!"라고 부르면, 그들은 목소리를 가지런히 소리를 높여 외쳐 응답하였다. 지사가 한 개 양탄자에 섰고 판관도 다른 양탄자에 섰다. 두 사람은 서쪽으로 향했다. 그때 한 장교가 여러 관리직의 칭호를 불렀다. 그때마다 판관이나 현의 관리들의 줄은 각기 순서대로 합창으로 응답하였다. 다음에, 그가 군사압아軍事押衙·장군과 병마사의 대열을 불렀더니 군인들은 합창으로 응답하였다. 그가 다시금 "여러 손님들이여!"라고 하자, 관리들 및 일반 외부인들도 합창으로 대답하였다. 다음에 "여러 손님들이여!"라고 부르자, 노인과 젊은 평민들이 가지런히 합창으로 대답하였다. 그 다음에, 그는 "승려와 도사들이여!"라고 말하였더니 승려들, 비구니, 도사들은 일제히 합창으로 응답하였다.

다음에 장교 두 사람이 칙서가 놓인 받침대를 운반하여 지사 앞에 갖다 놓았다. 지사는 한 번 머리를 수그리고 공손히 칙서를 손으로 잡아 다시 머리를 숙이고 칙서를 이마에 갖다 댔다. 장교 한 사람이 무릎을 꿇고, 그의 소매에 칙서를 받고 나서 높이 올리고 뜰로 나가 북쪽을 향해 "칙명이 도착하였다."고 외쳤다. 지사·판관·녹사 및 군인들은 모두 일제히 머리를 수그렸다. 한 장교가 "평민들이여! 머리를 수그리시오"라고 외치자, 그들은 다시 머리를 숙였다. 하지만 비구승·비구니와 도사들은 머리를 숙이지 않았다.

준관사[衙官] 두 명에게 칙서를 열게 하였다. 이 두 사람은 녹색 상의를 입고 있었다. 다른 준판사 2명은 서로 교대로 그것을 소리 내어 읽었다. 그들의 목소리는 높아 바로 고국에서 정부의 결정이 선고될 때와 같았다. 칙서가 네다섯 장이다 보니 소리 내어 읽는데 상당히 많은 시간이 걸렸지만 그동안에 아무도 앉을 수 없었다.

칙서를 받들어 읽는 것이 끝나자 지사와 일동은 다시 머리를 숙였다. 다음에 녹사와 장교가 뜰로 나와 지사에게 큰 소리로 고맙다고 외치고 나서 그들의 제자리로 급히 돌아와 거기에 서 있었다. 지사가 관리들에게 "각기 직무에 힘쓰도록 하라."고 하자, 판관과 일동은 모두 합창으로 응답하였다. 다음에 일동을 대표하여 한 사람이 "승려와 도사들이여!"라고 큰 소리로 부르자, 그들은 합창으로 응답하였다. 다음에 그는 "평민들이여!"라고 부르자, 그들 역시 합창으로 응답하였다. 그때 칙서를 가져온 사절은 지사 앞으로 걸어와 두 번 절을 하였다. 지사는 양탄자에서 물러나 소매로 가렸다. 수십 명의 관리와 손님들은 지사 앞으로 와서 몸을 땅에 구부리고 머리를 숙여 절을 하고 일어섰다. 한 장교가 "여러분은 가도 좋다."고 하자, 그들은 모두 합창으로 응답하였다. 관리·군인·승려·도사·평민들은 그곳에서 해산하였다.

도독부 都督府 에서

엔닌과 일행은 통행증을 받자, 3월 12일 날이 밝기 전에 등주를 출발하였다. 청주까지의 거리를 10일이 걸려 한 걸음 한 걸음 들뜨지 않고 걸어 나갔다. 그들은 주민들이 '순박하며 일반인들은 굶주려 가난하다.'는 것을 알았다. 엔닌은 가는 도중에 그들이 머문 장소와 일본인들이 받은 여러 접대와 환대를 해준 사람들의 이름을 각기 정성스럽게 기록하였다.

어느 날 밤에 여행자들은 그 지방에 나쁜 돌림병이 유행하므로 숙박을 할 수 없었다. 엔닌은 특별한 밤에 당한 곤혹에 대해 일기에 기록하였는데 '그 집의 주부는 우리들을 욕하므로, 그녀의 남편은 그녀가 농담을 하고 있는 것이라고 변명하였다.'고 하였다. 어느 날 이들은 엉뚱한 길을 5리 정도 갔으며 다른 장소에서는 만주의 발해국으로 돌아가는 외국사절의 일행과 만났다.

아마 엔닌의 여행에서 가장 흥미 있는 첫 만남은 고고학적 유적 두 개를 발견한 것일 게다. 하나는 662년부터 663년까지 치러진 전쟁에서 당나라와 신라의 연합군이 일본과 백제의 연합군과 교전을 하였는데, 마침내 백제가 멸망할 때 전쟁에 참가한 왕王이라는 이름의 한 지나의 병졸에 의해 665년에 두 개의 불탑이 건립되었음을 알리는 돌 비석이다. 왕이 탄 배가 침몰하여 그는 포로가 되어 일본으로 끌려갔으나 살아남아 간신히 빠져나와 고국으로 돌아와 이를 기념하는 불탑을 만들었다. 또 하나의 고고학적 유적은 주위가 약 4마일이라고 엔닌이 전하는 옛 성벽으로 둘러싸인 마을이었다. 경험이 많고 옛일을 잘 아는 마을의 노인이 엔닌에게 알려주고 있는 것으로는 1천 년 이상이나 사람의 기억에서 잊어버렸는데, 비가 내리면 결국 땅에서 금·은·진주·비취·고대의 화폐·말을 부리는 기구의 종류가 많이 출토한다고 한다.

청주에서 일본인들은 용흥사龍興寺라고 불리는 절에서 숙박을 하였다. 사원의 관리들은 즉시 주청에 보내는 여행자들에 관한 보고서를 작성하였다. 다음 날 아침 엔닌은 아침에 일반 의견을 널리 구하는 공청公聽에 출석할 주청州廳을 방문하고 게다가 절도사의 관사를 방문하였으나 너무 늦게 도착하여 알현하는 것이 허락되지 않았다. 그래서 그는 등주의 유후관留後官이 있는 곳으로 가서 두 통 중에 편지 한 통을 손수 내주었다. 다른 한 통은 저녁 공청 때 절도사 대표에게 제출하였다.

일단 자기소개 의식을 끝마치자, 엔닌은 청주에서 후한 환대를 받게 되었다. 사원으로 돌아오자 그는 고관 두 명, 즉 절도부사節度副使인 장張과 소蕭라는 이름의 장군의 방문을 받았다. 특히 장군은 엔닌을 다음 날 아침 자기 집으로 초대하여 아침밥을 함께 하였다. 그는 열렬한 불교신자이므로 교의적敎義的인 질의응답을 좋아하는 인물이었다. 같은 날 절도부사는 엔닌을 그의 관사로 초대하여 점심을 대접하였다. 청주에 도착하고서 만 3일째인 24일 일본인들은 아마 관청의 인가를 받은 표시인지 신라 사원으로 옮겨졌다. 이 사원은 용흥사 경내에 있었던 듯한데, 원래 신라에서 오는 사절을 융숭하게 대접하기 위한 것이었다고 생각된다.

다음 날 아침 엔닌은 절도사에게 정식으로 통행증을 신청하였다. 동시에 그의 친구인 절도부사에게 여비를 부탁하는 편지를 썼다. 엔닌은 그가 이렇게 하지 않을 수 없는 이유를 일기에 기록하였는데, 문등현에서 청주에 이르는 전체 여행길에서 굶주린 상황을 구체적으로 보았기 때문이라고 설명하고 있다. 그러나 편지에서는 '노골적으로 그렇게 말을 하지 않고' 약간 고상하지 않은 방법으로 그의 요구를 다음과 같이 기술하고 있다. "우리들은 가는 곳마다 어디에서나 우리 집이라고 하여 어떠한 고생과 굶주림도 참을 수 있습니다만, 말이 달라서 먹을 것을 바랄 수 없습니다. 제발 자비를 베푸시어 이 가난한 외국 승려에게 여분의 식량을 나누어 주시도록 공손히 부탁의 말씀을 드립니다."

절도부사의 회답은 자비로웠는지 어떤지는 별도로 하고 바로 이루어졌다. 같은 날 쌀 세 말·밀가루 세 말·좁쌀 세 말을 주었다. 엔닌은 즉시 감사편지를 썼다. '고마움에 넘쳐 사례를 나타낼 말도 없습니다.'라고 하였다.

신청한 통행증에 대해 아무 회답도 없어서 이틀 뒤에 엔닌은 이쇼오를 관청으로 보내 이를 물어보게 하였다. 이쇼오는 통행증이 발행될 예정이라는 것을 알았으며, 더구나 절도사가 서명하는 수속도 이

틀이 걸리며 동시에 일본 승려에 관한 보고서가 궁중에 보고되고 있다는 것을 들었다. 지정된 날에 엔닌은 다시 이쇼오를 절도사의 관청으로 보냈으나 결정은 다음 날에 된다고 알렸다. 하지만 이쇼오는 엔닌이 절도사에게 여행 승려에게 양식을 지급하도록 의뢰하는 편지를 올리는데 성공하였다. 실제 '여행하는 승려들은 길에서 몹시 고생을 했으며 식사 때에는 음식물이 풍족하지 않았기' 때문이다. 이틀 뒤, 즉 4월 1일 마침내 일본인들은 아침의 공청 자리에서 관청의 통행증을 받은 동시에 피륙 3반反(1반은 길이가 약 10미터 이상, 폭이 36센치)과 차 6파운드를 지급받았다.

다음 날 아침 엔닌은 관청으로 가서 절도사가 선물을 지급해 준 점에 대해 사례 편지를 올렸다. 절도사는 친히 엔닌을 불러들이고는 그에게 "자신이 준 것은 충분하지 않으며 사례할 만한 가치가 없다."고 겸손하면서 승려의 방문을 고맙다 하고 회견을 마쳤다. 다음에 엔닌은 절도부사를 방문하여 작별 인사를 하였다. 그는 엔닌을 다과로 대접하였다. 엔닌으로서 그날은 완전히 바쁘게 보낸 사교의 날이었다. 또한 지나인 집에서 점심에 초대를 받았으며 저녁 때 친구 소蕭에게 작별 인사를 하러 갔는데, 그는 잔치를 베풀었으며 작별할 때 엔닌과 일행에게 여행용 쌀 2말, 등주에서 엔닌에게 준 당나귀 사료인 팥 2말을 주었다. 엔닌이 청주에 머물고 있는 동안에 소는 적어도 두 번은 아침 밥상에, 한 번은 점심 밥상에 그를 초대하였다. 이와 관련하여 엔닌이 적은 바에 의하면 '매일 우리에게 선물을 지급하는 등 언제나 우리 일을 친절하게 배려해 주었다.' 고 한다. 다음 날 아침 일본인 일행이 다시 순례길에 오를 때 시市의 성문까지 그들을 배웅한 것은 소 등 일행이었다.

여행하고 있는 동안

  엔닌과 일행이 청주 시가의 성문에서 걸어나갈 때 급히 관료의 세계에서 거의 그들만의 자유의 천지로 춤을 추며 나가는 느낌이었다. 필요한 통행증을 공식적으로 받았기 때문에 그들은 4개월 반 동안 관료들에게 괴롭힘을 당하지 않고 감시를 받지 않는 자유로운 순례 여행을 즐길 수 있었다.

  청주를 출발한지 9일째 그들은 황하를 건너려고 했을 때까지 어떤 관청의 간섭으로 괴롭힘을 당하지 않았을 것이다. 엔닌은 황하의 모습을 묘사하여 '물은 누런 진흙색이며 흐름은 화살처럼 빠른 듯하다.'고 하고, 황하의 양쪽에는 벽으로 둘러싸인 선착장이 있는데 '많은 뱃사공들이 다투어 손님을 태우려고 대기하고 있다.'고 적었다. 엔닌은 멀리 떨어진 건너편 강가에서 일본인들이 각기 죽(원문에서는 粉粥이라고 하였는데, 실제로는 찬 단팥죽이었을 것이다)을 넉 잔이나 먹어 치우자, 가게 주인은 찬 것을 많이 먹으면 소화불량을 일으킨다고 충고하였던 것까지 기록하고 있다. 하지만 소화불량이 일어났는지 어떠했는지 기록이 없다.

현재 하북성 남부인 북지나 평야에서 중간 정도에 위치하는 구주(具州 : 일기에는 唐州로 되어 있으나 당시 그러한 주는 실제로 존재하지 않았다)의 행정부에서 이틀 동안 머무는 동안에 엔닌은 다시 관료와 계속 접촉하게 되었다.[9] 일본인들은 같은 시에 있는 개원사에 머물렀다. 사원의 관리들은 곧바로 외국 승려에 관한 보고를 정부에 제출하였다. 다음 날 아침 엔닌은 스스로 지방의 유력한 관리를 방문하였는데, 그는 엔닌과 다른 승려들을 채식 요리로 대접하였다. 다음 날 저녁의 공청公聽 자리에서 엔닌은 현지사縣知事에게 작별을 고하고 다음 날 아침 일찍 여행길에 올랐다.

일본인 일행은 오대산으로 가는 나머지 여행 도중에 다른 정부 대표들을 만나지 않았다. 그들이 북지나 평야를 멀리하고 산지의 골짜기로 들어가 한 발 한 발 성스러운 땅으로 접근하자, 또한 흉년이 들어 곡식 부족으로 주민들이 굶주리는 지방을 지나갔다. 어느 장소의 주민들은 가축 사료인 팥을 먹고 있었다.[10] 그들은 또한 천태산에서 온 승려들을 만났다. 그들은 엔닌 등에게 남지나의 불교의 중심지에서 수행하고 있는 일본 승려와 제자들의 소문을 들려주었다.[11] 이들은 물론 엔사이(圓載)와 그의 일행이었다.

---

9 840년 4월 13일 및 14일. 구주具州, 즉 현재 청하淸河 마을은 현존하는 일기에서는 이처럼 잘못 쓰여져 있지만 엔닌이 더듬었던 도로이므로 이곳이 그가 머물렀던 마을임을 확인인할 수 있다.

10 840년 4월 24일 및 25일.

11 840년 4월 23일.

오대산 성지에 일단 발을 들여놓자, 일본인들은 지금까지 보고 들었던 관료주의 지나와 전혀 다른 나라에 온 듯한 느낌을 품었음에 틀림없다. 왜냐하면, 엔닌은 정부가 주최하는 의식과 과거의 황제가 등장하는 전설과 믿음이 두터운 황후가 세운 탑에 대해서는 많이 기술하고 있지만 서류가 만들어지거나 탄원서가 제출되었다는 기사가 전혀 보이지 않기 때문이다.

엔닌이 성스러운 산을 물러나 다시 도시와 도독부의 지나로 되돌아갈 때까지 접촉한 상대는 주로 그의 친구인 승려라든지, 그들의 제자로 그쳤다. 당나라 북쪽의 도시, 현재 산서성의 행정 중심지인 태원부에서 엔닌은 주청州廳으로 갔으나 결국 이른바 용천龍泉을 본 것으로 그쳤다.[12]

이틀 후 엔닌이 지방의 군사 관료를 만난 것은 지나 관리의 손님으로서 점심 밥상에 초대를 받았을 때이었다. 태원부의 서남, 현재 분양汾陽, 예전의 분주汾州의 거리에 있는 사원(엔닌이 머물러 산 일이 있음)에서 한 수비관의 방문을 받았다. 그 인물은 엔닌이 오대산에 있을 때 친구의 제자로서 경의를 표하는 걸로 그쳤다. 다음 날 이 수비관은 엔닌을 자택으로 불러 아침 차와 잘 차린 점심으로 대접하였다. 그리고 나서 일본인들은 다시 계속 여행을 하였다. 장안으로 가는 나머지 여행길에서 엔닌이 관료와 접촉을 지속한 것은 때때로 경계에 설치된 관문에서 그의 통행증 비자를 받을 때이었다. 분하를 건너 산서山西를 통과하여 서남쪽을 향해 여행하여 차례차례 관문을 통과하고 태

---

12 840년 7월 15일. 당나라의 태원부太原府는 현재의 태원현이다. 현재 태원현의 시내에서 12마일 정도 서남쪽에 해당한다.

원부에서 서남으로 75~80마일 지점에 도달하였다. 그리고 그들이 황하를 건너기 직전에 제3관문이 산서성의 서남 모퉁이 부근에 있어 그들을 기다리고 있었다.[13]

그보다 2, 3일 전에 일본인 일행은 흥미가 있으면서 유쾌하지 않은 경험을 하였다. 마침 메뚜기 떼가 습격한 중심지에서 잠시 동안 있었기 때문이다. 메뚜기 떼가 휩쓸고 지나가면 어김없이 기근이 덮쳤다. 엔닌은 "메뚜기가 길에 넘쳐나고 마을의 집들 중에는 발 디딜 틈이 없을 정도로 가득 찼다."고 하였다. 황하를 건너자 일행은 다른 지방을 지나갔는데, 그 지방에 대해 "싹이 튼 곡물이 모두 메뚜기에게 갉아 먹혀 황폐해져 시골 사람들은 괴로운 입장에 빠져있었다."고 기록하고 있다.

황하를 건너는 일은 여행자한테는 그다지 힘든 일이 아니었다. 황하가 2개의 수로로 나뉘는 큰 구부러진 귀퉁이에서 2, 3마일 상류 지점을 건널 수 있기 때문이다. 동쪽에서는 2백여 걸음 되는 곳에 배를 늘어놓고 그 위에 널빤지를 얹어서 건너며, 서쪽은 보통 다리로 연락할 수 있었다.

8월 19일, 일본인 일행은 이제 곧 수도라는 것을 분명히 인식할 수 있었다. 그때 엔닌은 우연히 산동에 있을 무렵에 이미 들은 문종의 사망 후 황제의 시체를 매장하고 장안으로 돌아오고 있는 산능사山陵使 일행을 만났기 때문이다. 엔닌에 의하면, "능을 만드는 사람과 군인의 행렬이 길게 5리나 이어졌다. 군인들은 서로 마주 보며 길의 양쪽에 서 있었으나 지나가는 사람이나 말과 수레를 간섭하지 않았다."라

---

13 840년 8월 1일, 2일, 4일, 5일 및 13일.

고 한다. 같은 날 늦게 일본인들은 수도의 주요 지방 하천인 위수渭水의 긴 다리를 건너가자, 위수의 북쪽 연안에 있는 군사 수비대의 주둔 장소를 보았다. 다음 날 그들은 위수 남쪽의 두 지류에 가설된 다리를 건너 저녁에 간신히 장안의 동쪽 성벽 바깥에 있는 한 절을 찾아가 거기에 숙박할 수 있었다.

장안長安에서

　엔닌은 장안에 도착하자, 성벽 바깥에 있는 때부터 관료와 번거로운 교섭을 다시 하게 되었다. 일본인 일행은 성 밖에서 하루 반나절 머물렀다. 그들이 3일 전에 길에서 스치고 지나간 산릉사山陵使 일행이 장안으로 들어오는 것을 기다리지 않으면 안 되었기 때문이다. 드디어 22일 오후 시의 한쪽 성문 안으로 들어오는 것을 허락받아 장안의 큰 성벽 내부에 있는 한 사원에 머무르게 되었다.

　다음날 엔닌은 즉시 그의 일행이 장안에서 정식으로 받아들여지도록 진지한 태도로 절충하기 시작하였다. 이 목적을 이루기 위해 그는 궁중의 유력한 환관이며 장군인 구사량仇士良의 관사를 방문하였다. 그의 직책은 좌가대공덕사左街大公德使인데, 장안 동쪽반부의 불교와 도교의 승려를 관리하고 있었다. 엔닌은 일기에서, 이 관청에서 엔닌은 구사량의 한 부하로서 검열관(檢閱官 : 侍御史)이라고 보통 불리고 있는 인물에게 문서를 제출하였다고 적고 있다. 이 문서는 청주에서의 통행증에 따르는 문서로서, 엔닌의 간단한 이력과 그가 '수도의 사원에 머물러 스승을 구해 가르침을 듣는' 것을 허락받도록 요청하는 뜻이 적혀 있다.

시어사侍御史는 일본 승려들을 그날 밤 수도의 동북쪽에 있는 자성 사資聖寺로 안내하였다. 다음날 그는 사람을 보내 일본인 일행을 대명궁大明宮 안에 있는 구사량의 사무실로 데려오게 하였다. 그것은 시의 북벽 바깥에 있었다. 엔닌은 그곳에 이르는 문에서 문으로 이어지는 길을 그의 일기에 상세하게 적고 이때의 거리를 긴 문장으로 말하고 있다. 그러나 이 탐방은 수포로 돌아갔다. 왜냐하면 그날 구사량은 사무소에 나타나지 않았기 때문이다. 부하 한 사람이 일본인을 장안으로 데려가 그들을 황성 안의 한 사원에 머물게 하였다. 황성이란, 궁성의 정남쪽에 위치하여 장안의 중심부 북쪽을 차지하고 있는 정부의 여러 관청들을 벽으로 둘러싼 지역을 말한다.

다음 날 일본인들은 또 한 번 구사량의 사무소에서 연락을 받았는데, 우선 자성사에 머물도록 제시하는 문서를 받았다. 관리들은 그곳에서 다시 엔닌 등이 시내에서 두 번째 밤을 보낸 이 절로 그들을 되돌려 보냈다. 하룻밤을 임시 장소에서 보낸 일본인 일행은 보다 항구적으로 머물 장소로서 정토원淨土院이란 이름으로 알려진 시설의 한 모퉁이를 받았다. 그들은 그곳에서 1년 이상 머물게 되었고 이윽고 같은 사원의 서원西院으로 옮겼다.[14]

엔닌과 일행은 그리 간단히 항구적인 주소에 머물러 있을 수 없었다. 그들이 정토원으로 옮기던 날 초가을 비가 내리더니 꼭 2주 동안 날씨가 꾸물거렸다. 엔닌은 친구에게 보낸 편지에서 약간 과장해서

14 841년 12월 3일.

'수십 일 동안'이라고 기록하고 있지만 지당하다고 생각된다. 하지만 엔닌은 지금이야말로 실내에 틀어박혀 종교상의 적당한 스승을 구해 자유로운 활동을 시작할 수 있었다. 이제 귀찮은 관료와의 절충, 정부의 청사를 방문하는 걱정도 필요 없게 되었다. 그러나 그는 연구에 깊이 몰두하기 이전에 시어사와 마지막 편지 교환을 하였다. 엔닌은 이우호적인 관리에게 우아한 말과 글귀로 사례 편지를 썼다.

시어사는 응답으로 구두로 된 서한을 보내 사원의 부엌에서 불교 승려에게 어울리는 곡식을 지급받도록 다른 사원으로 옮기는 것을 희망하는지 어떤지, 만약 이동을 희망한다면 구사량에게 전하여 편의를 도모해도 좋다고 말하였다. 하지만 엔닌은 현재 상황을 만족하며 상관하지 않아도 좋다고 결심한 편지를 보냈는데, 만약 그가 자성사資聖寺에 머무르고 그곳에서 날짜를 골라 다른 사원에서 스승을 방문하는 것이 허용된다면 이 이상 폐를 끼치고 싶지 않다고 말하였다. 시어사는 구두로 "이는 귀 승려의 의향에 맡긴다. 만약 또 무엇인가 바란다면 기꺼이 받아들여 귀 스승의 힘이 되기를 보증한다."고 전하였다.[15]

엔닌이 수도에서 있었던 관료와의 접촉은 이 경사스런 기록으로 일단 맺어지고, 이렇게 해서 그는 연구에 온몸과 모든 혼을 기울이었다. 하지만 물론 이로써 엔닌은 관청에 문서를 제출하거나 방문하는 것이 끝난 것이 아니다. 몇 년 뒤에 그는 관료의 어리석음과 횡포로 한층 괴롭게 되었다. 그러나 이 사태는 무종이 불교에 대해 반감을 표명한 이후 승려와 관료의 관계가 뚜렷하게 악화되었을 때의 일이다. 그러므로 이 얘기는 엔닌의 생애에 관한 다른 장章에 속한다.

---

15 840년 9월 14일 및 18일.

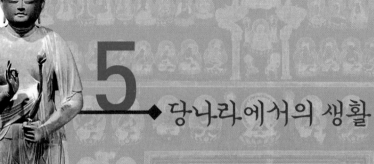

5 당나라에서의 생활

당나라에서의 생활

엔닌은 순례자로서 정열에 사로잡혔음에도 불구하고 일반적인 여행가 치고는 훌륭한 모범이 된다. 그의 눈과 귀는 새롭고 진기한 것을 끊임없이 추구하여 지나에 머문 초기에는 대당제국의 풍속에 관하여 자신의 개인적인 관찰이라든지, 전해 들은 정보라면 옆길로 벗어난 사건까지 일기에 수북하게 담았다. 그러한 기술의 전형적인 예를 든다면, 이 책의 권두에 인용된바 있는 양주에서의 838년 섣달그믐날의 모습을 전하는 기사라든지 같은 시의 개원사의 딱한 상인 정순貞順의 체포 등이 그것이다.

대중적인 제례祭禮

    당나라 시대 지나의 연중행사인 제례에 대해 가끔 언급하고 있는 엔닌의 일기 기사를 모으면 저절로 그 전모를 복원할 수 있다. 새해가 오는 것은 현재와 같이 가장 중요한 연중행사의 하나이었다. 섣달 그믐날 양주에서 종이돈을 태우고 폭죽을 울리는 것을 알린 엔닌은, 도처의 어느 집에서나 남포를 환하게 비추는 일본의 섣달그믐날의 습관과는 달리 지나에서는 사람들이 언제나 같은 남포에 불을 켠다고 기록하고, 그가 머물렀던 개원사에서 있었던 그날 밤의 의식을 다음과 같이 묘사하는 것으로 끝을 맺고 있다.

    한밤중이 지나자 사원에서는 종을 치고 한 절의 모든 승려가 식당으로 모여 불타에게 예를 올렸다. 불타를 예배할 때 일동은 걸상에서 내려와 땅에 방석을 펴 불타를 예배하고 그런 뒤에 걸상으로 돌아갔다. 그때 사원의 회계 담당과 감독 승려가 대중 앞으로 나가 한 해 동안의 여러 가지 회계

보고서와 그 밖의 것을 읽어 받아들이게 했다. 밤이 밝기 전에 남포 앞에서 죽을 들이 마시며 그런 뒤에 그들의 방으로 각자 돌아갔다.

(이상 인용문)

뒤의 엔닌의 섣달그믐날의 행사 기록은 처음처럼 상세하지 않지만, 양주의 개원사에서 행해진 의식은 이 나라의 다른 사원에서 섣달그믐날에 지내는 방법과 분명히 크게 다르지 않았다. 이듬해 산동의 적산원에서의 경우를, 엔닌은 다음과 같이 묘사하고 있다.

저녁때가 되자 신라 사원의 불당佛堂과 경장經藏에서 등불이 바쳐졌으나 그 외의 장소에서는 등불이 켜지지 않았다. 사람들이 대나무 잎과 풀을 각 방의 난로에서 태우자 굴뚝에서 연기가 뿜어 나왔다. 해질녘과 한밤중이 오기 전과 한밤중 이후와 새벽이 오기 전에 사람들은 불타에게 예배를 하였다. 한밤중이 지나자 나이 어린 견습 승려〔沙彌〕와 제자들은 각 방을 돌아다니며 신년인사를 지나 풍으로 말하였다.

(이상 인용문)

엔닌은 지나에서 세 번째 겪은 섣달그믐날을 장안의 자성사資聖寺에서 보냈다. 그 기록은 그가 겪은 최초의 경우와 비슷비슷하다.

우리들은 다시 신년을 맞이하였는데 한 절의 모든 승려 무리가 강당에 모여 죽이나 고물을 묻힌 조그만 떡이라든지 혼합된 과일을 먹었다. 승려 무리가 죽을 마시는 동안에 사원의 행정관, 감독하는 승려와 관리인이 각기 일동 앞에서 금전의 사용과 사원의 재산이 된 품목·그 교역·손님 접대 기타 지출 장부를 소리 내어 읽었다.

(이상 인용문)

설날 아침에 대해 엔닌은 일 년 뒤에 다음과 같이 기록하고 있다. '가정마다 장대를 세우고 거기에 기를 달아 신년의 만세를 기원하였다. 많은 사원은 일반인을 위해 공개강의를 열었다.' 1월 1일은 관리나 평민한테는 정월 3일까지 휴일의 시작이다. 사원은 이 기간에 채식요리를 제공하는 것이 관례이다. 839년, 엔닌은 양주의 절도사 이덕유가 스스로 개원사에 정월의 첫 참배하러 온 것을 기록하고 있다. 또한 이 아침 승려들이 서로 인사를 교환하기 전에 특별한 예배에 출석한 것을 두 번 정도 기록하고 있다.[1]

새해가 되면 언제나 새로운 달력을 필요로 한다. 838년, 엔닌은 12월 20일에, 새해 2, 3일 전에 새로운 달력을 구입하였다고 기록하고 있다. 그러나 다음 해 적산원 근처에는 큰 거리가 없어서 1월 15일이 되기까지 달력을 구할 수 없었다. 그러나 이 경우 특별히 그의 일기에 달력을 그대로 베끼는 수고를 하였다. 이리하여 우리는 당시 일반 시민이 사용했던 지나 달력의 가장 으뜸가는 상세한 실례를 알 수 있다. 그 달력은 각 달의 날수, 각 달의 음력 초하룻날이 전통적인 60일 주기周期의 어디에 해당하는지, 지나의 24절節이 각기 시작되는 날, 기타 제례하는 날 및 점성술이라든지 오늘날 전혀 이해되지 않는 마술적인 정보를 제공하였다.

엔닌은 일기에서 지나치게 이 '절節'에 대해서는 언급한 것이 없었다. 중춘中春의 '청명절淸明節'이나 '입하'·'입추' 등에 대해서는 각기 한차례만 언급하고 있다. 그런데 동지는 계절 행사로서는 가장 중요한 것의 하나이므로, 엔닌은 지나에 머문 초기 4년간 매번 언급하

1 839~842년 설날의 항목 참조.

고 있다.[2] 838년 동지가 11월 27일에 찾아왔을 때 그는 일본의 섣달 그믐날처럼 그 전날 밤에 '누구도 잠을 자지 않았다.'고 기록하고 있다. 동짓날에 그는 다음과 같이 기록하고 있다.

> 승려와 일반인은 모두 축하의 말을 주고받는다. 일반인은 관료에게 존경을 나타내며 '동지의 축제를 축하한다.'고 말한다. …… 상급관리부터 하급관리 및 평민에 이르기까지 모두 만나면 서로 축하한다고 말한다. 승려들도 만날 때 서로 축하의 말을 주고받으며 서로 절을 하며 칭찬한다. 일반인은 사원에 참예하여 똑같은 예의를 나타낸다. …… 사람들은 옛날과 다름없이 서로 사귀어 친해진 정에 따라 계절에 어울리는 축하의 말을 주고받는다.
>
> (이상 인용문)

동지 사흘간의 행사는, 엔닌에 의하면 '일본의 설날과 아주 똑같아' 진수성찬의 축제이다. 엔닌은 다시 이때 쓰인 틀에 박힌 몇 가지 인사 문구를 기록하고 있다. 예를 들면, 엔닌은 보통 일기에서 국무대신〔上公〕이라고 존칭하고 있는 이덕유에 대해서는 다음과 같이 인사를 해야 한다고 하여 '천천히 이동하여 태양이 남쪽의 끝에 이르렀습니다. 우리들은 삼가 대신이 명예를 빛나게 하고 대단히 많은 축복을 받도록 기원하고 있습니다.'라는 문장의 실례를 나타내 보이고 있다.

지나의 승려들은 일본의 동료 승려에게 다음과 같은 말로 인사를 하였다. "오늘은 동지의 축제날입니다. 귀 승려들이 대단히 많은 축

---

2 842년 2월 19일. 840년 3월 28일. 847년 6월 19일 및 838년 11월 27일. 839년 11월 9일. 840년 11월 26일(아마 11월 20일의 잘못일 것이다). 841년 11월 1일.

복을 받으며 법등法燈이 널리 고루 미쳐 끝이 없을 것입니다. 또한 귀 승려들은 고국으로 무사히 돌아가 오래 국사國師가 되시도록 기원합 니다."

840년, 엔닌은 장안의 수도에서 동지에 따른 의식을 관찰하고 다 음과 같이 묘사하고 있다.

> …… 승려들이 축하의 말을 주고받고 이르기를 "나는 귀 승려가 세상 가운데 영생하고 살아있는 모든 것과 조화를 유지하여 낡아서 소용이 없 게 된 것에 자기를 낮추기를 바랍니다."라고 하였다. 승려나 견습 승려들 은 연상의 스승에게 의례儀禮의 규범에 쓰인대로 인사를 말하고 머리 숙여 절을 하였다. 견습 승려들은 오른쪽 무릎을 땅에 대고 "축제를 축하합니다." 라고 말하였다. 우리가 죽을 마실 때 사람들은 고물을 묻힌 둥그렇고 조그 만 떡과 과일을 우리들에게 제공하였다.
>
> (이상 인용문)

'입춘'은 두 주마다 있는 계절행사(24節) 중에서 가장 중요한 것의 하나이었다고 생각된다. 엔닌은 입춘에 대해 두 번 말하고 있다. 한 번은 839년 1월 14일이고, 또 한 번은 841년 같은 달 6일이었다. 후 자의 경우 장안에서 엔닌은 '삼의 씨가 들어있는 양과자(원문에서는 胡餠)가 황제로부터 하사되었고 죽을 먹을 때에는 사원에서 호병을 내놓았다. 일반 가정에서도 똑같이 행해졌다.'고 기록하고 있다. 2년 전, 양주의 경우 입춘 날의 일기에서, 엔닌은 '길거리의 사람들은 꾀 꼬리(일설에 목에 아름다운 모양이 있는 작은 새)를 만들어 팔았다. 사람 들은 그것을 사서 가지고 논다.'고 기술하고 있다. 그 해 입춘 다음의 사흘 동안 굉장히 많은 등불의 축제가 되고 봄이 왔음을 즐거워하는 행사의 한 부분이 되었다. 이 첫 날의 광경에 대해 엔닌은 다음과 같이 기록하였다.

> 밤이 되자, 거리는 동쪽으로 서쪽으로 집집마다 등불을 켰다. 그 모습은 일본의 섣달그믐날의 밤과 다름이 없다. 사원에서도 승려들은 부처에게 밝히는 등불을 켜 부처에게 바쳤다. 그들은 돌아가신 스승들의 초상화에 대해서도 존경을 표하였다. 일반 신자들도 똑같이 하였다.
>
> 이 사원에서 그들은 불당 앞에 등불을 켜는 다락을 세웠다. 계단 아래의 경내에서는 회랑의 양쪽에 곁들여 기름을 불태웠다. 등잔은 무수히 많았다. 거리에서는 남자도 여자도 시간이 더디게 가는 것을 겁내지 않았다. 그리하여 절에 참예하여 주변을 경하였다. 부처에게 등불을 올리기 전에 신분에 따라 동전을 던졌다. 주변을 본 후 다시 다른 사원으로 가서 그 절의 주변을 구경하고 예배를 하고 동전을 보시했다. 각 절의 당내堂內나 여러 사원에서는 서로 경쟁하듯이 등불을 태웠다. 참예한 사람들은 반드시 가기 전에 동전을 보시하였다.

(이상 인용문)

엔닌은 그 다음에 지방의 한 사원에 세워졌던 '숟가락과 대나무의 등燈'에 대해 재미있게 묘사하고 있다. 그것은 엔닌이 본 바로는 17, 8피드 높이의 근사한 크리스마스트리 같은 모양의 대나무 가지 끝에 무수하게 번적번적 빛나는 금속이나 도자기로 만든 숟가락을 매달았다. 이 모든 숟가락에 기름불이 켜지면 그 광경은 거대한 크리스마스트리의 효과처럼 굉장하였다.

엔닌은 이 밝게 비추는 축제를 묘사한 데 이어 3일 간의 마지막 날에 개원사에서 특별히 비밀이 간직한 보배가 전시된 상황을 전하고 있다. 공개된 특별한 보배들에는 진귀한 색체의 비단 제품과 42명의 옛 불교의 성자聖者들의 특징 있는 초상화나 그림 등이 포함되었다. 그날 밤 등불은 다시 켜지고 밤새도록 42개의 초상화 앞에서 불공을 드렸고, 초상화 앞에는 각각 등불이 놓여졌다. 새벽녘에 다시 많은 공물(供物 : 부처에게 바치는 물건)이 바쳐졌다. 부처에게 나가 뵙는 사람은 해 뜰 무렵에 모여 다시 승려들에게 채식요리를 대접하였다. 이 날은 또한 특별한 연중행사의 시작이기도 하였다. 그 의미는 종교적이라기보다 오히려 세속적인데 봄이 오는 것을 축하하는 것과 관계가 있다고 생각된다. 엔닌은 이 흥미 있는 습속習俗을 다음과 같이 묘사하고 있다.

이 날 급이 높은 관리를 비롯하여 군인과 사원의 승려에 이르기까지 총동원하여 겉겨를 떨어낸 낟알을 고른다. 이 일을 하는 날짜 수는 제한되어 있지 않다. 이들은 주청州廳에서 쌀을 운반하여 승려의 수에 따라 각 사원으로 운반하여 분배한다. 석(石 : 원문에서는 斛＝10말) 수는 정해놓지 않지만 한 사원마다 10석 내지 20석이다. 사원의 창고 담당자가 그것을 수령하여 다시 승려들에게 분배한다. 각자 1말 내지 1말 5되 정도씩 한다. 승려들은 쌀을 받으면 나쁜 쌀알에서 좋은 쌀알을 고른다. 못 먹게 된 쌀을 나쁘다 하고 그렇지 않은 것을 좋은 쌀이라고 한다. 쌀 1말을 맡아 두 종류로 나누면 좋은 쌀은 겨우 6되 남직하다. 좋은 쌀과 나쁜 쌀은 따로 자루에 넣어 정부에 반환된다. 모든 사원은 똑같은 작업을 한다. 좋은 쌀을 나쁜 쌀에서 골라내 이 둘을 정부에 반납한다. 정부는 두 종류의 쌀을 거두어들이면 좋은 쌀을 임금의 쌀이라 하여 황제에게 바치며 나쁜 쌀은 주청에 보관해 두었다.

쌀을 고르는 일은 승려를 포함하여 일반 행정관과 군인에게 분담시키지만 평민한테는 시키지 않는다. 주청에서 좁쌀을 고르는 일은 매우 곤란하였다. 양주에서 골라낸 쌀은 색이 검고 벼나 부스러진 낟알을 제외하고 완전한 것만을 골라낸다. 다른 州의 방법은 이와 다르다. 들은 바에 의하면, 국무대신[上公]은 5석을 고르며 군사사찰관[監軍門]도 같은 양을 고르며, 상급서기관[郎中]은 2석, 대리서기관[郎官]은 1석, 군인과 승려는 1말 5되 내지 1말이다.

(이상 인용문)

엔닌은 또한 다른 대중적인 제례에 대해서도 여러 가지로 기술하고 있지만 반드시 상세히 기술하고 있지 않다. 838년 9월 23일, 그는 양주의 '큰 축제(국가의 큰 행사)'에 대해 언급하고 있는데 200명의 기병과 600명의 보병이 참가하였다. 마치 일본의 현재 어린이날로 알려져 있는 5월 5일 '활을 쏘는 과녁(단오)'의 축제 같다고만 기록하고 있다. 청주에서 1년 반이 지난 뒤에, 그는 3월 25일이 '봄철의 승리 노래[春節破陣樂]'의 날이었다고 알리고 있다. 그날 주청 내부의 '구장(球場: 격구를 하는 운동장)'에서 연회가 개최되었다. 이 행사는 아마 당나라 초기의 승리를 기념하기 위하여 개최되었을 것이다.

838년 2월, 엔닌은 지나의 사순절(四旬節: 기독교 국가에서 행해지는 부활절을 맞이하기 전 46일간의 마음과 몸을 깨끗이 하고 부정한 일을 멀리하는 기간)이라고 불릴 수 있는 양주의 연중행사에 대해 기록하고 있다. 그의 기록에 의하면 14, 15, 16일은 '찬' 날 인데, '나라 안의 연기는 오르지 않으며 다만 차가운 음식을 섭취한다.'고 한다. 이듬해 산동에서는 엔닌의 기록에 의하면, 찬 음식물의 축제(寒食節)가 23일 시작하는 데 3일간 불을 피우는 것이 금지되었다. 2년 뒤 장안에서는 그의 기록에 의하면, 찬 음식물 축제는 2월 16일부터 18일까지이었다. 이때의 모습을 엔닌은 '모든 가정은 가족이 모두 나와 조상의 무덤에 갔다.'고 기록하고, 3년 뒤 그는 정부의 노동자들은 이때 일주일간의 휴가를 받는 것이 습관화되어 있다고 말하고 있다.[3]

7월 15일에는 매년 정령제精靈祭, 즉 일본에서 와라본(盂蘭盆 : 음력 7월 15일에 조상의 영혼을 제사 지내는 불교행사·우리의 백중맞이)이라고 불리는 것이 찾아온다. 와라본은 원래 불교의 축제인데, 지나인들의 조상숭배 감정에 호소한 바가 크며 엔닌의 시대에는 이미 대중적인 축제가 되어 있다. 그 이후 극동에서는 지금도 그 습관이 이어지고 있다. 아마 839년 7월 15일, 엔닌이 적산원에서의 점심 식사에 새로운 좁쌀을 사람들과 함께 먹은 기록은 간접적으로 이 축제를 언급하고 있다고 여겨진다.

다음 해 그는 현재 산서성의 태원부에 있었다. 그때 그는 와라본 축제가 3일간 계속되어 모든 불교사원이 각기 화려한 행사를 하였다는 것을 기록하고 있다. 거리의 사람들은 경건한 태도로 관람하였다. 하지만 밤이 되자, 사람들은 '음탕해져 떠들썩한 주연으로 달렸다.' 엔닌은 정령제에 대해서는 844년이 되기까지 장안의 모습을 특별히 기록하지 않았다. 이 해의 와라본은 황제의 불교에 대한 반감을 기술할 때에 간단히 언급하고 있을 따름이다. 즉 그는 다음과 같이 기록하고 있다.

7월 15일, 시내의 여러 불교사원은 법회를 개최하였다. 사원은 각기 꽃

---

3 845년 1월 3일.

같은 양초·꽃 같은 과자·조화造花·과일나무 등을 만들어 바치는 등 서로 진귀함을 다투고 있었다. 습관으로 모든 공양물은 불전佛殿 앞에 늘어놓아 펼쳐진다.

거리의 사람들은 절들을 여기 저기 돌아다니며 존경을 표한다. 그것은 훌륭하고 화려한 축제이다.

(이상 인용문)

국가의 의례儀禮

지금까지 기술한 것과 같은 대중적인 제례祭禮에다 많은 공식적인 제일祭日이 있다. 예를 들면, 선대의 황제의 기념일은 정부가 준비하며 나라의 사원에서는 종종 특별한 종교적 법회가 행해졌다. 엔닌이 양주에 있었던 무렵인 838년 12월에는, 826년 그날에 암살된 경종敬宗의 명복을 비는 추선(追善 : 죽은 사람의 명복을 빌고 그 기일 같은 해에 행하는 불사) 때문에 법회가 행해졌음을 기록하고 있다. 그가 이때 언급하고 있는 국무대신(宰相)은 물론 이덕유이며 장군은 환관인 군사감독〔監軍〕 양흠의揚欽義이다. 양흠의는 직접 황제를 대표하여 절도사를 감시하는 것이 임무였다. 엔닌의 특별한 의식 묘사는 매우 상세하거니와 다음과 같이 기록하고 있다.

오늘은 국가 기념일이었다. 따라서 현금 50련連이 개원사에 내려와 500명의 승려를 위한 채식요리가 마련되었다. 아침 일찍 한 절의 승려들

이 이 사원에 모여 동쪽, 북쪽, 서쪽 주변의 건물에 열을 지어 앉았다. 오전
8시〔辰時〕에 국무대신과 장군이 대문에서 절 안으로 들어왔다. 국무대신
과 장군이 엄숙한 표정으로 나란히 앞으로 나아갔다. 양측에는 계급 순서
대로 군대가 나란히 호위하였다. 모든 주청과 도독부의 모든 관리들이 그
뒤를 따랐다. 강당 앞의 계단 장소까지 나아갈 때 국무대신과 장군은 나뉘
어 국무대신은 동쪽으로 향해 뜰의 동쪽 휘장 가운데로 들어가고, 장군은
서쪽으로 향해 서쪽의 휘장 뒤로 들어갔다. 그들은 빠르게 실내용 신발을
바꿔 신고 손을 씻고 다시 모습을 나타냈다. 강당 앞에는 다리 두 개가 있었
다. 국무대신은 동쪽의 다리로 오르고 장군은 서쪽의 다리로 올랐다. 이리
하여 두 사람은 각각 동쪽과 서쪽에서 출발하여 한 바퀴 빙그르 돌아 강당
의 한 가운데 문에서 마주쳤다. 그들은 자리에 앉아 부처에게 예배하였다.

　그런 뒤에 강당의 동쪽과 서쪽의 문 앞에 수십 명의 승려가 늘어섰다.
각각 손에 연꽃 조화와 녹색의 기旗를 가지고 있었다. 승려 한 사람이 경
(磬 : 옥이나 돌로 만든 악기)를 치고 노래를 불렀다. "여러분 세 개의 영원한
보배〔佛·法·僧〕에 대해 공손하게 예배를 하세요"라고 하였다. 그래서 국
무대신과 장군은 기립하여 향로를 손에 쥐었다. 주州의 관리들은 그들을
따라 향기가 풍기는 잔을 손으로 잡았다. 그들은 서쪽과 동쪽으로 헤어져
갔다. 국무대신은 동쪽으로 갔다. 꽃으로 장식된 기旗를 쥔 승려들은 그를
앞에서 인도하며 산스크리트어로 된 이행시二行詩를 합창하였다. "여래의
몸은 묘하게 아름답다 ……"라고 하였다. 노승 한 사람이 맨 먼저 국무대
신을 따라가자 병사들이 호위하였다. 그들은 처마 밑의 복도를 돌았다. 결
국 승려들은 향을 피우면서 불당으로 되돌아왔다. 장군은 서쪽을 향해 향
을 피우고 국무대신이 동쪽에서 한 것과 똑같은 의식을 행하였다. 두 사람
은 자연히 동시에 원래의 장소〔강당의 한가운데 문짝 앞에〕로 되돌아왔다.

　이 사이에 동쪽과 서쪽의 각 승려들이 아름다운 산스크리트의 시로 소

리 내어 응답하였다. 합창의 지휘자 한 사람이 혼자 일어나 움직이지 않다
가 경을 치자 산스크리트의 외우는 말이 그쳤다. 그래서 그들은 다시 외우
는 말을 하였다. "세 개의 영원한 보배에 영광이 있으라."고 하였다.

국무대신과 장군은 함께 그들 본래의 자리로 돌아갔다. 그들이 향을 태
우자 향이 타고 있는 향로를 나란히 부처에게 바쳤다. 노스님 원승화상圓
乘和上이 기원을 읽은 후 합창 지휘자가 여덟 종류의 수호신(天龍八部 : 천
상계에 사는 귀신 및 용)에 바치는 찬가의 첫 일절을 솔선하여 소리 높여 불
렀다. 기도 내용은 감히 범할 수 없는 선제先帝의 영혼의 권위를 빛나게 하
는 것이었다. 각 절의 마지막에서 지휘자는 '세 개의 영원한 보배에 영광
이 있으라.' 라고 소리 높여 외쳤다.

국무대신과 문무백관은 그들의 발을 가지런히 하고 일어나 공손히 서
너 번 불타에게 예배를 들였다. 이렇게 해서 식이 끝나고 각기 바라는 바
를 수행하였다. 국무대신은 병사들을 데리고 강당 뒷줄의 대객전大客殿으
로 가서 식사를 함께 하였다. 500명의 승려들은 복도에서 식사를 하였다.

(이상 인용문)

엔닌은 장안에 있었던 무렵인 840년과 841년에 다시 같은 기념일
을 기록하고 있는데, 누구의 기념일이 행해졌는지에 대해서는 여러
번 혼선 상태로 기록하고 있다. 840년, 제멋대로 한차례 이상 국무대
신의 직을 맡았던 이덕유는 가끔 엔닌이 묶고 있는 사원에서 향을 피
우려고 왔던 두 고관 중에 한 사람이었다.

이듬해 엔닌은 채식요리를 먹고 난 후 '시내의 여러 사원에는 목욕
탕이 마련되었다.' 고 기록하고 있다. 이는 목욕탕에 들어가지 않는
지나의 승려로서는 두드러진 연중행사이었음에 틀림없다. 838년 같
은 날 엔닌은 양주의 절도사가 '현금을 베풀고 관리인을 둔 사원으로

보내 목욕물을 데워 여러 사찰의 승려들이 목욕탕에 들어가도록 계획하였다.' 고 기록하고 있다. 승려들이 목욕하는 연중행사는 하루만이 아닌 듯하다. 엔닌은 '이는 3일간 계속되었다.' 고 덧붙이고 있기 때문이다.

840년 등주에 있었을 때 엔닌은 모든 주청州廳의 고관들이 그 지방의 개원사에서 특별한 국가적 기념일, 즉 3월 4일에 참예하여 분향하였다고 기록하고, 841년 장안에서는 1월 4일 천 명의 승려가 시내의 한 절에 초청되었는데, 전년 그날에 사망한 문종의 추선(追善 : 죽은 사람의 명복을 빌기 위하여 기일에 는 불공) 때문에 분향의식이 행해졌다고 기록하고 있다. 문종의 사망에 즈음하여 엔닌은 나라 전체에 3일간의 상喪이 선포되었다고 기록하고 있다. 하지만 846년 무종이 사망했을 때에는 성省·주州·현縣 등 전체적으로 공식 장례가 여러 달 동안 행해졌다고 기록하고 있다.[4]

엔닌이 가장 빈번하게 기술하고 있는 국가의 제삿날은 무종의 탄생일이었다. 일기에 의하면, 840년부터 843년까지 매년 6월 11일에 축하를 받았다는 것이 나와 있다. 맨 처음 때는 엔닌이 오대산에 있었는데 '칙명으로 오대산의 여러 사원에 황제 탄생일의 채식요리가 제공되었다. 여러 사원은 동시에 종을 울리고 5, 6명의 고승이 그들의 자리에서 일어나 분향했다.' 고 기록하고 있다. 다음 3년간 장안에서 이날 채식요리와 종교의식이 궁중에서 거행되었는데 황제는 훌륭한 불교 승려와 도사를 초청하여 각기 신봉하는 종교의 효과에 대해 황

---

4 840년 2월 22일[여기서 엔닌은 문종이 2월 3일에 붕어崩御했다고 잘못 기록하고 있다]. 846년 4월 15일 및 7월 22일.

제 앞에서 논의케 하였다.

장안에서 엔닌은 이런 종류의 굉장한 기념의식을 견문할 기회가 없었다. 가령 있다고 하더라도 그때는 다른 일로 바빠 상세히 기록하기에는 너무 세상일에 대해서는 관심이 없었다. 무종이 841년 1월 9일 연호를 개성開成에서 회창會昌으로 개원하였을 때, 즉 무종이 즉위한 지 1년째를 맞이하였을 때 엔닌은 간단히 일기에 일련의 의식의 개요를 기록하고 있다. 이 중요한 의식을 주최하기 이틀 전에 아마 황제는 도교의 개조開祖인 노자에게 받들어드린 관사官寺에서 도교풍의 채식요리에 출석하였을 것이라고 생각된다.

다음 날 아침 일찍 황제는 천단天壇에 올라갔다. 천단은 현재 북경에 있는 것처럼 똑같이 예전의 장안에서는 성의 남쪽 교외에 위치하고 있었다. 황제는 20만 명이나 되는 병사들의 호위를 받았다고 엔닌은 기록하고 있지만 '이 행사에는 굉장한 일들이 많아 도저히 열거할 수 없다.'고 처리하여 우리를 실망시키고 있다. 9일, 새벽이 오기 전에 천단에서 예배를 마친 뒤에 황제는 거리로 돌아가 시가市街 전체와 성벽 북쪽의 대명궁大明宮이 내려다보이는 중앙문의 높은 탑으로 올라가 연호의 개원改元을 선언하였다.

우리들이 다른 자료를 통해 아는 바에 의하면,[5] 이 똑같은 탑에서 황제는 842년 4월 23일 대신들로부터 매우 아주 길고 긴 명예의 칭호를 받았다. 엔닌은 이때 여기에 있었을 텐데, 그의 일기는 '많은 군대의 장병들이 탑 앞에 정렬하고 많은 관리와 승려, 도사들도 정렬하였다.'고만 기록하고 있다.

---

5 『자치통감』〔『정치의 참고가 되는 완전한 거울』〕권 246.

금기禁忌・주술呪術・신화와 불길한 조짐

엔닌은 당연히 여러 가지 신화를 비롯하여 자연의 불길한 조짐이나 일반 금주禁呪에 대해서도 많은 정보를 수집하고 있다. 예를 들면, 편지나 공문서에서 당나라 황제의 휘諱나 지방장관이라든지 그들의 직접 선조의 휘諱에 사용된 한자를 피하는 것이 좋다는 것을 엔닌이 알아차리기까지 긴 시간이 걸리지 않았다. 이들의 이름과 같은 발음의 문자까지 사용하는 것을 삼가지 않으면 안 되었다.

엔닌은 양주에 겨우 1개월 정도 밖에 있지 않았지만 지나의 한 관리가 이덕유에게 보내는 편지에 대해 피해야 할 일반적인 한자漢字에 대해 주의를 주었다. 2, 3개월 후 엔닌은 10명의 당나라 선제先帝의 피해야 할 이름과 이를 대신 사용하는 문자를, 얼마간의 잘못은 있지만 고생하여 공을 들여 기록하는 노고를 보이고 있다.[6]

---

6 838년 8월 26일 및 11월 17일.

뒤에 산동에서도 똑같이 문등현文登縣의 두 고관, 즉 등주의 지방 장관[刺史], 청주의 지방사령관[節度使]에 대해 사용해서는 안 되는 한자를 찾아냈다.[7] 절도사는 다행히 그다지 번거롭지 않지만 자사에 대해서는 피해야 할 세 개의 한자가 있는데, 그중의 하나로 널리 잘 사용하는 것이 명明인데 그 지방의 사람들은 '명일明日'이라는 글자 대신에 '내일來日'이라고 하지 않으면 안 되었다.

엔닌은 또한 지나의 신화와 역사적 전설에 흥미가 있다 보니 몇 개를 일기에 실었다.[8] 이들 중 몇 개가 현재의 신화나 전설의 표준적 형태부터 상당히 동떨어진 것까지도 있었다. 그러나 이들의 변화 형태가 당시 이 지방에서 그렇게 받아들여지고 있었는지, 혹은 단순히 엔닌의 오해에 기인한 것으로 그의 부족한 지나어 회화 실력에서 유래한 것인지 단정하기가 어렵다.

엔닌은 당시의 점성술·자연의 조짐·기타 자연현상에 대해 많은 관심을 기울인 인물이었다. 그는 배 위에서 최대의 관심사이었던 여러 가지 기후의 현상을 주의 깊게 기록하였을 뿐 아니라 지나에 머무는 동안에도 눈과 번개와 비에 대해 주의를 게을리하지 않았다. 다시 공을 들여 세 차례의 월식과 한차례의 태양의 부분일식을 기록하고, 태양의 부분일식에 대해서는 표면의 10분 1을 제외하고 거의 대부분이 가려졌다고 대강 어림잡아 계산하였다.[9]

월식의 하나는 그가 적산원에 있었을 때 만났다. 거기서 신라의 승

---

7 839년 11월 (또는 12월) 22일. 840년 1월 21일.

8 예를 들면, 839년 6월 29일, 7월 23일 및 8월 16일. 840년 7월 6일 및 8월 5일 참조.

9 839년 10월 15일(태양력 11월 24일). 842년 8월 16일(태양력 9월 23일). 845년 11월 15일(태양력 12월 17일). 846년 12월 2일(태양력 12월 23일).

려들이 '모두 집 밖으로 뛰어나가 소리를 지르며 문자나 그림을 새긴 폭이 두꺼운 나무를 두들겼다.' 이 행위는 정확히 두 번째 배의 일본인들이 벼락을 방지하기 위하여 취한 행위를 생각게 한다.

엔닌은 또한 어느 때의 상황을 묘사하기를, '달과 금성이 교차하였다.'고 기록하고 혜성에 대해서는 두 차례 언급하고 있다.[10] 그는 841년, 장안에서 이런 혜성의 하나를 보았다. 그때 정부는 재앙을 예방하는 의미로 여러 사원에서 경전을 소리 내어 읽게 하였다. 또 하나의 혜성은 838년 양주에서 보았다. 그것은 837년 봄, 지구에 가까운 할레혜성의 직후에 다시 나타났기 때문에 그 같은 천체의 장관이 지나에서도 확인되어 사람들을 흥분의 도가니로 몰아넣었음에 틀림없다. 엔닌은 밤새도록 그것을 보았다. 지방의 지나인은 그것이 '빛나는 칼' 같다고 하였다. 이덕유는 지방의 여러 사찰에 명해 7명의 승려에게 7일간 경전을 소리 내어 읽게 하였다. 그래서 엔닌의 지나 친구 한 사람은 이런 현상의 의미를 다음과 같이 그에게 말하였다.

…… 혜성이 나타나면 국가는 극도로 쇠하여 미약해지며 군사상 혼란이 일어난다. 동해의 터주들, 해의 터주들, 즉 바다의 곤(鯤 : 상상의 물고기)과 고래 두 고기가 죽는다. 이 조짐은 매우 불길하다. 피는 흘러 매우 세차게 흐르는 물이 된다. 군사상의 혁명이 전국 도처에서 일어나 제국帝國을 쇠망으로 돌아가게 할 것이다. 만약 양주가 아니었다면 그 조짐은 수도에 해당할 것이다.

(이상 인용문)

---

10 841년 12월 4일(태양력 842년 1월 19일). 841년 11월 1일(태양력 12월 17일). 838년 10월 22~23일(태양력 11월 12~13일).

이 같은 인물이 엔닌에게 혜성이 나타나 혁명이 일어났다는 당나라 역사의 전례를 말함으로써, 엔닌은 들은 것을 종잡을 수 없어 틀린 날짜에 그의 오해를 기술한 뒤에 다음과 같이 덧붙였다. '사태는 우리들 승려에게는 확실하지 않지만 뒤에 참고하기 위하여 이를 기록해 둔다.'고 하였다. 엔닌은 또한 전년의 할레혜성이 나타났을 때 황제는 '주의하여 그의 궁전에 머무르지 않고 멀리 낮은 장소로 몸을 피하고 얇은 면직물로 몸을 감쌌다.' 다시 '제계(齊戒 : 몸과 마음을 깨끗이 하고 부정한 일을 멀리함)를 연장하고 특별히 대사면 명령이 내려졌다.'고 들었다.

오랫동안 나타난 비와 한발은 혜성의 경우처럼 똑같은 사람들을 불안하게 하였다. 장마로 얼굴이 붉어진 기간에 양주의 일곱 관사官 寺에서는 각기 7명의 승려가 7일간 경전을 소리 내어 읽으라는 명을 받았는데, 그것이 완전히 성공함으로써 2, 3개월 뒤에 다시 똑같은 기도를 할 수 밖에 없었으나 그때의 결과는 정반대가 되었다고 엔닌은 기록하고 있다. 이 기도의 응답은 한결 뜻밖에 화려하게 나타났다. 기도가 시작된 다음 날 비가 내리기 시작하더니 온통 일주일 동안 그치지 않고 내렸다.[11]

뒤에 장안에서 가뭄이 일어났을 때 엔닌은 수도의 도교사원과 불교사원이 각기 경전을 독송하라는 명을 받았던 것을 기술하고 있는데, 산동의 청주에서는 고관들이 지방의 여러 사당에서 비를 빌었다고 기록하고 있다.[12] 이들 사당의 하나는 거리의 동북쪽으로 2, 3마일

---

11 838년 11월 24일. 839년 윤 1월 4일 및 5일.
12 844년 7월 15일. 840년 4월 3일.

정도의 언덕 위에 있는 요堯임금 사당인데 신화적 고대 성왕聖王인 요임금을 제사지냈다. 이 사당에서 기도를 하면 언제나 반드시 비가 내린다고 엔닌은 듣고 있다.

엔닌은 양주에서 비나 가뭄이 일어나는 일반적 이론에 대해 배운 바가 있었다. 즉 그것은, 요컨대 보통 행해지는 음陰과 양陽 개념의 하나가 나타나는 것에 지나지 않는다. 음과 양은 지나의 우주관에서는 서로 보충하는 이원적인 세력이다. 음은 비와 북쪽을 표현하기 때문에 시市의 성벽의 북문, 또는 '여러 도의 북단北端'을 막음으로써 배제할 수 있다고 엔닌은 설명하고 있다. 반대의 것이 양이라고 일컬어진다. 즉 양은 태양의 빛남과 남쪽을 상징하고 있다. 이 지나인의 신앙에 관한 엔닌의 설명은 다음과 같이 설명하고 있다.

…… 지나의 습관에서는 좋은 날씨를 바랄 때 여러 도道의 북쪽 끝을 닫으며, 비를 바랄 때에는 도道의 남쪽 끝을 닫는다. 전설에 의하면 '좋은 날씨를 바랄 때 북쪽을 막으면 양이 넓어지므로 좋은 날씨, 청명한 날씨가 된다. 비를 바란다면 남쪽을 막으면 양이 물러나고 음이 넓어지므로 비가 내린다.'고 한다.

당나라를 여행하다

　엔닌이 지나에 체류하는 동안 대부분은 여행하는데 쓰였다. 어느때는 연안을 배로, 또 어느 때에는 강이나 운하를 배로, 다시 나라 안의 국도나 큰 길 옆으로 따로난 작은 길을 도보로 여행한다. 물론 그는 지나의 당시 여행 상황에 대해 논하는 글로 정리하려고 꿈에도 생각하지 않았지만 뜻밖에 그의 일기에 기록된 자신의 정처 없이 떠돌아다닌 자질구레한 기록을 모으면 대당제국의 육로와 수로의 꽤 상세한 여행 지도가 완성된다.

　아마 이렇게 합성된 여행 지도에서 찾을 수 있는 가장 놀랄만한 것은 표면상 완전히 모습이 감추어진 사실을 발견하는 것일 게다. 엔닌은 대도시에서 대도시로, 또한 벽촌 사람들도 다니지 않는 산이나 해안선을 정처 없이 떠돌아 거닐었던 수개월 동안 산적 등에게 습격을 당해 위험에 빠진 일이 단 한 번도 없었다. 그러나 그의 일기에서는 그러한 위험이 그를 엄습하였다는 것이 단 두 차례 전하고 있다. 한 번은 그가 해안선을 따라 거친 지역을 걷고 있었을 때 신라인 숯 수송업자를 만났는데 그들은 해적일지 모른다고 생각하여 두려워한 적이 있었다. 또 하나의 경우는 산동에서 친구가 그에게 이 지역을 여행하는 것을 반대하였는데 기근이 적을 날뛰게 조장하고 있을지 모른다고 경고한 것이다.

그러한 주의가 있었는데도 불구하고 엔닌과 일행은 적어도 기근이 닥친 세 지역을 군이 여행하였다. 그러나 어느 경우도 신변에 위험을 느끼지 않아 안심하고 여행한 듯하다. 이러한 사태를 근거로 쉽게 결론을 내릴 수 있는 것은 대당제국은 정치적으로 기울고 분열하는 시기에도 최근 수십 년의 지나보다 훨씬 안전하게 여행할 수 있는 국가이었다는 것이다.

당나라 시대 지나의 여행자는 얄궂게도 현대의 여행자보다 한층 관료주의의 적에게 괴롭힘을 당한 일이 적지 않다. 엔닌은 관청에서 발행한 통행증을 갖고 있어야만 여행할 수 있었기 때문이다. 그래서 통행증은 가는 곳마다 만나는 관문에서 검사를 받고 그가 통과한 중요한 행정부에서 검열을 받고 갱신되었다. 그러나 단 한 번도 이들 장소에서 무력한 일본인 여행자로부터 뇌물을 받거나 선물을 요구한 적이 없었다. 그러기는커녕 오히려 신앙심이 깊은 관료들은 외국 승려에게 여러 가지 선물을 억지로 떠맡겼다.

엔닌은 처음 양주에 머물렀을 때에 천태산으로 가는 당초 계획이 허락을 받기 위하여 이덕유에게 선물을 하려고 하였으나 절도사는 소라고둥을 제외하고 모든 것을 돌려주고 오히려 승려들에게 상등품의 비단 두 두루마리와 바탕이 곱고 광택이 있으면서 두터운 비단 두 두루마리를 보시하였다.[13] 엔닌은 산동에서 관료와 절충하였을 때에

---

13 838년 11월 16일~17일.

는 아직 그들에게 선물을 해야 한다는 것을 몰랐으며, 관료가 거꾸로 그에게 여러 가지 선물을 억지로 떠맡기는 것을 크게 수상쩍게 생각하지 않고 받아들였다.

똑같이 장안에서도 우호적인 관료들은 다투어 그에게 흠뻑 선물을 주었다고 생각된다. 그들의 선물은 그의 전체 생활비에서 상당한 부분을 꾸려갔음에 틀림없다.

불교탄압이 최고조에 달해 엔닌이 장안에서 추방되었을 때에도 수십 명의 지방관리 후원자들은 그에게 마음이 깃든 이별의 선물을 주는 것을 아깝게 여기지 않았다. 예를 들면, 한 사람은 곱고 광택이 있으면서 두터운 비단 열 두루마리를 선사하였으며, 다른 사람은 값 비싼 물품을 선사하였다.[14]

장안에서 연안沿岸으로 가는 도중에 엔닌은 장안의 한 친구에게서 받은 소개 편지의 수신자인 거리거리의 관리들을 우선 방문하였다. 여행할 때 불교탄압의 먹구름이 낮게 깔렸는데도, 이들 관리들은 엔닌을 따듯하고 정중하게 대접하고 어느 경우는 그에게 선물까지 하였다.[15] 이들 중의 한 사람, 현재 하남성의 북부에 해당하는 정주鄭州의 자사刺史는 엔닌을 식사에 초대하고 비단 두 두루마리를 주었다. 이는 대단히 친절한 선물이었다. 이 관리는 마침 수도와 연안을 연결하는 중요한 길에 머물러 있어서 이 거리를 통과하는 여행자들에게 언제나 시달렸으며 그의 친절은 딱할 정도로 부담이 되었기 때문이다. 엔닌의 일기는 다음과 같이 말하고 있다.

---

14 845년 5월 14일~15일.
15 845년 5월 22일, 6월 1일 및 9일.

…… 사람들은 이구동성으로 우리들에게 말하였다. 여기는 두 도시(장안과 낙양)를 연결하는 중요한 도로이므로 많은 사람들은 자사의 호의를 구하기 위하여 운집하였다. 그러나 그는 반드시 그들 모두의 요구를 만족시킬 수 없었다. 만약 큰 관리가 아니고 보통 관리라던가 손님이 온다면 태도가 크게 정중할 경우에만 그들은 옷감 한 두루마리 내지 두 두루마리를 받는다고 한다. 내가 두 두루마리를 받았다는 것은 그의 친절이 매우 두텁다는 것을 보여준다.

(이상 인용문)

근대 지나에서 뇌물이 횡행하고 있다는 것을 생각하면, 엔닌의 일기가 뇌물에 대해 전혀라고 해도 좋을 만큼 그 존재를 전하지 않은 것은 주목할 만한 가치가 있다. 엔닌이 장안에 머무를 때 시작된 불교탄압 직후 그는 장안에서 연안으로 호송되어 법복法服을 입은 외국 승려로서 국외로 추방될 때가 되어서야 고작 금전적인 문제에 끼어들 필요를 느꼈지만 그때조차도 그다지 빈번하지는 않았으며 대부분 용이하게 해결이 났다.

장안에서 일본으로 귀국하는 허가를 받기 위하여 덧없이 뇌물을 시도한 일이 있다. 뒤에 양주에서 추방되어 일본으로 귀국하는 도중에 관리를 매수하여 초주로 들어가는데 성공하였다. 그에 대한 추방명령은 그가 다다를 경로를 정확히 지시하고 있지 않아 관리들은 적당한 설명을 붙여 그들의 자유재량 범위 내에서 이 요구를 들어줄 수 있었다. 초주에서는 엔닌의 신라 친구 한 사람이 일본으로 향하는 배를 기다리는 사이에, 엔닌은 시내에 머물도록 허가를 받기 위하여 관리 매수를 시도하였으나 성공하지 못하였다. 그러나 엔닌의 일행이 여행을 재개하기 전에 잠시 휴식 허가를 받을 목적에서 3일간 엔닌 등의 출발이 늦어지는 것을 허락받기 위하여 일부 정부의 고용인을 설득하여 3백문文의 동전을 주었는데 성공하였다.[16]

엔닌이 뇌물에 대해 접촉한 것은 고작 이뿐이었다. 더구나 분명히 정치가 사양길에 접어든 시기에 당나라 황실에 국외추방이라는 죄목으로 환속되어 방황하는 한 외국 승려인 엔닌은 무엇인가 고관의 보호조차 확보하지 못했다. 당나라 시대 지나 관리의 정직한 준칙은 분명히 자아의식이 강해 부패하지 않았다고 자신의 정직함을 주장하는 현대의 많은 정부의 관리들과 비교할 수 없을 것이다.

엔닌과 일행은 지나를 유랑하는 동안에 경로나 길의 정확한 정보를 얻지 못해 불편을 느낀 적은 좀처럼 없었다. 엔닌은 가끔 그들의 여정을 파고들어 기록하고[17] 그와 일행이 건넜던 다리나 선착장 등도 기록하고 있는데, 마치 1천 년 전의 여행자들이 현대적인 지도 제작의 최고 지식을 갖고 있었던 듯이 정확하여 그들이 묘사한 것은 잘 파악되어 현대의 지도를 작성하는데도 어울릴 정도이었다.

일본인들은 다리가 건강하였다. 하루에 평균 60여 리를 걸었다. 어떤 때에는 95리도 나간 일이 있었다.[18] 지나의 1리里는 영어로 1마일의 1/3을 조금 넘는 거리이다. 그러나 엔닌 자신이 기록한 바로는 '사람들이 사용하는 "리"란 말은 반드시 일정하지 않다.' 고 한다.[19]

---

16 845년 5월 14일, 6월 28일, 7월 3일 및 5일.

17 예를 들면. 엔닌의 839년 9월 1일의 일기에 의하면, 적산赤山으로부터 오대산까지 2,990리의 여정이 있다고 전해지지만, 840년 4월 28일의 기록에 의하면 실제로 걸어서 2,300리 정도이었다고 한다.

18 840년 8월 10일.

19 838년 9월 13일.

그가 기록한 거리를 현재의 지도에 적용시켜 보면 그도 잘못을 벗어나지 못해 얼마 안 되는 거리를 걷는 것을 과대평가하는 경향이 있다. 이와 같이 엔닌이 말하는 60리는 아마 우리들의 20마일 이하라고 생각된다. 그가 하루에 95리를 걸었다는 기록은 지금으로 치면 30여 마일이었음에 틀림없다. 40대의 학승學僧으로서는 결코 지나친 도보는 아니었을 것이다.

아침 일찍 죽으로 아침 식사를 하면, 일본인들은 정오의 휴식 전에 약 30리 정도의 참기 어려운 발걸음을 옮기는 것이 보통이었다. 정오에는 승려의 점심을 먹었다. 그리고 다시 출발하면 밤에 숙박할 장소로 저녁 무렵 늦게까지 계속 걸었다. 때로는 오후 차茶 때문에 조금 걸음을 중지하기도 하였다. 그러나 차는 반드시 5시(일본에서는 3시라고 하지만 유럽과 미국의 차 시간은 대개 5시가 된다)로 제한되지 않았다. 차는 거의 어떤 경우에도 마시며 하루의 어느 때라도 관계가 없다. 극동에서는 지금도 그렇다. 정식으로 방문하는 동안, 정각에 식사한 뒤 또는 길에서 만난 친구와 대화가 중단되는 때에도 차를 마신다.[20]

당나라 시대 지나는 커다란 중앙집권국가이며 장안의 수도에서 국경의 벽촌까지 훌륭한 도로와 수로가 그물망처럼 잘 설치되어 있고, 가장 중요한 점은 이런 시설이 중앙에서 밖으로 방사선 상태로 배치되었다는 것이다. 엔닌의 일기는 이들 수로나 도로가 9세기 중엽, 즉 당나라가 이미 혈기왕성한 젊음을 잃은 지 오래되었음에도 불구하고 잘 정비되었다고 말하고 있다. 다만 한 번 양자강 하구 북쪽의 벽촌인

---

20 예를 들면, 838년 11월 18일. 839년 4월 7일. 840년 3월 13일 및 14일, 4월 2, 5, 6 및 22일, 5월 16일 및 22일, 7월 1일. 843년 1월 28일. 845년 5월 15일, 6월 9일 및 7월 9일 참조.

델타지대에서 그는 한 차례 거치적거리는 수로를 만났다고 한다. 이 유일한 경우를 제외하면 그의 많은 기술은 수로의 우수함을 증명하며 그들이 유지한 교통량에 끊임없는 경탄을 보내고 있다.

이것은 특히 양주 주변이나 하남의 북부, 현재의 개봉, 먼 내륙 도시인 변주汴州의 주변까지도 그러하였다. 그리고 이곳은 당시 회하를 황하와 연결하는 변주의 조직망 중에서 가장 앞쪽에 위치하고 있었다. 엔닌은 또한 회하淮河 자체를 '동해로 이끄는 하나의 큰 횡단로'라고 묘사하고 있다. 즉 일본의 견당사들이 대운하와 회하가 합치는 지점인 초주에서 바다를 건너는 9척의 배를 매입할 수 있었던 것은 회하가 당시 중요한 수로의 일부이었음을 말한다.[21]

엔닌은 산동 반도의 여기저기를 가로지르는 길이 험하게 버티고 있음을 불평하고 있지만 난 다리는 모두 건널 수 있고 선착장은 충분히 기능을 발휘했을 것이다. 대부분의 육상 여행에서 그는 짐을 당나귀 한 마리 내지 여러 마리의 당나귀로 운반한 것이 한 번이며, 짐을 운반하기 위하여 네 바퀴 마차를 세냈는데 산동의 해안선이 너무 정비되지 않은 길을 여행할 때이었다.[22]

만일 네 바퀴의 마차가 그러한 길도 다닐 수 있었다면 마차는 분명히 수도로 올라가는 국도에서는 가장 효과 있게 기능을 잘 발휘할 수 있었을 것이다. 다만 한 번 엔닌은 주요 도로를 여행할 때 길에서 헤맸다고 기록하고 있지만 2마일도 가기 전에 잘못을 알아차렸다.[23] 이는 이미 설치된 교통망이 완전히 정비되었음을 보여주는 것이며 엔

---

21 838년 7월 20일 및 25일. 839년 3월 23일. 845년 6월 13일.

22 847년 윤 3월.

23 840년 3월 17일.

닌의 기록은 뜻밖에 이 점을 잘 말해주고 있다. 그가 그런 주요 도로를 여행한 첫 날은 산동 반도의 벽촌 끝인 문등현을 출발하여 서쪽으로 장안을 향하는 길 위의 사람이 되었을 때이며, 그래서 도중에 발견한 일리총(一里塚 : 里隔柱)은 그의 인상에 새겨졌다. 그날 밤 그는 다음과 같이 기록하고 있다.

지나에서는 5리의 거리마다 표지를 세우며 10리마다 또 하나의 표지를 세운다. 흙을 사각으로 높이 쌓아 올려 위를 뾰족하게 하고 아래를 넓힌 모양으로 높이는 4피드에서 5피드, 때로는 6피드에 이르며, 그들은 이를 '리격주里隔柱' 라고 부르고 있다.[24]

---

24 840년 3월 1일.

길 위에서의 양식과 숙박

바로 최근에도 지나의 시골을 여행하면 숙박시설과 식량을 얻는 것이 그다지 용이하지 않음을 발견한다. 근대적인 여관과 호스텔의 조직망은 대충 계산하더라도 송나라 시대를 거슬러 올라가는 것은 있을 수 없다고 생각된다. 때문에 엔닌 일행이 여행하는 기간에 이점을 어떻게 극복하였을까. 누구나 의문을 품는 것은 당연하다. 실제로 그들은 거의 이 점 때문에 고생을 하지 않았다. 식량과 숙박은 어디를 가도 언제나 얻었다. 대도시나 정부의 요직 인물이 종종 통과하는 요로의 시설은 여행자한테는 더할 나위가 없었다. 장안에서는 일본의 견당사들이 말할 필요 없이 외국 사절이므로 특별히 마련된 시설에 숙박하였다. 그러나 양주와 초주에서는 보통 여관에 숙박하였다. 양주에는 적어도 이런 종류의 여관이 세 채 있었다. 엔닌은 이 중의 하나를 '관영官營'이라고 기록하였다.[25]

---

25 838년 7월 26일, 9월 29일 및 10월 3일, 4일. 839년 3월 22일.

이런 여관은 아마 중요한 임무를 띤 관청의 모든 여행자에게 개방되었다고 생각된다. 그러나 등주시登州市는 신라와 발해국의 사신이 장안으로 왕래하기 위하여 상륙하고 정박하는 지점이므로, 거기에 신라여관〔新羅館〕과 발해여관〔渤海館〕이 각기 한 채씩 마련되어 있었다. 이것들은 주로 두 나라의 사절을 대접하기 위하여 설치되었을 것이다.[26]

대도시와 대도시를 잇는 사이나 장안에서 방사선 모양으로 뻗어있는 주요 도로를 따라 관청의 여행자들의 편의를 위한 역驛이 설치되었다. 엔닌은 845년, 당시 양주에 이르는 회하의 한 항구이었던 후이현盱眙縣에서 내륙을 횡단하는 여행을 할 때 이 조직에 어렴풋한 기억을 더듬고 있다. 엔닌은 기록하기를, '후이현에서 양주에 이르는 사이에 수로는 없고 9개의 역이 있다. 역마다 문서를 채운 고리짝을 운반하기 위하여 당나귀를 세냈다.'고 한다.[27] 이 10일 정도 전에 변주汴州 지방에서 회하에 이르는 변하汴河를 내려갈 때 그는 이 수로를 따라 똑같은 역이 조직되어 있음을 보고 '길을 가면서 현에 들를 적마다 새로 배를 세내 빌려야 했다.'고 기록하고 있다.

역이나 중요한 도로의 각처에는 여러 공공 여관이나 호스텔이 있었다고 생각된다. 엔닌은 그런 여관에 대해 일본인 사절의 중요한 인물이 하룻밤을 지낸 양주에서 동북으로 20여 마일의 수로의 중간에 있는 의릉관宜陵館이라는 지명을 들고 '공적으로 왕래하는 여행자를 위하여 설치된 장소'라고 서술하고 있다.[28] 이 이름의 마지막 글자는 '여관'을 말한다. 현재도 의릉관이라는 이름의 거리가 있다. 아마 공

---

26 840년 3월 2일.

27 845년 6월 23일.

28 838년 7월 24일.

공의 호스텔 주위에서 생긴 부락이 성장하여 현재의 거리가 되었을 것이다.

엔닌은 뒤에 양주와 초주를 연결하는 대운하 연안에 있는 여관 이름을 들고 있으며 산동 반도의 주요 도로를 여행할 때에도 지명이 관館으로 끝나는 두 장소에 있는 여관에서 숙박하였다.[29] 엔닌은 두 차례나 숙박 주인에 대해 언급하고 있다. 그들은 여관에 거처하고 있어 처음 묵은 여관의 주인은 '매우 친절하였지만', 두 번째 주인은 '특히 착하지도 나쁘지도 않다.'고 기록하고 있다. 엔닌은 적어도 산동의 같은 길을 따라 '관館'으로 끝나는 다른 지명을 다섯 개나 들고 있지만 그는 그곳을 통과할 때 지명의 내력이 된 여관이 아직도 존재하는지에 대해서는 언급하고 있지 않다. 그중 두 곳은 여관이 아니라 오히려 개인 집에서 점심 초대를 받았다고 기록하고 있다.[30]

엔닌의 일기에서 그가 횡단한 중요한 도로를 따라 적어도 아홉 차례나 반복된 지명의 마지막 글자는 원래 우편 연락소를 의미하였던 '역驛'이었다.[31] '역'이란 글자로 끝나는 지명은 엔닌이 오대산에서 장안으로 향했던, 현재의 산서성을 종단하는 동북쪽에서 서남쪽으로 가로지른 대로를 따라 산재하였다. 유감스럽지만 그는 이런 장소의 수용능력에 대해서는 언급하고 있지 않다. 엔닌은 이런 장소의 개인 집에서 숙박한 일이 많았기 때문이다.

엔닌이 큰 길을 따라 만난 지명 가운데 거듭 잇달아 나타나는 이런 종류의 지명의 마지막 글자는 '점店'이라는 것이다. 이 글자는 현재

---

29 839년 2월 24일. 840년 2월 25일 및 26일.

30 840년 2월 29일, 3월 1일, 13일 및 14일.

31 840년 3월 18일, 4월 3일 및 20일, 7월 12일, 8월 5, 6일 및 9일.

일반적으로 '점포'로 번역되며 '관館'과 구별되지만 후자와 똑같이 여관을 의미하였다. 엔닌은 적어도 '점'으로 끝나는 16개의 지명을 들고 있다. 그들 대부분은 태원부太原府와 장안 사이에 있다.[32] 어느 것은 다리나 관문 옆에 있었다. 엔닌은 분명히 '점'이나 '관'이 역의 옆에 있다고 기술하고, 그가 언급한 두 개의 지명은 '역점驛店'이란 숙어이지만 똑같은 것을 의미한다.

'점'이 맨 처음에 무엇이었는지 나타내는 자료는, 엔닌이 이 말을 지명으로서가 아니고 사용한 경우의 예를 모으면 저절로 분명해진다. 견당사의 고관들이 양주에서 숙박한 '관官의 숙옥宿屋'은 실제로 관官의 '점店'이었다. 840년, 엔닌은 북지나를 여행할 때 주청州廳 거리의 '점'에서 정오 휴식을 취하였다고 한 차례 기록하고 있다. 845년, 그는 장안 교외의 '점'에서 하룻밤을 보냈다고 기술하였다. 다시 2, 3일 뒤 여행하는 도중에 '점'에서 차를 마시고 친구와 얘기를 주고받았다고 기록하고 있다.[33]

'관館'이나 '역驛'이나 '점店'으로 끝나는 지명의 어느 장소에도 공무로 여행하는 사람들을 배려하여 공적인 시설이 있었다고 생각할 필요는 없다. 그러나 이런 장소의 대부분은 일찍이 존재하였던 이런 종류의 시설 주변에서 성장하였으며, 공적인 숙소가 존재하였는지는 별도로 하고, 그곳에는 사설 점포나 집이 있어서 여행자는 양식과 숙박의 편리를 찾을 수 있었다고 마음 편히 단언할 수 있다.

실제로 엔닌의 일기는, 중요한 국도를 따라 산재한 읍이나 마을이 어떻게 시작되었던 간에 숙박 편의를 얻는 것이 보통 용이하였음을

---

32 840년 3월 21일, 7월 11일 및 8월 3, 4, 5, 8, 9, 12, 13, 17, 18, 19일 및 20일.

33 838년 7월 26일, 8월 24일. 840년 8월 15일. 845년 5월 15일 및 6월 9일.

알려주고 있다. 그는 종종 쩨쩨하고 성질이 까다로운 숙소의 주인에 대해서도 기술하고 있지만 하룻밤 숙박을 구하는데 곤란을 느꼈던 경우는 단 두 번밖에 기록하고 있지 않다. 한 번은 산동에서 유행병이 만연된 마을로 왔다가 뿔뿔이 흩어졌다고 기록하고 있다. 또 한 번은 수개월 뒤에 장안의 가까운 곳에서 엔닌은 '우리들은 숙박할 장소를 찾기 위하여 30채 정도의 집을 방문하였는데, 한 채도 얻지 못하여 무리하게 조가趙家로 들어가 밤을 보냈다.' 고 기록하고 있다.[34]

엔닌의 지나 대륙 내부 여행은 대부분 도시로 왕래하는 중요도로를 따라 이루어졌다. 그러나 북지나 평야를 가로 질러 청주青州의 서쪽 50여 마일 지점부터 산서성의 동북 오대산 지방에 이르는 22일 간의 도보 여행에서는 그처럼 훌륭한 길을 거치지 않고 오히려 그것을 엇갈려 가로질러 갔다. 모든 여정을 통해 엔닌은 '관館'이나 '역驛'이나 '점店'으로 끝나는 지명을 단 한 번밖에 기록하지 않았는데, 정부의 여행자를 위해 공적으로 설치된 여관이나 경찰서가 그곳에 거의 존재하지 않았음을 의미 깊게 시사하고 있다. 그러나 여기도 분명 교통량이 많은 길이므로 일행은 그다지 수용력의 부족을 만나지 않았다.

실제 엔닌의 일기에서 정보를 정리하면, 장안의 도시에서 주변으로 방사하는 길을 따라 관용官用 여행자를 위한 경찰서나 공적인 여관이 설치되어 있고, 나라 안의 중요도로를 따라 당시 여행자를 위한 음식이 마련되었을까? 적어도 그들의 요구에 따라 음식을 공급하는 사설 숙소나 상점이 많이 존재하고 있었다는 것을 인상 깊게 하고 있

---

34 840년 3월 14일 및 8월 18일.

다. 적어도 여행자들의 요구에 따라 음식물을 제공하는 사설 가옥이나 상점이 많이 존재하였다는 인상을 깊게 주고 있다.

당나라 시대 지나의 관용 여행자는 정당한 통행증을 갖고 있으면 여행하는 중에 무료로 양식·숙박·운송의 편의를 받을 수 있다. 다만 엔닌이 845년 지나에서 추방되어 장안에서 동쪽의 연안으로 여행을 하고 있었을 때 거꾸로 그는 "수도에서 온 문서는 우리들을 위한 여행 도중의 지급에 대해서는 아무것도 언급된 것이 없다 보니 우리들 자신의 여행 식량을 지참하지 않으면 안 되었다."라고 설명하고 있다. 그러나 그는 적어도 정부가 변하汴河를 내려가는 여행 때문에 배를 준비해줄 것이라고 느꼈다고 생각된다. 아마 이런 이유로 그는 길을 따라 "우리 자신이 현縣마다 새로 배를 세내지 않으면 안 되었다."고 기술한 뒤에 "변주의 천안川岸 사람들은 마음이 사악하여 좋지 않았다. 그들이 마시는 변하의 물처럼 거칠며 더럽다."라고 격하게 비난을 가하였다.[35]

840년 봄, 엔닌은 산동의 땅으로 올라와 처음 내륙을 여행할 때 식량과 숙박을 공적인 여관뿐 아니라 가는 도중에 민가에서도 무료로 제공되어야 한다고 느낀 듯이 생각된다. 그 의미는 이 경우 민가도 어느 정도 공적인 지위를 보유한 실제 여관이며, 엔닌은 다만 여관 주인의 이름을 들고 있다.

엔닌은 아마 이러한 사람들의 접대에 기대를 이중으로 하였을 것이다. 하나는 특별히 여비를 무료로 한다는 허가가 있었던 것은 아니지만 지방장관이 발행하는 통행증을 지참해서일 것이다. 또 하나는

---

35 845년 6월 13일.

그가 종교가의 지위를 가지고 있어서일 것이다.

엔닌은 산동을 여행하고 있는 동안에 기대한 대로 적어도 한때는 무료식사와 숙박을 받은 증거로는 그가 이런 서비스에 대해 요금을 지불해야 한다고 해서 쪼들릴 때 종종 의분義憤을 털어놓은 것이다. 한 번 그는 다음과 같이 쓴 일이 있다. "우리들의 주인은 몹시 거칠고 유쾌하지 않은 인물이므로 예의를 분별하지 못했다. 우리는 주인에게 야채·간장·식초·소금을 요구하였으나 하나도 얻지 못하였다. 드디어 우리는 차 1파운드를 지불하고 간장과 야채를 사서 구하였지만 먹기에 부족하였다."고 하였다.

2, 3일 뒤에 엔닌과 일행은 운이 나쁜 정오와 저녁의 휴식을 맞았다. 엔닌은 그들의 첫 번째 주인을 묘사하여 "그는 몹시 인색하여 우리들에게 눈썹만큼의 소금, 한 숟갈 정도의 간장과 초식도 베풀지 않았다."고 말하고, 또 한 사람에 대해서는 "욕심이 많아 손님을 숙박시키고 요금을 받았다."고 하였다.[36]

이런 기술은 반대로 말하면, 그러한 것을 언급하지 않은 다른 숙소에서는 숙박과 식량이 무료이기도 했음을 의미한다고 생각된다. 이처럼 엔닌은 "우리들의 주인은 매우 인색하여 야채를 눈썹만큼 몇 번이고 요구하지 않으면 우리들에게 그것을 제공하지 않았다."고 썼으며, 혹은 다시 "주인은 우리들을 한번 보고 그다지 환영하지 않았으며 무엇을 얻으려고 생각해도 생각처럼 되지 않았는데, 드디어 그는 깨끗한 야채를 많이 우리들에게 주었다."고 서술하고 있을 때에는 마지못해 음식물이 무료로 제공되었음을 인정할 수 있다.

---

36 840년 3월 17일 및 20일.

엔닌이 다만 주인의 우호적인 태도와 예의를 기록할 때, 혹은 그가 특히 "우리들의 주인이 지극히 정중하여 우리들의 정오 식사 때문에 아끼지 않고 야채를 제공해 주었다."고 서술하고 있는 때에는 여행자들이 달갑게 환영을 받아 무료로 접대를 받았음이 분명하다.[37]

다른 한편 엔닌은 너무 가난하여 음식물이 없는 집과 간장·초·깨끗한 야채 등이 넉넉하지 않은 집을 찾아냈으며, 또한 반드시 가난하지 않지만 교활하고 인색한 사람들도 만났다.[38]

일단 산동 지방을 벗어나자, 엔닌은 종교가로서의 지위만 오직 의존함으로써 식사와 숙박을 무료로 받을 수 있었다. 다만 한번 북지나의 평야를 가로지를 때 그는 썩 유쾌하지 않은 주인을 만났던 일을 기록하고 있다. 엔닌은 그가 "노상강도 같은 마음씨를 가졌으며 사람들을 교묘하게 속이는데 뛰어나다고 하였으나" 이때 엔닌의 본뜻은 무료숙박을 기대한 것이 아니고 좀 더 싼 가격을 기대하였던 것이다.

확실히 산서 지방을 여행하고 있는 동안 그는 믿음이 돈독한 불교도의 호의에 크게 의존하였고 북지나의 평야를 가로지르는 여행에서는 대개 그들의 주인들은 종교적 인물이든 아니든, 만약 여행자들이 승려일 경우 무료로 식량과 숙박을 제공하고 그렇지 않은 경우에는 요금을 부과했다는 미묘한 뜻을 기록하고 있다.[39] 예를 들면, 엔닌이 우리들에게 알리는 한 인물은 "오래전에 신자가 되자 이후 통과하는 승려들에게 인원수에 관계없이 채식요리를 아낌없이 주는 것을 습관으로 하였다고" 한다. 그러나 또 하나의 예외는 "한 인물이 불교를 이

---

37 840년 3월 13일, 14일 및 18일.

38 840년 2월 27일 및 4월 4일.

39 840년 3월 9일 및 4월 9, 10, 12, 19, 20일 및 21일.

해하고 있지 않았는데도 스스로 점심때 우리들에게 채식요리를 제공해 주었다."는 것이다.[40]

엔닌은 그가 묵었던 여관이나 집의 시설과 외관에 대해서는 아무 것도 말하지 않았다. 그러나 양주에서 맞이한 첫날밤에 그와 엔사이는 공적인 여관에서 따로 방을 받았고, 또한 그는 북지나 평야를 가는 도중에 작은 사원에서 "한 승려가 방과 침대를 결정하는데 참석하지 않았다."고 불평을 기술한 것은 일본인들이 보통 한 개 이상의 딴 방을 희망했다는 것을 말한다.[41]

엔닌은 여행 중에 식량 보급에 대해 기록하고 있는 것은 당시 여행자들이 보통 쌀과 국수 종류를 지참하지만 야채나 간장·식초·소금 등은 그들이 묵었던 숙소에서 준비된다고 기대했음을 시사한다. 그는 장안에 오래 머물기 전에는 받았던 음식물의 양에 대해서는 거의 기술하고 있지 않았다. 장안에 오래 체류할 무렵이 되면, 그는 지나의 음식 맛에 어지간히 정통하게 되었음에 틀림없다. 845년, 산동으로 돌아왔을 때 거기서 제공받은 음식이 짜고 차서 불평을 하였다.[42] 일본인이 지나의 요리가 차다고 불평하는 것은 오늘날 거의 지나의 요리가 입으로 불어서 식힐 정도로 뜨거웠음을 생각하면 기이하고 묘하다고 생각된다. 일본의 요리는 오히려 차가운 것이 많기 때문이다. 그러나 짜다고 하는 것은 아직까지도 산동 요리의 두드러진 특징이라고 생각된다.

---

40 840년 4월 22일 및 26일.

41 838년 7월 26일. 840년 4월 17일.

42 845년 8월 16일.

승원과 여행 승려

　여관이나 개인의 집만이 당나라 시대 지나의 여행자들이 먹고 잠을 잘 수 있는 장소로 제한된 것은 아니었다. 엔닌은 두 차례 정도 점심식사와 밤을 보내기 위하여 장원(莊園 : 절의 사유지)에 머물렀다. 한 번은 사원의 소유지에 속하였고, 또 한 번은 이전의 큰 관리의 무덤의 귀퉁이었다.[43] 여행자가 빈번히 이용한 임시 숙소는 지나의 읍이나 마을에 있는 절이나 승원이었다. 엔닌은 승려로서 당연히 그것들이 보이면 거기에 머물렀다. 주나 현의 읍에 있는 사원에 머물렀으며 더구나 상당히 많은 작은 부락도 통과했다. 그가 가장 오래 머문 사원에서 어느 때에는 그 사원의 승려들을 위해 채식요리 비용을 그의 노자로 지불하였다. 양주의 개원사에 있었을 때 그와 엔사이는 두 차례 정도 그 절의 승려들을 위해 채식요리 비용을 부담하였다. 산동의 등주

43 840년 4월 7일 및 21일.

개원사에서는 자사가 그에게 기부한 비용의 일부로 거기에 사는 승려를 위하여 채식요리를 마련하였다.[44]

하지만 엔닌은 대부분 절이나 승원에서는 식사와 숙박비를 지불할 마음이 없었다고 생각되며, 또한 지불하라고 하지도 않은 듯하다. 따라서 그와 일행이 보다 작은 빈곤한 종교시설에 숙박했을 때에 검소한 환영밖에 받지 못했던 것도 그다지 놀랄 일이 아니다. 산서에서 일행은 한 절의 주지[院主가]가 있는 곳으로 갔는데, 주지는 '주인과 손님 간에 어울리는 의례를 이해하지 못했다.'고 하며, 다른 곳에서는 주인이 '손님을 돌보는 것을 기뻐하지 않았다.'고 한다. 2, 3일 뒤 읍내의 한 사원의 주지는 처음 그들과의 만남을 기뻐하지 않았지만 세상 물정에 밝다 보니 당장 학자로서 객지를 돌아다니는 일본의 승려를 따듯하게 환대했다.[45]

북지나 평야의 어느 읍내에서 여행자들은 두 명의 승려로부터 그다지 우호적이지 않은 환영을 받았다. 두 승려는 "우리들을 나그네라고 보고 성가신 자로 취급하여 몇 번이나 내쫓았으나 우리들은 무리하게 사원으로 들어가 우리들의 식사를 준비하였다. 그러자 우리들의 주인은 마음을 바꿔 우리들에게 가락국수를 만들어 주었다."고 한다.[46] 사원의 부엌은 분명히 여행하는 승려만을 위해 준비된 것이 아니라 그것을 필요로 하는 모든 사람들에게 개방되어 있었다. 그러므로 예를 들면, 일본견당사의 고관들이 양자강 하구의 북쪽 델타지대에 있었을 때 뒤에 합류한 엔닌과 몸이 아픈 엔사이를 남기고 처음으

---

44 838년 8월 26일 및 29일, 11월 19일 및 24일. 840년 3월 5일 및 6일.

45 840년 7월 27일, 29일 및 8월 2일.

46 840년 4월 21일.

로 가까운 사원으로 옮겨 살 수 있었다. 그리고 양주로 가는 운하 여
행에서는 해릉현청海陵縣廳이 소재한 읍내는 거루배로 상륙하여 그
날 밤 지방의 한 사원에서 보낸 것은 승려들보다 관리들이 먼저이었
다.[47] 똑같이 해주에서 견당사의 두 번째 배의 관리 일부가 불교사원
이 아니라 해릉왕묘海陵王廟라는 도교사원에 머물렀던 것을 엔닌은
먼저 찾아냈다.[48]

산동에서는 등주에서 장안으로 향하는 도중에 엔닌은 신라 사원을
거느린 두 개의 큰 사원으로 찾아왔다. 아마 신라에서 온 사절들이 장
안으로 왕래하는 도중에 이곳을 사용하였다고 생각된다. 한 절은 청
주에 있고, 또 한 절은 상주常州에서 5마일 정도 서쪽에 있는 장산長
山(장백산)에 있는 예천사醴泉寺이었다. 엔닌은 어느 경우이든 스스로
신라사원에서 숙박하였다. 왜냐하면 그는 동방에서 온 외국인이었기
때문이며, 그 사원은 손님을 수용하는 시설로서 보통 사용되었기 때
문이다.[49]

이들 일련의 기사는 사원이 속세의 사람인 여행자에게도 시설을
제공하는 것이 그다지 진귀하지 않았음을 명확히 하고 있다. 실제 어
느 사원은 종교적 시설이라기보다 오히려 공식적인 숙소로서 사용되
는 경우가 많았다. 등주에서 엔닌이 말하는 바에 의하면, 신라관과 발
해관이 각기 한 채씩 있었다.

그리고 그 지방의 개원사도 공식적인 숙소로서 사용되었다고 한
다. 엔닌은 자신이 묵었던 모습을 분노를 섞어가면서 다음과 같이 말

---

47 838년 7월 3일, 12일, 13일 및 23일.
48 839년 4월 8일.
49 840년 3월 24일 및 4월 6일.

하고 있다. "개원사는 승려를 위한 방 밖에 없고 방은 모두 공적인 여행자가 차지하여 빈방이 없고 승려가 와도 들어갈 방이 없다." 아마 엔닌이 등주를 방문하기 이전부터 개원사는 공적인 여관으로 오랫동안 사용되었다고 생각된다. 엔닌이 발견한 그 사원의 벽에 벽화나 글을 만든 때가 언제인지 모르는 일본 견당사들도 반드시 지나의 수도로 왕래할 때 이곳에 머물렀음에 틀림없다.[50]

등주의 개원사만 여관과 사원을 겸업하고 있었던 것이 아니다. 문등현과 등주 사이의 현청의 읍에서도 엔닌은 승려 다섯 명만 있는 사원을 우연히 만나 다음과 같이 적었다. "불당은 황폐해지고 승려들이 거처하는 방은 모두 세상 사람들이 차지하여 속세 생활의 장소가 되었다."[51] 며칠 뒤에 등주를 건너 엔닌은 법운사法雲寺라고 불리기 이전의 사원에서 밤을 보냈는데, 이것은 사원과 여관의 선을 넘어 지금은 누각으로 알려진 일반 여관이 되었으며, 그것이 존재하는 마을의 이름이 태촌台村으로 불리어지고 있다고 한다. 여관 앞에는 또한 탑이 두 개 서 있지만 탑은 승려가 관리하지 않고 여관의 지배인이 관리하고 있었으며, 엔닌에 의하면 "그는 직무를 충실히 다하고 있다."고 한다.[52]

엔닌은 지나의 중요한 도로에서 발견한 사원의 숙박 시설에 덧붙여 그는 오대산의 큰 성지를 순례하는 도중에 잘 정비된 종교적인 숙박조직을 발견하였다. 그 조직은 원칙적으로 승려나 순례 이외에는 함부로 사용되지 않았다. 엔닌이 처음 이들 숙소들 중의 하나로 왔을

---

50 840년 3월 2일 및 7일.
51 840년 2월 27일.
52 840년 3월 16일.

때에 그것들은 보통원普通院이라고 불리어지고 있었는데, 그 명칭과 기능에 대해 다음과 같이 설명하고 있다. "장기간 그곳에는 쌀과 죽이 준비되어 있고, 사람이 오면 승려와 속인을 가리지 않고 그곳에 숙박할 수 있고, 음식물이 있으면 그들에게 주고 없으면 주지 않았다. 승려와 세속인이 오면 숙박을 거절하지 않아 보통원이라고 불린다."고 한다.

엔닌은 이 특수한 숙소에 대해 그다지 관련이 없는 설명을 덧붙이고 있다. "보통원에는 승려 두 명이 있는데, 한 사람은 유쾌하고 또한 사람은 성미가 까다롭다. 또한 그곳에는 누런 털의 개가 한 마리 있다. 개는 세속인을 보면 으르렁거리면서 대들어 물며 지팡이로 때려도 두려워하지 않는다. 하지만 승려를 보면 주인인지 손님인지 알고 꼬리를 흔들며 애교를 부린다."고 하였다.[53]

이 첫 번째 보통원은 오대산으로 향하는 순례의 발자취가 드문 계곡 사이로 들어가기 직전의 산기슭에 있다. 엔닌과 일행은 6일간 이 산속의 자취를 따라 겨우 성산聖山의 대사원에 이르렀다. 그들은 30리에서 10리 정도씩 떨어진 곳에서 순례자들이 피난소나 식량을 찾아내기에 좋게 띄엄띄엄 존재하는 11개 이상의 보통원을 통과하였다. 그러나 적어도 이들 보통원 중에 두 곳은 이 지방을 덮친 기근으로 식량 준비가 되어 있지 않았다. 그러다 보니 한 보통원은 승려들이 임시로 떠나 없었다. 그러나 그 이외의 다른 사원은 크게 활기가 넘쳤다. 즉 한 사원에서는 '100명 이상의 승려와 비구니, 오대산으로 순례하는 남녀 순례 단체가 일본인들과 숙박을 함께 하고' 다른 한 사

---

53 840년 4월 23일.

원에서는 일본인들도 100명의 승려를 위해 마련된 채식요리에 가담하도록 부름을 받았다.

엔닌은 적어도 오대산의 다섯 봉우리를 순회하는 발자국을 따라 또 하나의 보통원을 기록하고 있다. 산에서 내려와 수도로 향하는 도중에 그는 역시 태원부로 향하는 길을 따라 있는 똑같은 많은 승원들을 발견하였다. 오대산에서 태원부로 오는 동안에 일본인들은 정오의 휴식과 숙박 때문에 머물렀던 11개의 장소는 6마일에서 11마일 정도씩 떨어져 있다. 그중에 8개는 보통원이고, 다른 두 개는 아마 순례하는 숙박 사원과 같은 조직에 속하는 사원이었다. 그리고 남은 한 장소만은 전혀 종교적 시설이 아니었다.[54]

태원부의 남쪽까지도 엔닌은 길을 따라 다시 3개의 보통원이 산재하고 있음을 알리고 있다. 그중에 하나는 현청縣廳의 읍내에 있고, 다른 하나는 주청州廳의 거리에 있었다. 세 번째의 원주院主는 여행자들을 검소한 환영을 보임으로써 이들 세 보통원은 순례 숙소 조직망에 속하지 않았을 것이라고 미루어 생각된다.[55]

---

54 840년 5월 22일, 23일 및 7월 5~12일.
55 840년 7월 27일, 8월 7일 및 8일.

경제 지리적 관찰

　　엔닌이 간장과 야채를 구하기 위하여 1파운드의 차를 팔았다는 기술이 산동 여행 중에 나타나는데, 여행자가 식량과 숙박 값을 기술한 것은 이뿐이다. 그러나 그는 종종 다른 물가에 대해 일기에 써서 남기고 있다. 그 밖에 이따금 경제적 사정을 전하는 기술도 있다. 예를 들면, 양주에서 철이나 구리의 매매가 금지되었다는 기술 등이 있다. 이들을 종합하면, 당시 경제생활의 측면을 상당히 확실하게 알 수 있다.

　　엔닌은 지나의 여러 장소에서 생산되는 진귀한 물품에 대해서도 종종 알리고 있다. 그가 양자강 북쪽의 하구河口 델타지대에 있는 소금 전매국專賣局을 언급하고, 양주에 이르는 운하에서 소금 거룻배의 긴 행렬을 묘사하고 있는 것은 이 축축한 연안 지대가 최대의 소금 생산지이었음을 가리키고 있다. 해주의 동쪽 연안에 이르는 먼 북쪽까지 '소금이 쌓여 있는 장소를 간신히 통과하였다.'는 식으로 그 자신의 괴로운 여행길을 묘사하고 있다. 그 정도로 길게 소금의 집산지가 이어져 있었다. 엔닌은 또한 델타지대에 많은 물새가 무리를 이루어 2천 마리에 달할 정도이었다고 전하고 있다.[56]

엔닌이 처음 산동 연안에 도착한 다음 날 북지나 전역에 똑같이 적용되는 다음과 같은 기사를 일기에 적었다. '이 주州는 좁쌀을 생산하므로 쌀은 귀중품이라고 그렇게 말한다.'고 한다.[57] 일기가 전하는 가장 재미있는 사실은 당시 적어도 산동의 각 지역은 나무가 많아 지나의 다른 지방으로 숯을 옮기고 있었다는 것이다. 그가 839년, 해주의 몹시 황폐해진 동쪽 연안에서 만난 신라의 뱃사공들이 산동 반도의 남쪽 연안에서 강소성 북부에 나무가 없는 기주嵩洲의 평원을 거쳐 숯을 수송하는 일에 종사하고 있었다. 8년 뒤에 엔닌은 실제로 산동의 남쪽 연안에서 초주까지 숯을 실은 배를 타고 여행하였다.[58]

귀국하는 일본의 견당사와 행동을 함께 한 신라인들이 일본으로 건너가기 전에 배를 수선하기 위하여 산동의 남쪽 연안의 대주산大珠山 지방으로 갈 수 있다고 의논한 것은 산동에 나무가 많이 우거진 수풀이 있었다는 것을 암시한다. 그러나 엔닌이 탄 배의 돛대가 똑같은 연안에서 피해를 보았을 때 일본인들은 이를 대신할 좋은 목재를 얻지 못해 투덜대고 있기 때문에 산동의 연안 삼림은 결코 원시림이 아니었음이 엿보인다.[59]

엔닌의 일기는 또한 당시 산동의 언덕이나 북지나의 연안 전 지역은 오늘날과 비교하면 인구가 뜸하지 않았음을 밝히고 있다. 일본인

---

56 838년 7월 2, 21, 22 및 23일. 839년 4월 7일.

57 839년 4월 18일.

58 839년 4월 5일. 847년 윤 3월 17일.

59 839년 4월 1일 및 5월 27일.

견당사가 처음 양자강의 델타지대에 상륙하였을 때 그들은 주민과 연락을 취하는 것이 아주 곤란하였다. 또한 양주로 가는 운하 여행에서도 가도 가도 양안에는 사람의 그림자가 없는 광대한 광경이 이어졌다.

뒤에 해주 동쪽의 높고 작은 언덕이 이어진 해안선을 따라 견당사의 배가 쓸쓸한 작은 바다에 정박하고 있었을 때 엔닌과 일행은 이 지점에서 육지로 들어가자, 사람의 그림자가 있는 마을에 다다르기 위하여 산과 언덕을 넘어 6, 7마일을 걸어야만 했다. 엔닌 자신은 845년, 해주에서 등주로 향하는 육로 여행에서 산동이 황폐하여 사람의 그림자가 드물어 쓸쓸해진 모습을 다음과 같이 표현하고 있다.

해주에서 등주로 올라가는 길은 좀처럼 지나갈 수 없다. 황폐해진 땅은 넓고 길은 좁아 풀과 나무가 겹쳐 있다. 2, 3보 갈 때마다 우리들은 진흙 가운데로 들어가 계속 길을 잃었다. 만약 길을 안내해주는 사람이 없었다면 한 걸음도 나아갈 수 없었을 것이다. 황폐해진 들에서 산지로, 산지에서 황폐된 들로 걸었다. 언덕길은 험하고 시냇물은 깊고 얼음처럼 차가워 걸어서 건너면 뼛속까지 아프다. 산지로 들어가면 하루에 100번, 산을 넘으면 100번이나 계곡 사이의 시냇물을 건넜다. 황폐해진 들로 들어가면 나무가 울창하여 빽빽이 들어차고 풀이 깊어 조금 밖에 나아갈 수 없어 앞을 보기도 힘들었다. 풀의 움직임을 보고서 거기에 사람이 걸어가고 있음을 알았다. 모기와 등에는 비 같아(비 오듯 날아들어) 우리들은 그것을 때릴 기력도 없었다. 풀 밑의 진창은 우리들의 무릎과 허리까지 닿았다.

도중의 주나 현의 읍내에는 흙 만두 같은 것 밖에 없었다. …… 우리들은 북쪽으로 곧바로 1,300리를 가도 가도 산과 거친 들뿐이었다. 해안에 가까운 곳을 지나갔으나 바다를 볼 수조차 없었다. 등주에 도착하고서야

거우 바다를 볼 수 있었다.[60]

(이상 인용문)

　　오대산을 둘러싸고 있는 험준한 지역에도 당연히 인구가 드물었다. 엔닌의 일기를 통해 현재의 민둥산이 당시에는 울창한 처녀림으로 덮여 있었음을 알 수 있다. 엔닌은 오대산의 다섯 봉우리〔中臺〕중에서 본 경치를 다음과 같이 묘사하고 있다.

　　다섯 개의 봉우리는 도도하게 위로 우뚝 솟아 있다. 다섯 봉우리의 둘레는 500리이다. 그들 바깥에는 높은 봉우리가 차례차례 겹쳐 서로 계곡을 사이에 두고 우뚝 솟아 있다. 그들은 5개의 봉우리를 마치 벽처럼 에워싸고 있다. 그들 봉우리들은 높고 낮아 변화가 많으며 울창한 나무가 빽빽하게 우거져 있다. 그러나 오대의 정상 부분만은 산의 중턱부터 위에 걸쳐 나무가 없다.

　　수목 자체에 대해 엔닌은 '정상에는 소나무 숲이 있고 계곡 사이의 나무들은 똑바로 높게 뻗어나 대숲이나 삼베의 들판과 비교할 수 없다.' 고 기록하고 있다.[61]

　　그 지역 전체는 오늘날의 모습과 전혀 다를 뿐 아니라 당시 기후도 다소 습기가 많은 듯하다. 엔닌에 의하면, 얼음처럼 찬물이 어느 봉우리의 평탄한 정상의 지면에서 터져 나오고 있었다고 한다. 깊은 계곡 사이에는 몇 개의 작은 빙하가 보이는데 맨 마지막 빙하시대가 급속히 사라지고 있는 흔적을 남기고 있었다고 생각된다. 엔닌은 두 개의 빙하 떼를 보고 그 하나에 대해 다음과 같이 묘사하고 있다.

60　845년 8월 16일.
61　840년 5월 20일 및 4월 27일.

…… 우리들이 동북쪽을 향해 아스라이 멀리 내려다보니 낮고 깊은 수십 정(町 : 현재 일본의 약 119야드)의 계곡을 덮은 은빛을 보았다. 사람들은 이는 천 년 동안 해마다 눈이 녹지 않아 얼어붙어 점점 쌓여 덩어리가 되어 있다고 한다. 계곡은 깊어도 응달이 되어 있다. 태양빛이 전면의 절벽에 의해 가려져 있다. 그러니깐 결코 눈을 비추지 않는다. 그래서 고대부터 눈은 전혀 녹은 적이 없었다.[62]

(이상 인용문)

이 산지는 인구도 드물고 농경을 하는 지나와 유목을 하는 몽골 사이의 국경선에 가까워 모든 것이 거의 목가적이었다고 생각된다. 북지나 평야와 가까운 오대산의 동쪽 산기슭 언덕에서 엔닌은 500여 마리의 양 떼를 몰고 가는 양치기를 만났다. 그 전날 그는 오대산의 한 사원에서 귀로에 오른 여러 명의 승려들을 만났다. 그들은 평야 밖의 읍에서 구입한 '삼베 열매 기름(참기름)을 50여 마리의 당나귀에 싣고' 떠나가고 있었다.[63] 틀림없이 성지에 사는 많은 승려 집단은 대부분의 양식을 서남 계곡 사이의 농업 인구와 멀리 떨어진 동쪽의 대평야에 의존하고 있었다.

기타 경제적 생산에 관한 엔닌의 기술은 거의 없고 드문드문 있다. 그는 어느 날 밤 지금도 철의 저장 장소지로서 알려진 산동 서쪽의 한 지역에 있는 금속제조업자의 집에서 숙박을 하였다. 또한 태원부에서 북쪽으로 2, 3마일 지점에 있는 사원의 소유지〔莊園〕에 있는 물레방아 오두막집을 방문한 기록은 수력을 이용하는 그런 제분기가 적

---

62 840년 5월 21일.
63 840년 4월 23일 및 24일.

어도 지나의 그 지방에서는 진귀하였음을 암시하고 있다.

2, 3일 뒤에 그는 석탄을 파내는 시市의 동쪽 1, 2마일 되는 언덕을 방문하였다. 석탄은 4세기 뒤에 온 마르코 폴로에게도 놀라운 일이었다. 엔닌의 당시 설명은 '산 중에 석탄이 있는데, 멀거나 가까운 현縣에서 온 모든 사람들은 그것을 얻어 태운다. 음식을 요리하는 경우 유별난 열량을 발휘한다.'고 한다. 그 지방의 지나인이 말하는 자연현상의 설명을 납득할 수 없었던 엔닌은 결국 신의 은총으로 돌리고 기록하여, 즉 '우리들은 절벽의 바위가 타서 숯이 되었음을 보았다. 사람들은 우리들에게 알리기를, 그것은 번개로 탔다고 한다. 그러나 내 자신이 생각하기에 반드시 그뿐만은 아니다. 이는 생명을 가진 모두에 대한 신의 대가로서 주신 것임에 틀림없다.'고 하겠다.[64]

---

64 840년 4월 4일, 7월 12일 및 26일.

승려에 대한 관급官給

우리들이 엔닌에 대해 갖는 관심의 하나는 경제문제이다. 그가 지나에 9년 이상 머무는 동안에 그 자신과 수행원 세 사람이 어떻게 생활을 지탱하였을까이다. 분명 맨 처음 비용의 출처는 일본정부이었다. 일본정부는 견당사의 일원으로서 그에게 지급하였을 뿐 아니라 그가 처음에 지나에 머물도록 예정하였던 기간에 맞춰 특별히 종교적 비용을 마련해주기 위하여 상당량의 현금〔砂金〕을 그에게 주었다고 생각된다. 예를 들면, 그의 체류 초기에 두 차례 정도 이 급여로 1온스 정도의 금을 (대사에 의해) 분할 지급받고 있는 엔닌을 발견한다. 뒤에 그가 대륙 체재를 연기하기로 결정하였을 때 대사는 그에게 다시 20온스 이상의 사금을 주었다.

똑같이 엔사이가 초주에서 천태산을 향해 출발하였을 때에도 일본 관리로부터 25온스의 금에다가 비단 35두루마리와 명주 75묶음 보따리를 받았다.[65] 엔사이에 대한 대우가 보다 관대했던 것은 그가 유

---

[65] 838년 8월 26일, 10월 14일. 839년 4월 5일 및 2월 27일.

학승으로서 견당사가 귀국한 뒤에도 계속 지나에 머무는 것이 기대되고 그 때문에 보다 충분한 자금이 그의 생활을 유지하기 위하여 준비되지 않으면 안 되었다고 생각되었기 때문이다.

일본 정부는 엔닌의 지나 체류가 길어져서 적어도 두 차례 그에게 자금을 지급하려고 시도하였다. 847년이 끝날 무렵에 엔닌이 일본으로 귀국하기 직전 그를 찾으러 파견된 쇼카이性海는 일본의 천황으로부터 받은 얼마의 금을 그에게 가져왔다. 그러나 일본에서 그에게 금을 지급하려던 이전의 기도는 그다지 성공하지 못하였다. 842년 여름, 엔닌은 초주에서 신라인 친구인 유신언劉慎言을 통해 고국에서 그에게 금 24온스가 보내져왔다는 것을 알았다. 금을 지참한 사람이 840년 후반, 혹은 841년에 일본을 출발하였는지 명확하지 않지만 엔닌에게는 불행하게도 금은 초주보다 먼 곳으로는 이르지 않았다. 그것을 받기 위하여 엔닌은 이쇼오를 보냈지만, 늦가을에 간신히 돌아온 이쇼오는 유신언이 엔사이에게 꼬드김을 당하여 그것을 사용하였다고 하는 불유쾌한 소식을 가지고 왔다.[66]

엔닌은 고국에서 그에게 보내진 자금에 대해 달리 진술한 바가 없다. 일본 정부가 중개자를 통해 지나에서 공부를 하고 있는 승려에게 금을 보내려고 하는 시도는 일반적인 통례이므로, 엔닌에게도 그 이상의 금이 보내졌는지 모를 일이다. 예를 들면, 일본의 역사는 842년에 교토의 조정이 840년 견당사와 함께 지나로 건너갔던 레이센靈仙에게 발해국의 사절을 통해 보낸 금 100온스에 대해 마음을 쓴 상황을 일본의 역사는 우리에게 전하고 있다. 레이센은 자금이 이르기 전

66 842년 5월 25일, 10월 13일, 846년 10월 2일.

에 이미 사망하였다고 한다.[67]

엔닌은 마침 오대산에서 이 인물이 남긴 여러 흔적을 찾아냈다. 하나는 820년, 레이셴이 성지聖地에 도착하였음을 알리는 그 자신이 보통원의 벽에 써서 기록한 문구이었다. 또 하나는 레이셴의 팔에서 벗겨낸 길이 4인치, 폭 3인치의 피부이었다. 그 피부 위에 신심이 돈독한 일본의 순례자가 불타의 그림을 그려 반짝반짝 빛나는 작은 청동 불탑 안에 받아들여 오대산의 큰 사원의 한 절에 성스러운 유품으로 당시 비장되어 있었던 것이다.[68] 그러나 레이셴에 대해 가장 흥미를 일으키고 언제까지 잊을 수 없는 것은 그에게 바쳐졌던 여기 저기 의미가 통하지 않는 긴 시의 문구이었다. 그것은 레이셴이 일찍이 살았던 황폐해진 한 절의 판자벽에 기록되어 있다. 시를 짓고 문구를 쓴 인물은 발해의 승려로 레이셴의 제자이었다.

문구에 의하면, 발해의 승려는 825년 일본에서 온 금 100온스를 받으러 장안으로 갔으며, 이어서 레이셴이 일본의 천황에 대한 답례로 바치는 뛰어나게 훌륭한 보배를 선물로 보내기 위하여 일본으로 파견하였다. 828년, 일본의 조정으로부터 특별히 금 100온스를 부탁받고 돌아왔으나 그의 스승은 이미 사망한 사람이 되었다는 것을 알아냈다.

이 문구는 일본의 역사에 기록되어 있기보다 상세하게 레이셴에게 준 자금에 대해 명백히 하고 있지만, 엔닌은 잃어버린 돈보다 오히려 이 인물을 둘러싸고 있는 중요한 수수께끼가 있다는 것을 알아냈다. 레이셴이 임종하는 잠자리에 임한 그 절의 승려 몇 사람이 말하는 바

---

67 『속일본후기』 842년 3월 6일 및 4월 12일.
68 840년 4월 28일, 5월 17일 및 7월 1일.

에 의하면, 일본의 승려는 "누군가가 독약을 먹여서 사망하였다. 절에 있는 승려들은 그의 제자들이 스승의 시체를 어디에 매장하였는지 알지 못했다."[69]

레이센에게 보내진 돈의 액수는 아마 언뜻 보면 상상할 정도로 많지 않았을 듯하다. 일본의 황실은 그때에도 구식의 소 온스〔小兩〕의 단위를 사용하고 있었기 때문이다. 그러므로 그것은 새로운 대 온스〔大兩〕의 1/3을 약간 밑도는 단위였다. 새로운 단위는 당나라 시대이래 현재에 이르기까지 표준적인 단위로 남아 있다. 이처럼 엔닌은 그와 엔사이가 지나에서 견당사로부터 받은 화폐의 단위는 대 온스에 의한 것임을 분명히 하고 있지만, 842년에 일본에서 보내졌던 24온스는 소 온스에 의한 것임을 기록하고 있다.

더구나 그가 처음으로 돈을 지불한 것은 그와 엔사이가 함께 양주의 개원사의 승려들을 위하여 채식요리를 마련할 때 소 온스의 단위로 이루어졌다. 이때 그들이 보시한 4온스는 대 온스의 1온스와 1/4에 상당한다고 판명하였다. 엔닌이 뒤에 약간의 사금을 동전으로 바꿀 때 1대 온스와 3/4은 9,400문의 가격이 된다. 1대 온스는 5,371문, 1소 온스는 겨우 1,700문의 가격으로 환산되었다.[70]

69 840년 7월 3일.
70 838년 8월 26일 및 10월 14일.

엔닌이 쓴 비용의 출처

　귀국하는 대사가 엔닌에게 준 돈 20온스가 그와 수행원을 언제까지 보호하였는지 확언하기 어렵다. 그러나 아무튼 장기간 그들을 유지시킬 수 없었음에 틀림없다. 엔닌이 장안에 머무는 동안에 그가 지출한 한 항목은 이 전액보다 많았다. 이는 그의 중요한 지도자 중의 한 사람인 승려 원정元政한테서 불교의 지도를 받기 위하여 지불한 수업료이었다. 엔닌에 의하면, 이 인물에게 총 25온스의 금과 다른 물품을 지불했다고 한다. 아마 이 금액의 대부분은 매달 내는 사례비 형식으로 바쳐졌을 것이다. 예를 들면, 엔닌에게는 그런 선물을 바친 두 개의 문서가 있다. 그것은 수도에서 그의 또 한사람의 종교적 지도자인 의진義眞에게 보냈던 것이다. 하나는 비단 3 두루마리를 기록하고, 또 하나는 현금 10련連, 즉 10관(貫 : 1萬文) 때문에 기록되었다.[71]

---

71 이들의 기사나 문헌은 모두 일기의 841년 4월 28일의 항목에서 발견된다.

분명히 그 자신과 일행의 정상 생활비 외에 이러한 모든 지출을 보충하기 위하여 엔닌은 여러 종교 시설의 호의라든지 신심이 돈독한 속인들의 개인적 원조나 그의 많은 지나인 경제적 후원자들이 주는 선물에 전적으로 의존하지 않을 수 없었다. 종교적인 지도자에 대한 수업료에다 그가 결국 일본으로 가지고 간 수많은 불교경전과 종교 그림 등에 거액의 돈을 지불했음에 틀림없다. 그가 일본으로 가져간 것들이야말로 마침내 일본 불교에 새롭게 흘러간 밀교密敎가 학문적으로 다채롭게 전개되는 주춧돌이 되었다. 일기에 기록된 단 하나의 책값은 양주에서 구입한 불교의 어느 경전에 관한 주석서 4권을 사느라고 지불한 45문文이었다.[72] 뒤에 장안에서는 화가인 왕혜王惠에게 명해 금강계만다라金剛界曼茶羅와 태장계만다라胎藏界曼茶羅를 각기 5부씩 그리게 하였을 때 지불한 금액을 기술하고 있다. 이 두 만다라는 불교의 모든 신들[諸尊]을 그린 초상화에 관한 일람표인데, 신들은 각기 밀교불교의 밑바탕에 가로 놓인 형이상학적 모든 원리를 대표하도록 배열되어 있다. 아깝지만 그들의 가격은 일기에 나타나 있는 현재의 상태로는 계산이 딱 일치하지 않는다. 왜냐하면, 엔닌은 최초의 다섯 부의 그림에 대해 현금 50련連을 주었다고 하고, 혹은 각기 10관貫씩 지불하였다고 주장한다. 그림이 그려진 비단의 가격을 제하고 다른 다섯 부에 대해 겨우 60 혹은 6,000문이 지불되었다. 두 번째 숫자는 아마 60련으로 정정되어야 할 것이다. 더욱이 이 가격은 비단이 포함되지 않았다면 약간 높다고 생각된다. 혹은 6,000문씩이라고 정정해야 할지도 모르겠다.[73]

---

72 838년 11월 2일.

73 841년 4월 13~5월 3일.

아무튼 엔닌이 최대한 지출한 것은 이들 그림이며, 이것이 그의 마음을 무겁게 짓눌렀을 것은 확실하다고 할 수 있다. 그가 왕혜와 가격을 교섭할 때 두 차례 정도 이들의 가격을 지불하기에 충분한 자금을 경제적 후원자들이 주는 꿈을 꾸었다. 그리고 그의 스승 의진義眞의 속세 제자가 금강계만다라 때문에 비단 46피드를 주었을 때 그는 의진에게 사례 편지를 써서 "감사하고 감사한다."고 말하였다.

지금 남아 있는 당시의 만다라는 극동의 그림치고는 상상외로 크다. 어떤 것은 사방이 10피드이거나 크기가 그 이상이나 된다. 이들 만다라에 그려진 여러 신들의 초상과 각기 소지하고 있는 부속품의 수로 인해 이들 그림은 복잡하게 얽힌 도상학(圖像學 : 기독교 미술 작품에서 일정한 종교적, 신화적 주제의 의의를 지니고 제작된 미술작품에 나타난 인물 또는 형상)의 규정을 두드러지게 나타내도록 정확하게 가득 채우지 않으면 안 되었다. 왕혜는 틀림없이 많은 제자를 동원할 수 있는 화실을 갖고 있었지만 이러한 일을 완성하는데 긴 시간이 걸렸다. 이전에 왕혜는 엔닌의 부탁으로 다른 금강계만다라 4부를 그렸을 때에는 46일이 걸렸다.[74]

엔닌이 일기에 쓴 종교상의 지출은 제자 이쇼오와 이교오의 옷 때문에 바느질집에 지불한 금액이다. 양주에서 엔닌은 그들을 위하여 '앉을 때 사용하는 깔개(눕거나 앉을 곳에 까는 물건)'를 주문하였다. 그것은 누울 때에도 사용하였다. 동시에 세 사람이 각기 쓰는 가사(법복)를 세 벌 마련하였다. 가사는 천 조각을 모아서 만들어졌다. 그것은 원래 넝마조각을 의미하는데, 청빈을 만족하는 승려들이 입기에

---

74 840년 12월 22일. 841년 2월 8일.

어울리는 자투리를 연결하여 모은 옷이다. 가장 간단한 가사는 전통적으로 다섯 개의 작은 조각으로 만들어지며〔五條〕, 다음에는 일곱 개의 작은 조각으로 만들어지며〔七條〕, 가장 복잡한 가사는 아홉 개의 조각〔九條〕 혹은 그 이상의 조각으로 만들어지며, 특수한 것은 25개의 작은 조각으로 만들어진다〔二十五條〕. 다섯 조각의 가사는 비단 28피드 반이 필요하며, 일곱 조각의 가사는 47피드 반, 스물다섯 조각의 가사는 40피드가 필요하다. 바느질집의 품삯은 물론 비단 가격을 제외하고 각기 300, 400, 1,000문이었다. 이들 임금은 깔개 하나에 250문의 바느질집의 감정서와 비교해 보면 이해될 것이다. 이들의 깔개는 각기 얇고 성기게 짠 견직물로 만들어지며 거죽을 8피드 4인치, 안감도 마찬가지이며, 나머지 4피드 2인치는 가장자리가 되었으므로 다섯 조각의 가사를 만들기보다는 약간 쉬운 바느질이었음에 틀림없다.[75]

가사나 깔개를 만드는데 비단의 가격이 어느 정도 들었다는 것은 엔닌이 대강 40피드 정도의 흰 비단을 2 두루마리 구하여 2 관문貫文 (2,000文)을 지불하고, 그것으로 다섯 조각의 가사와 일곱 조각의 가사는 자신을 위해 만들게 한 것으로 대충 계산할 수 있다. 이 가격은 엔닌과 엔사이가 개원사에서 채식요리를 회사할 때 지불한 비단 4 두루마리와 생사로 짠 광택이 있고 무늬가 있는 비단 3 두루마리를 팔아서 얻은 6련의 동전(6貫)보다도 웃돈다.[76]

이 맨 마지막 거래는 채식요리 가격과 동시에 비단의 두루마리 수를 명확하게 하고 있다. 6,000문 이상의 액수는 60명 이상의 승려를

75 838년 10월 9일 및 24일.
76 838년 10월 14일 및 11월 19일.

먹게 할 수 있다. 이 계산은 대충 엔닌이 기술한 기타 채식요리 가격과 어울린다. 그와 엔사이는 이전에 화폐 대 온스와 4분의 1을 개원사에 기부한 일이 있는데, 이는 100명의 승려를 위하여 맨 처음에 베푼 채색요리에 지불한 7,000문보다 약간 밑도는 가격으로 환산할 수 있을 것이다.

견당사의 다른 한 사람은 60명 이상의 승려에게 채식요리를 공양하기 위하여 5,600문을 지불하였다. 또한 초주에서는 일본대사가 같은 수의 승려에게 채식요리와 보시 명목으로 7,500문을 마련하였다.[77] 이들 숫자는 당시 채식요리의 가격이 한 사람 당 평균 100문에 가까웠음을 보여주고 있다. 분명히 이는 양주에서 838년 12월 8일, 선제先帝의 사망 기념일에 채식요리에 참가한 500명의 승려를 위하여 50련의 동전이 할당되었다는 계산의 기초가 된 가격이었을 것이다.

기타 엔닌이 기록한 잡다한 가격은, 예를 들면 해주지방에서는 20리里, 즉 약 6마일 정도 당나귀를 사용하면 20문에서 50문이 들고, 북지나 평야에서 황하를 건너는 나루터에서는 한 사람 당 5문, 당나귀 한 마리는 15문의 요금, 산동의 남쪽 연안에서 초주에 이르는 배의 운임은 비단 5 두루마리인데, 이는 아마 현금 5관문에 상당하였을 것이다. 맨 마지막에 산동 반도의 튀어나온 끝에서 초주로 여행하기 위하여 4마리가 끄는 마차를 세내면 베 17반反(9.92m²)이 든다고 하여 보다 높은 가격의 운임이 된다.[78]

엔닌은 산동이나 북지나 평야지대에서 곡물 가격에 대해서도 몇 가지를 언급하고 있다. 그는 등주와 청주 사이의 4개소에서 곡물 한

---

77 838년 8월 26일, 11월 19일 및 24일, 12월 9일. 839년 3월 3일.
78 839년 4월 7일. 840년 4월 11일. 847년 윤 3월 및 윤 3월 17일.

말 가격을 기술하고 있다. 말은 섬의 1/10이며 우리들의 도량형에 의하면 1/8부셸(BUSHEL : 곡물의 중량 단위, 영국의 경우 28kg, 미국의 경우 27kg)을 조금 웃도는 양에 상당한다. 산동 지방에서는 당시 기근 상태이므로 좁쌀 한 말에 30문에서 80문이었다고 전해주고 있다. 쌀은 60문에서 100문이었다고 한다. 그가 들고 있는 가축 사료로 사용되는 팥의 가격은 비교적 높아 한 말 당 35문이라고 한다. 북지나 평야에서는 그는 한 읍의 가격밖에 들고 있지 않다. 그곳에서는 팥 한 말 당 겨우 15문 · 좁쌀 45문 · 쌀 100문 · 밀가루 70문에서 80문이었다고 한다.[79]

당나라 초기 가격의 체계는, 예를 들면 현금 · 금 · 베 · 쌀 등의 주요한 단위는 모두 대체로 동등한 가격이었지만 적어도 그 체계가 부분적으로 당시〔唐代 後期〕에도 여전히 유효하였음을 명확히 한 것은 흥미롭다. 그래서 비단 1두루마리는 역시 동전 1여련餘連의 가치가 있고, 엔닌이 한 말 당 100문이란 쌀의 최고 가격을 인용하고 있는 것은 쌀 한 섬이 거래상 동전 1련과 동등하였다는 것을 의미한다. 다만 금만은 다른 물가 대열에 끼지 않았다. 왜냐하면 1온스까지도 표준의 1,000문 1관의 1련이 되지 않으며, 그 대신 1,700문에 가까운 물가 인상이 되었기 때문이다.

엔닌의 일기에 나타난 가장 특수한 가격은 양주 개원사의 한 건축물을 재건하는 가격이다. 그것은 아마 절의 입구 위에 설치된 몇 개의 존상尊像을 받아들인 발코니이었다. 총공사비 1만관(一萬貫=連), 다시 말하면 동전 1천만 매枚라고 대충 계산되는데 적어도 500관貫은

79 840년 3월 2, 15, 19, 25일 및 4월 10일.

재목 때문에 사용되었다. 이덕유 자신이 1천관을 기증하였다. 그 외에는 일련의 종교적 모임을 계속 권함으로써 모아졌다. 양주에서 외국 상인의 사회에서도 기부금이 모아졌다. 아마 이덕유의 암시에 의한 것일 게다. 몇 명의 페르시아인·현재 남인도 지나에 있었던 찬파국(占婆國, 지금의 캄보디아, 샴지방)의 시민들이 각기 1천관 및 200관을 기증하였다. 절도사는 일본 견당사에게 50관 밖에 요구하지 않았다. 이 숫자는 조심스런 액수라고 엔닌은 느끼고 있지만, 과연 실제로 일본인들이 지불하였는지에 대해서는 기술하는 것을 잊었다.[80]

이 점에 대해서도 다른 경제사정에 대해서와 똑같이 엔닌의 기술은 결말을 분명히 하기보다 오히려 흥미를 자아내도록 문제를 남기는 필법이다. 하지만 종교가로서 그런 세속적인 사항에 대해 그다지 관심이 없었을 게다. 그렇더라도 그는 결코 경제평론가로서 낙제이었던 것은 아니다. 특히 그가 가졌던 동시대에 대한 다른 대부분의 세속적인 관심과 비교할 때 그가 전혀 전문분야가 다른 경제문제에 대해서도 이토록 대충 파악하고 있지만 매우 귀중한 기록을 일기에 포함시킬 정도로 폭 넓게 관심을 가졌던 것은 존경할 만하다.

---

80 839년 1월 7일 및 윤 1월 5일.

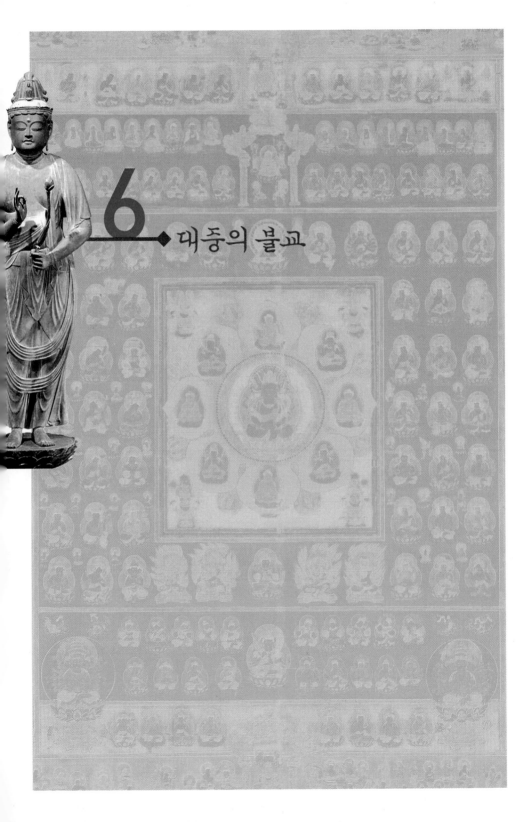

6 대중의 불교

대중의 불교

　이들 일본의 견당사절단이라든지 지나 정부의 관료조직의 모습, 일반적인 풍습 및 여행 상황에 대해 쓸데없이 긴 기술을 더듬어 가면, 결국 엔닌의 일기는 이처럼 여러 가지 세속적인 길로 우리들을 안내하고 있음에도 불구하고 우리들은 그것이 결국 '불법을 구해 지나를 순례한 기록' 이외에 아무것도 없다는 것을 생각하지 않을 수 없다. 엔닌에게나 여러 세기에 걸쳐 신앙심이 두터워 이 문헌을 보존한 사람들의 경우에게도 불교의 광채를 기록한 동시에 신앙에 불탄 순례의 기쁨과 고생을 전하는 귀중한 종교 서적임에 틀림없기 때문이다. 엔닌이 세속적 세계에 대해 많이 기술한 것은 더욱더 정신적인 맛있는 음식의 식단에서 냄새가 풍기는 빵부스러기에 불과하다.

　그렇기는 하지만 오늘 이들 맛 좋은 주요 요리를 완전히 진수성찬으로 만드는 데에 희망을 걸 수 있는 엔닌의 독자는 많지 않을 것이다. 불교는 철학이나 종교로서도, 고기가 없는 불교의 식탁이 검소하듯이 풍족하다. 또한 모든 종교 중에서 가장 변화가 풍부하고 복잡하므로 불교의 경전·의식·교학적, 철학적 전개 및 심오한 것은 거의 끝이 없는 것처럼 생각된다.

엔닌은 불교가 1천 년 이상 전개되어 문명세계의 동쪽 반 정도로 퍼진 뒤에 활기를 누렸다. 그래서 그는 절충적인데다가 종합적인 천태종의 철학과 고도로 포용적인 불타의 말의 실천을 결부시키는데 최대의 관심을 기울였다. 이와 같이 그는 아마 불교에서 가장 복잡한 걸음을 대표하는 시기에 서 있다. 즉 지나에서는 불교에 대한 지적 관심이 점점 쇠약하기 직전이고, 일본에서는 신선한 불교를 더욱더 이해하기 쉽고 대중을 소중히 여기는 단순한 신앙운동이 성장해가는 전야이었다.

엔닌의 일기 이곳저곳에는 그의 연구나 그가 참가한 불교행사, 그리고 그가 구한 경전이나 그림에 관한 기사가 보이는데, 이것들은 틀림없이 불교역사에 중요한 발걸음을 남긴 인물의 사상과 신앙에 대해 되도록 명확한 이미지를 주고 있다. 그러한 이미지는 그가 지나에서 가져온 방대한 문헌의 크고 작은 목록과 일본에서 완수한 종교적 개혁 기록, 그리고 만 년의 저술로 그 주변이 꾸며질 것이다.

그러나 그러한 연구를 완수한 것은 저자가 일생 동안 전념하여 겨우 가능하게 되었을 것이다. 더구나 독자를 이해시키기 위하여 그 배경이 되는 설명 때문에 따로 한 권을 준비하지 않으면 안될 것이다. 나는 독자의 편의를 고려하여 이 가장 풍부한 좋은 맛을 감상할 수 있는 사람들을 위하여 남겨둘 것이다. 나는 확실한 양심에 따라 굳이 이렇게 하는 것이다. 이러한 풍부함 때문에 그것은 틀림없이 모든 불교문학 중에서 가장 대중적인 요리가 된다고 믿기 때문이다. 다른 수백

수천일지 모르는 많은 서적이 불교경전과 사상에 대해 똑같이, 혹은 그 이상으로 정보를 제공해 줄 것이다. 하지만 엔닌의 일기야말로 동적인 생생한 종교로서 지나에서 광채가 절정에 있었던 불교의 상세한 모습을 전하는 유일한 것이다. 그래서 그것은 민중의 일상생활에 큰 부분을 할애하고 있다. 나는 일기가 갖고 있는 소박한 얘기 장면에 대해서만 관심을 쏟아 부어 거기에 초점을 맞춰 서술해 보겠다.

사원의 시설

불교가 당나라 시대 지나에 널리 퍼졌다는 것은 이 책의 앞부분에서 수도 없이 기술했듯이 — 대중적인 제례·국가의 의례나 엔닌이 여행한 간선과 지선의 도로를 따라 — 분명하다. 엔닌이 방문한 모든 도시와 읍내에 불교 사원이 세워져 있을 뿐 아니라 어떤 벽촌 시골에도 불교시설이 있었던 것은 이미 기술한 대로이다. 엔닌은 종종 어느 지방의 사원과 승려의 총 숫자를 밝히고 있다. 그래서 그는 산동의 등주 주청州廳 소재지에는 겨우 3개의 절 밖에 없는데, 그중의 한 절은 쇠락하여 승려가 10명밖에 없었다는 것을 우리들에게 알리고 있다.[1]

한편 당시 지나에서 가장 큰 도시 중의 하나인 양주에는 절이 40개 이상이나 되며, 그중에 7개의 사원은 관청의 절로 지정되다 보니 거기서는 국가를 위하여 정부의 명령으로 의식이 행해지고 있었다. 이

---

1 840년 3월 2일 및 6일.

는 전형적인 승려의 인구 밀도를 말한다. 개원사에만 적어도 100명의 승려가 있었기 때문이다.[2] 엔닌은 어느 때 양주의 500명의 승려가 한 절에서 30명을 넘지 못한다는 선발 기준에 따라 모였던 것을 기록하고 있다.

양주지방에 많은 사원이 있었기 때문에 엔닌이 장안의 시내에서만 33개의 작은 사원과 불특정한 수의 큰 사원 외에 이른바 300개의 '불당佛堂'이 있었다고 기록한 것도 쉽게 믿을 수 있을 것이다. 이들 모두는 질質과 양量의 두 가지 면에서 우수하다고 생각된다. 엔닌은 사원 경내에 있는 건물과 그 안에 안치된 불상이 모두 훌륭하며 유명한 예술가의 작품이었다고 주장하고 있기 때문이다. 수도의 한 작은 사원 또는 "불당"은 '지방의 큰 사원에 필적했다.'고 기술하고 있다.

그러나 도시의 승려 인구는 엄청나게 많았음에 틀림없지만 엔닌은 조금 암시를 주고 있을 따름이다. 엔닌이 거처했던 자성사慈聖寺는 수도의 사원 중에서 그다지 유명한 사원이 아니고 아마 큰 사원에 속하지 않았던 듯하다. 그럼에도 불구하고 100여 명, 혹은 그 이상의 승려가 살았다고 생각된다. 왜냐하면, 불교 대 탄압 초기 단계에 엔닌은 37명의 자성사 승려가 환속되고, 게다가 1년 반 뒤에는 여러 차례 추방의 한 단계로 39명이 환속되었다고 기록되어 있기 때문이다. 장안에 엄청나게 많은 승려가 있었음을 보여주는 다른 한 기록으로 장안에 살았던 3,400명의 승려와 비구니가 불교 대 탄압의 막이 열렸을 때에 환속되었다는 기술이 있다.[3]

---

2 838년 7월 23일, 8월 26일 및 29일, 11월 24일, 29일 및 12월 8일.

3 842년 10월 9일. 843년 1월 17일 및 18일. 843년 7월 29일. 844년 7월 15일. 845년 5월 13일.

엔닌은, 예를 들면 신앙의 중심이었던 천태산과 오대산 같은 큰 산과 승려 사회의 크기에 대해서도 몇 가지 정보를 제공하고 있다. 그가 양주에 있었던 무렵에 한 승려가 천태산에서 와서 천태산의 큰 국청사國淸寺에 평상시에 150명의 승려가 살았다고 그에게 알려주었다. 그러나 여름의 안거(安居 : 인도에서는 우기에 외출을 금하며 좌선坐禪 수학修學을 권한다. 지나도 이에 준해 여름의 일정 기간에 모여 수행을 하였다.) 기간에는 300명이 넘는 승려가 모였다고 한다. 그러나 조금 작은 선림사禪林寺에는 평상시에 40명의 승려가 살았는데, 여름철에는 70명 이상이 묵었다고 한다.[4]

3개월에 걸친 여름 안거는 원래 인도에서 시작된 것으로 인도에서는 승려들이 탁발托鉢 때문에 여러 나라를 돌아다니는데 사정이 나쁜 우기에는 사원에 머물러 공부하는 기간이었다. 엔닌 자신은 지나에 머무는 동안에 이 전통에 대해 특별히 관심을 기울이지 않았던 듯하다.

엔닌은 오대산에 머물렀기 때문에 그 시설 규모에 대해 당연히 알고 있었다. 이들 12개의 시설은 '12대사원'이라고 불렀는데, 물론 그 외에 그것들보다 작은 시설이 산재하였으며 그중에는 보통원普通院도 포함되었다. 엔닌이 가장 오래 머물렀던 곳은 대화엄사大華嚴寺이었다. 그곳에는 어느 정도의 승려가 살고 있었을까? 그는 우리들에게 확실히 알리고 있지 않지만 그 사원이 12개[그의 다른 기술에 의하면 15개]의 사원을 거느리고 있었다고 우리들에게 알려줌으로써 그 규모를 암시하여 알려주고 있다. 12 혹은 15개의 사원은 각기 떨어져 있는 건물이므로 행정적으로는 나뉘어져 있었다고 생각된다. 12개의 사원이

---

4 839년 윤 1월 19일.

모여서 대화엄사라는 하나의 큰 사원을 형성하고 있었던 것이다.

죽림사竹林寺는 오대산 지역에 있으면서 오대산의 사원 사회의 행정에 속하지 않았지만 스스로 6개의 사원을 갖고 있으며 40여 명의 승려가 살았다. 오대산 지역의 승려 총계는 상당한 수에 달하고 있었음에 틀림없다. 왜냐하면 적어도 순례가 많은 여름철에는 채식요리가 있을 때 1,000명의 승려에게 제공되었다고 엔닌이 기록하고 있기 때문이다.[5]

지나의 많은 사원 중에는 재정적으로 국가의 원조에 일부 의존한 것도 있었지만, 그것들은 모두 신도의 헌금에 기대고 있으며 몇 개의 사원은 그것들이 소유하고 있는 토지에서의 수입으로 경제적으로 독립해 있었다. 엔닌은 산서성의 태원부 근처에서 그러한 사원의 장원을 방문하였다. 그리고 산동의 청주 서쪽 예천사醴泉寺 옆을 우연히 지나가다가 이 사원의 동쪽 약 1마일 되는 곳에서 사원의 과수원을 발견하고 거기서 5마일 더 되는 북쪽에서 또 하나의 장원을 발견하였다. 그는 또한 예천사가 최전성기에 15개 이상의 장원을 소유하였음을 알았다.

그 이전에 산동 반도의 튀어나온 끝에 있는 신라의 적산사원에서 그는 이러한 시설을 발견하였다. 이 사원은 24명의 승려와 견습見習 승려, 3명의 비구니, 노부인老婦人 2명을 수용하고 있으며 그 건설자에 의해 기부된 장원의 수입으로 꾸려나갔다. 그 수입은 해마다 쌀 500석을 거두었다.[6]

---

5 840년 5월 2일 및 16일, 6월 6일 및 8일.

6 839년 6월 7일, 8일 및 11월 1일. 840년 1월 15일, 4월 6일, 7일, 7월 12일. 845년 9월 22일.

여러 사원의 귀찮은 직책 이름과 기능은 너무 변화가 많고 복잡하여 이 건에 대해서는 불교백과사전 학자에게 맡기는 것이 좋다고 생각한다. 여러 사원에서 발견한 많은 이상한 행정상의 직책에 관하여 엔닌이 기술한 바를 보면 이 문제가 복잡하다는 것은 충분히 이해할 수 있다. 하지만 엔닌이 지적한 적산사원의 경우는 주목할 가치가 있다. 이 사원의 직책은 돌아가면서 맡게 되어 있다. 아마 1년씩 교체했을 것이다. 또한 칭호까지도 때가 되면 교체되었다. 그는 직책의 하나가 견습 승려에게도 할당되었다고 우리들에게 알리고 있다. 이는 이 사원의 평등주의의 정신을 구현한 것에 지나지 않는다. 왜냐하면 엔닌은 또한 장로라고 하더라도 다른 사람과 함께 부엌에서 일하며, 더군다나 '사원의 생활물자 창고에 장작이 떨어지면 늙은 사람 젊은 사람 할 것 없이 승려들이 모두 장작을 모으러 나갔다.'고 기록하고 있다.[7]

엔닌은 승려에게 주어진 경칭에 대해, 예를 들면 대덕大德이라든가, 때로는 직능을 표시하는 칭호로서 좌주座主 등을 들고 있다. 그는 특히 계율을 잘 지키는 일에 고집이 센 사람들을 '율대덕律大德'이라 부르고, 계율을 설명하는 일에 숙달된 승려를 '율좌주律座主'라고 경칭하였다고 한다. 이런 칭호를 가진 승려의 이름은 일기의 여기저기에 나타나 있지만, 엔닌은 선교를 위하여 포교사에게 주어진 '속세 사람을 개종시키는 선교사(宣敎師 : 化俗法師)'라는 아주 이상한 칭호를 가진 인물보다 흥미로운 인물을 만난 것을 말하지 않고 있다.[8]

---

7 840년 1월 15일(838년 7월 24일 참조). 839년 9월 28일.

8 838년 11월 24일.

국가적인 사원

엔닌은 또한 불교사원의 국가적 조직에 대해 배운 바가 있다. 839년 이른 봄, 이덕유는 새로운 승정僧正을 양주로 데리고 왔다. 그의 임무는 그 지방의 '사원이나 승려를 감독하는 것'이며, 양자강 남쪽 연안의 한 사원에서 온 인물이었다. 양자강 남쪽은 이덕유의 관할범위 바깥이었음에도 불구하고 초빙하였던 것이다. 엔닌은 때마침 율대덕律大德이라는 칭호를 가진 이 새로운 승정을 만났을 뿐 아니라 3개의 범주로 나뉜 불교 감독이 있다는 것을 알았다. 즉 승록僧錄은 '나라 안의 사원을 통제하고 불교를 정돈하는' 것이 임무이며, 승정은 '다만 한 행정구〔都督府〕의 그러한 일을 하는 것으로 한정한다.'는 것이다. 게다가 세 번째로는 사원마다 감사監寺가 배속되었다.[9] 그러나 이론적으로는 그렇다고 해도 승록과 승정은 실제로 적어도 당시

---

9 839년 1월 18일. 841년 1월 9일 및 2월 8일.

불교사원을 통제하는 데 관여하는 등 힘이 있었다고 생각되지 않는다. 엔닌의 일기는 무엇인가? 그러한 통제력의 흔적을 남기고 있지 않다. 하지만 두 차례 정도 그는 수도의 좌가승록左街僧錄이란 이름을 기록하고 있다. 다른 한편 지방의 사원과 승려를 감독하는 것은 실제 지방의 행정관이었다는 것을 명확히 하는 실례를 충분히 들고 있다. 수도에서는 장안의 모든 시설과 거기에 거주하는 사람에 대해 절대적으로 감독을 행한 것은 두 명의 대공덕사大功德使이었다고 한다.

이러한 상황은 사원과 국가가 분리되어야 한다는 관념이 아직 없었던 나라에서는 그다지 놀랄만한 일이 아니다. 그래서 종교를 정부의 도구라고 여겨 그 자체의 주권을 인정하고 싶지 않았던 경향이 있었다. 양주의 7사원 같은 관사官寺는 어느 의미에서 관官의 청사廳舍와 거의 구별할 수 없었다. 그것들은 정부의 정신계에 대한 관계를 통제하는 특별기구 같은 것으로 되었다. 예를 들면, 사망한 황제의 영혼을 위해서, 때로는 살아 있는 황제를 위해 의식이 행해지며, 비를 내리기 위해 필요한 기도나 정해진 기간 내에 비나 쾌청한 날씨가 계속되도록 기도를 하며, 그 외 보통 정부관료에게는 도움이 되지 않는 정신적인 여러 의식을 집행하기도 하였다. 승려의 이러한 준 관료적 지위는 엔닌이 매년 연중행사로서 양주의 쌀을 고르는 일을 말하고 것으로도 잘 알 수 있다. 이 경우 승려들은 일반 행정관료와 지위가 같아 같은 양의 쌀을 할당받아 군대의 관료조직에 속하는 군관軍官들과 똑같이 쌀을 고른다.

장안에서 사원과 국가가 불가분의 관계이었다는 것은 더욱 명료하다. 예를 들면, 엔닌은 장안 정부의 심장부인 황성 가운데에도 절 하나가 있는데, 승려가 7명씩 끊임없이 교대로 악마로 인한 천재지변이 정치에 미치지 않도록 경문을 읽고 있는 것을 보았다. 똑같이 예전부터 불상과 경전이 수도의 동쪽 2, 3마일 되는 산언덕 가운데에 있는 온천장의 황실의 한 큰 건물〔長生殿〕에 안치되고 '수도의 양쪽 거리의 여러 절에서 수행을 쌓은 숙달된 승려를 선출하여 7명씩 3교대로 경전을 밤낮 없이 매일 경전을 읽게 하였다.' 고 한다.[10]

황제는 마음에 드는 불교 승려에게 마치 궁중의 관리처럼 칭호나 명예를 주었다. 어떤 사람에게는 '자주색 옷을 허용하였다.' 자주색은 5위位의 궁정 사람에게만 허용된 색깔이다. 황제는 또한 공식적으로 임명된 궁중의 승려〔內供奉〕를 뜻대로 해고할 수 있으며 실제로 해고하였다. 이처럼 사원과 승려들은 분명히 황제의 부름을 따랐으며, 황제는 되풀이하여 여러 종교적 의식을 하도록 명령을 내리며, 또한 일반 대중을 위해 강의를 개최하도록 명령하기도 하였다.[11]

정부의 불교사원에 대한 엄중한 통제는 엔닌이 만난 승려가 출가하여 불문에 들어가는 규제를 통해서도 볼 수 있을 것이다. 그는 이쇼오와 이교오 두 사람을 제자로 두었기 때문에 당연히 그들의 종교적 훈련 뿐 아니라 한 사람만이 승려로서 사원 사회에 참가할 수 있다는 것을 약속하는 득도 의식에 대해 관심을 나타냈다. 양주에서 엔닌은 이교오의 머리를 깎았다. 그는 이쇼오와 달리 아직도 머리털을 기르고 있었기 때문이다. 그런 뒤에 일본대사관을 통해 두 사람이 득도를 받을 수 있도록 허가해 달라고 신청을 하였다. 엔닌이 공식적인 신청을 한 이유는 '비공인 득도가 많이 행해져서' 828년 이래 매년 '사람들이 제멋대로 머리를 깎아 승려가 되는 것을 금하는' 명령이 발령되

---

10 840년 8월 24일. 844년 4월 1일.

11 예를 들면, 841년 1월 9일, 2월 8일, 5월 1일 및 9월 1일. 842년 5월의 항목을 참조.

었기 때문이다. 그래서 오대산과 또 한 장소만이 공식적으로 득도得度하는 장소로 인정을 받았다.[12]

이처럼 득도를 제한한 것은 일을 감당할 만한 체력을 가진 많은 인재가 승려라는 면제 직업으로 들어가는 것을 정부가 달갑게 여기지 않은 결과이다. 어느 일정한 수의 사원과 승려는 당시 통치자에게 정신적인 안녕을 보장하는데 필요하다고 느껴졌지만, 지나치게 많은 면세 사원이 소유한 장원과 승려가 늘어나면 정부의 재정이 가난해지기 때문이다. 그 결과 당국은 승려가 되는 사람 수를 제한하고 국가에 필요한 정신적, 세속적인 인원의 균형을 반드시 유지하려고 했다.

제멋대로 하는 득도 금지령은 엄격하게 실행되었다고 생각된다. 일본인 관료가 신청한 두 명의 견습 승려를 득도시키려는 최초의 소원은 지나 측의 일본사절 담당관을 당혹케 하였다고 생각된다. 그는 이덕유와 절충하는 역할을 담당하고 있었는데 때마침 문서를 잃어버렸다. 하지만 엔닌은 그런 업무 태만이란 구실로 체념할 인물이 아니었다. 요청은 2개월 뒤에도 반복되었는데, 이때는 절도사에게까지 이르렀으나 천자의 특별 허가가 없는 한 허가는 어려울 것이라고 답하였다.[13]

뒤에 엔닌은 지방에서 득도의식을 위해서는 특별한 보시를 하지 않고서는 되지 않는다는 것을 알았다. 북지나 평야를 가로질러 여행할 때 그와 일행은 구주具州에 도착하였다. 거기서는 바로 전날에 득도의식이 방금 끝이 났다. 엔닌은 지방장관[刺史]이 지방사령관[節度使]에게 '길가나 네거리에 고시告示를 내다 붙여 사람들이 널리 알도

---

12 838년 10월 13일 및 19일, 12월 2일 및 18일. 839년 8월 6일.

13 838년 12월 2일 및 18일.

록' 지시하였다고 기록한다. '400명이 넘는 승려가 각지에서 와서 득도를 받았다. 어제 식이 끝나고 새로 득도한 승려들은 모두 흩어졌다.'고 한다. 엔닌은 스스로 계단(戒壇 : 한 사람의 승려가 되는 계율을 받는 장소)을 직접 살펴보고 다음과 같이 묘사하였다.

> 그것은 벽돌로 포장하여 이중으로 되어 있고, 아래층은 사방이 25피드이고 위층은 사방이 15피드이다. 아래층은 높이가 2피드 반이고 위층은 그 위에 높이가 2피드 반이다. 단壇은 하늘색이 부족한 녹색(옥의 푸른빛)이다. 오늘날의 사람들은 그것을 유리색의 마지막 잔이라고 말하였다.[14]
>
> (이상 인용문)

새로운 승려를 위해 행해진 득도의식이 끝나고 나흘이 지나자 구주에서는 똑같은 의식이 새로운 비구니를 위해 다른 불교시설, 즉 대개 니승원尼僧院에서 행해졌다. 엔닌은 너무 일찍 출발하여 지나가는 바람에 자세히 그것을 살필 수 없었다. 그러나 그는 이른바 계단에 대해 다음과 같이 묘사하고 있다. '표지가 있는 깃발이 불당 안에 걸려 있고 앉기 위해 깔개가 마련되었다. 땅의 표면은 새끼줄로 구획되었으며 따로 단을 설치하여 평평한 지면이 그대로 계단으로 사용되었다.'

이쇼오와 이교오는 하루 차이 때문에 구주에서 득도를 받을 기회를 잃었으나 마침내 오대산에서는 한 사람의 승려가 될 수 있었다. 그곳에는 수십 명의 견습 승려가 먼 곳에서 모여 여러 주일 동안 훈련을 받은 뒤에 어느 날 밤에 죽림사의 하얀 비취〔백옥석〕계단에서 깨끗하지 않은 것이 치워졌다. 엔닌은 이것이야말로 공식적으로 인정을 받

---

14 840년 4월 13일 및 14일.

은 유명한 '만성계단萬聖戒壇'이라고 우리들에게 가르친다. 그리고 100세 된 노승의 보살핌을 받는데 그 광경은 이상할 정도로 감격스러웠다.

엔닌은 계단의 모습을 다음과 같이 기술한다. '그것은 전부 순백색의 비취로 이루어져 있는데 높이가 3피드의 팔각형이다. 단의 밑바닥에는 가루 향을 안에 넣고 둘레를 모두 칠하여 보이지 않게 한 석고로 채워져 있다. 단 위에는 오색 비단 양탄자가 깔려져 있는데 팔각형으로 단에 빈틈없이 합쳐지도록 되어 있다.' [15]

정부의 통제는 득도에 그치지 않았다. 관리들은 선발한 승려와 사원을 제멋대로 간섭해도 뭔가 불편함을 느끼지 않았다. 이미 설명하였듯이 일본인들이 지나에 머문 초기에 양주의 사원에서 쫓겨나 당혹한 것은 '규칙에 따라 외국인은 멋대로 사원 안으로 들어가는 것이 허용되지 않는다.'는 이유에 따른 것이다. 초주에서, 양주에서 엔닌을 따라 온 지나인 승려 두 명은 각기 개원사에 머무는 것을 거부당하였다. 아마 일본인이 가담했기 때문에 다른 사원에 머무르도록 강요를 받았다고 생각된다. 정부의 승려에 대한 통제가 엄격했음을 가장 잘 보여주는 예는 학문이 높은 남인도의 학승 라트나찬드라 Ratnacandra 박사〔宝月三藏〕에 관한 사건을 엔닌은 말하고 있는 것이다. 이 학자인 외국 승려는 그의 직접 감독자인 좌가공덕사左街功德使인 구사량仇士良과 상담하지 않고 느닷없이 황제에게 고국으로 돌아가게 해달라는 탄원서를 제출하였다. 운 나쁘게 이 인도 승려는 '군대에 의해 5일간 유치되고 관리의 머리를 넘는 죄〔越官罪〕로 문초를

---

15 840년 5월 1일, 2일 및 14일. 이들의 날짜는 2권과 3권에 중복되어 나와 있다. 3권에는 더 상세한 득도 의식이 서술되어 있다.

받았다. 그 결과 라트나찬드라의 제자 3명은 각기 채찍(회초리)을 7차례 맞는 형벌이 선고되고, 그의 통역 승려는 채찍 10차례를 선고받았다. 그러나 삼장은 맞지도 않으니깐 귀국도 허가받지 않았다.' 고 한다.[16]

16 838년 8월 3일, 839년 2월 26일 및 3월 3일. 841년 6월 11일.

종파의 분립

　지나의 불교사원은 정부가 통제를 실시하고 있는 한 단일 국가적 조직이었기 때문에 그 내부에서 종파의 구별은 동시에 매우 애매모호하게 되었다. 이에 반해 일본에서는 처음부터 교의적敎義的 내용보다 외관적 형식이 중요시되어 이들의 구별은 바로 엄격하게 서로 분리되어 때로 후대가 되면 싸우고 합류하는 종파가 되었다. 그러나 지나에서는 종파가 일정한 조직적 독립을 의미하기보다 오히려 철학적인 뉘앙스를 대표하는 것이었다. 종파의 구별이 지나 역사의 다른 어떤 기간보다 가장 강했던 엔닌의 시대까지도 종파의 구별은 결코 일본이나 서구에서와 같은 의미는 없었다. 엔닌은 그와 동행하여 지나에 온 일본인 승려에 대해서는 주의 깊게 그들의 소속 종파를 명확히 하고 있지만, 그가 만난 지나인 승려에 관해서는 거의 종파를 평가하지 않았다.

　다만 두 차례 지나 승려에 관해 종파의 구별을 기술하고 있는데,

그것은 천태天台와 선禪이다. 이 둘은 어느 의미에서 불교의 철학적 경향의 양극단을 대표하는 것이었다. 즉 천태는 엄밀하게 단계가 부여된 경전의 순서〔教相判釋 또는 教判〕와 고도로 조직화된 변증법 철학을 강조하였다. 선은 경전의 권위를 부정하며, 어느 의미에서는 비철학적이며 개인의 성격이나 돈오頓悟에 그 강조점을 두었다.

선의 전통에서 사는 승려들의 호방하고 솔직한 생활방식은 엔닌의 눈에는 매우 기묘하여 충격을 주었음에 틀림없다. 이는 아마 북지나의 어느 읍에서 만난 일단의 선승 승려의 성격을 설명할 때 반영되어 '극단적으로 마음이 제멋대로인 인종人種'이라고 단정하고 있다. 적산원에서 4명의 신라 승려는 선종에 속했다고 엔닌은 설명하고 있지만 그 이상의 특별한 기술은 없다. 양주에서 그는 선승 12명으로부터 정중한 방문을 받았는데, 그들은 천태의 한 동료가 인솔하는 일행이며 천태산으로 가는 도중이었다. 또한 오대산의 대화엄사에서는 50명 이상의 선승 일단에 관해 기록하고 있는데, 그들은 모두 '양털 옷과 수행자가 짚고 다니는 지팡이'를 지니고 있었다. 그리고 그들은 성산을 순례하는 동안에 이따금 한 사원에 머무르고 있었다.[17]

천태산은 천태의 가르침이 흘러나온 원천이므로 당연히 엔닌 자신의 종파에서는 최대의 중심지이었다. 하지만 그는 끝끝내 그곳을 방문할 수 없었다. 아무튼 그는 적산원과 양주의 한 사원인 용흥사龍興寺에서 천태에 관해 배운 바가 있었다. 적산원에서 천태의 영향은 주로 그 근본이 되는 가장 중요한 법화경法華經에 대해, 특히 강의가 겨울에 행해진 것으로 알아차릴 수 있다. 또한 이 절의 별명을 법화원이

---

17 838년 10월 14일. 840년 1월 15일, 4월 22일 및 5월 17일.

라고 칭한 것으로도 수긍이 될 것이다.

용흥사에서도 천태의 영향이 몇 가지 보였다. 예를 들면, 법화원이라고 불리는 사원의 벽화에 천태대사天台大師가 그려져 있었다. 천태대사라는 것은 종파의 시조인 지의智顗에게 주어진 시호이다. 이 사원에는 '법화도량法華道場'으로 알려진 천태종의 특별한 종교의식 때문에 사용되는 건물이 있고, 그 회랑의 한 벽화에 '법화경을 외우는' 송법화경誦法華經이 그려져 있다.[18]

엔닌이 방문한 유일한 천태학의 중심지는 오대산의 대화엄사이었다. 여기서 그는 승려 두 사람을 만났다. 그중에 한 사람은 최근 장안에서 와서 『법화경』과 지의智顗의 많은 저술, 그리고 그 외 천태의 전적典籍에 대하여 가끔 이 사원에 속하는 천태승天台僧 40여 명을 위해 강의를 하였다. 이 절의 학승 한 사람인 문감文鑑 좌주座主는 엔닌에게 소개되었을 때 말하였다. "이 절은 천태의 가르침을 세상에 넓히기 위하여 두 개 강좌를 마련하고 있습니다. 나는 먼 나라에서 일부러 천태의 가르침을 구하려고 이곳을 찾아온 승려들을 만나볼지 모른다는 기분이었습니다. 과연 내 예감은 크게 적중했습니다."라고 하였다. 엔닌은 친히 보고 들은 것에 감격하여 정열을 다해 일기에 기록하였다. "오대산의 대화엄사야말로 진실로 천태의 전통을 계승한 곳이라고 할 수 있다."고 하였다.[19] 대화엄사의 천태색이 강한 것은 문감과 또 지원志遠이라는 승려의 영향이 큰데서 유래하였을 것이다. 지원은 절의 모든 사람으로부터 '사주師主'로 숭상을 받아 오대산 전역

---

18 838년 12월 9일. 839년 1월 3일, 6월 7일 및 11월(또는 12월) 16일, 22일. 840년 1월 15일.

19 840년 5월 16일 및 17일.

에 걸쳐 명성이 울려 퍼져 있었다. 엔닌은 믿음이 강한 이 인물에 대해 기록하여 "그는 보시를 받지 않으며 하루에 한 번밖에 식사를 하지 않는다. 그의 계율 실천은 깨끗하며 고귀하다. 그는 한 번도 낮이나 밤 6시 예배와 참회를 거른 적이 없다."고 하였다.

엔닌은 산동의 적산원에서도 천태산에서 왔다는 두 명의 천태학자에 대해 이미 듣고 있었다. 지원은 바로 엔닌이 들은 소문이 사실이라는 것을 납득시켰다. 그는 엔닌에게, 그가 804년 일본에서 천태산으로 온 사이쵸最澄을 만났을 때의 사항을 말해주었기 때문이다. 엔닌은 지원과 문감이 살고 있었던 사원에 '천태의 서적이 가득 차 있는' 것을 찾아냈다. 그곳에서 그는 1개월 이상 '일본에 아직 없는 천태의 서적을 써서 베끼는 일'에 시간을 보냈다. 그는 베끼는 것이 끝나자 필사한 원전의 목록을 만들어 지원에게 가지고 가서 '여기에 그의 서명을 청하였다.'[20]

그러나 엔닌은 천태산과 대화엄사가 밀접한 정신적인 관계를 맺고 있는 것이 행정상 통제에 바탕을 두었는지에 대해 아주 분명하게 하지 않고 있다. 결국 대화엄사는 행정적으로 다만 다른 오대사원과 관계를 갖고 있었음에 지나지 않는다고 생각된다. 동시에 대화엄사는 교의적으로는 천태산과 교섭이 있었다. 그래서 엔닌은 지원志遠에게 고향 일본의 출신 사원인 엔랴쿠지延曆寺에서 가지고 온 불교의 가르침에서 나타나는 의문을 해결해 달라고 부탁하였다. 하지만 지원은 단호하게 다음과 같이 말하였다. "우리들은 이미 천태산이 이들 의문을 해결하였다고 듣고 있기 때문에 다시 그것들을 해결하는 것은 적

20 839년 7월 23일. 840년 5월 16일, 23일 및 6월 29일.

당하지 않다고 생각한다."고 하였다.

엔닌은 다음날 이 정보를 전하는 천태산의 국청사國淸寺에서 온 문서를 보았다. 여기서 생각해낸 것은 엔닌이 초주에 있었을 때 이들 의문을 천태산으로 가는 엔사이圓載에게 부탁한 것이다. 천태산의 승려들은, 일본의 승려가 왜 오대산으로 가고 있다든가 하는 것은 알 길이 없었기에, 아마 이들 종교상의 가르침을 결재하는 문서가 여러 나라의 말사未寺에 회람되어 그런 루트를 타고 대화엄사에도 이 문서가 돌아왔다고 생각된다. 혹은 엔닌의 표현을 빌리면 "천태의 위엄과 덕망이 천하에 골고루 퍼져 있다."는 것이다. 게다가 우리들의 흥미를 끌기에 충분한 것은 전달이 확실하다는 것이 그 문서에 부쳐진 천태 지방의 지방장관에 의해 기록된 송장送狀으로 증명이 된다. 거기에 그의 관인이 찍혀 있고 특별히 회답문서의 원고를 다듬은 고승의 이름이 따르고 있다.[21]

엔닌이 수도에서 진행한 연구 내용이 밝혔듯이 지나 불교의 종파적 구별은 본질적으로 약하다. 그는 스승으로 택하는 인물에 대해 주의 깊게 조사하고 그에게 추천을 받아 스승으로서의 자격을 갖춘 이들이 쌓은 학문을 기록하였다. 하지만 엔닌의 최대의 관심사는 그들의 불교 학문에 대한 전공영역이지 결코 그들의 소속 종파는 아니었다. 소속 종파에 대해서는 언급한 일조차 없었다.

엔닌은 장안에 도착하여 겨우 2주밖에 지나지 않았을 무렵에 간단한 예비적인 자기소개의 인사말, 그리고 예배가 끝나자 엔닌은 바로 배우려고 하는 각 문제에 대해 그 지방의 일류 권위자의 이름을 지나

---

21 839년 2월 27일. 840년 5월 17일 및 18일.

의 승려한테서 배웠다. 연구 과제는, 예를 들면 대부분 대승불교 경전의 원어인 산스크리트어라든지 불교철학과 세계관의 2대 일람표적 상징인 금강계만다라와 태장계만다라를 중심으로 하여 여러 가지 신학적 학문[敎相, 즉 密敎의 이론 면을 가리킨다] 및 마술적 학문[事相, 즉 밀교의 行法에 관한 면을 가리킨다] 등이었다.

엔닌의 상담 상대는 장안의 4개 별별 사원에 속해있는 8명의 승려를 교사로 추천하였다. 이들 학자 중에 두 사람은 서쪽 나라에서 온 인물인데, 인도인이거나 중앙아시아인 듯하다. 그러다 보니 교사로서 가르치기에 충분한 지나어를 알지 못하였다. 엔닌은 그의 상담 상대와 함께 제자 이쇼오를 보내 나머지 여섯 명이 교사가 될 만한 인물인지 조사케 하였다. 그들은 돌아와 보고하기를, 이들 여섯 명 중에 한 사람은 "73세로 늙어빠져 반신불수이므로 정신이 혼몽하다." 다른 한 사람은 딴 인물과 비교하면 뚜렷하게 빠진다고 하였다.

엔닌은 이 보고에 만족한 것이 틀림없다. 왜냐하면, 그는 드디어 나머지 네 사람 전원에게서 가르침을 받았기 때문이다. 그리고 곧바로 그들 중의 한 사람인 원정元政한테서 서적을 빌렸다. 며칠 뒤에 그는 원정을 방문하여 그 밑에서 금강계 연구를 시작하는 준비를 마무리 지었다. 엔닌은 공부를 할 때 관정灌頂을 포함한 여러 가지 의식을 받았다. 원정 밑에서 3개월 반의 학업을 마칠 때 또한 일련의 의식을 받았다. 그중에는 법을 전하는 세례[傳法灌頂]가 포함되었다. 이 의식은 물에 담그는 것이 아니고 엔닌의 머리 위에 다섯 개의 병으로 물을 끼얹는다. 그것은 아마 이 연구 과정을 마친 축하의 의식이며, 엔닌은 같은 날 맨 처음에 위대한 현장玄奘에 의해 건립되어 당시 시내의 동남부에 있는 높은 탑으로 올랐다. 오늘날은 큰 야생 거위탑[大雁塔]으로 알려져 있는데, 맨 끝머리에 예스런 멋이 있으며 지난날의 모습을 잃은 서안의 성벽 밖 남쪽으로 약 2마일되는 곳에 세워져 있다.[22]

금강계를 완전히 습득하자, 엔닌은 의진義眞을 따라 태장계胎藏界를 배우기 시작하였다. 다시 추천을 받은 세 번째 교사한테서 그에 관한 가르침을 받았다. 그는 네 번째 교사한테서 '산스크리트어의 문장 규칙〔文法〕'의 첫걸음을 받았다. 엔닌이 정식으로 받은 학과의 마지막 기록은 수도에 도착해서 2년 뒤에 결실을 본 것이다. 즉 인도인 라트나찬드라(그는 仇士良을 따르지 않고 그냥 지나쳤기 때문에 화를 입었다.) 한테서 '개인적으로 산스크리트어의 바른 발음을 그의 말씨대로 배웠다.' 는 것이다.[23]

---

22 840년 8월 26일, 9월 5일 및 6일, 10월 13일, 16일, 17일 및 29일. 841년 2월 8일, 13일 및 4월 28일.

23 841년 4월 4일, 7일, 13일, 28일 및 30일, 5월 1일 및 3일. 842년 2월 29일, 3월 12일 및 5월 16일(5월 26일에 계속됨).

채식요리

엔닌은 불교의 조직체에 대해서는 대부분 곁눈질을 했을 정도로 밖에 언급하지 않았으나 그가 지나에서 직접 본 신앙의식에 관해서는 이상하게 흥미를 갖고 묘사하는 것을 아깝게 여기지 않았다. 그중에서 가장 두드러진 것은 채식요리이다. 채식요리란, 승려 또는 어느 때에는 일반 사람을 위해 베푸는 잔치이다. 대개 정오 전이나 그 무렵에 이루어지며 불교도의 식사 규정에 따라 고기가 없는 요리로 한정된다. 향연 그 자체는 반드시 종교적 예배의식 이후, 때로는 이전에 행해졌다.

이미 밝혀졌듯이 엔닌은 사원에서 받은 식사라든지 숙박비 일부를 지불할 생각을 하고 있었기 때문에 종종 채식요리의 후원자가 되었다. 발해국에서 온 사절이 산동 반도의 청주시에서 엔닌을 포함하여 약 50명의 승려에게 채식요리를 마련한 것도 아마 같은 이유에서일 것이다. 엔닌은 또한 일본인 동료 한 사람이 일본 사절단과 함께 장안으로 와서 15일 동안 엔닌의 뒤의 스승인 의진 밑에서 배우고 가르침을 받은 것에 대한 사례의 의미로 100명의 승려를 위하여 채식요리를 마련하였다고 우리들에게 전하고 있다.[24]

또한 일본 견당사 일행이 종교 그림을 그려 받은 뒤에 채식요리를 마련했다는 것을 우리는 알고 있다. 이런 그림은 보통 어느 절에 실재 있는 성인의 초상에서 모사되었으므로, 이들 향연은 어느 의미로는 받은 편의에 대한 사례라고 간주될 것이다. 그래서 일본대사는 그림의 모델로 사용한 답례로 초주의 개원사에서 60명이 넘는 승려를 위하여 채식요리를 공양하였다. 판관 후지와라노사다토시(藤原貞敏, 807~867, 비파 연주자)가 양주에서 위독한 상태에 빠졌을 때 똑같이 종교 그림을 그리게 할 것을 다짐하였다. 이들 그림이 양주의 개원사에서 그리는 것이 끝나자, 그도 또한 60명이 넘는 그 절의 승려를 위하여 채식요리를 보시하였다.[25]

우리들이 본 바로는 채식요리라는 것은, 예를 들면 현재 황제의 탄생일이라든지 선대의 황제 기일忌日에 마련되는 종교의식의 일부분이다. 엔닌은 또한 그가 후원자가 된 채식요리의 하나가 천태종의 조사祖師인 지의智顗의 기일에 있었다는 것을 설명하고 있으며, 청주에서는 지방의 절도사가 그 자식의 탄생일에 '만세를 기도하는 채식요리를 마련하였다.' 고 전하고 있다.[26]

채식요리는 오늘날 이른바 만찬 모임 같은 것으로 환영이라든가 간단한 송별의식으로 종종 이용되었다. 이런 의미에서 이덕유가 양

---

24 838년 8월 26일 및 29일, 11월 19일, 24일. 839년 2월 25일. 840년 3월 5일 및 28일.
25 838년 11월 29일 및 30일, 12월 5일 및 9일. 839년 3월 1~3일 및 5일.
26 838년 11월 19일, 24일 및 12월 8일. 840년 4월 1일 및 6월 11일.

주로 데리고 온 승정을 위해서도 채식요리〔空飯〕인 '정진다〔精進茶 : 空茶, 몸을 깨끗이 하고 마음을 가다듬는 차〕'와 음악회〔음성〕를 마련하였다. 엔닌이 뒤에 오대산의 대화엄사를 떠날 때에도 그곳의 지나인 동료들은 그를 위하여 송별 채식요리를 마련해 주었다. 엔닌은 똑같이 산동의 등주의 행정구에 속하는 작은 사원에서 등주자사가 준비한 채식요리에 초대를 받았는데 2명의 사원 관리인과 일본 승려 세 명이 참석하였다. 이때의 모습을 엔닌은 전하기를, '20명 이상의 마을 주민들이 각기 상태에 따라 준비한 음식을 각자의 집에서 가지고 와서 우리들에게 내놓았으며' 그들 자신도 참여하여 그것을 먹었다고 한다.

이처럼 일반 사람이 참여하는 것은 결코 특별한 일이 아니었다. 왜냐하면, 엔닌은 오대산에서 행해진 채식요리의 경우에도 그것을 언급하고 있으며, 양주의 개원사에서는 최초의 일본 견당사 선단의 짐을 운반하는 사람과 예술가나 활 쏘는 사람들이 채식요리에 참여하여 경문을 소리 내어 읽는 것을 들었던 것을 기록하고 있기 때문이다. 엔닌은 또한 적산원에서 채식요리에 참여한 것을 서술하여 "그것은 참가하는 인원을 제한하지 않았다."고 하니, 아마 오는 것은 일반 사람을 포함하여 누구나 환영을 받았다는 것을 의미했을 것이다.[27]

채식요리는 때에 따라 정부나 개인 기부자에 의해 어떤 특별한 기념 의미가 포함되지 않으며 답례로 특별한 보상을 요구하지 않고 다만 믿는 마음이 두터운 공덕 행위로 개최되었다. 엔닌은 매년 연중행사로서 칙사가 선물을 가지고 오대산의 12개 큰 사원으로 찾아와서 큰 채식요리를 준비하는데, 어느 경우에는 천 명의 승려가 참가하였다는 것을 전하고 있다. 그 밖에 개인에 의해 지불된 큰 채식요리가

27 838년 12월 23일. 839년 윤 1월 3일. 840년 2월 15일, 28일 및 7월 1일.

오대산에서 행해진 것도 서술하고 있다. 이들 중 하나는, 예를 들면 죽림사에서 750명의 참가자를 위하여 행해졌는데 후원자는 산동에서 참예한 한 인물이었다. 엔닌은 이 기특한 행사를 다음과 같이 묘사하고 있다.

> 정오에 사람들이 종을 쳐서 울리자 승려들은 불당으로 들어갔다. 불당에 가득 찬 승려·견습 승려·일반인·부인·어린이는 각기 순서대로 열을 지어 자리에 앉았다. 예배 지휘자〔表歎師〕가 나무 방망이를 두드리며 외쳤다. "중생들이여, 존경하는 마음을 일으켜 세 개의 영원한 보물에 대해 공손하게 예배하세요. 중생들이여 이리저리 생각하세요." 그렇게 하자 이 절의 젊은 승려 두 명이 손에 손에 금으로 된 연꽃을 가지고 표주박 같은 타악기를 두드렸다. 서너 명이 목소리를 가지런히 산스크리트어를 외웠다. 시주가 향을 피우고 이어서 모든 사람들은 승려·일반인·남자·여자를 불문하고 순서대로 향을 피웠다. 그것이 끝나자 예배의 지휘자가 먼저 시주가 공양하는 취지서를 읽고 나서 올리고 그런 뒤에 부처를 찬양하였다. 그리고 그는 외치기를, "중생들이여 공손하게 이리저리 생각하세요." 라고 하였다. 그러면 승려 전원은 목소리를 가지런히 하여 "마카 한냐 하라미츠"(유명한 불교경전에서 산스크리트어로는 마하 – 프라마하 – 프라쥬니야 · 파라미타 · 슈트라 Mahā – prajñā – pāramitā – sūtra)라고 외쳤다.[28]
>
> (이상 인용문)

이어서 여러 부처의 이름이 예배 지휘자와 승려들 사이에서 큰소리로 외쳐졌다. 그리고 다음과 같은 외침으로 끝이 났다.

---

28 840년 5월 5일 및 7일(제2권) 및 6월 6~8일.

…… "황제의 거룩한 통치가 영원히 번영하기 위하여 세 개의 보물에 대해 존경을 받들어 드립니다. 오늘 시주의 다방면에 걸친 영광을 위하여 영원한 세 보배에 대해 존경을 받들어 드립니다. 승려들과 우리들의 부모, 불법佛法 범위의 살아 있는 것을 위하여 영원한 세 보배에 대해 존경을 받들어 드립니다."라고 하였다.

그래서 예배 지휘자는 나무 방망이를 두드리고 소리를 높여 외쳤다. "음식을 제공하기 때문에 기도를 드립시다."라고 하였다. 한 승려가 자리에서 일어나 기도를 드렸다. 끝마치자 식사가 차려졌다. 귀족·천민·노약자·승려·일반인·남녀 모두에게 평등하게 밥상이 준비되었다.

승려들이 채식요리를 다 먹자 물로 입을 양치질하였다. 그 다음에 나무 방망이가 울렸다. 그러자 그들은 여러 부처의 이름을 큰 소리로 외쳤다. 예배 지휘자는 또한 나무 방망이를 두들겼다. "오늘 시주와 불법 범위의 살아 있는 모든 것을 위하여 우리들은 마카 한냐 하라미츠를 외칩니다." 라고 하였다.

(이상 인용문)

이것이 끝나자 또한 다른 여러 부처의 이름을 서로 부르는 주문이 시작되었다. 그 다음에 나무 방망이가 드디어 울리자 '군중은 마음대로 흩어졌다.'

양주에서 엔닌과 엔사이가 11월 24일 지의智顗의 기일에 60명 이상의 승려를 위하여 마련한 채식요리 수속을 상세히 기록하고 있다. 즉 다음과 같이 말하고 있다.

승려 집단은 불당으로 들어와 차례대로 앉았다. 한 사람이 물로 깨끗하게 하는 법을 행하였다. 우리들 시주 승려는 불당 앞에 섰다. 승려들 가운

데 한 승려가 나무 방망이를 두들겼다. 그러자 한 승려가 산스크리트어로
된 찬양 노래를 불렀다. 산스크리트어의 찬양 노래는 "이 경전에 의해 어
떻게 하면 피안彼岸에 도착할 수 있습니까? 우리들은 불타가 이제 모르는
신비를 우리들에게 열어 모든 살아있는 것을 위하여 상세히 그것을 설명
하여 주시기를 원합니다."라는 것이었다. 그것은 매우 절묘하게 들렸다.

산스크리트어의 찬양 노래가 불리어지는 동안에 한 사람이 경전을 넘
기고 있었다. 산스크리트어가 끝나자 일동은 경전을 각기 두 페이지 정도
목소리를 가지런히 하여 소리 내어 읽었다. 그 다음에 나무방망이가 두드
려지고 경전을 소리 내어 읽는 것이 끝났다. 다음에 한 승려가 소리 내어
읽었다. "세 영원한 보배를 공경하라."라고 하였다. 그러자 모인 승려는
전원이 그들의 자리에서 내려와 섰다. 그 다음에 산스크리트어의 처음 스
승이 산스크리트어로 일행의 원전을 소리 내어 읽었다. "여래의 신체는 써
서 없어진 적이 없다."라고 운운.

(이상 인용문)

엔닌과 엔사이는 거기서 불당으로 들어가 불상의 왼쪽에서 향을
피우고 이어서 이 의식에 참가한 승려들은 각기 향을 피웠다.〔기록은
다시 계속된다.〕

그 다음에 그들은 불타를 찬양하였다. 불타를 찬양하는 말은 우리나라
의 예배 경우와 처음부터 전혀 다르지 않았다. 불타를 찬양하고 나서 그들
은 우리들이 시주가 되어 처음 채식요리를 마련하도록 요청한 취지의 문
서를 군중에게 골고루 알게 하였다. 그 다음에 그들은 채식요리를 할 때
불타를 감탄하여 칭찬하는 짧은 글을 소리 내어 읽었다. 채식요리에 관한
짧은 글을 소리 내어 읽자, 그들은 "불타 석가모니"라고 외쳤다. 군중은

모두 불타의 이름을 이구동성으로 합창하였다. 그 다음에도 감탄하여 칭찬하였다. …… 서서 합창하고 일제히 그들의 자리로 올라가 앉았다.

(이상 인용문)

이걸로 종교적 의식 부분을 끝낸 뒤에 엔닌과 엔사이, 거듭 채식요리에 관한 짧은 글을 소리 내어 읽은 승려, 그 밖에 사원의 관리직을 포함하여 중요한 인물 10명 정도가 건물의 거실에서 잔치를 마련하고 그 밖의 대중은 식당으로 갔다. 의식의 마지막 일은 각 참가자에게 이때 준비된 얼마간의 돈을 손에서 손으로 전하는 것이었다. 이 습관은 지나의 승려로서는 최대의 현금 수입원이었음에 틀림없다. 엔닌에 의해 다음과 같이 묘사되고 있다.

> 지나의 관습으로 채식요리가 행해질 때마다 음식을 준비하는 외에 약간의 금전을 남겨두며, 채식요리가 끝날 무렵이 되면 그들은 현금 액수를 모은 승려들의 수에 따라 승려들에게 균등하게 분배하였다. 그러나 예를 들면 채식요리에 관한 짧은 글을 지은 승려에게는 특별히 금품을 주었다. 즉 일반 승려들에게 30문씩 분배하지만 채식요리에 관한 짧을 글을 작성한 승려에게는 400문을 주었다. 둘 다 보시 현금이라고 하는데 일본에서 보통 보시布施라는 것과 같을 것이라고 생각한다.

(이상 인용문)

엔닌은 이때 또한 아침식사로 시주가 승려들에게 죽을 준비하는 경우도 있다는 것을 알았다. 그 습관에 의하면, 전날 해가 질 때 널리 알리지만 정오에 있는 채식요리 경우에는 그날 아침이 되기까지 알리지 않았다. 그는 또한 양주의 40개가 넘는 절의 승려 사이에 채식요리에 초대하는 회람문서 조직이 있음을 알았다. 아마 각 사원은 다른 사원에 속해 있는 모든 승려의 명부를 보관하며 큰 채식요리가 행해지는 경우 그 절에 거주하는 승려가 아닌 승려까지 초대되었으며, 외부에서 초대를 받은 승려는 당연히 이 명부에서 선정되었다고 생각된다. 이는 양주의 모든 승려가 동등하게 큰 채식요리에 초대를 받으며 보시 배당에 참여하였음을 의미한다.

그렇기는 하지만 이 회람문서는 결코 고정된 수속을 밟지 않는다. 500명의 승려가 양주의 개원사에서 선대 황제의 기일에 정부에 의해 주최된 채식요리에 참석하도록 초대를 받았을 때에는 시내의 사원은 각기 규모에 따라 대표 인원을 보내게 되었다. 엔닌은 우리에게 알려주고 있다.

> ······ 큰 사원은 30명, 중간 사원은 25명, 작은 사원은 20명씩 대표를 보냈다. 전체 인원은 단체마다 모이는데 긴 줄을 지어 자리에 앉았다. 지배인은 각 사원에서 파견되며 각 단체의 자질구레한 것을 끝까지 해냈다. 각 지구에서 온 지배인들도 똑같은 봉사를 하였다. 채식요리는 한 곳에서만 행해지지 않았으나 모든 장소에서 동시에 제공되고 먹었다. 그런 다음에 승려들은 일어나 해산하여 각자의 사원으로 돌아가고 있었다.[29]
>
> (이상 인용문)

---

29 838년 12월 8일.

종교 강의

　채식요리 다음에 엔닌이 가장 종종 언급하고 있는 종교행사는 개인의 강연회보다 일반적으로 어느 특별한 불교경전에 관한 연속강의 등이었다. 엔닌은 가끔 유명한 승려의 이름을 그들이 각기 환하게 알아 종종 강의하는 경전의 이름에 따라 부른 일이 있었다. 이런 특정한 원전에 대하여 전문화되고 해석의 전통이 생긴 것은 불교 이전 시대 지나의 학자나 철학자의 경향을 생각하게 한다. 즉 이런 경전별 전문화가 확립되는 습관은 전부라고 할 수 없지만 다분히 지나의 세속적인 학문 전통에서 유래하는 것이라고 할 수 있을 것이다.

　적산의 신라원에 있을 때 엔닌은 '하루 강의가 신라의 의식' 이라고 부른 것을 소개하고 있다. 그것은 분명히 죽은 사람을 위하여 친척에 의해 주최되고 지불된 추선(追善 : 죽은 사람의 기일에 불공을 올림) 행사이었다.

오전 8시(辰時)에 종을 쳐서 울렸다. 길게 울림이 퍼진 뒤에 강사와 선도자先導者가 불당으로 들어왔다. 군중은 이미 그전에 불당 안으로 들어와 줄을 지어 앉아 있었다. 강사와 독사(讀師 : 법회 때 강사의 講經에 대해 經題 또는 讀經題目을 읽는 승려)가 들어오자, 모인 사람은 일제히 불타의 이름을 부르고 길게 목소리를 끌어들였다. 강사는 북쪽 자리에 오르고 선도자가 남쪽 자리에 앉자 불타를 찬양하는 말이 멎었다. 그런 다음에 강단 아래 자리의 한 승려가 산스크리트어로 한 행의 시를 소리 내어 읽었다. "어떻게든 이 견전에 따라"라고 운운. 산스크리트어로 소리 내어 읽는 것이 끝나자 남쪽에 앉았던 인물〔讀師〕이 경전의 제목을 소리 내어 읽었다. 이처럼 경전을 소리 내어 읽는 것이 연장되었다. 그런데 그의 목소리는 상당히 떨리고 있었다. 경전을 소리 높여 읽는 사이에 모인 사람은 꽃을 세 번 뿌렸다. 꽃이 뿌려질 때마다 다른 성가聖歌를 불렀다. 경전을 소리 내어 읽은 뒤에 다시 제목을 짧게 소리 내어 읽었다. 강사는 경전의 제목을 설명하고 경전을 세 부분으로 나누어 대의를 설명하였다. 경전의 제목 설명이 끝나자, 사무를 담당하는 승려인 유나사維那師가 이 모임의 이유를 다 읽었다. 이 문서에는 생명의 무상함과 죽은 사람의 선행과 그의 사망 날짜가 기술되었다.[30]

이것이 엔닌의 일기에서 언급된 하루 강의에 대한 유일한 예이다. 그러나 연속강의에 대해서는 많이 기술되어 있다. 예를 들면, 황제가 수도에서 주최한 일반시민을 위한 강좌가 있다. 엔닌이 기술한 바에 의하면, 835년 이래 중지되었다. 하지만 새 황제인 무종에 의해 부활되었다. 엔닌은 그런 일반 시민에 대한 강좌가 841년부터 842년에 걸

---

30 839년 11월(또는 12월) 22일.

처 네 차례 있었음을 설명하고 있다. 첫 회는 841년 봄, 개원改元을 축하할 때에 있었다고 생각되는데, 만 한 달 동안 계속되고 장안의 일곱 개 절에서 행해졌다. 엔닌은 가끔 네 명의 강사가 사용한 원전에 대해 언급하고 있는데 그중에 두 차례는 대중에 인기가 있는 『법화경』이었다.

다른 두 개의 경우는 10개의 불교사원이 강좌계획에 동원되었다고 한다. 엔닌은 도교의 사원이 똑같은 강의를 도교경전으로 행하도록 명령을 받았다는 것을 두 번 정도 알려주고 있다. 그중의 하나는 장자莊子의 초기 철학적 작품에 대해서이었다.[31]

그러나 그러한 황제의 칙명에 의한 강좌는 장안의 수도로 제한된 듯하며 지나의 방방곡곡에 있는 사원은 그들 자신의 발의에 의하여 연속 강의를 정기적으로 개최하는데 종종 한 달 혹은 그 이상 계속되었다. 엔닌은 적산원도 정기적으로 겨울에 『법화경』 강좌를 열며, 여름에는 다른 경전을 연속해서 강의를 했다고 우리들에게 전하고 있다. 겨울 강좌는 12월부터 이듬해 1월 15일까지 계속되었다(혹은 어쩌면 11월 같은 날부터이었는지 모른다. 이 점에 대해 엔닌은 똑똑히 기록하는 것을 잊어버렸다). 엔닌은 오대산의 대화엄사에 도착하였을 때 적어도 두 종류의 강좌 중에 하나는 한 달 전부터 시작되어 진행중이었음을 알았다. 또 하나는 그보다 늦게 개강되었다고 보았는데, 엔닌은 강사가 겨우 강의 대상으로 한 저술의 제4권까지 밖에 나가지 않았음을 들었다.

대화엄사의 각 강좌에 각기 40여 명의 승려가 출석하였다. 양주에

---

31 841년 1월 9일, 5월 1일 및 9월 1일. 842년 5월 1일.

있었을 때 엔닌이 들은 바에 의하면, 70세 가까운 승려에 의한 연속 강의에 38명의 승려가 청강하였다. 적산원에서는 일반 시민도 승려에 끼어 강의 의식에 참예하였다. 청중은 처음에 40여 명이었으나 마지막 이틀 사이에 각기 250명과 200명으로 늘었다. 종강의식은 축복을 준다는 이른바 보살계菩薩戒를 수여하는 것으로 끝을 맺었다. 보살계는 뒤에 엔닌 자신이 일본 천황에게 수여하게 된다.[32]

한 달여에 걸친 적산원의 강의 의식은 '낮 동안에는 강의, 밤에는 예배·참회·청경聽經·예배의 순서 법식'에 따라 구성되었다. '해질녘이나 새벽녘 전에 예배나 참회를 하는' 지나 계통의 방식은 예외로 하고 다른 모든 의식은 신라어로 '신라의 습관을 따라' 행해졌다. 엔닌과 일행을 제외하고 참여한 사람들은 신라 출신의 속승俗僧으로 한정되었기 때문이다. 엔닌은 연속 강의 모습을 다음과 같이 묘사하였다.

오전 8시〔辰時〕에 그들은 경전 강의를 위해 종을 쳐서 사람들에게 알리게 하였다. 그 뒤에 모인 사람들이 얼마쯤 있다가 강당으로 들어왔다. 종의 울림이 끝나면서 모인 사람들이 자리를 잡자, 강사가 불당으로 들어와 높은 자리로 올랐다. 그런 사이에 모인 사람들은 함께 불타의 이름을 함께 소리 내어 외쳤다. 그들의 발음은 완전히 신라식이며 지나 발음과는 비슷하지 않았다. 강사가 자리에 오른 뒤에 불타의 이름을 소리 내어 외치는 것이 그쳤다. 그의 높은 자리 아래에 앉아 있던 한 승려가 산스크리트어로 완전히 지나식으로 한 줄로 된 시詩 "어떻게든 이 경전에 따라"라고 운운

---

32 838년 9월 1일, 839년 6월 7일, 11월(또는 12월) 16일, 17일 및 22일. 840년 1월 15일, 5월 16일 및 17일.

하면서 소리 내어 읽었다. 그가 "우리들은 불타가 이루 표현할 수 없는 신비를 우리들에게 열어내려 보내기를 바랍니다."라는 문구에 이르자, 군중은 일제히 "그윽한 향기를 풍기는 계율, 그윽한 향기를 풍기는 명상의 향기, 그윽한 향기를 풍기는 해탈" 운운 하면서 함께 소리 내어 외쳤다. 산스크리트어의 성스러운 노래를 부르는 것이 끝나자, 강사는 경전의 차례를 소리 내어 읽고 경전을 세 부분으로 나누어 해석하였다. 그 뒤에 유나사維那師가 높은 자리 앞으로 와서 모임을 개최하는 이유를 다 읽고 경제적인 후원자의 이름을 따로따로 다 읽고 나서 그들이 기부한 품목을 큰 소리로 불렀다. 그것이 끝나자, 그는 이 문서를 강사에게 건네주었다. 강사는 불자(拂子 : 지나산 얼룩소의 긴 꼬리를 묶어 자루를 단 佛具. 원래 먼지를 털거나 파리를 잡기 위해 중이 가졌던 물건. 사슴왕의 꼬리 탈로 이루어진 지도자의 상징으로서 총채 같은 모양을 하고 있다. 혹은 세상의 더러운 것을 제거하는 붓 모양을 하고 있다)를 쥐고서 일일이 시주의 이름을 읽고 기도를 드렸다. 그 뒤에 의논하는 인물이 문제를 제기하고 질문을 하였다. 문제가 제기되자 강사는 불자를 쳐들었다가 질문자가 질문을 알리는 것이 끝나자, 그는 이를 낮게 하였다. 그리고 다시 치켜세워 질문에 대해 감사의 뜻을 표하고 답변하였다. 기록 담당은 질문과 답변 둘을 기록하였다. 그것은 일본과 같았다. 그러나 교의상의 어려운 점을 지적하는 방법은 약간 달랐다. 의논하는 인물이 손을 세 차례 그쪽으로 내린 뒤에 강사는 해답을 내리기 전에 마치 꾸지람을 받은 사람처럼 온몸에 있는 힘을 다하여 갑자기 질문을 큰 소리로 펴서 말하였다. 강사는 문제를 책임지고 받아들여 다시 문제를 되풀이하지 않고 다만 대답하였다.

의논 뒤에 강사는 원전을 집어 들어 읽었다. 강의가 끝마치게 되자, 모인 사람들은 길게 끌어당기는 소리를 내어 일제히 칭찬하고 감탄하였다. 칭찬과 감탄 중에는 축복의 말도 있었다. 강사가 강단에서 내려오는 사이에 한 승려가 찬양노래 "이 세상에 있는 것은 마치 잡히지 않는 허공 같은 것이다."를 불렀다. 이 모습은 대개 일본의 경우와 비슷하게 들렸다. 강사는 여러 부처 앞의 예배 단으로 오르는 사이에 승려 한 사람이 세 보배 찬양 노래를 불렀다. 그 다음에 강사와 승려들은 함께 노래를 부르면서 불당을 나와 그들의 방으로 돌아갔다.

다시 덧붙이면, 높은 자리 남쪽의 낮은 자리에서 복습하는 강사가 끝나기를 기다리고 있다가 강사가 전날 설명한 원전에 대해 논쟁을 하였다. 복습하는 강사[覆講]가 중요한 의미를 설명하는 부분으로 다가오자 정강사正講師는 흑판에 하나하나 그 말을 기록하고 복습하는 강사가 이를 소리 내어 읽었다. 그가 전날 강의를 받은 원전 전문을 소리 내어 읽자 정강사가 다음 원전으로 나아가 읽는다. 이처럼 똑같은 것이 매일 반복되었다.

(이상 인용문)

의례와 제사

　엔닌은 또한 다른 불교 행사와 의식에 대해서도 종종 언급하고 있다. 그는 '국가를 위하여' 라는 관정灌頂 의식을 행하는 수도의 두 대사원에 대해 우리들에게 말하고 있다. 관정 의식은 각기 23일간을 일기一期로 진행되었다고 생각된다. 하나는 3월 15일부터 4월 8일, 즉 불탄佛誕의 전통이 있는 기념일까지 계속되며, 또 하나는 4월 1일부터 23일까지이다. 엔닌은 장안의 자성사慈聖寺에 머물고 있었을 때 그는 승려 한 사람이 3일간 이곳에 머물며 '아미타불의 정토淨土의 가르침, 즉 불타의 가르침' 을 전하고 있다고 기술하고 있다.

　이는 분명히 아미타불의 정토 또는 천국으로 태어나기 쉬운 구제救濟의 가르침이며, 아미타불은 자비의 구세주이고 그의 이름을 단순히 되풀이하는 염불이라는 단순한 신앙 외적인 표현으로 목적한바 구제를 이룰 수 있는 그런 교의는 엔닌의 시대에는 불교의 근본이 되는 그 장면에 불과하였으나 일본에서는 드디어 12, 13세기의 위대한 종교적 각성시대가 되자 온 나라를 풍미하기에 이르렀다. 엔닌은 이 염불 교사가 황제의 명령으로 절에서 절로 '매달 쉬지 않고' 각 절에서 3일간씩 이 가르침을 계속 전하였음을 알았다.[33]

자성사에서 엔닌은 또한 우연히 장례식에 참가하게 되었다. 장례식에 참가한 사람은 그때 진행되고 있는 불교탄압의 영향으로 다소 간소화된 듯하다. 여덟 달 병상에 누웠던 엔닌의 두 제자 중에 연장자인 이교오가 843년 7월 24일 밤에 마침내 사망하였다. 다음 날 엔닌은 필요한 서류를 정리하였는데 하나는 그의 사망시간을 알리고, 또 하나의 서류는 '이교오가 개인 옷에 외에 금전과 의류 또는 그의 몫으로 남아 있는 곡물을 가지고 있지 않다.'는 것을 기술한 것이다. 그리고 만약 이 진술이 잘못 되었다는 것이 발견되었다면, 엔닌과 이교오를 벌주기를 바란다고 원하였으며, 마지막으로 사원의 관리자는 일본인에게 그들의 죽은 벗을 매장하는 편의를 제공하도록 간청하였다.

성벽 밖 사원 묘지의 한 구획을 받아 27일 부랴부랴 그곳에 가매장을 하였다가 이교오는 이틀 뒤에 영원히 매장되었다. 엔닌은 이교오와 장례 대열에 참가한 여섯 명의 지나 승려에게 불타의 이름을 열 번 부르고 기도의 말을 하도록 부탁하였다. 이교오의 사망 후 21일째에 '삼칠일기三七日忌' 제사의 채식요리가 고인 때문에 마련되었다. 14일씩 두고 오칠일기五七日忌와 칠칠일기七七日忌가 다가왔다. 다시 51일 뒤에 100일 제사 채식요리가 행해졌다. 이는 이교오에 대해 엔닌의 일기에 나타난 마지막 기사이다.[34]

오대산의 죽림사에 머물 때 엔닌은 72명의 성자聖者들을 찬양하고

---

33 841년 2월 8일, 2월(또는 3월) 15일 및 4월 1일.

34 843년 7월 24~29일, 8월 15일, 29일, 9월 13일 및 11월 3일.

제물을 바치는 의식에 초대를 받았다. 그때 그의 설명은 다음과 같이
기록되었다.

초대에 응해 우리들은 의식 장소에 가서 예배를 위한 종교적 설치물을
보았다. 불당 내부 벽에는 72명의 성자의 초상화가 순서대로 걸렸다. 훌
륭한 표지가 있는 훌륭한 깃발과 보석이 모두 이 세상의 아름다운 색채를
자랑하며 전개되어 시선을 모았다. 여러 가지 색의 양탄자가 상에 꽉 차게
깔렸다. 꽃·등燈·훌륭한 향·차·약과 음식물이 성자聖者들 앞에 제물로
일렬로 놓았다. 황혼이 진 뒤에 모든 승려가 모였는데, 그중의 한 사람이
예배 자리에 올라 먼저 표주박 모양의 타악기를 두들기고 그 다음에 이 법
회를 개최하는 이유를 설명하였다. 그는 빠짐없이 시주의 이름과 그들이
바친 물품의 성질을 말하였다. 그리고 그는 시주를 위해 여러 부처와 여러
보살의 이름을 불렀다. 그 다음에 72명의 성자들에게 기도를 하고 각기 이
름을 불렀다. 그가 성자의 이름을 부를 때마다 여러 승려는 함께 목소리를
가지런히 하여 "존자尊者여! 오로지 우리들을 불쌍히 여기시어 은혜를 내
리시고 우리들의 의식 장소로 내려와 우리들이 바치는 것을 받으십시요."
라고 하였다. 그들은 72차례나 섰다 앉았다 하는 예배를 반복하였다. 그
런 뒤에 그는 간신히 맨 처음 자리에서 내려왔다.

그 다음에 다른 승려가 예배 자리에 올라 찬양과 감탄을 바치고 여러
부처의 이름을 불렀다. 그는 여러 부처와 보살에게 기도하기를, "우리들
모두의 마음을 담아 위대한 스승인 석가모니에게 기도를 드립니다. 우리
들 모두의 마음을 담아 머지않아 세상 가운데로 내려오게 되는 미륵불(산
스크리트어로는 마이트레야Maitreya라고 하며 석가세존 滅後 56억 7천만 년 뒤에
지상에 나타나리라고 기대되는 未來佛), 고귀한 12가지 소원을 이루신 유리처
럼 빛나는 약사불藥師佛, 위대한 성문수사리보살聖文殊師利菩薩, 위대한

성보현보살聖普賢菩薩 및 1만의 보살들께 기원을 드립니다."라고 하였다. 모든 기도의 첫머리로 그는 "우리들의 모든 마음을 담아 기도를 드립니다." 라고 하였다. 그 다음에 일동은 목소리를 가지런히 하여 공양의 꽃을 뿌리기 위해 문구를 함께 외쳤다. 음악의 가락은 여러 수없이 변하였다.

그 다음에 비구니 한 사람이 남자 승려가 하였듯이 찬양과 감탄을 올렸다. 그런 다음에 한 승려가 다른 승려들과 함께 찬양의 노래를 합창하였다. 이어서 그들은 표주박 모양의 타악기를 두들기며 목소리를 가지런히 하여 외쳤다. "우리들은 아미타불의 이름을 부른다."고. 그런 다음에 그들이 염불을 마치자 다음에 비구니 단체가 교대로 똑같이 하였다. 이렇게 그들은 교대로 여러 부처를 찬양하였다. 정확히 한밤중에 그들은 의식을 마치고 가지런히 의식 장소에서 나와 해산하였다.[35]

(이상 인용문)

앞의 장에서 기술한 바와 같이 이미 우리는 입춘에 이어서 양주에서 행해진 하나의 큰 조명照明 축제〔연등제〕나 7월 15일 모든 정령精靈 축제와 관련하여 불교의 대중적인 행사 몇 가지에 대해 언급한 바 있다. 정확히 이와 비슷한 축제로 장안의 많은 절에 남모르게 소중히 간직한 석가모니의 네 개 치아 때문에 행해진 연중행사가 있다. 엔닌의 일기는 이 축제가 벌어진 시기에 대해 서로 모순된 기술을 하고 있다. 원칙적으로 3월 8일부터 15일까지 벌어졌다고 생각된다. 그러나 치아 네 개가 각기 어떻게 지나로 전해졌는지 이 점에 대해 그의 기술은 더욱 명료하다. 치아 한 개는 중앙아시아의 코탄국에서 오고, 또 하나는 티베트에서, 세 번째 치아는 인도에서 사람이 다리 살에 숨겨

---

35 840년 5월 5일.

신성한 보호 하에 들어오고, 네 번째 치아는 더욱 편리하게 하늘에서 가져왔다고 한다. 이어서 엔닌은 2년간 치아 두 개 앞에서 존경을 바치기 위하여 참예하였다. 그리고 친히 그 하나를 삼가 관찰하고 공손하게 예배한 모양을 전하고 있다. 첫 해는 좌가左街의 승록僧錄이 '제사의식의 우두머리가 되어 봉사했다.'는 것을 알린 뒤에 엔닌은 다음과 같이 계속하고 있다.

여러 절이 참가하였는데 각기 진귀한 제물을 마련하였다. 모든 종류의 약·음식물·진귀한 과일·꽃·여러 종류의 향을 더할 나위 없이 준비하여 부처의 치아에 바쳤다. 그것들은 여러 계단으로 된 제물 불당 주변의 회랑에 수없이 차례차례로 펼쳐졌다. 부처의 치아는 여러 계단으로 된 가운데에……안치되었다. 시중의 모든 성직자들은 여러 층계로 된 불당에 모여 그것을 존경하고 찬양하였다. 모든 시민은 참예하여 제물을 바쳤다. 한 사람은 100석의 멥쌀과 좁쌀 20석을 기부하였다. 다른 한 사람은 제한을 두지 않고 얇은 과자를 많이 준비하였다. 또 한 사람은 제한을 두지 않고 식사에 필요한 여러 비용을 기부하였다. 또 다른 사람은 제한을 두지 않고 얇은 떡을 충분히 준비하였다. 다시 다른 사람은 여러 사찰에서 온 성직자와 늙은 스승들에게 공양하기에 충분한 식사를 기부하였다. 이처럼 사람들은 각기 자신의 맹세를 하고 보시를 하여 불치佛齒의 축제를 보다 빛나게 하였다. 사람들은 불치를 제사하는 몇 계단으로 된 당〔佛牙堂〕을 향해 비가 내리듯이 동전을 던졌다.[36]

(이상 인용문)

---

36 841년 2월 (또는 3월) 8일, 3월 25일. 842년 3월 8일 및 11일.

신화와 기적

　엔닌은 그의 방랑하는 여행을 통해 그가 방문하는 절들의 전설이나 신기한 것에 대해 아는 바가 많았다. 청주의 서쪽 예천사醴泉寺에서 그는 문의 덧나무부터 계단에 이르기까지 청록의 유리로 이루어진 유리전瑠璃殿을 보았다. 여기서 그는 11면 관음의 화신化身이었다는 5세기 지나 승려의 초상화를 보았다. 그의 혼이 사후에 이 절에 내려왔다고 믿어지고 있었다. 엔닌은 예천사란 이름의 유래가 된 바싹 마른 샘을 방문하였다. 예천사란 '깨끗한 샘물의 절'이란 의미이다. 엔닌은 물이 전에는 '펑펑 끓어 나오며 향기가 있고 맛은 감미로웠으며', 그래서 '그것을 마신 사람은 병이 있으나 수명이 늘어났다.'는 것을 들었다. 그는 또한 가까운 곳에 '용의 봉우리'라고 불리는 언덕을 보았다. 그의 지도가 표시하는 바에 의하면, 그곳에서 일찍이 용 한 마리가 뛰어오르는 것이 보였다. 이 사건이 황제의 귀에 들어와 한때 절의 이름을 고쳐 '용의 봉우리절〔龍台寺〕'이라고 불리

었다고 한다.[37]

　양주의 용흥사龍興寺에서 엔닌은 돌기둥 비문에 1세기 전에 지나의 위대한 선교사 감진鑑眞이 일본으로 건너와 여행한 모양을 상당히 환상적으로 전하고 있음을 발견하였다. 바다를 '건넌 승려'라는 표제인데, 부분적으로 다음과 같이 기록되어 있다. '바다를 건널 때 승려는 나쁜 바람을 만났다. 맨 처음에 뱀의 바다로 왔다. 뱀들은 길이가 수십 피드이었다. 만 하루가 가자, 그것은 끝이 나고 다음에 검은 바다에 도착하였다. 그곳에서는 바다의 색이 먹물을 퍼뜨린 듯했다.' 고 하였다.[38]

　같은 일기의 날짜 아래에 엔닌은 보현보살普賢菩薩과 관련된 기이한 소문을 전하고 있다. 그것은 용흥사의 '보현이 바람을 바꾼 불당〔普賢廻風堂〕'으로 알려진 한 건축물의 이름 유래에 대해서이다. 전설은 다음과 같이 말한다. 옛날 옛적에 화재가 일어나 절을 완전히 태워 버렸다. 그러나 불길이 이 건물이 세워져 있던 승원까지 이르자 불당의 한 승려가 『법화경』을 소리 내어 읽었다. '그러자 금세 큰 바람이 이 승원에서 일어나 거꾸로 불어 불을 내몰음으로써 불당은 소실을 면하였다.'

　적산원 가까운 곳에서 엔닌은 더욱 기묘한 종교적 경이로움을 만났다. 그는 일곱 개의 석상과 불타의 사리를 담은 철 상자 하나를 최근 신기한 사건 직후에 지면에서 파낸 장소를 방문하였다. 모습은 보현·문수·관음·미륵 등 존상이었다. 엔닌이 전하는 얘기는 다음과 같이 말한다.

<hr>

37　840년 4월 6일.
38　839년 1월 3일.

…… 이곳에 신라사람 한 명이 있었다. …… 어느 날 밤에 승려 한 사람이 베갯머리에 서서 그에게 말하였다. "나는 문수사리文殊師利이다. 옛날의 불당이 완전히 썩어 버렸는데 몇 년이 지나도 누구도 수리하려고 하지 않아서 여러 부처와 여러 보살이 땅속에 매몰되어 있다. 나는 네 신앙이 돈독한 것을 보고 너에게 그것을 알리려고 찾아 왔다. 만약 네가 진실을 알기 원한다면 네 집의 동남쪽에 있는 불탑佛塔 주위를 파내라. 그러면 너는 볼 것이다."고. 눈을 뜬 그는 무서워서 꿈을 승려들과 일반 사람들에게 말하였다. 그런 다음에 옛 불탑이 있는 장소로 가서 삽으로 땅을 파냈다. 그의 가슴 깊이까지 파자, 그는 여러 부처와 여러 보살의 모습을 발견하였다.

(이상 인용문)

엔닌이 그의 얘기를 다음과 같은 말로 끝을 맺는 것도 무리가 아니다. "우리들 모두는 이를 보았을 때 적지 아니 경탄하였다. 밤에 우리들은 불타에게 절을 하고 승려와 일반인은 모여 밤새도록 공양을 바쳤다."고 하였다.[39]

엔닌은 산서의 태원부 가까운 곳의 동자사童子寺 또는 '어린이의 절'로 알려진 한 절에 전해지는, 분명 전설로 겉치레된 똑같은 사건을 기록하고 있다. 엔닌은 이곳에 일찍이 살았던 신앙심이 돈독한 승려와 관련된 다음과 같은 얘기를 알리는 비석의 비문을 베끼고 있다.

…… 그는 돌연 오색으로 빛나는 구름이 땅에서 공중으로 올라 부근 일대가 빛난 것을 보았다. 이 빛난 구름 가운데에 동자 네 명이 녹색의 연꽃 자리에 앉아서 놀고 있었다. 진동은 대지를 뒤흔들고 절벽은 무너져 떨어

---

39 840년 2월 14일.

졌다. 무너져 떨어진 절벽 장소에 아미타불의 모습이 나타났다. 사람들은 사방에서 모여들어와 예배하였다. …… 많은 상서로운 조짐이 있었다.

(이상 인용문)

동자사는 이 기적을 기념하여 세워졌다. 장대한 높이가 170피드, 폭이 100피드나 되는 아미타불의 좌상坐像과 양쪽에 높이가 120피드의 관음과 두 대세지보살(大勢至菩薩: 부처가 入滅한 뒤에 이어 成佛할 보살)의 형상이 새겨져 있었다. 아마 이 깎아지른 듯한 벼랑 표면에 새긴 것이리라. 그러나 각 상은 실제로 엔닌이 기록한 것처럼 높지는 않다. 좌상의 높이를 말할 경우 이론적으로 서 있을 때의 높이를 말하는 것이 습관으로 되었기 때문이다.[40]

같은 날 엔닌은 이 옛날의 기적 얘기를 기록하고 나서 다음에 흥분한 군중이 바로 최근에 일어난 기적으로 모여든 모양을 직접 관찰하였다. 그것은 가까운 곳의 작은 사원에서 일어난 사건이었다. 엔닌은 우리에게 알리고 있다.

…… 오랜 세월 『법화경』을 소리 내어 읽고 있었던 한 승려가 있었다. 최근 불타의 몇 가지 유품을 그에게 내려주셨다. 읍내의 사람들이 와서 공양물을 바쳤다. 사원은 승려와 일반인으로 넘쳤다. 어느 정도 많이 왔는지 알지 못할 정도이었다.

유품을 발견한 유래는 불경을 읽는 승려가 한밤중에 그의 방에 앉아 읽고 있는데, 세 줄기의 빛이 흘러 들어와 방 전체를 비추고 절 전체를 밝게

---

40 840년 7월 26일.

하였다. 빛이 들어오는 곳을 찾아보니 그것은 절의 서쪽 벼랑의 …… 바위에서 온 것이었다. 매일 밤 빛은 그 방과 절을 비추었다. 며칠 뒤에 승려는 빛을 더듬어 절벽으로 가서 땅의 표면을 10피드 이상 파들어 가자, 거기에 불타의 유품을 담은 항아리 세 개가 있었다. 푸른 유리 항아리 가운데에 사리 일곱 개가 있고, 하얀 항아리에는 다섯 개, 금 항아리에는 세 개가 있었다. 그는 그것을 가지고 돌아와 불당에 안치하고 공양을 드렸다. 태원부와 근교의 남녀 귀천과 관리인들은 지위가 높거나 낮거나 구별 없이 모두 와서 존경하고 공양을 하였다. 누가 말하였다. "이거야말로 승려의 법화경에 대한 뜨거운 마음이 가져온 신기한 힘으로 인한 것이다." 읍에서 산으로 오는 사람들은 길을 메웠으며 많은 군중은 예배하고 경탄하였다.

(이상 인용문)

오대산과 문수보살 신앙

엔닌의 '순례 기록'은 그의 모든 지나 여행에 관한 것이지만 광대한 여행 범위에서 진정한 순례지는 오대산, 즉 현재 산서성의 동북부 모퉁이에 해당하는 성스러운 '다섯 봉우리'이었다. 이곳은 중요한 사원의 중심지이었을 뿐 아니라 문수사리보살을 중심으로 번영하였던 밀교密敎의 큰 중심지이기도 하였다. 밀교의 기원과 발상지가 어디이었는지 거의 알려져 있지 않다. 그러나 엔닌이 오대산에 대해 되풀이하여 기록한 신화가 그 초기의 역사를 다소 일러줄 것이며, 적어도 이 성스러운 지역에 대해 신앙심이 두터운 순례자들이 느끼고 있었던 순박하고 진실한 존경심을 전할 것이다. 엔닌은 신성한 봉우리 하나가 눈에 들어오자마자 땅에 머리를 대고 그것에 대해 예배를 하였다. "문수보살이 우리들의 이익을 위하여 모습을 나타냈다 …… 금색의 세계"의 이 광경을 목전에 두고 "눈에 눈물이 넘쳐 억제할 수 없었다."고 한다.[41]

이 지역의 아름다운 자연 그대로의 아름다움에 대해 엔닌은, 특히 봉우리의 비탈길과 정상을 덮은 고산식물의 아름다운 꽃을 보고 강한 인상을 받았다. 꽃들은 '비단처럼 온통 화려하여' 그윽하게 풍기는 향이 '사람들의 옷에 풍겼다.' 이런 향기는 확실히 놀라웠다. 왜냐하면, 다섯 봉우리는 선량한 불교도들이 전통적으로 그 식탁에서 삼가고 있는 강한 향기의 부추 종류로 뒤덮여 있었기 때문이다. 그러나 꽃이 풍기는 향기가 이상하게 풍겼던 것은 결코 단순한 자연 현상이 아니었다. 엔닌은 꽃들과 부추가 똑같이, 그 옛날, 471년부터 499년까지 지나를 다스린 한漢민족이 아닌 북위北魏의 효문제孝文帝 때 오대산이 처음 불교의 중심지로서 형성된 얘기의 한 부분을 이루고 있다는 것을 알았다. 엔닌에 의하면, 전설은 다음과 같다.

…… 옛날 효문제는 오대산에 거처하여 산책하면서 경치를 즐겼다. 문수보살이 한 승려로 바뀌어 황제에게 방석 하나를 덮는 토지를 청하였다. 황제는 그것을 허락하였다. 승려는 소원이 이루어지자 방석 하나를 넓혀 500리의 토지를 덮었다. 황제는 놀라면서 말하였다. "짐은 방석 하나를 덮는 토지를 주었을 뿐이다. 그러나 이 승려는 방석 하나를 다섯 개의 봉우리로 넓혔다. 이는 아주 매우 놀랄 일이다. 그와 함께 여기에 거처하는 것은 바라지 않는다."

그래서 그는 다섯 개 봉우리 가운데에다가 부추를 뿌리고 산을 떠났다. 남은 승려는 부추 위에 난초 같은 꽃을 뿌려 부추 향기를 없앴다. 현재 부추는 봉우리 여기저기에 자라고 있지만 향기는 전혀 없다. 난초 같은 꽃이 봉우리에 화려하게 피어 있다. 그 향기는 강렬하다. 오대산 500리의 토지

41 840년 4월 28일.

야말로 방석 하나가 넓혀진 곳이라고 한다.[42]

(이상 인용문)

　　오대산의 또 하나의 현상은 추위와 폭풍 등 날씨이다. 이것도 또한 멋진 유래를 가지고 있다. 나쁜 날씨는 그 지방에 산다는 500마리의 독이 있는 용으로 귀결되었다. 다섯 개 봉우리에는 각기 100마리의 용이 있었다고 한다. 용은 물과 인연이 있기 때문에 끊임없이 바람과 구름을 토해 냄으로써 여행자들은 결코 '맑게 갠 날씨가 오래 가는 것'을 볼 수 없었다. 500마리 용들은 우두머리 용왕 한 마리의 지배 하에 있었다. 그러나 그도 '그의 신하들도 문수에게 정복당하여 불교도가 됨으로써 나쁜 짓을 감히 하지 않았다.'고 한다.

　　오대산의 문수신앙 발달에서 또 하나의 중요한 사건은 부다파라 Buddahapāla, 또는 부다파리Buddhapāli라는 승려의 방문이었다고 생각된다. 그는 676년 먼 인도 나라에서 소문으로 알려진 이 산을 동경하여 왔다. 손에 아무것도 가진 것이 없이 온 이 인도인은 한 노인으로 변한 문수보살을 오대산에 이르는 남쪽 길에서 만났다. 이 노인은 그에게 인도로 돌아가 밀교의 어떤 원전을 얻어 가지고 오라고 가르쳤다. 엔닌은 이 사건이 일어난 장소, 즉 성스러운 구역의 남쪽 끝을 잊지 않고 기억하는 탑 같은 문에서 안으로 4마일 정도 되는 지점에서 그 유명한 사건을 기념하는 비문碑文을 발견하였다.

　　그 이전에 죽림사에서 그는 이 성자와 변장한 보살의 만남을 그린 그림을 보았다. 엔닌은 또한 오대의 깊은 계곡에 있는 동굴〔金剛窟〕을

42　이것과 그것에 계속되는 사료는 840년 5월 20일, 21일 및 7월 2일의 항목에서 발견된다.

방문하였다. 그곳은 부탁 받은 부다파라가 경전을 인도에서 가지고 올 때 문수의 안내를 받은 곳이다. 엔닌에 의하면, 인도 승려가 동굴로 들어가자 '동굴의 입구는 저절로 닫혀 있으며 오늘날까지도 열려 있지 않다.' 엔닌이 실제로 본 역사적 동굴은 딱딱한 황색 운치가 나는 절벽에 불과하며 거기에 높은 탑이 세워져 있는데 '그곳에 동굴 입구가 있다.' 고 하셨다.

탑은 불교경전을 넣어두는 6각형의 빙빙 도는 서가〔轉輪藏〕를 그 안에 간직하고 있다. 엔닌 때문에 회전식의 서가는 세계에 존재한 최초의 것 중의 하나로 알려져 있다. 밀교에서는 이때 이미 이 서가를 돌리면, 여기에 간직되어 있는 방대한 경전 전체를 읽는 것과 같은 공덕이 주어진다는 신앙이 발달하고 있었다. 그러나 빙빙 도는 서가는 기적적으로 봉인된 동굴에 숨겨진 신기한 것과 비하면 물건은 많지 않다.

엔닌이 본 그 장소의 기록에 의하면, 문수가 여기에 불교의 모든 신들과 성인들에게서 모은 귀중한 유품을 비장하였다고 한다. 예를 들면, 여기에 한 성자의 소지품인 '일곱 개의 보물로 만든 3천 종류의 악기'가 있었다. '120개의 보석이 가득 찰 정도의 종이' 울리면 그것을 들은 사람들에게 여러 단계의 깨달음을 주었다. '8만 4천의 음계를 가진' 은 비파〔箜篌〕는 각 음계가 '이 세상의 번뇌를 하나씩' 고친다고 한다. 1천 3백 계단의 불탑은 미래 여러 부처 중의 한 사람의 몸을 위해 준비되었다. 그리고 마지막으로 '4개 대륙의 백억의 문헌'은 지리적 구분으로 분류하고 싶을 정도로 한없이 많은 언어로 번역된 성서聖書의 퇴적이다.[43]

---

43 840년 5월 1일, 23일 및 7월 6일.

이러한 때에 눈에 보이지 않는 기이한 영광으로 휩싸인 장소에서 엔닌은 분위기에 흔들려 그의 일기에 다음과 같이 기록했다고 하더라도 놀랄 일이 아니다. '이 문수가 계신 성스러운 장소에 일단 들어가면 아주 천한 사람의 모습을 봐도 경멸할 생각을 하지 않으며 당나귀를 만나더라도 문수보살의 화신化身일지 모른다고 여긴다. 눈앞에 있는 모든 것이 문수보살의 임시 모습이라는 생각에 사로잡힌다. 성지聖地는 스스로 이곳을 방문한 사람들에게 존경하는 생각을 갖게 한다.'

뒤에 엔닌은 다시 일기에 드러난 '평등의 정신'까지 기록하고 오대산에서 행해진 채식요리의 장소에 대해 다음과 같이 구체적으로 예시하고 있다.

…… 채식요리가 이들 봉우리에서 마련될 때 승려·일반 남녀·어른·애를 가리지 않고 음식이 모두 평등하게 제공하였다. 계급이나 직무와 관계없이 모든 사람들은 여기서는 문수보살을 생각하였다. 옛날 대화엄사에서 하나의 큰 채식요리가 마련되었다. 평민·남녀·거지와 가난한 사람까지 와서 차려진 음식을 받았다. 그러나 시주는 불쾌하게 여기지 않았다. "내가 멀리서 산과 고개를 넘어 여기까지 와서 채식요리를 마련한 의도는 승려에게 공양하고 싶어서이었다. 이처럼 세속적인 일반 사람들과 거지까지 와서 내가 마련한 음식물을 받는 것은 내가 뜻한 바가 아니다. 만약 이런 거지를 위해 제공한다면 채식요리는 그들의 고향에서도 준비할 수 있다. 왜 내가 그들을 위해 먼 이 산까지 올 필요가 있었을까?"

승려들은 시주를 달래 모든 사람들에게 음식물을 주게 하였다. 거지 중에 배가 부른 임산부가 있는데 그녀의 차례가 되자 한 사람 몫을 받았다.

그녀는 뱃속의 아이 때문에 아이 몫을 달라고 요구하였다. 시주는 욕을 하고 주려고 하지 않았다. 임산부는 몇 번이나 말하였다. "내 뱃속의 아이는 아직 태어나지 않았지만 아이를 한 사람으로 셀 수 있다. 그런데 왜 당신은 뱃속의 아이에게 음식을 주지 않는가?"라고 하였다. 시주는 말하였다. "당신은 바보다. 당신의 뱃속 아이를 한 사람으로 치더라도 아이는 나와서 음식을 요구하지 않은 것이 아닌가. 만약 그가 음식을 얻는다면 우리들은 누구에게 주어 먹게 해야 할까?"라고 하였다. 부인은 답하였다. "만약 내 뱃속의 아이가 음식을 얻지 못하면 나도 안 먹겠다." 그리고 나서 일어나 식당을 나갔다. 그녀는 불당의 문에서 나가는 도중에 문수사리로 변해 빛을 발하여 눈도 부실 정도의 밝은 빛이 불당을 채웠다. 비취 같은 얼굴 모습을 하고서 눈부시게 화려한 금색이 나는 털 사자를 올라타고 많은 보살들로 싸인 가운데 하늘 높이 춤추며 올라갔다.

수천 명의 군중은 놀라 일시에 밖으로 나와 별 생각 없이 땅바닥에 엎드렸다. 그들은 회개하는 의미로 소리를 지르면서 엉엉 울어 눈물이 비처럼 흐르고 가지런히 소리 내어 울었다. "위대한 성인 문수사리보살이여!"라고. 그들의 목소리가 막혀 목구멍이 마르기까지 계속 소리 내어 울었으나 보살은 다시 되돌아오지 않았다. 드디어 그림자도 희미해지면서 사라져 버렸다. 모인 사람들은 식욕을 잃었으며 그들 각자는 맹세를 하였다. 이후 공양을 하며 채식요리가 마련될 때 승려와 일반인, 남녀, 어른, 어린이, 귀한 사람과 천한 사람, 그리고 빈부를 가리지 않고 평등하게 모든 사람들에게 공급되도록 하였다. 그 결과 산의 습관은 평등을 취지로 하게 되었다. 이외에도 성인聖人이 많이 화신한 기적이 이야기되고 있으며, 그것들은 나라 안에 널리 알려져 있었다.

현재 채식요리 모임 때에는 식당에 남자의 줄, 여자의 줄, 몫을 받을 갓난 애기가 있을 여자의 줄·어린이의 줄·견습 승려의 줄·비구니의 줄이 늘어서며 모두 제사 음식을 각자의 식탁에서 받게 되어 있다. 시주는 음식을 평등하게 준다. 사람들은 자신의 몫 이상을 바랄 때 시주들은 그들을 비난하지 않고 가령 무슨 일이 있어도 바라는 대로 준다.[44]

---

44 840년 5월 16일 및 7월 2일.

오대산의 승원僧院

엔닌은 오대산에서의 첫 보름 동안을 죽림사에서 보냈다. 여기서 제자인 이쇼오와 이교오는 구족계具足戒를 받아 한 사람의 승려가 되었다. 일본인들은 750명의 승려를 위해 마련한 큰 채식요리에 참석하여 72명의 성인들 초상화 앞에서 거행된 의식을 직접 보았다. 그 다음에 그들은 대화엄사로 가서 한 달 반을 거기서 지냈다. 그 사이에 4일간은 다섯 봉우리 중에 네 봉우리를 돌면서 걸었다. 대화엄사에서는 천태원전을 놓고 강좌가 두 개 열린 것을 보았을 뿐 아니라 불교미술의 훌륭한 유품과 빛나는 작품을 보았다.

이들 예술적 작품의 하나는 16피드가 넘는 석가세존의 열반상涅槃像인데 '열방도량'으로 알려진 건물에 안치되어 있었다. 16피드의 상은 '두 개의 나무 밑에 오른편 겨드랑이를 아래로 하고 가로 누운' 모습을 하고 있었다. 그의 어머니는 '괴로워하여 땅에 졸도하고' 있었다. 그 주변에 성인과 신분이 낮은 신들의 무리가 서 있었다. '어떤 사람은 손을 들어 심하게 울며, 어떤 사람은 눈을 감고 생각하는 모습을 하고 있었다. 경전에 기술된 광경은 모두 완전히 이들 모양으로 묘사되었다.' [45]

엔닌이 기술한 다른 것은 '큰 구두의 화상和尙'이라는 의미의 큰 구두 화상의 초상화이었다. 이 승려는 '다섯 개의 봉우리를 5십 번이나 순례하였는데 한가운데 봉우리의 정상에 3년 동안 여름과 겨울에도 산을 내려오지 않고 거주하였다.' 마침내 문수의 도움으로 거대한 구두 한 켤레를 신었는데, 이로 인해 이 이름이 드러났다. 엔닌은 그의 초상화 앞에서 실물을 보았다. 그것은 21마일이나 되는 긴 구두이었는지 모르겠다. 왜냐하면 분명히 이 도움으로 대혜화상大鞋和尙은 위대한 일을 바쁘게 뛰어다니며 끝을 낼 수 있었기 때문이다. 예를 들면, 1,500벌의 승려 옷을 짓고 그의 동료 승려를 위해 7만5천 명의 식사를 준비할 수 있었다.

사원의 기타 보물 중에는 『법화경』 3부가 있는데, 하나는 불교의 고국에서 가져온 인도식의 체재이고, 또 하나는 금문자로 쓰여 있고, 세 번째는 가느다란 글자로 쓰인 것이다. 또한 2층으로 된 팔각형의 불탑이 있는데 그 밑에 3세기 인도의 불교 공헌자인 아쇼카阿育 왕이 만든 유명한 8만 4천 개의 작은 불탑의 하나가 묻혀 있었다고 한다. 또 하나의 보물은 불타의 사리를 거둔 항아리이었다. 또한 627년부터 650년 사이의 어느 때인가 '서쪽 나라에서 한 승려에 의해 전해진' 작은 불상의 두개골의 윗부분이 있다. 어쩐지 기분 나쁜 유품은 '대강 두 되 정도 들어가는 주발만한 크기'이었다. 그것은 '희고 검

───────
45 이것과 계속된 광경은 모두 엔닌이 대화엄사에 온 처음 이틀간, 즉 840년 5월 16일 및 17일에 기록되었다.

은색으로 꾸며졌으며 형태는 일본의 속돌〔화산의 용암이 갑자기 식어서 된 구멍이 많은 가벼운 돌〕과 비슷한' 것이었다. 그 꼭대기에는 '흰 털이 5인치 정도 자랐는데 마치 깎았기 때문에 자란 그런 모습이었다.'

대화엄사의 예술적인 보물로서 가장 인상적인 것은 문수의 '엄숙하고 위엄이 있는' 존상이다. 전통에 따라 사자를 올라타고 있어 다섯 칸의 불당 전체에 가득 차있다. 엔닌은 사자를 "초자연적"이라고 생각하고 덧붙여 "그것은 걷고 있는 듯하며 증기가 입에서 나오고 있다. 우리들은 자주 그것을 보았는데 마치 움직이고 있는 듯이 보였다."고 한다.

다음과 같은 상이 생기는 기적의 얘기가 70세의 노승에 의해 엔닌에게 전해졌다. 노승은 '한번 보면 40세 정도로 보였다.' '늙어도 기력이 정정하고 마음이 훈훈하였다.' 왜냐하면 그는 '신앙의 힘'을 가지고 있었기 때문이다.

> …… 불상을 만드는 사람들이 처음에 보살상을 만들었을 때 그것은 부서져버렸다. 그들은 여섯 차례나 보살상을 만들었으나 모두 산산이 조각이 났다. 장인의 우두머리는 실망하고 있었다. "최고의 기술을 보유하여 나라에 내 이름이 널리 알려져 모든 사람은 내 훌륭한 기술을 인정하고 있습니다. 나는 평생 불상을 주조하는 일에 바쳤으나 지금까지 이러한 일은 전혀 없었습니다. 이번에 존상을 만들기로 나선 것은 내 온몸과 영혼을 담아 일에 집중할 뿐 아니라 내 자신이 몸을 깨끗이 하고 욕망을 피해 일을 맡았으며, 나라 사람들이 존상을 우러러 예배하고 특히 믿는 생각을 깊게 갖도록 바랐습니다. 지금 나는 여섯 차례 만들었으나 모두 완전히 산산이 부서졌습니다. 분명히 문수보살의 뜻이 아닌 듯합니다. 만약 용서를 받는다면 저는 정중히 위대한 문수보살에게 기도를 드리겠으며 제발 모습을

저에게 나타내 보이시어 받들어 모시고 싶습니다. 만약 제가 직접 성인聖
人의 금색 얼굴 모습을 뵈올 수 있다면 저는 그대로 모습을 모방하여 상像
을 새기고 싶다고 생각합니다."

그가 기도를 마치고 눈을 뜨자 그 앞에 문수보살이 금색 사자를 타고
있는 것을 보았다. 잠시 뒤에 문수는 오색구름을 타고 하늘 높이 날아가
버렸다. 장인의 우두머리는 보살의 진짜 자세를 뵈올 수 있어 기뻐서 엉엉
울고 자신이 만든 존상이 잘못되었다는 것을 깨달았다. 그래서 최초의 구
상을 근본적으로 변경하여 그는 필요에 따라 각 부분을 길게, 짧게, 넓게
축소하였다. 그렇게 함으로써 모습은 그가 본대로 되고, 일곱 번째 존상을
만들 때에는 기원하지 않았으며 모든 것이 순조롭게 되어 그의 소원은 겨
우 달성되었다. 그는 이 존상의 제작이 불당에 안치되자 눈물이 한없이 흘
렀다. 이어서 말하기를 "오오 뭐라고, 말할 수 없는 신기함이여! 지금까지
볼 수 없었던 것을 지금 뵈올 수 있게 되었습니다. 저는 태어나 다른 세상
가운데로 나올 때마다 언제나 영구히 문수보살의 제자로서 모시기를 바랍
니다."라고 하였다. 그렇게 말함으로써 그의 목숨은 다하였다.

뒤에 이 존상은 대대로 빛을 내며 지금도 상서로운 조짐을 나타내고 있
다. 그런 상서로운 조짐이 나타날 때마다 상세히 기록하여 조정에 보고되
었다. 칙명으로 가사袈裟가 제공되었다. 지금도 보살의 신체를 포함하고
있는 가사 하나는 이러한 유래를 갖고 있다. 이런 이유로 매년 칙사가 100
벌의 가사를 가지고 와 산내山內의 승려들에게 주었다. 게다가 매년 다른
칙사가 향·꽃·값비싼 관 닫집·진주를 장식한 표지 있는 기·닫집·비
취·보석류·칠보 왕관·조각한 금향로·크고 작은 거울·꽃모양의 양탄
자·흰 면포·진귀한 조화와 과일 등을 가지고 왔다. 이 많은 물품은 불당
안에 전시되고 있다. 이것이 전부는 아니다. 나머지는 보물전寶物殿에 수
납되는데 일반인의 참배와 관람은 허용되지 않는다. 해마다 여러 관청과

개인 기부자가 제공한 물품은 한없다. 오대산의 여러 사원은 각기 문수보
살의 존상을 반드시 만드는데 모두 이 존상을 토대로 하므로 그것과 비슷
하다. 그러나 이들 존상은 모두 훌륭한 면에서는 이 존상의 백분의 일에
불과하였다.

(이상 인용문)

엔닌은 일본의 선배인 레이센靈仙이 대화엄사의 누각에서 '1만의
보살' 모습을 확인하고 '높고 깊은 절벽'을 바라다보았다는 것을 들
었다. 엔닌의 이 조심스러운 세 개의 기적 중의 하나가 이 사원에서
일어났다고 해도 놀랄 일이 아니다. 그러나 그는 오대산의 딴 사원에
서 가장 뚜렷한 고국故國 사람의 발자취를 찾아냈다. 즉 레이센 자신
의 팔에서 벗겨낸 피부에 불타가 그려져 있고, 그것이 '금색의 발코
니 사원〔金閣寺〕'의 보물의 하나로 소중하게 간직되어 있었다. 엔닌
은 그 절에서 순례의 마지막 밤을 보내고 드디어 장안을 향해 길을 떠
났다.

레이센의 벗겨낸 피부는 금각사라는 절의 이름 유래가 된 금색이
나는 발코니의 일층에 반짝반짝 빛나는 작은 청동불탑 안에 수납되어
있다. 이 건물은 탑 같으며 당시 지나의 새로운 건축을 대표한다. 엔닌
의 묘사에 의하면, 그것은 폭이 9칸의 3층 건물인데 '100피드 넘게'
우뚝 솟아 '삼나무 숲속에 높이 툭 튀어나와 아름다움을 훌륭하게 자
랑하며 흰 구름이 그 밑에 가로 길게 뻗쳐 있었다.'고 한다. 엔닌은 건
물의 내부와 외부도 매우 인상적이었다고 기록하고 있으며 '벽·처
마·대들보·기둥 등에는 모두 그림이 그려져 있었다.'고 한다.[46]

---

46 840년 7월 2일.

금색이 나는 발코니의 한 계단에는 레이센의 피부에 그려진 성스러운 그림이 있는데, 작은 불치佛齒와 '청록색의 털 모양을 한 사자의 등을 타고 있는' 문수보살의 존상과 기타 성스러운 유품 등과 함께 황제가 바친 칠보의 관 뚜껑 밑에 안치되어 영광을 누리고 있었다. 이층에는 다섯 개의 불상이 각기 두 보살을 협사脇土로 한 채 안치되어 있다. 이들은 다분히 지나에 밀교를 전한 인물로서 유명한 8세기 실론의 선교승인 아모가바즈라(Amogha－vajra : 不空三藏)의 지도하에 만들어진 것이었다. 이들 여러 존상은 북인도의 유명한 나란다Nālanda 사원의 구름과 놀 같은 여러 존상과 비슷하게 만들어졌다.

금색이 나는 발코니의 삼층도 아모가바즈라에 의해 만들어진 똑같은 다섯 불상과 그것을 호위하는 보살상으로 채워져 있었다. 이들 부처와 보살의 두 무리는 두 종류의 밀교경전의 여러 존상을 대표하는 것이었다. 그러므로 엔닌은 모든 불보살들이 특징 있는 얼굴과 수인(手印 : 산스크리트의 원어는 mudrā인데, 상징적인 의미를 가진 여러 손의 모양을 의미한다.)을 짓고 있음을 찾아냈다. 금색이 나는 발코니는 아모가바즈라가 774년 사망하기 이전에 건설된 것이 틀림없다. 실론 승려가 건물의 3층의 안쪽 흰 벽에 그린 만다라에는 완전히 채색이 되어 있지 않은 것을 엔닌은 발견하였다.

금각사에는 금색이 나는 발코니와 그곳에 수납된 보물 외에도 훌륭한 것이 있었다. 그 하나는 팔꿈치 길이가 3개 정도의 작은 단(壇 : 修法道壇)인데, 아모가바즈라의 지나인 제자가 칙명으로 당나라를 위해 의식을 여기서 집행하였다. 단은 '백단(白檀 : 향나무의 일종. 산스크리트어로 chandana라고 한다. 지나와 일본에서는 전단이라고 하며 해독작용을 한다.) 나무 수액을 진흙에 섞어서' 만들었다. 엔닌은 '바람이 불때마다 그윽하게 풍기는 향기를 멀리서도 맡아서 알았다.' 고 기록하고 있다. 그는 역사적 불타(석가모니)에 갖춰진 32상(相 : 32가지의 뛰어난 신체의 특징)의 하나인 천폭륜상(千輻輪相 : 천 개의 수레 바큇자국을 가진 수레바퀴 같은 모양)을 가진 부처의 발자취 그림을 보았다. 현재 이 형상이 인도의 국기에 채용되어 국가의 중심적 상징이 되어 있다. 엔닌은 일기에서 어떻게 해서 그것이 인도의 원래 발자취에서 그려지고 649년 지나인 사절에 의해 장안으로 들어왔는가를 말하고 있다.

다른 보물은 '백단과 비취와 상아로 만든 두루마리에 둘러싸인 짙은 푸른 종이에 금과 은의 문자로 쓰인 6천 권을 넘는' 전체 한 벌이었다. 그것은 장안에서 온 한 인물에 의해 제작되었다. 그는 779년, 오대산을 순례할 때 문수와 일반 보살의 모습을 뚜렷이 뵈었다. 이에 감격하여 그는 이 대사업을 발원하였던 것이다.

마지막으로 보현당寶賢堂이 있는데, 당 안에는 다른 진기한 물건이 있는데, 그 하나는 '비단에 진주실로 수를 놓아 훌륭하게 만든' 불화군佛畫群이었다. 물론 당 안에는 훌륭한 보현상普賢像이 있었다. 보통 보현은 코끼리를 타고 있는 듯한 그림이지만 이 존상은 특별하여 보살은 옆으로 늘어선 세 마리의 동물을 타고 앉아 있었다.

엔닌은 오대산을 떠남에 있어 산 안의 여러 사원을 방문하였다.[47] 이들 사원 중에 영경사靈境寺가 있는데, 여기서 레이센이 수수께끼로 싸인 운명을 만났다. 여기서 그는 가끔 '산의 정상을 진동시키는 듯한' 종이 울리는 소리를 듣고 온 장소의 산 유자나무 아래에 있는 작은 동굴〔聖鐘窟〕을 발견하였다. 이 절의 정문 양쪽에 무서운 얼굴을

---

47 840년 7월 2~4일.

한 인왕상仁王像이 서 있었다. 그것은 무엇이 변한 것이 아니다. 왜냐하면 극동에서는 지금도 절 문 양쪽에 인왕이 서있는 것은 보통 있는 광경이다. 하지만 여기서는 특히 이들 특수한 상과 관련이 있는 신기한 얘기가 있는데, 엔닌은 그것을 돌기둥 비문에서 베꼈다. 옛날 인왕들이 갑자기 세 도독부에 나타나 그들 자신이 "불법을 수호하기 위하여 토착 신들의 모습을 하고 있는" 어느 불타의 임시 모습이라고 자기 이름을 대고 치켜세운 뒤에 다음과 같이 말하였다.

"……나는 땅속에 파묻혀 몇 년 동안 먼지투성이가 되었는데 다시 발견된 현재는 오대산 영경사의 문 안쪽에 있다."고 하였다. 세 도독부의 절도사는 깜짝 놀라 상세히 그들의 출현을 기록하였다. 각기 조사를 하기 위하여 심부름꾼을 파견하였는데 그들은 그 절의 문 좌우에 그들 자신의 도독부에 나타난 것과 조금도 차이가 없는 인왕들을 발견하였다. 심부름꾼은 그들의 고향으로 돌아가 이를 보고하였다. 그래서 세 장관은 다시 심부름꾼을 보내 옛 형상을 복원 시켰더니 불가사의한 많은 상서로운 조짐이 많이 나타났다.

(이상 인용문)

다섯 봉우리

　오대산의 여러 사원의 훌륭함은 참말로 뚜렷하지만 다섯 봉우리 자체는 물론 가장 존귀한 장소로 되었다. 전형적인 지나의 습관에 의하면, '오五'란 사방(동서남북)과 한가운데를 말한다. 그중 네 봉우리는 엔닌이 대화엄사에 머물고 있었을 때에 방문하였다. 한데 네 봉우리에서 제법 떨어진 곳에 있는 남쪽의 봉우리는 결국 그가 수도를 향해 오대지역을 뒤로 하려고 할 때까지 오르지 않았다.[48]

　엔닌은 정성과 공을 들여 봉우리에서 봉우리로의 길을 기록하고, 산꼭대기에서 주위의 산이 나란히 서 있음을 여기저기 둘러보고 새들이 낮게 원형을 그리며 깊은 계곡 사이와 먼 여울이 눈에 보이지 않을 정도로 깊은 바닥에서 들려오는 물 흐름소리 등을 묘사하고 있다.

　48　엔닌의 첫 네 봉우리에 대한 첫 설명은 840년 5월 20~23일 참조. 남쪽의 봉우리 설명은 7월 2일 참조.

봉우리의 꼭대기에는 제법 평탄한 장소가 있는데, 그중에 3개의 정상에는 용의 연못으로 알려진 큰 연못이 있었다. 이들 물웅덩이의 어느 정상의 모양을 중대中臺의 경우를 들어 엔닌은 다음과 같이 묘사하고 있다.

> …… 봉우리 가운데에 물이 땅에서 솟아나 부드러운 풀이 1인치 정도 길게 뻗어 있는데 한쪽으로 두터운 지면을 덮고 있었다. 그 위를 걸으면 풀이 눕지만 발을 들어 올리면 다시 일어난다. 걸을 때마다 발에 물이 젖으며 얼음처럼 차다. 여기저기에 작은 굴이 있고 물이 넘치고 있다. 봉우리 가운데에는 모래와 돌이 있고 셀 수 없을 정도의 돌탑이 여기저기 흩어져 있다. 아름답고 부드러운 풀이 이끼 사이에 돋아나 있다. 지면은 축축하지만 진창은 아니다. 이끼나 부드러운 풀의 뿌리가 한쪽으로 널리 퍼져 있기 때문에 여행자들의 구두나 발이 진흙투성이가 되지는 않는다.

(이상 인용문)

중대의 남쪽 끝 근처에 문수와 불타의 상을 제사 지내는 건물이 세워져 있었다. 한데 봉우리 중앙에 깊이가 약 3피드, 사방이 40피드 되는 연못이 있는데 수정처럼 투명하였다. 이 못의 한 가운데에 있는 작은 섬에 용의 사당이 있는데 그 가운데에 다른 문수상이 안치되어 있었다. 그보다도 약간 큰 못이 서대의 중앙에 있고, 또한 연못의 중앙에 다른 문수상을 제사하는 용의 사당이 세워져 있다. 그러나 북대는 배치가 달랐다. 즉 정상의 남쪽 끝 근처에 용의 사당이 있고 당 안에 물웅덩이가 있는데 세 부분으로 분할되어 있었다. 중앙 부분은 오대산의 용왕상龍王像에게 점령되고 그 양쪽에는 문수상이 서 있었다.

아마 보살은 비늘이 있는 산의 주인들의 왕을 감독하는 것을 의미할 것이다. 동대에는 연못이 없고 그 대신에 문수상을 제사 지내는 3칸의 불당이 세워져 있고, 그 주위를 약 10피드 높이로 쌓아올린 돌 벽으로 둘러쌓았는데 아마 연못을 상징하였을 것이다. 남대에는 다른 3칸의 불당이 있고 그 가운데에 '흰 비취로 만들어진 사자를 탄' 문수상이 세워져 있었다.

엔닌은 반복하여 작은 돌탑이 봉우리의 정상 가운데에 산재하고 있다는 것을 알려주고 있지만 남대를 제외한 모든 장소에 철탑이 있었던 것도 기록하고 있다. 그가 우리들에게 알리는 바에 의하면, 돌탑은 측천무후에 의해 세워졌다. 그녀는 여러 해 당나라 왕실을 지배한 후 690년부터 705년, 그녀의 사망 전까지 짧은 기간에 왕위를 계승하여 그녀 자신의 이름으로 통치를 하였다.

엔닌은 중대의 세 철탑을 묘사하기를 '모두 층이 없고, 정상에 테두리도 없고 무엇인가 그것과 비슷한 장식도 없다. 형태상으로 그것은 마치 거꾸로 된 범종 같다. 둘레는 네 아름 정도이다. 중앙의 탑은 사각형으로 높이가 약 10피드이며, 양쪽은 둥글며 각기 높이가 약 5피드' 라고 한다. 서대의 철탑은 둥글며 '높이가 약 5피드에 둘레가 약 20피드' 라고 한다. 또 하나는 북대에 세워져 있고 세 개가 동대에 있다.

다섯 봉우리를 순례하는 산등성이 길은 잘 정비되었으며 도중에 여관과 작은 사원이 흩어져 있다. 여름철에는 순례자들에게 식사와 숙박 편의가 제공하였다. 북, 동및 남쪽 봉우리의 정상이나 또는 그 부근에는 각기 공양원供養院이 세워져 있었다. 엔닌이 방문한 이들 최초의 공양원에서 '한 승려가 3년 동안 쌀을 먹지 않고, 하루에 한 번밖에 식사를 하지 않으며 그의 점심식사로 진흙을 먹고 있는 것을 보았다. 그는 3년 동안 산의 정상에서 내려가지 않는다는 서약을 하고 있었다.' 고 한다.

서대의 공양원은 정상과 중대를 잇는 산등성이 길의 도중, 정상에서 동쪽으로 약 2마일 되는 곳에 세워져 있었다. 중대에는 공양원이 없고 그 대신에 비를 갈망하는 사원〔求雨院〕이 있었다. 그것은 정상의 남쪽에서 얼마 안 되는 곳에 있고, 또한 동쪽으로 조금 가면 보리사菩提寺가 있었다. 엔닌은 또한 대화엄사에서 중대에 이르는 작은 길에서 두 개의 작은 사원을 만났다. 게다가 한 보통원이 알맞게 북쪽과 동쪽의 봉우리를 연결하는 도중에 설치되어 있었다. 거기서 그는 식사를 하기 위하여 휴식을 취하고 기적적인 광경 하나를 직접 보았다.

가장 존경과 숭배를 받은 장소는 정상이었지만 많이 신기한 것은 정상을 둘러싸고 있는 언덕길과 골짜기 사이에도 있었다. 북대의 벼랑에서 엔닌은 다음과 같이 묘사하고 있는 장소로 다가갔다.

…… 길 부근에 완전히 타버린 많은 바위가 지면을 덮은 채로 방치되어 있었다. 네모난 것도 있지만 둥근 것도 있으며, 완전히 타버린 바위는 높게 싸여져 돌 벽 같은 모양을 하고 있었다. 이곳은 일찍이 지옥이 되었던 장소이다. 옛날 대주代州의 장관〔刺史〕은 타고난 천성이 난폭하여 인과(因果 : 전생의 악업에 대한 불운의 응보)의 도리를 믿지 않았다. 그는 그곳에 지옥이 있다고 들었으나 믿지 않았다.

그가 봉우리를 순회하였는데 경치의 아름다움에 정처 없이 걷다가 이 장소에 왔다. 갑자기 무서운 불길이 절벽과 바위 모서리에서 타오르고 검은 연기가 하늘로 솟구치고 있음을 보았다. 타버린 바위와 붉게 된 석탄과, 그리고 열이 나 무엇인가 밝은 것이 그의 주변을 벽처럼 둘러쌓았다.

악마가 그의 앞에 나타나 화가 나서 분개하였다. 장관은 무서워서 부들부들 떨더니 위대한 성인 문수보살의 도움을 구하였다. 그러자 격한 불길이 꺼졌는데 그 흔적이 오늘도 거기에 남아 있다. 불에 탄 바위가 쌓여 벽을 만들었는데 그 주위는 약 50피드나 되며 검은 돌로 채워져 있다.

(이상 인용문)

서대의 정상에서 서쪽으로 약 2마일 되는 지점에서 문수는 옛 인도의 거사(居士 : 산스크리트어로는 Vima−lakīrti)로 알려진 유마維摩를 만났다. 그로 인해 유명한 불교경전〔『維摩經』〕이 쓰였다. 이 장소에는 30피드의 절벽이 마주보고 있었다. 각기 평탄한 정상에는 '커다란 돌 자리'가 있는데, 성자(聖者 : 維摩居士)와 보살이 아마 거기에 앉았다고 한다. 문수가 올라탄 사자는 절벽 아래의 바위에 발자취를 남겼다. 거기서 엔닌은 '사자의 발자취가 바위 표면에 약 1인치 깊이로 표시되어' 있음을 보았다. 절벽 아래에는 또 한 불당이 있는데, 두 마리 사자를 탄 문수상과 유마의 상이 안치되어 있다. 엔닌은 그 모양을 상세히 묘사하고 있다.

동대의 정상에서 좀 멀지 않은 곳에 신성한 동굴〔那羅延窟〕이 있는데, 물이 똑똑 떨어지고 있으며 한밤중에 이곳을 방문한 엔닌은 용이 숨는 집으로 어울린다고 묘사하고 있다. 그러나 그는 이 산의 정상에서 본 폭풍 모습에 깊은 인상을 받은 듯하다. 즉 다음과 같이 기록하고 있다.

…… 황혼이 되기 직전에 하늘에 구름이 급하게 넓게 퍼지더니 흰 구름이 뭉쳐져 동쪽을 향해 계곡 아래로 가로 길게 뻗쳐 있었다. 갑자기 붉어지더니 갑자기 하얗게 되었으며 구름은 위로 소용돌이 쳤다. 천둥소리가

우르르 높게 울렸다. 큰 소동이 깊은 계곡 아래에서 나타났다. 우리들은 높은 봉우리에서 낮게 머리를 늘어뜨려 그것을 보았을 따름이다.

(이상 인용문)

순례와 후원자

　다섯 개의 봉우리와 그것을 둘러싸고 있는 절들에서 나타나는 많은 신비로움은 당연히 여름철에 많은 순례객을 끌어들였다. 이미 기술하였듯이, 엔닌은 성지에 이르는 주변의 산들을 빠져나가 여행할 때 한 보통원에서 '100명이 넘는 승려, 비구니, 남녀 일행이 오대산을 순례하러 가는 것'을 만났다. 또한 대화엄사에 머물 때 발견한 50여 명의 선승禪僧 일행과 죽림사에 모인 수십 명의 견습 승려에 대해서도 기술하고 있다. 동쪽에서 오대산으로 가는 길의 마지막 보통원에서 엔닌은 수십 명의 순례 승려가 날씨가 좋은 오후 일찍 중대를 향해 출발하였는데 그날 밤 '그들의 밀짚모자는 우박 때문에 엉망진창이 되고 몸은 흠뻑 젖어서' 되돌아온 것을 보았다. 이들은 아마 다음날 이 보통원에서 열린 채식요리에 초대받은 100명의 승려 일행 중에 일부이었을 것이다. 엔닌은 순례자들 중의 어떤 사람은 아주 먼 데서 왔다고 가리키고 있다. 예를 들면, 그는 남오대산에서 온 승려 네 명을 만났는데, 그들은 엔닌의 이전 여행 동료인 엔사이에 관한 정보를 그에게 말해 주었다. 또한 승려 세 사람은 지난번 먼 인도의 유명한 나란다 사원에서 죽림사를 방문했음을 알았다.[49]

많은 승려들은 틀림없이 여러 가지 선물과 공양품을 오대산에 남겼다. 부자 신도는 성지의 여러 시설을 유지하는 비용을 기부하였음에 틀림없다. 750명의 승려를 위해 채식요리를 준비하였던 먼 산동에서 온 시주에 대해서는 이미 기술한 대로이다. 오대산의 여러 사원에서 엔닌은 속세 신자가 기부한 많은 보물을 보았다. 황실도 오대산의 종교적 여러 시설의 중요한 후원자이었다. 엔닌이 본 많은 보물 중에는 황실이 직접 내린 물품이 막대하였다. 대화엄사에 머물고 있을 때 그는 다음과 같이 기록하고 있다.

칙사가 절을 찾아왔다. 승려들은 모두 밖으로 나가 그를 맞이하였다. 보통 사례에 따르면, 매년 의류·철 주발·향·꽃 등이 칙명으로 보내졌다. 칙사는 오대산으로 와서 오대산의 12개 큰 사원에 훌륭한 옷 5백 벌·비단 5백 보따리·청록색으로 염색이 된 가사용 포목 천 반反·향香 천 온스·차茶 천 온스·손수건 천 온스 등을 보내준 동시에 그는 12개의 큰 사원을 돌며 칙명에 따라 채식요리를 마련하였다. …… 칙사는 천 명의 승려를 위해 채식요리를 마련하였다.[50]

(이상 인용문)

오대산의 여러 사원에 바쳐진 많은 선물은 아마 기대하지 않았던

---

49 840년 4월 23일, 25일, 28일, 29일, 5월 2일 및 17일.
50 840년 5월 5일, 17일, 6월 6일 및 8일.

횡재이었음에 틀림없지만 성산聖山의 기업적인 승려들은 착한 천성을 쌓기 위하여 산을 내려가 자금을 구하는 것을 주저하지 않았다. 엔닌은 수년 뒤에 일본의 승려 에카쿠惠萼가 842년 오대산을 방문한 후 '오대산을 위한 비용을 마련하기 위하여' 일본으로 돌아와 '해마다 비용을 가져가고' 845년, 불교 대 탄압 때 성직자가 추방되기까지 추방이 계속되었다는 것을 들었을 때 이에 관한 암시를 얻었다.[51]

에카쿠는 864년, 일본에 항구적으로 돌아오기까지 지나를 정기적으로 방문하며 여행하였는데, 성산의 여러 사원을 위한 유지비의 기부를 권유한 자로서는 특이하다고 할 것이다. 그러나 엔닌은 마침 오대산으로서는 전형적인 재정 대리인 한 사람을 만났다. 이 인물은 의원義圓이라고 하는데, 엔닌은 그가 '10년 이상 오대의 12사원과 여러 보통원에 대한 공양을 권유한 사람'이었다고 기록하고 있다. 엔닌은 또한 그를 탁발승托鉢僧이라고 부르는데, 의원은 오대산에서 서남쪽으로 직선거리가 160마일 되는 산서성의 중앙부인 분주汾州 시내에 주지로 있는 절을 갖고 있었기 때문에 그의 탁발이란 아마 성산의 여러 사원이 필요한 비용을 마련하기 위함이며 여기저기 돌아다녔을 것이다.

의원은 매년 그가 모은 노력의 대가를 오대산으로 운반했다고 생각된다. 그는 또한 그와 함께 성지를 순례하는 참배단을 데리고 왔다. 분주와 오대산 중간에 위치한 태원부에서 엔닌은 정오 식사에 여러 차례 초대를 받았다. 두 번은 어떤 부인한테서, 한 번은 비구니 세 사람한테서 받았다. 이들 다섯 명의 여성은 의원이 조직한 순례단에 가

---

51 845년 7월 5일.

담했던 사람들이었다. 똑같이 적어도 수도로 향하는 도중에 일본인들과 동반한 한 승려도 의원이 거느린 성지 참배단의 한 사람이었다. 또한 엔닌과 친구가 되었던 지나인 세 사람도 그러했다고 생각된다. 그들 중에 두 사람은 의원의 제자이었다고 전해진다. 이 중 한 사람은 엔닌을 태원부에서 대접해준 관리이었다. 또 관리 한 사람은 분주에서 그를 손님으로 영접한 관리이었다. 세 번째 인물은 두 도시의 중간 읍에서 그와 일행에게 숙박을 제공하고 음식을 베푼 남자이었다.[52]

엔닌과 의원의 교제는 친하며 종교적으로도 의의가 깊었다. 일본인들이 대화엄사를 떠나기 2, 3일 전에 의원은 그들과 함께 색이 눈부시게 빛나는 구름이 활짝 갠 하늘에 나타난 신기한 광경을 보았다. 이 징조를 엔닌의 존재와 결부 짓고 신앙심이 두터운 공양 권유자는 신앙에서 우러나온 기쁨의 눈물을 흘리며 부르짖었다.

······ 10년간 저 의원은 신앙을 넓혀 매년 거르지 않고 모든 산에 공양 물품을 운반하였습니다. 그러나 지금까지 한 번도 이런 징조를 본 일이 없습니다. 지금 외국의 명예가 높은 박사를 모시고 빛나는 구름을 볼 수 있었습니다. 그리고 저희들이 진실로 제가 태어난 장소는 서로 멀리 떨어져 있지만 위대한 성인 문수의 출현 덕분에 저희들은 하나로 연결될 수 있습니다. 그러므로 다음에 저희들은 영구히 문수사리보살의 "가족"이 되어 함께 가까운 관계를 확립할 것입니다.

(이상 인용문)

일본인들이 금각사로 옮길 때 의원은 같은 날 그곳까지 그를 따라

---

52 840년 6월 21일, 7월 17일, 19일, 22일, 23일, 26일, 29일, 8월 1일 및 2일.

왔으며, 즐겁게 엔닌의 관광여행을 따라 그 절의 발코니로 올랐으며 다시금 남대의 정상에 올랐다. 그는 열광하여 어쩌면 다른 신기한 것을 볼지 모른다고 생각하여 수십 명의 순례자들을 엔닌과 함께 해가 저물 때까지 산의 정상에 머물게 한 것도 무리는 아니었다. 아무런 기적이 나타나지 않아 일행은 드디어 밤이 되어 정상에서 2,300야드 아래의 공양원으로 돌아왔다. 그러나 거기서 의원의 신앙은 드디어 두 개의 빛이 나는 물체가 기적적으로 나타남으로써 보답을 받았다. 그것을 본 신앙심이 돈독한 군중은 '몹시 감동하여 소리를 높여 문수의 이름을 불렀다.' 빛나는 물체는 점차 가라 앉아 조용히 한밤중의 어둠 속으로 사라져버렸다.

의원으로서 10년간 기다리고 기다렸던 첫 기적적인 광경이 일어난 것이 분명히 엔닌 때문이므로, 공양을 권유한 그가 그의 고향 시인 분주까지 일본인 일행을 데리고 가서 뭔가 도중에 그들을 대접한 것도 까닭이 없는 것은 아닐 것이다. 실제 부득이한 일이 생겨 의원은 태원부에서 일본인에게 고별을 알리지 않으면 안 되었다고 하지만, 그의 고향 분주에서 일본인들을 환대하고 또한 분주의 자기 동네에서는 제자들이 일본인들을 하룻밤 숙박케 하고 시내를 안내하도록 배려하였다.

태원부에서 의원은 일본인들을 '작은 화엄사'에 숙박시켰다. 그 절은 오대산의 대화엄사의 시내 별원別院 같았다. 엔닌은 '오대산의 대화엄사 승려들이 모두 산을 내려가면 이 절에 머물렀다. 따라서 그들은 이 절을 "낮은 화엄사"라고 부른다.'고 기록하였다. 의원의 외국인 친구에 대한 감격과 외국인 친구가 일으킨 기적은 엔닌의 태원부 출발을 사실상 지연시켰다. 의원은 그들이 함께 직접 본 하나의

'신기한 것'을 그려내기 위하여 화가를 고용하고, 엔닌이 그 그림을 일본으로 가지고 가서 '그 그림을 본 사람들이 신앙을 깊게 하여 함께 관계를 맺어 문수의 한 제자로서 태어나 바뀌도록' 바랬다. 발원은 발원만으로 그쳤지만 그림은 그렇게 간단한 것이 아니었다. 일본인들은 여행 재개를 8일간 어쩔 수 없이 기다렸다.[53]

　의원은 마지막 고별로 태원부 주변의 종교적 시설과 환경을 관광하도록 안내하였다. 하지만 이것이 마지막 고별이 되지는 않았다. 거의 만 2년 뒤에 여행에 익숙해져 공양물을 권유하던 그는 도시에 모습을 나타냈다가 떠나기 전에 엔닌에게서 150인이 식사하는데 넉넉한 기부를 받음으로써 공양물 권유자로서 수완을 발휘하였던 것이다.[54]

　53 840년 6월 21일 7월 1일, 2일, 3일, 13일, 18일 및 26일
　54 842년 3월 12일.

불교의 성행과 쇠퇴

엔닌의 일기는 틀림없이 당시 불교가 분명 널리 퍼졌다는 것을 전하고 있다. 지적인 활동이 왕성했던 승려 사회는 나라의 읍이나 어떤 벽촌의 깊은 산속에서도 보였다. 읍내의 군중은 불교의 제사에 북적이며, 일반인은 설교와 불사佛事 의식에 열심히 참석하여 들었다. 승려와 속세의 신자들도 함께 봉우리 바위의 많은 순례 유적을 더듬어 찾았다.

정부가 적극적으로 불교에 대해 원조를 준 시대가 있었다. 그 결과 인도의 종교가 2, 3세기가 지나지 않은 동안에 일반대중에게 널리 퍼질 수 있었다. 그런데 엔닌이 본 지나에서는 불교신앙이 사람들에게 널리 골고루 미쳐 지배계급의 뿌리가 강한 지적인 신앙과 서로 어울려 불교의 성행은 절정에 이르렀다.

엔닌은 불교의 대중화를 기정 사실로 인정하여 개종자의 숫자를 기록하거나 그들의 진지한 신앙의 정도에 거의 주의를 기울이지 않았다. 그럼에도 불구하고 거의 그의 일기의 전 페이지는 무의식 중에 지나 민중의 불교에 대한 태도를 증명하게 되었다. 노력을 아끼지 않은 의원義圓의 순수한 신앙은 당시 불교인의 진지한 정렬을 보여주는 한 예이다.

일반 개종자의 헌신적 신앙은 대개 그때 널리 일반인에게 알려져 이따금 이름도 없는 사람들을 실례로 일기에 기록하고 있다. 예를 들면, 먼저 지적했듯이 북지나 평야의 주민은 '일단 불교신자가 되면 지나가는 승려에게 사람 수를 묻지 않고 채식요리를 공양하는 것을 흔히 있는 일로 삼았다.'고 한다.[55]

외국 종교를 적대시하는 국가의식과 합리주의로 인한 반감이 지식인 사이에 나타난 지 2, 3년이 지났음에도 불구하고 엔닌의 많은 친구와 지나의 관리들 중에 후원자는 충실하고 친절하였다. 이는 불교가 이 계층에게서 뿌리 깊게 지지를 받았음을 말한다. 가장 중요한 것은 관리들이 다만 불교를 지지하였을 뿐 아니라 불교의 가르침에 생생하게 지적인 관심을 나타냈다는 것이다.

예를 들면, 엔닌이 해주 연안의 시에서 이곳의 지방장관을 만났을 때에도 그는, 그 인물이 '불교를 대충 파악하여 이해가 있으며, 이해한 것을 우리들 승려에게 강의를 했다.'고 기록하고 있다. 게다가 산동의 청주 도독부에서 엔닌은 고관 한 사람을 만났는데, 그에 대해 '이 행정관[判官]은 불법佛法을 이해하며 종교심이 있는 인물이다. 그는 문답을 좋아하여 멀리서 승려가 찾아오면 가르침을 열심히 들었다.'고 기록하였다.[56]

---

55 840년 4월 22일.
56 839년 4월 8일. 840년 3월 23일.

특히 엔닌이 지나에서 만난 위대한 두 고관에 대해 말한 것은 자못 흥미롭다. 그들은 바로 당시 정계를 대표하는 중요한 인물이었다. 두 사람 모두 강력한 불교지지자이었음은 엔닌에 대해서도 개인적으로 증명되었다. 유력한 환관 구사량이 불교신자이며 엔닌에 대해서도 우호적이었던 것은 불가사의하지 않다. 왜냐하면 환관들은 지나사를 통해 지나 정부의 반反관료적이며, 반反유학자적인 요소를 대표하는 경향이 있었다. 다른 유학자적 행정관에 비해 보다 한층 친불교적이었다는 의미이다.[57]

게다가 남다른 한 사례는 위대한 국무대신인 이덕유가 외국승려에 대해 개인적으로 매우 우호적이었을 뿐 아니라 양주의 절도사인데도 적극적인 불교 후원자이었다는 것이다. 이는 매우 놀랄만한 일이 아니다. 왜냐하면 이덕유는 원래 상벌을 주는 것이 주요한 임무이고, 당시 바로 생각하는 바에 따라서는 그때 바야흐로 불교에 대해 휘몰아치고 있었던 불교 대탄압의 폭풍, 다시 말하면 엔닌이 지나에 머문 초기를 특징 짓는 종교적인 고조에서 퇴조해가는 분기점에 즈음하여 중요한 역할을 했음에 틀림이 없기 때문이다.

이덕유가 선제〔전 황제〕의 제삿날에 양주의 개원사에서 거행된 화려한 종교의식에 참가했을 때와 그가 새로 양주의 승정을 임명하였을 때에는 아마 그의 개인적인 신앙과 관계없이 행정적 기능에 따라 행동하였다고 생각된다. 하지만 불상을 조각하고 그것을 안치할 다락문을 재건한 행위는 그의 임무와 관계없이 불교에 대한 개인적인 신앙심의 표시로밖에 생각할 수 없다.

---

57 842년 3월 8일, 10월 9일(10월 13일에 계속됨). 843년 1월 28일.

엔닌에 의하면, 불타 석가모니의 온몸을 백단(白檀 : 겉은 백색, 속은 담황색의 향기가 강함) 나무로 조각한 상像은 7세기 초에 대당제국의 전왕조인 수나라의 양제 때 하늘에서 양주 개원사의 발코니로 날아왔다고 한다. 따라서 건물은 '경사스런 상이 날아온 발코니〔瑞像飛閣〕'라고 새로 명명되었다. 이 이름을 쓴 액자는 황제가 썼으며 건물의 전면에 걸렸다. 엔닌이 양주에 머물었을 때 이덕유는 새로 3피드가 되는 석가모니 상을 백단나무로 조각하기로 결정하였다. 아마 상처를 입었거나 파손되었음에 틀림없는 한 몸을 보충할 작정이었을 것이다. 엔닌이 이 특이한 행위를 들은 다음날 이 위대한 인물은 스스로 발을 움직여 일부러 절까지 찾아와 일의 진행 상태를 살펴보았다. 불타를 예배한 후 이덕유는 엔닌과 엔사이를 불러 처음 만났다. 엔닌은 이 절도사한테서 강한 인상을 받았음에 틀림없다. 그를 둘러싼 장대함과 사원의 복구를 위하여 이때 그가 쌀 100석을 헌납한 것에 놀라 눈을 크게 떴다.

며칠 뒤 일본 승려들은 그가 보낸 호의에 대한 답례로 사례 편지를 썼다. 이덕유는 사례 편지를 받은 날 개원사를 방문하여 '경사스러운 상에 대해' 예배하고 새로 만든 상을 시찰할 때, 그는 다시 엔닌과 엔사이를 이번에는 발코니로 불렀다. 거기서 그들은 의자에 걸터앉았다. 의자에 걸터앉는 것은 당시 지나에서도 새로운 모습이었다. 일본에서는 이후 1천 년을 기다려서야 보급되었다. 엔닌과 엔사이는 차를 마시면서 절도사로부터 일본의 기후·수도의 모양·종교시설 등에 대해 질문을 받았다. 그리고 나서 이덕유는 두 일본 승려들이 여행할 때 품은 생각을 위로하고 동정을 표하였다. 그런 다음에 세 사람은 서로 인사를 하고 이덕유는 밖으로 나갔는데 돌아가기 전에 또 수리 중인

한 사원의 건물을 시찰하였다.

두 달이 지나서 엔닌은 이번에 '경사스러운 불상의 발코니'를 재건하고 있는 이덕유를 보았다. 이는 막대한 비용이 드는 사업이었다. 예산이 구리 화폐 1만 련連이었기 때문이었다. 절도사의 주최 하에 열리는 불교 강연회가 모금 때문에 한 달 이상 계속되었다. 두 차례 정도 이덕유는 엔닌과 엔사이에게 개인적으로 초대장을 보내 모임에 출석할 것을 요청하였다. 이미 기술했듯이 일본견당사 일행은 인과응보와 직결된 건축 공사를 위하여 구리 화폐 50련을 기부하라는 요청을 받아들였다. 이덕유가 이 일에 관심을 둔 것은, 바꿔 말하면 그의 종교적 감정이 거짓이 아니었음을 말하며 그 자신도 발코니 복원을 위하여 구리 화폐 1천 련을 깨끗하게 기부하였다.[58]

엔닌 시대 불교가 지나 사회의 모든 면에서 강력하게 생동하였다는 것은 의심할 바 없다. 하지만 동시에 어느 면에서는 쇠락의 징조가 보이고 있었다. 불교의 내부적 타락은 아마 탄압의 철퇴가 불교에 떨어졌던 이유를 어느 정도 설명할 것이다. 이는 결코 지나 역사에서 이 때만의 특유한 현상이 아니다. 이들 쇠락의 징조는 부분적으로 당나라의 재정이 기울어진 결과이고, 따라서 재정을 후원하는 질서가 어지러워 원조액이 감소한 것에 기인한다.

엔닌의 일기는 그가 여행한 절도부節度府와 주州에서 조금도 정치적, 경제적 퇴폐가 종교적 쇠락을 초래하기에 충분한 정도이었다고 나타내고 있지 않다. 그러므로 누구도 불교가 표면적으로 지나에서 그 영향력이 최고조에 달했을 때까지 신앙의 불꽃을 냉각시키고 지

---

58 838년 11월 7일, 8일, 16일, 17일 및 18일. 839년 1월 6일, 7일 및 윤 1월 5일.

적인 활동을 둔하게 한 듯한 어떤 요인이 이미 도사리고 있어서 내부에서 불교의 세력을 흡수하기 시작하였다고 상상하지 않을 수 없다.

엔닌은 장안과 양주의 대도시나 오대산의 신앙 중심지 중에 단 한 번 오대 지역의 변두리에 폐허가 된 한 사원을 기록하는 것을 제외하고는 불교 측의 어떤 쇠퇴도 나타내지 않았다. 하지만 산동과 북지나 평야에서 그는 많은 쇠퇴 징조를 보았다. 그 첫 징조는 적산의 신라 승원의 견습 승려 한 사람이 도둑질을 하고 '서쪽으로 도망하였다.'는 것인데, 서쪽이란 반도의 돌출한 끝 지점에서 황야로 갈 수 있는 유일한 방향이다. 나흘 밤뒤에 또 견습 승려 두 사람이 확실히 첫 견습 승려의 행동에 자극을 받아 승원을 도망한 것은 바로 당시 종교생활의 실정을 그대로 말할 것이다.[59]

엔닌의 여행 후반에 그는 종종 운이 나쁜 날에 몇 개 사원을 방문하게 되었다. 즉 청주 서쪽의 전 현청縣廳이 소재한 읍에 폐허된 여러 사원이 있지만, 이는 반드시 좋은 실례라고 할 수 없다. 왜냐하면 이 경우 읍 전체가 새로운 현청 소재지로 이전한 결과이었기 때문이다. 하지만 북지나 평야를 멀리 지나간 변두리에서 엔닌은 사흘 밤을 맨 처음 어느 현청이 소재한 읍에 있는 건물이 황폐해진 한 사원에서 묵었는데, 일찍이 승려들은 흩어지고 불친절한 승려 한 사람만이 남아 있을 뿐이었다. 그래서 인근 현청이 소재한 읍의 한 사원으로 자리를 옮겼는데, 그곳의 승려들은 세속적〔凡俗〕이며 시설은 '극단적으로 빈약' 하였다. 마지막으로 어느 촌의 사원에서는 승려들은 '마음이 야

---

59 840년 2월 7일, 11일 및 7월 3일.
60 840년 4월 9일, 17일, 18일 및 19일.

비하고' 건물은 썩었으나 불상은 '훌륭했다.'고 한다.[60]

산동 반도에서 엔닌은 잇달아 절들을 방문하였지만 어느 것이나 모두 심하게 쇠락하였다. 문등현文登縣과 등주 사이의 현청이 소재한 읍에서 그는 한 사원에서 밤을 보냈는데, 그곳에는 승려들의 수가 다섯 명으로 감소하고 '불당은 썩어버리고 승려들이 거처하는 방은 모두 일반 사람이 점령하여 일반 주택과 별반 다름이 없었다.' 등주에서 그는 개원사에 승려가 겨우 10명밖에 없으며 많은 승려들을 위한 방은 '모두 관청의 여행자가 점령하고 있었다.'고 한다.

등주의 서쪽 다른 주청州廳이 소재한 도시에 있는 용흥사龍興寺에서 그는 숙박하였는데, 그곳은 승려가 두 명으로 줄었고 그들은 백성이므로 '손님에 대한 적당한 예의'를 알지 못하였다. 이 절의 벽돌로 된 13층의 탑의 토대는 '소실되어' 버렸다. '회랑도 또한 썩어버렸다.'고 한다. 다음 날 밤 그는 대관臺館이라는 보통 여관에서 지냈는데, 그것은 절이었으므로 5층으로 조각된 돌탑은 높이가 20피드이었다. 또한 7층으로 주조된 철탑은 높이가 10피드이며 전면에 세워져 있었다. 이틀 사흘 밤뒤에 그는 현청이 소재한 읍내의 사원에 기숙하였는데 '불당과 승려가 거처하는 방은 썩어버리고 불상은 칠이 벗겨진 채로 드러나게 되었다.' 더구나 다만 승려 한 사람이 일반 사람의 집에 거주하고 있을 따름이었다.[61]

아마 사원이 쇠망하는 가장 슬픈 실례는 청주의 서쪽, 장산長山의 위대한 예천사醴泉寺의 경우이었다. 이 절이 일찍 소유한 15개의 장원莊園은 거의 몰수당하고 건물은 황폐해졌다. 성역은 '누구 하나 복

---

61 840년 2월 27일 및 3월 2일, 6일, 15일, 16일 및 19일.

구하는 사람이 없어 서서히 폐허되었다.' 한때는 약 100명의 승려들이 거처했던 대사원이지만 승려들은 대부분 '각자의 운명에 따라 뿔뿔이 흩어지게 되었다.'고 한다. 그래서 30여 명만이 남았다.

　가장 잘못된 것은 일찍이 대사원에서 엔닌이 '깨끗한 식사'를 얻지 못한 것이다. 승려들은 식사 시간과 요리에 관해 제한을 두었던 불교의 계율을 실행하지 않았기 때문이다. 아마 어떤 특별한 불행이 예천사를 엄습했을 것이다. 그러나 슬픈 쇠퇴의 조짐은 외관적으로 지나 불교가 화려한 성장의 절정기에 달했을 때 이미 내부에서 위협하기 시작했던 것이다.[62]

---

62 840년 4월 6일.

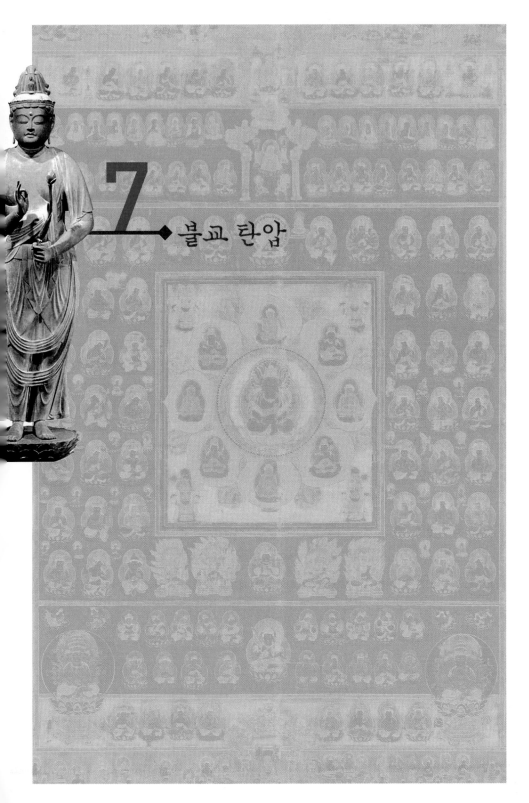

7
불교 탄압

불교 탄압

　지나인은 분류하기를 좋아하다 보니 지나의 네 차례 불교탄압을 말할 때 "삼무일종三武一宗"의 탄압이라고 늘 불러서 익숙해져 있다. 이들은 같은 무종이라는 시호로 알려진 세 명의 황제와 세종이라는 한 명의 황제의 치하에서 행해진 불교 탄압을 말한다. 처음은 이민족의 북위北魏의 무종(武宗 : 太武帝)의 치하에서 446년에 행해지고 두 번째는 574년 역시 이민족이 세운 북주北周의 무종(武宗 : 武帝)의 치하에서 446년에 행해지고, 그 다음은 엔닌이 당한 탄압인데 당나라의 무종의 치하에서 행해지고, 마지막은 955년 단명한 후주後周의 세종의 치하에서 행해졌다.

　이처럼 불교탄압의 역사를 일람표로 만드는 것은 분류를 쉽게 어긋나게 하는 가장 두드러진 잘못이다. 다른 여러 명의 지나 황제도 불교에 대해 압력을 가하였으며, 그것은 어느 경우에는 네 차례의 대 탄압이 야기했듯이 가혹한 영향을 후세에 미치는 타격을 주었기 때문이다. 게다가 엔닌이 장안에 있었던 무렵인 845년에 최고조에 달한 탄압은 규모면에서 다른 세 차례보다 훨씬 커서 그것을 함께 부르는 것은 한쪽을 과소평가하던지, 다른 쪽을 과대평가하던지 어느쪽으로 하지 않을 수 없다.

당나라의 탄압은 지나 전국적으로 미쳤지만 다른 세 번은 겨우 북지나에 그쳤다든가, 혹은 북지나 중에서도 압력을 가한 황제의 직접 지배하에 있었던 부분에만 그쳤다. 845년의 탄압은 영구히 불교를 절름발이로 만들어버리고 실질적으로 당시 지나에 존재했던 다른 모든 외국 종교를 일소하여 버렸다. 그것에 비하면, 다른 세 탄압은 지속적인 영향을 지니지 못하였던 것이다. 말을 바꾸면, 이들 다른 탄압은 다만 영원한 불교역사의 많은 사건 중에서 세 가지에 불과하다. 하지만 845년 당나라가 단행한 탄압은 지나의 종교 역사상 가장 중대한 날짜의 하나가 되었다.

반불교적 감정

　지나의 불교탄압을 생각할 경우 그것을 서구西歐에서 그리스도교와 모하메트교回教 간의 잔혹한 대립 항쟁이나 그리스도교 내부의 형제 다툼이나 종교재판 같은 관념으로 다뤄서는 안 된다. 서아시아나 유럽에 비하면 지나의 종교상의 대립 항쟁은 거의 없었다고 해도 좋다. 그리고 여기서 이른바 종교탄압이 일어났다는 것은 엄밀히 말하면 종교적 이유보다 오히려 세속적 동기에 의한 것이었다. 지나사 전체를 통해 불교에 대한 노골적인 반대의 목소리는 종교적이라기보다 오히려 경제적 입장에 기인하고 있었다.

　이미 기술했듯이 지나의 행정관들은 여러 사원이 과세하기 좋은 토지를 점유하고 있었을 뿐 아니라 신체가 튼튼하고 유능한 청장년을 득도得度시킴으로써 그들이 지불했을 세금으로 국가경제를 돕는다든지, 국가에 대해 병역 등의 봉사를 한다든지 하는 길을 막아버린 것을 한탄하였다. 신앙심이 돈독한 황제나 관리들은 국가와 그 통치자의 정신적 안녕을 수호하기 위하여 승려와 사원이 필요하다는 것을 인식시키려고 노력하였으나 누구도 무제한으로 승려 사회나 그들의 재산이 증대하는 것을 환영하지는 않았다. 신앙이 없는 정부 관리들은 이에 머물지 않고 기성 불교의 사원조직을 사회의 해충이라고 결정하여 국가의 재정을 위협하는 것이라고 경고하였다.

자금의 부족을 알리는 정부는 엔닌이 오대산에서 묘사하고 있듯이 대사원의 굉장한 시설과 막대한 보물에 대해 질투심 어린 눈빛을 던지지 않을 수 없었다. 그런 사원들에 있는 어느 작은 금불상이나 보석을 박아 넣은 유품을 거둬들이는 상자, 반짝반짝 빛나는 거대한 청동상이나 청동 범종만으로도 화폐 주조국이 필요로 하는 두 가지 기본적인 금이나 구리의 수요 총액의 상당한 부분이 되기 때문이다. 이들을 금화나 동화로 바꾼다면 틀림없이 파탄이 난 재정을 다시 일으켜 세울 수 있는 여지가 있었을 것이다. 그러므로 지나 정부는 번영하고 있을 때에는 보통 사원의 토지나 승려 사회가 증대하는 것을 제한하려 하고, 빈곤으로 허덕이고 있을 때에는 가끔 승려를 환속시키고 사원의 재산을 몰수하였다.

지나의 경우 경제적 이유로 인한 반불교 감정말고도 이 인도의 종교가 다른 의미에서 반사회적이라는 강한 감정이 가로 놓여 있었다. 지나인의 관념에서는 이는 당연한 것이었다. 불교의 강한 내세적 또는 초세소적 경향 때문에 불교는 사원에서의 독신생활을 옹호하게 되고 지나의 가족제도 전체를 뿌리부터 뒤흔들게 되었다. 결국 모든 지나인 남자의 조상에 대한 중요한 의무는 가계家系를 단절시켜서는 안 된다는 것이기 때문이다. 어떻게 한 인물이 독신의 불교도이고 동시에 선량한 지나의 가정 사람이라는 것이 가능할까? 독신주의는 가족에 대한 죄악이며 그것이 대중적 규모로 실행된다면 국가의 쇠망을 가져올 수 있을 것이다.

불교도들은 또한 지나인이 생각하는 방법과는 서로 용납되지 않는 형태의 실천을 옹호하였다. 지나 고유의 사고방식으로는 인간의 신체는 선조로부터 받은 선물이므로 그대로 몸조심을 하지 않으면 안 된다고 한다. 레이셴靈仙의 신체 일부로 만들었던 초상肖像 같은 것에서 보이듯이 육체를 괴롭히는 것은 많은 지나인으로서는 본질적으로 부도덕한 것으로 생각되었을 것이다.

또한 인도에 기원을 둔 화장습관火葬習慣에 대해서도 똑같은 비난이 있었을 것이다. 게다가 승려 사회와 사원의 재산은 세금이 고갈되는 막다른 골목길이라고 여겨지므로 부유한 승려는 가끔 방탕한 생활에 푹 빠져 폭음과 폭식을 하며 일그러진 성적인 쾌락에 빠지는 등 여러 육체적인 죄악에 빠졌다.

지나에서 불교에 대한 나쁜 감정이 나오게 된 또 하나의 근거는 주로 교양이 높은 지배계급에 한한 것이지만 불교를 단순한 미신이라고 하여 이성적으로 배척하려고 하였던 것이다. 그러나 그러한 태도는 불교가 처음 지나에서 지위를 확립한 무렵의 정치적 혼란과 이적의 침입이 계속되었던 4세기 동안에는 가장 미약하였다. 그러나 이 사고 방식은 정치가 안정됨에 따라 다시 대두되었다. 특히 이른바 학자 출신의 관료가 국가의 주도권을 장악할 무렵이 되면 현저하게 되었다.

당나라 시대는 2세기 이래 지나가 서서히 통일되어 안정되어 가는 최초의 시기이었다. 당나라의 멸망에 이은 정치적 혼란상태의 50년간을 제외하고 지나는 이후 금세기 초기에 제정帝政이 마지막을 고하기까지 거의 대부분의 기간에 학자 관료에 의해 통일이 보장되고 정치가 행해져왔다. 이 긴 기간에 불교를 '미신'이라고 보는 이들 인물의 합리주의적 편견이 지나인의 사고방식을 지배하게 되었다고 해도 그리 놀랄 일은 아닐 것이다. 학자 관료들은 공자의 가르침으로 굳어져 있었다. 공자는 죽음에 대해 질문을 받았을 때 답하면서 외쳤다고 한다. "너는 삶조차 모르는데 어떻게 사후의 일을 알겠느냐?"라고 하였다.[1] 그들은 당연히 열반(涅槃 : nirvāna)의 달성을 중심 과제로 하는 종교에 대해 호의적이지 않았다. 열반이란 각각 개인의 신자로서는 번뇌의 절멸, 또는 정토淨土의 어딘가를 의미했다고 생각되지만 어쨌든 그것은 분명히 이 세상의 것에는 속하지 않았기 때문이다.

또한 불교를 반대한 또 다른 원인은 외국의 것은 무엇이든 반대하는 국수주의의 대두이었다. 불교가 처음 지나에 소개되었을 때조차 인도의 종교는 이적夷狄의 가르침이며 지나 고래의 것이 아니라는 이유로 비난한 사람들이 있었다. 그런 비판은 당나라가 쇠락하는 긴 기간을 통해 서서히 왕성하게 되었다고 생각된다. 그리하여 당나라 말기에 지나 본토는 다시 이적의 침입에 밟혀지게 되었다.

불교에 대한 국수주의적 입장에서 나온 반대 목소리는 계속 수세기 동안 지나인들이 북방의 유목민과의 싸움에서 서서히 후퇴하지 않을 수 없게 되었을 때 한층 강하게 외쳐지게 되었다. 그리고 드디어 북쪽의 이웃나라와의 싸움은 13세기에 몽골이 지나를 석권하게 되어 결말이 났다. 이는 지나의 역사상 지나의 전 국토가 외국인 지배자에 의한 최초의 정복이었다.

---

1 제임스 레그 역, 『공자孔子의 어록語錄』(『논어』, James Legge, *The Confucian Analects in The Chinese Classics*, Oxford, 1893) 제1권 241쪽 참조.

지나에서 불교를 반대하는 마지막 이유는 서양에서의 종교적 불관용과 너무 많이 닮아 다른 종교 신봉자들에 대한 반감과 증오이었다. 그러한 반대는 주로 도교도道敎徒들로부터 일어났다. 그들은 불교의 교단 조직을 모방하고 인도 종교의 방대한 경전 문장을 절취하여 그들 자신들의 경전을 꾸며냈다. 도교도들은 민중의 혼魂 문제처럼 민중의 돈지갑에서도 격하게 불교도들과 경쟁을 하고 불교도들을 증오하였다. 어떤 경우에는 합리주의적인 관료들은 매우 공평하게 불교도와 도교도를 똑같이 견제하려고 노력하였다.

엔닌 시대에 불교에 대한 끔찍하고 잔인한 박해는 도교에 몰두하여 탄압의 중심 인물인 무종이 일으켰다. 조정의 역사도 엔닌의 일기와 똑같이 무종이 도교의 광신자이었음을 충분히 말하고 있다. 이는 불교탄압을 당하여서뿐만 아니라 황제가 도교의 불노장수의 약에 현혹된 것에 의해서도 분명하다. 아마 이 가짜약이 지나의 왕자리에 있었던 그의 선배 몇 사람처럼 그의 임종을 빠르게 했다고 생각된다. 이와 같이 그의 도교에 대한 광신이 불교탄압의 시작이 되었듯이 또한 불교탄압의 종언을 촉진하게 되었다. 이거야말로 바로 지나의 역사를 통해 평형을 유지한 이원론의 사고방식, 즉 한쪽이 강조되면 바로 그 반대가 나타난다는 사고방식의 좋은 실례이다.

한유韓愈의 각서

　지나 학자 관료의 반불교 감정을 가장 잘 보여주는 실례는 아마 819년 당나라 일류의 문필가인 한유가 써서 황제에게 바친 유명한 항의 각서일 것이다. 그는 황제가 불타의 손가락 뼈라는 종교적 유품을 매우 존경하여 장안의 서쪽 봉상시奉翔市의 법문사法門寺에서 수도로 가져오게 한 것에 대해 격한 비판을 가하였다. 이 각서는 노한 황제에 의해 한유가 처벌된다는 결과를 불러왔지만 지나의 사상사에서는 기념해야 할 사건이다. 왜냐하면 결국 지식계급에게 지배적이었던 사고방식을 이 각서는 이미 함께 담고 있었기 때문이다.

　똑같은 견해가 이전에도 다른 인물에 의해 기술된 적이 있지만 그것들은 후세에 영향을 미치기에는 이르지 않았다. 하지만 한유의 각서는 이런 사상이 분명히 불교에 대한 지식계급의 반격을 야기하는 최초의 도화선이 되었다. 그리하여 그 움직임은 11세기와 12세기 신유교가 탄생함으로써 그 절정에 이른다. 즉 지나 고래의 철학이 지나의 지식계급의 생활태도를 완전히 지배하게 되는 지위를 다시 확립하게 된다. 그리하여 불교를 정면에서 공격하는 것으로 머물지 않고 교묘히 불교의 형이상학과 철학을 받아들여 지적으로 인도 종교의 골자를 발라냈다. 한유의 각서는 지나에서 지금도 문학작품으로 숭상을 받고 있는데 그 대체적인 것은 다음과 같이 읽혀지고 있다.

폐하의 머슴은 불교가 다만 후한시대 이래 지나에 침투해왔던 이적夷狄 중에 하나에 지나지 않는다고 말씀드립니다. 옛날에는 우리나라에 그러한 것이 없었습니다. ……그 당시는 나라 안이 평화롭고 사람들은 만족하며 행복하게 살았으며 해마다 충실하게 매년을 보냈습니다. ……불교의 가르침이 아직 지나에 도착하지 않았기 때문에 부처를 섬긴 덕택이 아니었습니다.

불교의 가르침은 처음 한나라의 명제 때 나타났습니다. 명제는 나이도 얼마 안되는 18세에 왕 자리에 올랐습니다. 그 뒤에 혼란과 혁명이 잇달아 일어나 왕조는 길게 지속될 수 없게 되었습니다. 송宋 · 제齊 · 양梁 · 진陳 · 위魏의 다섯 왕조는 4세기부터 6세기에 걸쳐 비교적 짧은 수명으로 그쳤으나 차츰 부처를 열심히 섬김으로써 왕들의 통치 기간이 단축되었습니다.

양나라의 무종武宗 단 한 사람만이 48년간이라는 긴 기간 왕위에 있었습니다. 처음이자 마지막으로 그는 세 차례나 세상을 버리고 그 자신은 부처를 섬기는 몸이 되었습니다. 그는 자신의 선조를 제사 지내는 절에서 동물을 희생으로 바치는 것을 금지하였습니다. 그의 하루 한 차례의 식사는 과일과 야채로 제한하였습니다. 결국 그는 내쫓겨나 굶어 죽었습니다. 이렇게 해서 그의 왕조는 때아닌 최후를 마쳤습니다. 그는 불타를 섬김으로써 행운을 구하였습니다만 그를 습격한 불행은 너무 컸습니다. 이런 사실로 비추어 생각하면 불타를 섬기는 것은 가치가 없다는 것이 분명합니다.

당나라 초대 황제인 고조高祖는 처음에 수나라 왕실의 방침을 계승하여 불교를 멀리할 계획이었으나 그의 대신과 고문들은 앞이 보이지 않는 인물들로 선제先帝님들의 진정한 방침을 이해할 수 없어 과거와 현재에 적절한 도리에 어두웠습니다. 그들은 황제의 생각을 골라 가려내어 이 올바르지 않음을 아주 없앨 수 없었습니다. 그래서 결국 황제의 의지는 수포로 돌아갔습니다. 폐하의 머슴은 여러 번 이를 분하게 생각하였습니다.

제가 감히 생각하기에 폐하는 평화로운 때나 전시에도 기민하고 현명하여 신 같은 지혜와 영웅 같은 용기를 지니셔서 수백 년 동안 어깨를 나란히 할 자도 없습니다. 폐하가 처음에 왕 자리에 오르게 되었을 때 폐하는 속인이 승려나 도사가 되는 것을 금지하시고 사원과 절을 건설하는 것을 허락하지 않으셨습니다. 고조의 유지가 폐하에 의해 실현되었음이 끊임없이 저를 감동시키셨습니다. 다만 지금 즉시 실행으로 옮기는 것이 가능하지 않다고 하더라도 모든 제한을 없애고 적극적으로 그들을 우쭐하여 거만하게 하려는 것은 반드시 옳은 것이 아닙니다.

그런데 저는 폐하의 명령에 따라 승려의 한 단체가 봉상奉翔으로 부처의 사리를 가지고 갔다는 것을 듣고, 또한 폐하께서 이를 궁성으로 운반하여 높은 탑에서 구경하며 게다가 폐하께서 불사리가 정중히 환대를 받으며 모든 절들이 순번으로 배알하도록 명령을 받았다고 듣고 있습니다. 폐하의 머슴은 어리석지만 폐하께서 이 불타에게 속고 있음을 차마 보고만 있을 수 없습니다. 그리고 폐하께서 하고 계시는 것은 결코 행운을 기원하는 것이 되지 않는다는 것을 생각하지 않을 수 없습니다. 그러나 마치 받아들여도 좋은 소득이므로 사람들이 기뻐하고 있다 보니 폐하께서 이때 일반 대중의 소원에 답하여 수도의 시민을 위해 이런 이상한 광경을 제공하시려 합니다만, 그것은 극장에서 보는 구경 같은 흥행에 불과합니다. 폐하처럼 탁월한 교양을 지니신 분이 어떻게 이러한 부류의 것을 믿는 것에 동의하실 수 있겠습니까?

그러나 민중은 어리석고 무지합니다. 그들은 홀리기 쉽고 쉽게 깨달을 수 없습니다. 만약 그들이 폐하의 이러한 행동을 본다면, 그들은 반드시 폐하가 마음속으로 불타를 섬기고 있다고 생각할 것입니다. 모든 사람들이 말할 것입니다. "황제는 모든 사람들 중에 가장 현명한 사람이다. 더욱이 황제는 깊이 마음을 기울이는 신자이다. 우리들 평민들이 어찌 목숨을 애석하게 여기겠습니까?"

머리를 불태우고 손가락을 달구며 몇십몇백이나 되는 사람들이 그들의 의복을 벗어버리고 돈을 뿌리며 아침부터 저녁까지 서로 경쟁하다 보니 꼴찌가 되는 것을 두려워하며 노인과 젊은이들도 그들의 업무와 본분을 잊어버리고 돌아다니고 있습니다. 만약 제한이 즉시 시행되지 않으면 그들은 점점 늘어나 절을 세우며 어떤 자는 팔을, 어떤 자는 그들의 살을 둥글게 잘라 선물로 바치는 것을 어쩔 수 없이 할 것입니다. 그러니 예절을 파괴하여 세계의 비웃음을 살 것입니다. 이는 결코 가벼운 일이 아닙니다.

그래서 불타는 이적의 근원입니다. 그가 말하는 언어는 지나어와 다릅니다. 그의 의복은 다른 재단으로 만들어지고 있습니다. 그의 입은 선제들의 유훈을 말하지 않습니다. 그의 신체는 선제先帝들이 몸에 지니게 한 장식품을 걸치지 않고 있습니다. 그는 군신 간의 관계를 모릅니다. 또한 부자의 정情도 모릅니다.

만약 불타가 오늘 태어나 그의 나라에서 사절로 이 장안으로 찾아와 궁중에 들어왔다고 상상해 보세요. 폐하는 그를 정중히 환대할 것입니다. 하지만 다만 배알에서 한 차례 회견, 그를 위한 한 차례 연회, 그냥 의복 한 벌을 선물로 끝을 내며 그는 국경선까지 호위 하에 배웅을 받아야 하며 대중을 유혹해서는 안 될 것입니다.

그러나 지금 불타는 사망한지 오래되어 썩어 없어진 뼈, 고약한 냄새가 나는 더러운 유품이 궁중으로 들어오는 것을 허락한다면, 얼마나 받아들이기에 부족한 사소한 일이라고 여쭐 수 있겠습니까? 공자가 말씀하시기를 "유령과 귀신 부류를 경원하라."고 하셨습니다. 옛날의 영주들은 국내에서 조문하러 나갈 때에는 불행을 내쫓기 위하여 풀빛 자루와 복숭아나무 가지를 가지고 마귀를 쫓는 사람의 오랑캐 옷을 받는 것을 습관으로 하고 있습니다. 그러한 예방법을 썼기 때문에 비로소 그들은 조문하러 나갔던 것입니다. 그런데 폐하는 아무 이유 없이 깨끗하지 못한 것을 미리 내쫓지 않고 끌어들여 스스로 이를 처리하셨습니다. 그래서 풀빛 자루와 복숭아나무의 가지도 사용하지 못하였습니다. 게다가 폐하의 대신들은 그것이 나쁘다는 것을 말하지 않았으며 검열관들은 타당한 점이 부족하여 특히 주의를 환기시키려고 하지 않았습니다.

저는 진실로 그들의 이러한 태도를 수치스럽게 생각합니다. 저는 폐하께서 부처의 이 뼈를 관리들에게 내주어 물이나 불속에 투입되기를 간절히 바랍니다. 영구히 재앙의 뿌리를 제거하여 나라의 의혹을 치워 후세의 미혹을 예방하게 하십시오. 그렇게 함으로써 사람들은 위대하고 어질고 총명한 사람이 보통 사람보다 백만 배 훌륭하다는 것을 알릴 것입니다. 이거야말로 번영의 기초가 아니고 무엇이겠습니까? 경하해야 할 이유가 아니고 무엇이 있겠습니까?

만일 불타가 초자연적인 힘을 갖고 있어 복수를 하여 해를 끼친다면 어떠한 비난과 보복도 저 개인에게 내려지는 것이 타당할 것입니다. 하늘이시여! 저의 증인이 되어 주십시오. 저는 그것을 후회하지 않습니다. 몹시 두려워서 부들부들 떨고 있지만 최고의 성의를 다하여 저는 정중히 이것이 알려지도록 저의 탄원서를 제출합니다.

폐하의 머슴이 진실로 소스라치게 놀라 진실로 근심하면서[2]

(이상 인용문)

---

2 간행 예정인 하버드대학 제임스 하이타워 교수의 『지나문학사』(Professor James R. Hightower of Havard, *The History of Chinese Literature*)의 번역문 참조. 원문은 한유韓愈의 작품집 『창여선생집昌黎先生集』 제39권 제2절에 있다.

관청의 기록

불교에 대해 늘어나고 있었던 불평은 불교를 '미신의 보따리'라고 부르게 하여 지나인의 외국 종교에 대한 증오의 감정을 조장시키게 되었다. 후세의 지나 사가는 당나라의 불교 대탄압에 대해 크게 주의를 하지 않았을 뿐 아니라 탄압과 관련하여 불교사의 다른 측면에 대해서도 충분한 주의를 기울였다고 할 수 없다. 예를 들면, 당나라 시대에 관한 최초의 공식적인 기록인 『구당서』는 10세기 중엽에 편찬되었는데 불교탄압에 대해서는 거의 조금 밖에 언급하고 있지 않다. 아마 당나라에 관한 최초의 공식 기록이 불충분한 것을 보충하기 위해 11세기 중엽에 편찬된 『신당서』도 한층 가볍게 다루고 있다. 실제 두 번째 편찬자들은 탄압에 대해서는 간단한 말로 '불교사원의 일대 파괴가 행해져 승려와 비구니가 환속되었다.'고만 기록하고 있을 따름이다.[3]

---

3 『신당서』 제8책, 845년 8월 7일 항목 참조.

『구당서』와 그 밖의 상세한 자료도 또한 탄압과 관련하여 엔닌이 일기에 기록한 상세한 정보와 소문의 보고에는 미치지 못한다. 예를 들면, 그것들은 마니교에 대한 탄압이 일찍이 834년에 시작되었음을 나타내고 있지만 불교탄압에 대해 취해진 어떠한 조치도 845년까지 아무런 기술이 없다. 그럼에도 불구하고 우리들은 엔닌을 통해 이들 조치가 이미 842년에 일찍 행해졌음을 알 수 있다. 그러나 이들 다른 자료는 엔닌이 빠뜨리고 있는 몇 가지 정보를 제공하고 있다.[4] 예를 들면, 사람들이 이전의 절에서 사용되고 있던 노예들을 숨기거나 사는 것을 금지한 조치나 불상과 범종에서 얻은 구리를 국가의 주조소에 분배한다는 것이나 철을 농기구 제작으로 전용하고 금·은·비취를 국고에 바친 것에 대하여 알리고 있다.

탄압에 관해 보다 흥미 있는 문헌의 하나는 이덕유가 황제에게 보낸 불교사원의 파괴를 경하하는 서한이다. 그 서한에서 엔닌의 예전 친구가 4,660개가 넘는 사원과 당탑堂塔의 파괴와 41만 명의 승려와 비구니와 그들의 노예들이 납세 의무자의 자격으로 되돌아온 것을 기뻐하고 있다. 이덕유는 또한 2,000명 이상의 경교도(景敎徒: 크리스트교의 네스토리우스파)와 조로아스터교도가 환속되었음을 알리고 있다.[5]

---

4 가종요賈鐘堯의 『당회창정교충돌사唐會昌政敎衝突史』(『식화食貨』 제4권 18~7쪽, 제1호, 1936년 7월 간행)은 엔닌의 일기에서 인용을 많이 하여 불교탄압에 관해 주로 편집된 사료이다. 오카다 마사유키岡田正之의 앞의 책, 제12권, 147~186쪽은 주로 엔닌의 기술에 기초하여 이루어진 탄압의 상세한 연구이다. Y·P 사에키佐伯의 『지나에서 네스토리우스파의 유적』(런던·1916년 간행) (The Nestorian Monument in China, London, 1916)도 또한 이런 중요한 원문의 문헌을 포함한 탄압에 관한 자료를 제공하고 있다.

5 표준적인 원전은 "2천 이상"이라고 해야 할 것을 "2십 이상"이라고 기록하고 있다. 이 문헌은 이李의 작품집인 『이문요문집李文饒文集』 제11권 제3절에 있다. 또한 사에키의 앞의 책 285~286쪽에도 인용되고 있다.

탄압에 관한 가장 종합적인 유일한 문헌은 845년 8월에 발포된 칙어勅語이다. 그것은 엔닌도 언급하지 않고 있는데 아마 그때 그는 이미 장안에서 추방되었기 때문에 알 방법이 없었을 것이다. 이 문서는 탄압을 유교의 입장에서 정당화하였다. 그리고 또한 탄압의 결과를 다음과 같이 정리하고 있다.

짐은 옛날 삼대의 왕조(夏・商・周)를 통해 아직 그때에는 불교라는 것은 아직 들리지 않았음을 알고 있다. 한나라나 위나라 시대가 되어 겨우 우상 종교가 번영하게 되었다. 최근에 그 기묘한 가르침은 일반적으로 풍미하여 서서히 무의식중에 우리나라의 도의를 부패시켰다. 짐의 인민의 마음은 그것에 현혹되어 대중의 대부분이 미혹에 빠졌다.

벽촌의 산간지대나 황야에서부터 두 개 수도의 성벽으로 둘러싸인 도시의 시중에 이르기까지 나라 안의 도처에 불교승려의 수가 날로 증가하고 그들의 사원도 날로 늘어나 빚을 늘리고 있다. 건설사업 때문에 많은 인력을 소모하고, 사람들의 금・은・보석・장식물을 탈취하고, 통치자에게 왕위를 버리게 하고, 왕의 친근자들에게 그들의 스승을 지원케 하고, 승려의 계율 때문에 배우자를 버리게 하며 법률을 우롱하고 인민에게 해독을 미치게 한다. 이 이상 나쁜 종교는 없다.

지금 한 사람이 밭을 갈지 않으면 다른 많은 사람들이 굶주려 고생하며 부인 한 명이 실을 뽑지 않으면 많은 사람들이 추위로 얼게 될 것이다. 현재 나라 안의 승려와 비구니는 무수하다. 그들은 모두 먹기 위하여 농업에 의존하며 옷 때문에 양잠업에 의존하고 있다. 사원과 승원의 수는 한이 없고 그들은 모두 기고만장하여 아름답게 꾸며져 있다. 훌륭한 면에서 궁전에도 필적하고 있다. 금金・송宋・제齊・양梁나라(265년부터 572년에 걸쳐 잇달아 흥망한 네 왕조이다. 최근의 왕조를 제외하고 모두 남지나에 있었다.)는 물질적인 힘이 쇠약하고 도의가 퇴폐한 이유는 이 이외에는 없었다.

다시 당나라 초의 고조와 태종이 무력으로 이 무질서를 끝내고 문예로서 아름다운 국토를 다스렸다. 딱딱하고 부드러운 두 가지 방법이 나라를 다스리기에 충분하다. 이 하찮은 서방의 종교가 무슨 까닭으로 우리들과 경쟁할 필요가 있을까? 정관(貞觀 : 627~650), 개원(開元 : 713~742) 연호 시대에도 또한 개혁이 있었지만 해악害惡을 근절할 수 없었기에 해악은 다시 널리 퍼져 계속 번영하였다.

짐은 널리 전례의 문헌을 조사하고 공개적으로 일반 의견을 구한 결과 이 해악이 제거되지 않으면 안 된다는 강한 신념에 도달하였다. 짐의 궁중에서 대신들과 지방 관청의 고관들은 짐의 의지에 찬성하고 있다. 짐이 불교사원을 제한하는 것은 가장 어울리는 일이며, 짐은 이에 관해 그들의 소원을 따르지 않으면 안 된다. 우리들은 1천 년간 이 부패의 원인을 응징해왔다. 그러나 짐은〔짐의 이전에는〕 여러 대 제왕의 법률을 갖고 있지만 이를 실현하고 사람들을 도우고 민중을 이롭게 하지 못한 것을 인정한다.

4,600개 이상의 절이 나라 안에서 파괴되어 있고, 26만 명 이상의 승려와 비구니가 세속생활로 돌아가고 있으며 그들은 연 2회의 납세 의무자가 되고 있다. 게다가 4만 개의 당탑堂塔이 파괴되어 있고 수백만 정(町 : 15에 이커를 조금 상회하는 단위)의 비옥한 땅과 훌륭한 토지가 몰수되어 있다. 15만 명의 노예들도 지금 1년에 두 차례의 납세의무자가 되어 있다. 승려와 비구니 중에는 지나인에 섞인 외국인도 있다. 짐은 3천 명 이상의 경교도와 조로아스터교도를 세속생활로 되돌아가게 하고 그들이 지나의 미풍을 타락시키지 않도록 하고 있다.

아아, 이런 일이 이전에 결코 행해지지 않았도다! 그것은 짐을 기다려 비로소 실현되고 있다. 짐이 드디어 그들을 일소한 것은 어찌 시의時宜에 적합하지 않다고 할 수 있을까? 짐은 저 우려되는 천만이 넘는 게으름뱅 이들을 추방하였다. 짐은 그들의 세력이 강하지만 역할을 하지 못하는 1만 채 이상의 건조물을 없앴다. 그 이후 청결이 사람들을 지배하고 인민들은 짐의 정치가 쉽게 행해졌음을 높게 평가할 것이다. 검소는 짐의 방침이다. 이 방침이 일반 문화의 진전을 달성시키는 데에 역할을 할 것이다. 짐은 사방 이역異域의 인민도 모두 우리 황실의 권위에 복종하는 것을 볼 것이다.

이는 이들 해악에 대한 짐의 개혁의 발단에 불과하다. 때가 지나면 결국 알 것이다. 짐은 이런 명령을 우리 훌륭한 문무백관들에게 발포한다. 너희들은 짐의 의지를 구체화한다. 수도나 지방에 발포하여 모든 사람들에게 철저하게 하도록 선언하라.[6]

(이상 인용문)

---

6 본문은 당나라 시대에 관한 일대 정치적, 사회적 백과사전인 『당회요唐會要』 제47권의 끝에 나타나 있다. 이 사전은 9세기와 10세기에 편찬되었다. 또한 『구당서』 권18A에서도 약간 다른 형태로 나타나 있다. 사에키의, 앞의 책 87~89 및 281~282쪽도 후자의 원본을 제시하고 대략 그 번역을 주고 있다.

격화되는 폭풍

845년, 8월의 칙어와 기타 지나의 자료에서 대탄압에 관한 이곳저곳의 기록을 정리하면, 황제와 궁중 관계자가 한 덩어리가 되어 합리주의적 근거에 기초하여 불교 파괴를 결의하고 그런 결정을 일거에 실행으로 옮기려 한 인상을 강하게 줄 수 있다. 엔닌의 일기는 더욱 복잡하게 얽힌 사건을 넓게 명확히 말하고 있으며, 당시의 생활이 혼란하여 거의 이성이 상실되어 있었다고 명확히 하고 있다.

엔닌은 무종이 그의 형을 계승하여 왕위에 오르고서부터 겨우 2, 3개월 후인 840년 이른 가을에 장안에 도착하였다. 처음에 일본의 승려는 새 황제를 경외하는 이유가 무엇인지 알아차리지 못하였다. 실제 무종은 불교에 대해 호의적인 관심을 나타내 보이려고 한듯하다. 840년 9월, 수도의 한 사원을 다시 일으키고 50명 이상의 승려를 모아 법요法要란 불교의식을 준비하였는데, 그중에 7명은 엔닌이 거주하고 있었던 자성사에서 가담하였다. 이듬해 일찍 황제는 835년 이

래 중단되고 있었던 습관을 부활하고 장안의 7개 큰 사원에서 1개월
동안 '일반 시민을 위한 공개강좌'를 개최하도록 명하였다. 게다가 5
개월 뒤에 황제는 다시 10개의 사원에 강의를 하도록 명하였다. 하지
만 이는 적어도 무종이 도교에 대해 무관심했다는 것은 아니다. 두 차
례이긴 하나 동시에 그는 2대 도교사원에서도 강의를 하도록 명했기
때문이다. 엔닌은 841년 연두에 연호를 개원하는 준비로서 황제가
공식적으로 도교사원에 행차하여 엔닌이 "채식요리"라고 칭하고 있
는 것을 준비했다고 한다.[7]

　엔닌이 두 개 종교에 대한 무종의 태도에 얼마간의 잘못을 알아차
린 것은 841년 6월이 되고서부터였다. 즉 같은 달 11일은 황제의 탄
생일이었다. 군주는 탄생일을 축하하는데 두 명의 불교 승려와 두 명
의 도사道士를 궁중으로 불러 네 귀퉁이에 진을 치게 하고 각기 종교
경전에 대해 토론을 하게 하였다. 의미가 심장한 것은 두 명의 도사는
5위位의 궁정 사람에게만 허락된 '자색 옷을 입는' 명예를 받았으나
불교 승려에게는 칭찬의 표시로 주는 아무 상품도 주어지지 않았다.
그러나 이 현저한 황제의 불교에 대한 냉담표현이 바로 칙명으로 개
최되는 인도의 종교에 대한 강의나 어전에서 행해지는 종교토론회를
마치게 한 것은 아니었다.

　실제 두 달 반이 지난 뒤에 불교 강의가 황제에 의해 명령되었다.
더욱이 842년 5월에 '일반 시민을 위한 공개강좌'가 수도의 10개 불
교사원에서 거행되었다. 842년, 황제의 탄생일에 토론회가 개최되어
도사 두 명은 전처럼 '자색 옷을 받았으며' 불교측은 다시 아무것도

7 840년 9월 6일, 7일. 841년 1월 7일, 9일 및 5월 1일.

받지 못하였다. 843년 황제의 탄생일에도 이미 탄압이 시작되어 제법 시간이 많이 흘렀음에도 불구하고 14명의 불교 승려들이 연례적인 종교토론회에 초대를 받았으나 언제나처럼 '도사 두 명만 자색 옷이 허락되었으나 불교 승려는 한 사람도 자색 옷을 입는 것이 허용되지 않았다.'고 한다. 844년이 되기까지 황제는 자신의 탄생일 축하에 불교 승려를 배척하기까지에는 이르지 않았다. 엔닌은 슬프게 일기에 기록하기를 '그 이후 황실은 불교 승려를 궁중으로 들이는 것을 바라지 않은 듯하다.'고 하였다. 그동안에 황제는 궁중에서 시중드는 불교승려〔內供奉〕를, 842년 5월에는 40명을, 다시 843년 그의 탄생일에는 24명을 각기 해고하였다.[8]

엔닌의 주의를 환기시킨 경고의 태풍은 황제의 불교에 대한 불쾌감을 나타내는 이런 조짐만으로 멈추지 않았다. 842년 3월 3일, 그는 일기에 '국무대신 이덕유는 승려와 비구니가 제한을 받도록 황실에 탄원하여 칙명이 발포되어 후원자가 없고 이름도 없는 승려들을 해방하고 소년들을 견습 승려에 임명하는 것을 금하게 되었다.'고 기록하고 있다. 내가 이에 '제한한다.'고 번역한 말(원어는 '條疏')은 당시 전문어로 널리 이용된 말이며 '일소한다.'라는 의미를 포함하고 있다. 그리고 '후원자가 없는 이름도 없는 승려들'이란, 아마 관에 등록되지 않은 정식이 아닌 승려들이며 그 때문에 승려로서의 자격을 공식적으로 조정으로부터 인정받지 못했을 것이다.

---

8 841년 9월 1일. 842년 5월, 5월 29일 및 6월 11일. 843년 6월 11일. 844년 4월 1일 및 10월. 엔닌은 그러나 842년 4월 23일 항목에서 황제의 대신들이 황제에게 명예의 칭호를 받칠 때 불교 승려들이 일대 의식에 참가하는 것이 허락받았다고 기록하고 있다.

이 탄원은 불교에 대한 최초의 타격이 주어지기 7개월 전에 나왔기 때문에 어느 학자는 상상하여 이 탄원이 첫 도화선이 되었으며, 탄원을 쓴 이덕유는 인도의 종교를 일소하는 계획의 주모자이었다고 추정하는 것은 언뜻 보면 당연할 것이라고 하였다. 그러나 이 탄원이 정말 탄원의 시작이라고 간주할 것인가, 혹은 이덕유가 정말로 이 탄원의 작성자이었는지 참으로 확정하기 어렵다.

탄원서는 단순히 공식적으로 허가를 받지 않은 승려들을 도태하는 것을 요구하고 있고, 그것은 끊임없이 증가하는 승려의 수를 제한하기 위하여 역대 지나 정부에 의해 여러 번 반복된 조치에 불과하다. 그러한 조치는 거의 지나 관료에 의해 지지를 받았을 뿐 아니라 불교에 마음을 기울인 불교도까지 그것을 바랬다. 물론 우리들은 이덕유가 무종의 중요한 대신으로서 탄압 기간에 인도의 종교에 대해 가한 황제의 전면적인 공격 정책에 동조했을 것이라고 상상하지 않으면 안 된다. 하지만 엔닌이 양주에 있었을 때 이덕유가 불교에 대해 후원하고 있음을 전하고 있는 점으로 보면, 그가 불교에 대해 열광적인 반감을 품었다고 생각되지 않는다. 또한 우리들은 다른 자료에 의해 그가 탄압 기간 어느 불교사원의 벽화를 어떻게든 보존하려고 수단을 강구했음을 알 수 있다.[9] 그 때문에 탄압 전체를 부추긴 장

---

9 알렉산더 코반 소퍼의 『곽약허郭若虛의 그림의 경험〔圖畫見聞記〕』(Alexander Coburn Soper, *Kuo Jo-hsü's Experienences in Painting, (Tu-hua chien-wên chih)* Washington D.C : American Council of Learned Societies, 1951) 83쪽 참조. 이덕유를 반대하는 사건은 오카다 마사유키의 앞의 책 제12권 150~152쪽에서 보인다. 아더 웨일리는 A.D. 772년~846년의 『백거이白居易의 생애와 시대』(Arthur Waley, *The Life and Times of Po Chü-i, 772~846 A.D.*, New York : The Macmillan Co., 1949) 205~206쪽에서 이덕유는 불교탄압 운동에 책임이 없었다는 결론에 이르고 있다.

본인이 이덕유이었다고 조금도 생각되지 않는다.

불교사원이 파괴될 때 황제에게 알랑거리는 축하 서한을 보낸 것 조차 아첨 이상의 아무것도 아니다. 혹은 가장 고상한 좋은 방법으로 한다면 정치적 기회주의이다. 실제로 탄원서의 작성자는 이신李紳이라는 이름의 다른 대신이었는지 모르겠다. 엔닌은 일기에서 그를 처음 개인적으로 친한 위대한 이덕유와 혼동해서 기록하고 있기 때문이다. 이 상상은 엔닌의 뒤 기록에 의하면, 이신에 의해 나온 탄원이 탄원의 원인이 된 듯하며, 이는 이신이 절도사로 임지에 있었던 지나의 한 지방에서 탄압이 특히 엄격했음을 보여주는 엔닌의 기술로도 증명이 된다.[10]

탄원의 작성자는 누구였는지 간에 칙어의 효과가 바로 엔닌의 신변에 미쳤다. 외국 승려들은 '후원자가 없는' 단체에 속한다고 간주되었기 때문이다. 엔닌이 일기에 탄원을 기술한지 겨우 이틀 뒤에 위대한 환관 구사량仇士良이 자성사資聖寺와 외국인이 거주하는 다른 두 사원으로 전하는 말을 가지고 와서 외국 승려들은 다음과 같은 취지를 확인받게 되었다. '전술한 외국 승려는 해고할 수 없기 때문에 모두 자유롭게 되도록 요청받는다.'는 것이다. 구사량은 수도의 동반부의 승려들을 관리하는 역할을 하여 좌가공덕사左街功德使라고 불리고 있었다. 2, 3일 뒤에 구사량의 명령에 더해져 주의가 그의 부하 한 사람에 의해 전해졌다. 그것에 의하면, 자성사는 '정식으로 후원자가 없는 객승客僧들을 사원 밖으로 추방하지 않으면 안 되지만 특히 구사량의 지휘를 받는 네 명의 일본인은 추방하지 않는다.'고 전해졌

---

10 842년 10월 9일(10월 13일에 계속됨). 845년 7월 3일. 846년 6월 29일 및 10월 2일.

다. 2, 3일 뒤에 구사량의 부하가 공덕사의 감독하에 있는 외국 승려에 관하여 보고를 구하러 찾아왔기에 엔닌은 즉시 다음날 요구받은 대로 문서를 작성하였는데, 요지를 다음과 기록하였다.

자성사의 일본 승려 엔닌(50세, 『법화경』을 강의하는 일에 숙달되어 있다.) 제자 승려 이쇼오(惟正, 30세)와 제자 승려 이교오(惟曉, 31세. 두 사람은 모두 『법화경』을 잘 안다). 우리들은 어떤 나라에서 왔는가. 이 시市에 도착한 것은 언제인가? 거처하는 절의 이름, 연령과 무엇에 통달하고 있는가라는 심문을 받았다.

심문에 해당하는 엔닌과 다른 자들은 부족한 경전을 베껴 이를 고국으로 전하기 위하여 개성開成 3년(838) 7월에 일본의 조공사절과 함께 양주에 도착했습니다. 우리들은 개성 5년(840) 8월 23일 이 시市에 도착하였습니다. 공덕사의 주의를 받고 부랴부랴 자성사에서 더부살이를 하며 가르침을 받았습니다.[11]

(이상 인용문)

정확히 1년이 지난 같은 달 이미 탄압이 시작되어 같은 질문이 다시 돌아왔다. 엔닌은 승려들의 연령을 제외한 채 거의 같은 문장으로 답을 하였다. 그동안에 구사량은 그의 감독 하에 있는 외국 승려의 입장을 재확인하는 다른 수단을 강구하였다. 843년 1월 하순에, 그는 엔닌 등을 그의 사무소로 불러들였다. 그곳에는 남인도에서 온 라트나찬드라와 네 명의 제자들, 북인도에서 온 난다Nanda라고 불리는 승려, 실론에서 온 한 사람, 중앙아시아의 쿠챠국에서 온 다른 한 사람,

---

11 842년 3월 8일, 12일 및 5월 25일.

세 명의 일본인과 여러 명의 신라 사람을 포함하여 21명이 모였다. 차가 마련된 후 그들은 구사량을 만나 대면하였는데, 구사량은 그들을 '개인적으로 위로한' 후 각자의 사원으로 되돌려 보냈다고 한다.[12]

---

12 843년 1월 27일, 28일 및 5월 25일.

궁중의 밀모密謀

구사량의 외국 승려에 대한 배려는 분명히 궁중 전체가 불교를 반대하는 조치를 집행하는데 찬성하지 않았다는 것을 말한다. 실제로 최초의 탄압 칙령이 842년 10월에 내려졌을 때 엔닌은 구사량이 명령의 주요한 실행자 중에 한 사람임에도 불구하고 '칙명에 반대하여 승려들을 속박하는 것을 좋아하지 않았다. 황제의 강한 희망 때문에 결국 그것은 이루어지지 않았지만 구사량은 100일 동안의 유예를 신청하여 허락받았다.' 고 한다.[13]

이는 탄압문제를 둘러싸고 궁정 내부에 파벌적 대립이 있었음을 암시한다. 실제로 물론 대립한 사실은 없지만 이러한 형태로 정치와 종교가 서로 엉킨 것은 당시로서는 결코 이상한 일이 아니었다. 예를 들면, 마니교 탄압이 843년에 행해진 것은 부분적으로는 외교관계와

---

13 842년 10월 9일.

밀접한 그물이 있었을 것이다. 같은 해 4월에, 엔닌은 '칙령이 발포되어 나라 안의 마니교 사제司祭가 살해를 당하도록 명령이 내려졌다. 그들의 우두머리는 머리가 깎이고 몸에는 불교의 가사를 입어 마치 불교의 승려들이 살해된 것처럼 보이게 되었다. 마니교의 사제들은 위구르족의 높은 존경을 받고 있다.'고 기록하고 있다. 이 기술의 상세함에는 의문이 남는다. 그러나 엔닌이 마니교 탄압은 부분적으로는 중앙아시아의 투르크계 위구르족의 종교이었기 때문이라고 생각한 점은 아마 정확할 것이다. 위구르는 당나라의 가장 충실한 동맹국이었으나 최근에는 변해 당나라를 적대시하고 침략했기 때문이다. 엔닌이 처음에 이 침략을 들은 것은 1년 훨씬 전이며, 그때 그는 그다지 정확하지 않다고 생각했지만 장안에서 위구르인들 수백 명의 형이 집행되었음을 기록하고 있다. 수개월 뒤에 엔닌은 위구르 칸(왕)에게 시집을 간 당나라의 왕녀가 수도로 급히 되돌아왔다고 기록하고, 뒤에 843년 늦게 그는 침략자들이 드디어 패해서 갔다고 보고하고 있다.[14]

불교탄압에 관련된 파벌 항쟁은 한쪽은 이덕유李德裕의 후원을 받은 무종과 다른 학자 관료 집단이며, 다른 한쪽은 만만찮은 구사량에 의해 처음 지도를 받은 궁중의 환관들이었다. 아마 이러한 정치적 대립으로 이덕유, 즉 얼핏 보아 불교에 대해 격한 증오심을 품었다고 생각되는 않는 인물까지 흉악한 종교탄압을 감행하는 황제를 자기편으로 하는데 인색하지 않았을 것이다. 그들은 인도의 종교에 대해서는 좋고 싫음이 섞인 감정을 품고 있었겠지만 그들의 환관들에 대한 반

---

14 842년 3월 12일. 843년 2월 25일, 4월 및 9월 13일.

감에는 애매한 점이 없었다. 환관들은 전통적으로 궁중의 세력권 싸움에서는 학자 관료들과 대립하고 있었다. 그러므로 학자 관료들과 같은 편인 사람들은 불교신자인 환관들에게 애를 먹이고 실각시키는 수단으로 불교에 대해 격한 공격을 가하는 것을 환영한 듯하다.

당나라의 궁정 내부는 전제군주의 변덕에 끌려다니는 정부처럼 ─ 혹은 지도자가 어떻든 간에 관계없이 어떤 정부도 그러할 수 있을지 모르지만 언제나 ─ 파벌적 밀모에 의해 끓어오르고 있었다. 양주에서 엔닌은 무종의 선제인 문종이 그의 아들인 황태자가 그에게 음모를 계획하고 있을지 몰라 두려워서 아들을 죽였다는 것을 들었을 때 어렴풋이 이를 감지하고 있었다. 공식적인 역사는 이런 사실을 명료하게 서술하기를 즐기지 않지만 황제가 그의 후계자의 갑작스런 사망으로 불행한 경험을 겪었다는 기술은 더욱 꺼림칙한 사태를 감추는 체면치레처럼 들린다.

산동에서 엔닌이 무종에 대해 처음 들은 것은 '새 황제가 왕 자리에 올라 선제 때 사랑을 받은 수도의 4천 명 이상을 죽였다.'는 것이었다. 이 경우의 숫자는 아마 왕 자리와 엔닌이 머문 산동 사이의 지리적, 사회적 거리 때문에 과장되었을 것이다. 그러나 무종이 다른 많은 지나 황제처럼 선제의 마음에 드는 자를 내치고 새로 그 자신의 지지자를 눈여겨보았다는 것은 의심되지 않는다.[15]

뒤의 발전이 가령 어떻든지 무종이 형의 후계자로서 왕 자리에 지명을 받았을 때 관여하여 힘이 되었던 것은 구사량이었다고 생각된다. 그 결과 구사량이야말로 새 황제의 마음에 들게 되었음에 틀림없

---

15 838년 9월 29일. 840년 2월 22일. 『구당서』 권17B 및 『자치통감』(권246), 838년 9월 7일 항목.

다. 이것이 그 직후 그가 관군용사觀軍容使라는 군의 최고관에 지명을 받게 된 이유일 것이다. 그리하여 엔닌이 말하는 '그가 나라 안의 군사를 장악하게 되었다.'는 이유이다.

그것은 또한 엔닌이 기술하는 다음의 작은 사건을 설명하는 것도 될 것이다. 841년 4월에, 이 유력한 환관은 장안의 성벽 북쪽의 대명궁大明宮 구내에 있는 그의 사무소 마당에 그의 명예를 기념하는 비석을 세우는 것을 허락받았다. 황제 자신은 제막식에 임석하는 은혜를 내렸다. 기념비의 비문은 다음과 같이 읽혔다. '구각하仇閣下의 빛나는 기록과 인정仁政의 석비石碑'[16]라고.

그러나 무종이 아무리 이 위대한 환관의 도움을 받은 것이 컸다고 하더라도 그는 분명히 정치의 방침에 대해서는 따로 중요한 수완가를 구하였다. 그의 첫 행동의 하나는 이덕유를 양주에서 귀환시키고, 840년 9월 4일, 다시 국무대신에 임명한 것이었다. 엔닌은 새로운 임명이 이루어진 다음 날의 일기에 즉시 이를 기록함으로써 정치 기자로서도 예리한 감각을 갖고 있었음을 증명하였지만, 그는 임명 날짜를 잘못하여 이틀이나 일찍 잡았다. 엔닌이 기록한 별난 임명은 아마 그다지 정치적 의미가 없었을 것이다. 즉 새로운 황제의 외가의 숙부阿舅가 금오대장군金吾大將軍이라는 궁중의 호위 고관으로 선발되었던 것이다. 이는 일본대사가 일찍이 명예직으로 임명을 받은 같은 위계에 속한다. 그는 또한 봉상절도사鳳翔節度使에 임명되었다. 이 시市에서 불타의 손가락뼈가 왔는데, 그것에 대해 한유가 이례적인 사건

---

16 841년 4월 9일. 842년 2월 1일. 후자는 구사량이 새로 군사상의 임명을 받았다고 엔닌이 기록한 날짜이다. 그러나 『자치통감』 권 246은 그것은 841년 8월에 기록하고 있다.

을 일으킨 것은 이미 독자가 주지하는 바이다.

이 임명은 주로 인정주의人情主義에 의한 것이며, 바꿔 말하면 동족적同族的인 의미를 갖는다. 엔닌이 황제의 숙부가 1년 전에는 가난하여 '시내나 절들을 찾아 순무·국화·제비꽃 등을 갖고 팔러 다녔다.'고 보고하고 있기 때문이다. 엔닌이 기술한 또 하나의 임명은 주목할 만하다. 그것은 이덕유가 무종이 발탁하였는데도, 어떤 경우에는 용감하게 후원자인 황제에게 대들었음을 보여주고 있기 때문이다. 황제가 자신의 의리의 아들을 국무대신으로 임명함으로써 전례를 깼을 때 이덕유는 말로 설명하기 힘들 정도로 비꼬는 저항을 나타냈으나 무종은 이 비난을 감수한 듯하다.[17]

이덕유를 국무대신에 임명한 것은 반드시 황제와 환관의 사이가 잘 되어가지 않다는 것을 미리 알리는 것이라고 해서는 안 된다. 우리들은 실제 불교탄압이 시작된 지 수개월 뒤인 843년 6월, 구仇가 사망했기 때문에 그러한 알력의 명확한 사실은 알 수 없다. 실각한 환관은 죽기 20일 전에 몇 차례나 탄원한 뒤에 간신히 그의 관직을 물러나는 것을 허락을 받았다. 그의 사망에 즈음하여 황제는 형식적으로 조의를 표하였다.

그러나 이런 사태와 거의 동시에 일어난 두 가지 사건은 황제와 이덕유가 구사량의 세력이 기우는 것을 기다렸다가 타격을 가하였다는 것을 암시한다. 이 환관의 가장 중요한 두 가지 관직은, 좌가공덕사와 좌신책군호군중위左神策軍護軍中尉이었다. 그의 사직이 수리된 그날 두 가지 관직은 양흠의揚欽義가 대신 맡았다. 그는 양주에서 이덕유

---

17 840년 9월 5일. 841년 1월 6일. 843년 9월 13일. 844년 7월 15일.

의 옛 동료이며, 아마 이덕유가 신뢰한 환관의 한 사람이지만 엔닌이 뒤에 발견한 바로는 그는 결코 불교 보호자가 아니었다. 또 하나의 사건은 구사량의 사망 후 이틀이 지나 일어났다. 그의 중요한 부하 네 사람이 형을 받아 집과 대지, 노예까지 몰수당하였다.[18]

구사량의 집을 헐은 것은 만 1년 이상이 지나서이었다. 엔닌은 구사량의 양자와 후계자의 몰락 모습을 다음과 같이 기록하고 있다.

> …… 군軍의 감독인 구사량의 자식은 술을 마셔 완전히 취해 황제의 인품에 역정이 나 있었다. "황제는 매우 높고 존귀하지만 그를 황제로 만든 것은 나의 아버지이었다."고 했다. 황제는 노하여 그를 때려죽였다. 그리고 칙명이 내려와 그의 처와 가족의 여자들을 붙잡아 추방하고 여자들의 머리를 깎아 황실의 능 묘지기를 하게 하였다. 그 다음에 궁중의 관리들이 그의 가족재산을 몰수하도록 명령을 받았다. 상아가 헛간에 가득하고 보석과 금은이 창고에 가득 차 있었다. 동전·비단·물품은 수를 셀 수 없다. 매일 30대의 짐수레가 궁중의 창고로 운반했지만 한 달로는 짐 나르기를 셀 수 없었다. 남은 보물이나 진기한 것도 셀 수 없을 정도이었다. 황제는 궁중의 창고에 겉치레로 가서 놀라 손을 두드리며 말하였다. "짐의 창고는 일찍이 이런 물건을 받은 적이 없었다." 관리들은 머리를 숙이고 아무 말도 하지 않았다.[19]

(이상 인용문)

이 사건만으로는 무종과 궁중의 환관들 간에 깊은 금이 갔음을 중

---

18 843년 6월 3일, 23일 및 25일. 845년 5월 14일.

19 844년 9월.

명하는 것이라고 해서는 안될 것이다. 왜냐하면 아마 부정하게 얻었음에 틀림없이 사망한 환관의 재산을 몰수하는 것은 지나의 역사에서는 당연한 사건이기 때문이다. 그러나 엔닌이 말한 다른 사건의 입장에서 보면, 그것은 다만 환관 한 사람의 사후를 부끄럽게 하는 이상의 의미가 있었다고 생각된다. 궁중의 환관 세력은 좌우의 황제 호위군[神策軍]의 지배와 관련하여 결코 보잘 것 없지 않기 때문이다. 결국 양군兩軍은 수도에서 중요한 군사세력을 대표하였다. 845년 4월, 엔닌은 대담하지만 실행할 수 없었던 황제가 이들 양군의 지휘권을 행정 관료에게 이관시키는 계획을 기록하였다. 의미심장한 것은 이덕유의 친구로 좌군의 사령관인 양흠의가 이 음모에 말려들어 회유를 받았지만, 전해지는 바에 따라 상상하면 구사량보다 대단히 용감한 환관이며 우군右軍의 사령관인 어홍지魚弘志에 의해 의표가 찔렸다. 표준적인 역사서에서 완전히 삭제된 이 사건에 대해 엔닌의 기록은 다음과 같이 언급하고 있다.

　　책군의 좌우군대는 황제의 호위군이다. 매년 그들은 10만의 군사를 거느리고 있다. 예로부터 통치자들은 언제나 자신들의 대신들에 의해 모반을 당하였다. 그래서 왕들은 이 호위군을 창설하였다. 그 이후 누구도 왕의 자리를 빼앗는 자가 없게 되었다. 황제는 호위군에게 인감을 준다. 어느 경우든 간에 사령관이 최초로 임명되며 칙명에 따라 사령관은 군대를 지휘하며 그의 인감을 책임지고 떠맡는다. 그들은 그들 스스로 사무를 처리하며 일반 행정의 지배를 받지 않는다.
　　이 해 4월 초 양군의 인감을 반납하라는 칙명이 내려졌다. 그러나 사령관들은 인감을 바치는 것을 수긍하지 않았다. 수차례 그것을 요구하는 칙명이 내려졌다. 황제의 생각은 호위군의 인감을 받아 그것을 황제의 비서 관료〔中書〕 및 황제의 서기관료〔門下〕에 맡기려고 하였다. 그렇게 함으로써 그들이 협력하여 양군을 감독하게 하고 그들에게 모든 것을 처리하게 할 의도이었다. 좌군의 사령관은 인감을 건네주는 것에 동의하였으나 우군의 사령관은 수긍하지 않았다. 드디어 그는 황제에게 각서를 보내 인감을 받은 날에 그가 군대를 동원하여 맞이하였기 때문에 인감을 반납하는 날에도 전처럼 군대를 동원하여 인감을 반납하겠다고 하였다. 사령관의 생각은 만약 황제가 그래도 좋다고 찬성한다면 이 전략에 따라 즉시 군대를 동원하여 무슨 일이든 벌일 작정이었다. 그래서 그는 비밀리에 그의 휘하 병마를 언제라도 싸우도록 각 부서에 배치하였다. 그러나 통치자가 경계하여 굴복하였기 때문에 인감은 반납되지 않았다.

(이상 인용문)

학자 관료가 환관의 세력을 제거하려 했던 노력과 동시에 황제가 불교를 일소하려 했던 시도 사이에 확실한 관계가 있다는 것을 확인하는 것은 우리들로서는 불가능할 것이다. 그러나 이미 암시했듯이 이덕유의 마음속에는 두 가지 흐름이 밀접하게 결부되어 있었다고 생각된다. 그리고 그의 탄압을 지지한 것은 군주와 환관의 사이를 벌어지게 하도록 바랐던 결과임에 틀림없을 것이다.

확실히 양쪽의 움직임은 구사량의 죽음과 무관할 수 없다. 환관에 대항하는 비밀 음모는 만약 그가 살아 원기가 있었다면 결코 일어나지 않았을 것이며 불교탄압도 극단적으로 달리지 않았을지도 모른다. 아무튼 엔닌의 솔직한 일기가 없었다면 환관에 대한 음모도 불교탄압이 있을 수 있는 관계도 전혀 알려지지 않고 공식적인 역사의 그럴듯한 말장난의 그늘에 감춰졌을 것이다.

최초의 타격

   탄압은 842년 10월 7일인가, 아니면 그 무렵 칙명이 내려지자 동시에 태풍처럼 엄습하였다.[20] 칙명은 부분적으로 불교 교단에서 공인을 받지 않아 바람직하지 않은 인원을 제거하는 것을 목적으로 하였으나 6개월 전에 나온 명령을 재확인하게 되고, 더욱 승려와 비구니의 수를 일정 수준으로 묶어두는 습관적 노력 이상으로 승려들의 개인적인 재산 몰수와 재산 몰수에 의한 가난보다는 세속생활을 선택한 승려와 비구니를 환속시키는 것을 포함하고 있었다. 이 문서의 사본을 엔닌은 보존하였다가 파손하였다고 하는데, 그는 다행히 대강을 기억하여 일기에 다음과 같이 성문화하였다.

---

20 엔닌은 어느 장소에서는 그것이 9일이었다고 하지만, 다른 장소에서는 7일자와 16일자 각각의 조서와 관련시키고 있다. 이들의 날짜에 대해 7일이 가장 정확하다고 생각된다. 이 단계의 탄압 자료는 842년 10월 9일, 843년 1월 17일 및 18일에서 찾을 수 있다.

…… 나라 안의 모든 승려와 비구니 중에 연금술을 어느 정도 알고 있는 자, 주술을 이해하는 자, 요술을 어느 정도 아는 자, 군대에서 도망쳐 나온 자, 신체에 채찍과 문신 자국을 남긴 자(전과자의 도장), 여러 가지 노동을 하는 장인, 이전에 성적인 잘못을 범한 자, 또는 처녀를 첩으로 둔 자, 또한 불교의 계율을 지키지 않은 자 등은 모두 세속생활로 돌아가도록 강제 조치를 당한다. 만약 승려와 비구니가 금전·곡물·기타 재산을 갖고 있으면 정부에 바치지 않으면 안 된다. 만약 그들이 재산을 아깝게 여겨(재산을 유지하기 위하여) 세속생활로 돌아가기를 바라면 그들의 바람은 이루어져 세속 생활로 돌아가도록 처리되며 1년에 두 차례 세금〔兩稅라고 하는데 토지에 바탕을 둔 稅制이었다.〕을 내며 부역에 복무하지 않으면 안 된다.

(이상 인용문)

공덕사 두 사람은 이런 조치를 수도에서 집행하는 중요한 임무를 맡았다. 지방의 도독부나 주州에서도 똑같은 조치가 취해졌다. 그러나 이미 기술하였듯이 좌가공덕사인 구사량은 명령에 저항하여 100일 간의 집행유예를 유예시킬 수 있었다. 사실 10월 7일부터 정확히 100일째인 843년 1월 18일이 되기까지 추방은 수도에서 완료되지 않았다. 이 사이에 공덕사는 시내 사원의 문을 닫게 하고 그들의 절들의 승려와 비구니의 출입을 금지하였다. 아마 그만둘 수 없는 유폐幽閉 때문에 엔닌도 이 기간 중에는 아무것도 보고한 바가 없었다.

공덕사 두 사람이 왕에게 제출한 마지막 보고는 엔닌이 인용한 바에 의하면, '나이를 먹어 늙어빠진 자와 계율을 엄수한 자'를 제외하고, 수도의 동반부에서 전체 1,232명의 승려와 비구니가 '그들의 재산을 아깝게 여기는 까닭에 자발적으로 세속생활로 돌아갔다.' 수도의 서반부에서는 2,219명(엔닌의 다른 기술에 의하면 2,259명)이었다고 나타내 보이고 있다. 이들 문헌은 또한 추방 진행에 대해 다시 상세한 정보를 제공하면서 다음과 같이 말한다.

…… 재산을 아깝게 여기기 때문에 세속생활로 되돌아가려고 생각하는 사람들은 각 출신지로 데려와 '1년에 두 차례 세금' 을 지불하는 납세자 가운데 포함되지 않으면 안된다. 금후 여러 주에서 이러한 사례는 모두 이처럼 처리되지 않으면 안 된다.

그들이 소유한 노예에 대해서는 승려들은 남자 노예 한 명을, 비구니들은 여자 노예 두 사람을 머물러 두게 할 수 있다. 그 외는 반환되어 그들 본래 가족의 보호에 맡겨진다. 가족이 없는 자는 정부에 의해 팔려지지 않으면 안 된다. 똑같이 그들의 옷이나 철 바릿대를 제외하고, 재산은 승려와 비구니의 재산은 봉쇄되며 그 배분은 칙허를 기다리지 않으면 안 된다. 만약 승려와 비구니에게 남아있는 노예들 중에 군사나 의학, 기타 재주에 뛰어난 자가 있으면 남아있게 해서는 안 되며 그들의 머리를 비밀리에 자르는 일이 있어서는 안 된다. 만약 위반이 있으면 사원의 행정관과 감독관이 그들을 기록하여 정부에 통고하라. 기타 재산이나 금전은 모두 공덕사에게 넘기며 그들에 의해 관리하지 않으면 안 된다.

(이상 인용문)

이 추방의 중요한 조치에는 자질구레한 승려에 대한 규제나 그들의 종교에 대한 많은 제한이 따랐다. 843년 2월 1일, 엔닌은 공덕사로부터 받은 통첩을 기록하여 '이미 세속 생활로 돌아온 승려와 비구니는 사원으로 가는 것도 머무르는 것도 할 수 없다. 또한 후원자가 없이 해방된 승려와 비구니는 수도에 거처하거나 국경수비 지역에 출입하는 것을 허가받지 않는다.' 고 기술하고 있다.

약 5개월 후에 엔닌은 황성 안과 시내에서 일곱 차례나 아주 이상한 별의별 화재가 일어난 것을 기록하고 있다. 첫 번은 동쪽의 상점거리가 중대한 손실을 받았다. 그곳은 장안의 2대 시장의 하나이었다. 엔닌은 이들을 먼저 제출된 칙령에 의하여 '궁중의 불교경전을 불태우고, 또한 부처, 보살, 천왕天王들의 상을 파묻었다.'는 보복이라고 했다. 거의 같은 무렵에 사원에 거주하는 비공인 사람들에 대해 엄격한 조사가 행해졌음을 말하는 문서가 엔닌에 의해 만들어졌음을 우리들은 발견한다. 이 문서의 일부는 다음과 같이 읽힌다.

> 일본 승려 엔닌, 그의 제자 승려 이쇼오, 이교오와 그의 수행원 테이 유우만 이들 네 사람 밖에 그들의 방에는 나그네 승려, 갓 출가한 견습 승려 (沙彌), 세속 사람은 한 사람도 없었습니다.
> 우리들은 사원의 사무소로부터 다음과 같은 통고를 받았습니다. '우리들은 공덕사의 사무소로부터 문서를 받았는데, 어떠한 이유라도 후원이 없는 승려들, 갓 출가한 견습 승려 및 세속인을 머물게 해서는 안 된다는 통고를 받았다.' 만약 우리들이 방에 다른 사람을 숨긴 것을 누가 보고하고, 그것이 사실이라면 우리들은 무거운 처벌을 받아도 지장이 없습니다.[21]

(이상 인용문)

잔류한 승려들도 또한 활동에 엄중하게 제한을 받았다. 엔닌은 구체적으로 나타내고 있지 않지만, 어느 때에 그들은 오후에 절에 머물도록 속박을 받은 듯하다. 844년, 늦은 봄인가 이른 여름에 그들은 정

---

21 843년 6월 27일, 28일, 28일, 29일 및 7월 2일.

오의 식사를 알리는 종이 울리고 있을 때 길거리로 외출하거나 하룻밤을 그 절에 묵으러 가는 것이 금지되었다. 만약 그들이 어느 것이든 마음대로 행하면 '칙명을 범한 죄'로 문초를 받으며 그에 따른 무서운 결과를 초래하게 된다. 그러나 이런 제한은 뒤에 845년 1월 천단(天壇:仙台)에서 공식적인 일대 의식이 전개되었을 때 엔닌은 사실상 이를 시찰하는 것이 사실상 불가능하였다. 엔닌은 이 제한이 그의 관광 활동을 방해한 것을 매우 아깝게 생각하였다. 그러나 그는 적어도 이 행사에 즈음하여 이루어진 모든 준비에 대해 아는 바가 있는 듯하여 다음과 같이 기록하였다.

> …… 관리들은 다리, 도로 등을 보수하며 사람이나 말이나 수레나 소는 그들로부터 멀리하게 하였다. 천단은 시市의 남쪽 교외에 있고 그곳에 이르는 특별한 길이 부설되었다. 꽃 모양의 휘장이 천단의 주위에 둘러쳐 있다. 탑과 벽이 설치되어 마치 도시처럼 보였다. 관리들은 언제나 분주한 듯하였다.[22]

(이상 인용문)

탄압의 어느 사건을 엔닌은 정치적 사정과 결부를 지었다. 842년 10월의 첫 추방 명령은 이신李紳의 탄원서에 기초한 것이라고 하였다. 그것은 같은 해 3월에 그가 기술한 탄원과 같은 것이었다고 생각된다. 엔닌은 또한 탄압이 한 불교 승려에 얽힌 불행한 사건의 결과라는 것을 넌지시 말하였다. 그 승려는 위구르족의 침입을 부수려고 하여 불교의 수도하는 방법을 제공하겠고 스스로 말하였다. 하지만 효

---

22 844년 4월 1일 및 11월. 845년 1월 3일.

과가 없자 황제는 격노하여 목을 베라고 명령하였다고 한다.

　더욱 중요한 사건은 산서성의 동남부의 노주潞州 또는 엔닌이 부르는 바에 의하면, 노부潞府의 이전 절도사의 조카뻘 되는 유진劉稹의 모반과 관계되는 것이었다. 연로한 절도가는 843년 4월, 사망 직전에 그의 지위를 조카에게 물려주려고 할 때, 황제는 이덕유의 충고에 따라 그 임명을 승인하는 것을 거부하였기 때문에 유진은 모반을 일으키지 않을 수 없었다.

　5개월 남직한 뒤에 엔닌은 모반과 그것이 재정에 미친 두려운 경제적 곤궁이라고 말한 후, 수도에서 노부 절도사의 대표가 체포를 명령받았을 때 몸을 숨겨버림으로써 당국은 그의 처자와 자식들의 머리를 치고 그의 집을 헐어버리는 것으로 만족하였다고 기록하였다. 어떤 자가 밀고하자, 그 남자는 머리를 깎고 시중의 승려들 사이로 몸을 숨겼다고 한다. 그래서 엔닌은 불교탄압의 한 면이 이 일로 유래되었다고 하고 '최근 절을 찾아와 살게 된 승려들로서 출신이 분명하지 않은 자는 모두 경조부京兆府의 관리에 의해 체포되었다.'고 지적하고 있다. 경조부란 장안을 포함한 주청州廳이다. 그리하여 3백 명에게 형이 집행되고 '도망치거나 숨은 자는 시내를 걸어 다닐 수 없었다.'고 한다.[23]

　2, 3개월 후 엔닌은 특별한 조치가 어떤 불교신앙의 큰 중심지에 대해 집행되었다는 것을 들었을 때 이 조치가 노부의 모습을 감춘 대표가 승려로 가장하여 그 가운데로 숨어들어갔을지 모른다는 정부의 염려에 일부분 기인했을 것이라고 생각하였다. 이 단계에 탄압 모습

---

23 843년 9월 13일.

을 엔닌은 다음과 같이 기록한다.

칙령으로 불타의 치아에 공양을 드리는 것이 금지되었다. 또한 다른 칙
령은 말한다. 대주代州 오대산의 모든 사원, 사주(泗州：淮河의 강가에 있었
던 도시의 이름으로 양주의 서북 70여 마일이 되는 곳이다.)의 보광왕사普光王
寺, 종남산終南山의 다섯 봉우리(장안에서 동남으로 약 45마일), 봉상부鳳翔
府의 법문사法門寺에서 불타의 손가락뼈에 대한 제사가 행해져왔지만, 지
금 이후 공양과 이들 장소 순례를 금한다. 만약 동전 한 푼이라도 바치면,
그는 등 가운데에 채찍을 스무 차례 받을 것이다. 만약 승려와 비구니가
언급한 장소에서 동전 한 푼을 받는다면 등 가운데 곤장을 스무 차례 받을
것이다. 만약 여러 나라, 여러 주, 여러 현에서 제물을 바치는 자가 있다면
체포하여 한 장소로 모아 등 가운데에 곤장 스무 대를 가할 것이다. 이 때
문에 이 네 군데 성지에는 참여가 없게 되고 공양을 바치는 자가 끊어졌
다. 칙명에 따라 이들 장소의 승려들은 심문을 받았으며, 공식적인 신임장
을 갖고 있지 않은 자는 모두 한 장소에 모여 형벌이 가해지고 이들의 명
단은 기록되어 황제에게 제출되었다.[24]

(이상 인용문)

황제의 불교에 대한 격노를 재촉했다고 생각되는 또 하나의 사건
은 황제를 가깝게 모시는 자들이 843년의 황제 탄생일 전에 여러 사
원의 부처를 찾아가 뵈옵고 '황제의 만세를 기원하는 공물로서' 채
식요리를 마련하고 그들 중에 위종경韋宗卿이란 한 인물이 두 편의
불교 논문을 엮어 황제에게 바칠 때 일어났다. 불교를 증오하는 황

---

24 844년 3월.

제는 격노하여 즉시 애처로운 위종경을 처벌하였다. 엔닌은 이때 반포된 칙령을 겨우 입수하여 일기에 다음과 같이 베껴 썼다.

위종경은 …… 명예가 있는 지위에 있으며 공자가 가르치는 생활방식으로 따르지 않으면 안된다. 그런데 그는 악마의 가르침에 현혹되어 좋은 풍속을 더럽히고 동요를 일으켰다. 그는 망상에 홀려 완전히 성현의 가르침에 등졌다. 높은 지위의 사람들 사이에 얼마나 타락이 깊게 만연했는가! 짐은 성현의 말씀이 아닌 것을 떼어내지 않으면 안 된다. 왜 외국의 종교가 널리 퍼져나가지 않으면 안 되는 걸까?

짐은 그의 범죄를 눈감아 주고 싶다고 생각한다. 그러나 그것은 공중의 도의를 상하게 할 것이다. 그는 좌천되지 않으면 안 되지만 짐은 또한 관대하다고 말해질 것이므로, 즉 그를 성도부(成都府: 현재 사천성의 수도)의 장관에 임명한다. 역전을 따라 즉시 임지에 부임하라. 위종경은 …… 황제에게『불설열반경佛說涅槃經에서 가려낸 세 가지 덕』 20권과『칙명에 의한 산스크리트문자 "이"에 관한 완전한 거울의 발췌』 20권을 바쳤다. 이것들은 주의 깊게 검토되었다.

불타는 원래 서방의 이적夷狄이다. 그의 가르침은 '불생(不生 : 如來의 딴 이름)'의 주된 요지를 넓힌다. 그러나 공자는 지나의 성자이며 고전은 유익한 말을 가져온다. 위종경은 여느 유교도일 때에는 학자이며 관리이고 훌륭한 가문인데도 불구하고 공자와 맹자의 가르침을 넓힐 수 없었다. 거꾸로 불교를 맹신함에 이르러 어리석게도 이적의 문서에서 발췌한 것을 엮어 경솔하게 이를 제출하였다.

얼마나 많은 지나의 일반 민중이 오랫동안 이 길로 잘못 들었던 것일까! 진실로 그들의 사리에 어두운 심중은 모두 막지 않으면 안 된다. 그리고 오랜 옛날의 소박한 상태로 돌아가지 않으면 안 된다. 그러나 그들은 쓸데없이 어설픈 어두운 심중을 되풀이하여 어리석은 민중을 잘못된 방향으로 이끈다. 궁정인의 한 사람으로서 어깨를 나란히 하는 것은 그로서 부끄러운 일이 아닐까?

그가 바친 경전은 이미 궁정에서 죄다 태워졌다. 황제의 비서 관료와 서기 관료는 첫 초고를 찾아내어 순서대로 태우도록 명령을 받았다. 그렇게 함으로써 그는 그것을 다른 사람에게 넘길 수 없도록 하였다.[25]

(이상 인용문)

---

25 843년 6월 11일.

황제와 도교

이 위종경을 혼내준 문장은 철두철미 유학자의 문장이며 한유라도 칭찬했을 것이다. 실제로 탄압의 첫 단계에는 비공인 승려의 배제와 불교도의 사유재산 몰수에 주안점이 두어졌지만 참으로 학자 관료의 태도와 관심 때문에 관철되고 있었다. 그러나 844년에 행해진 탄압은 도교의 색채가 가해지기 시작하였다. 그리고 도교는 일반 관료에게는 공격을 받고 있는 종교보다 기분 좋은 것은 결코 아니었다.

같은 해 3월경 엔닌에 의하면, 이신과 이덕유는 공동으로 각서를 황제에게 바쳐 채식요리가 장기간 중단되도록 요청하였다.[26] 이는 1월, 5월, 9월이며, 정오가 지나면 동물의 생명을 취해서는 먹을 수 없게 되고, 엔닌의 기술한 바에 따르면, 불교의 계율에 따라 동물의 생명을 다루어서는 안 된다고 되었다. 이러한 불교의 채식요리 기간이 공

---

26 이것과 이어 일어난 사건은 모두 일기의 844년 3월부터 7월 15일 사이에 기록되었다.

개적으로 폐지되었다고 해도 이러한 상황 하에서는 그다지 놀랄 일이 아니다. 그러나 황제가 그 대신에 도교의 세 연중행사를 채택한 것은 그의 이른바 합리주의적인 궁정인들을 실망 낙담시켰음에 틀림없다.

같은 무렵 엔닌은, 황제가 도교의 '구천(九天 : 가장 높은 하늘) 도장'을 궁중의 구내에 건설케 하였는데, 그것은 '80개의 걸상을 쌓아 올린 높이'로 고상한 색깔의 휘장이 둘러쳐 있었다고 한다. 이곳에 황제는 81명의 도사를 모아 아마 지나의 달력에 따라 낮밤 12시에 도교의 구천의 각 천天의 신들에게 희생물을 바치게 하였다. 이들 희생은 4월 1일부터 시작하여 7월 15일, 즉 불교의 정령제(精靈祭 : 죽은 사람의 영혼제사) 날까지 계속하였다. 길고 긴 전체의식은 노부潞府의 모반을 진압하는 정부의 노력에 정신적 지원을 주도록 의도되었다.

그것이 이 점에 있어 어떤 효과를 가져왔다고 하더라도 다른 면에서는 나쁜 영향 없이 끝나지 않았다. 엔닌은 이 우발적인 사건을 기술하고 가볍게 악의를 넌지시 말하면서 다음과 같이 결론을 맺고 있기 때문이다. '의식 장소는 건물의 안이 아니고 건물 밖의 들판에서 행해졌기 때문에 날씨가 좋으면 태양이 도사들을 비추고 비가 내리면 그들은 젖게 되었다. 그래서 81명의 대부분은 몸이 아팠다.'

무종이 도교를 편애하는 증거를 본 엔닌은 '현 황제는 편협한 도교 신자로서 불교를 미워하고 있다. 그는 승려 보기를 좋아하지 않으며 삼보三寶 듣기를 원하지 않는다.'고 결론을 내리고 있다. 엔닌은 일기에 기록하기를, '예전부터 궁중의 건물 한 곳에 안치되어 있던' 불상과 경전이 부서지고 도교 하늘의 신들과 그 개조라고 상상되고 있는 노자상老子像으로 바뀌어졌다. 7명의 승려가 교대하여 불교의 의식을 집행하고 있었던 장소는 도사들이 '도교의 경전을 읽고 도술을 행하도록' 할당되었다고 한다.

엔닌은 다음에, 그 해 황제 탄생일을 축하하는 행사에서 불교도를 제외하였음을 보고하고, 더욱 황제가 불교를 싫어한 것은 도사가 황제에게 바쳤다고 여겨지는 각서로 유래한 것이라고 기술하였다. 이 각서는 공자가 말했다는 "이가李家의 열여덟 번째 어린이에 의해 그 위대한 운명이 소모되어 다 없어지고 검은 옷의 황제가 나라를 다스리게 될 것이다."라는 예언으로 끝이 맺어졌다. 확실히 그러한 문구는 공자의 위서僞書에 존재하였지만 아무튼 당나라 황제의 성姓인 이李라는 한자로 비꼬아서 표현한 것은 분명하다. 이 한자를 셋으로 분해하면 "십팔자十八子"가 된다.

무종이 만약 왕실 이전의 선조와 측천무후까지 포함하면 당나라 18대 통치자라고 생각된다. 이 억지는 그를 가리키게 되어 있다. "검은 옷의 황제"도 또한 무슨 새로운 말이 아니고 비슷비슷한 예언이지나 역사에서는 이미 검은 옷의 불교 승려를 반대하여 쓰였기 때문이다. 얘기의 전모는 가령 잘못이라고 해도 도교가 무종을 사로잡고 불교도들이 정신적으로 곤경에 빠진 상태를 바로 예를 들어 보여주는 것임에 틀림없다.

엔닌은 또한 불교도들이 탄압자에 대해 어떻게 생각하고 있었는지를 나타내 보이는 다른 소문을 기록하고 있다. 그는 무종이 도교의 여자 승원에서 아름다운 여자 도사를 발견하고 그 여자에게 비단 1천 두루마리를 주고 관리들에게 명하여 시설을 재건시켜 훌륭하게 하고 궁중과의 관계를 깊게 하도록 했다고 한다. 엔닌은 그 이상 빈정거리는 기술을 하지 않았지만, 그는 적어도 황제가 도교의 남자 승원에게도 비단 1천 두루마리를 주었다고 지적하여 공평하게 다루고 있다.

이 시설을 재건한 후에 그 안에 황제 자신의 청동상을 안치시키도록
했다고 한다.

엔닌은 더욱 무종의 도교에 대한 광신이 높아 궁정에서 학자나 유
식자까지 이 종교를 신봉하도록 칙명을 발포하였다고 알리고 있다.
엔닌은 만족스레 '지금까지 한 사람도 그렇게 하지 않았다.'고 끝을
맺고 있다. 이 학자 측의 반응은 실제로 첫 칙령 그것보다 신용할 만
하며, 일반 민중도 그것과 균형을 유지하여 한쪽으로 치우친 황제의
도교에 대한 편향적인 행위에 냉담한 태도로 대했다.

844년 음력 7월, 조상의 영혼을 제사 지내는 불교 행사인 백중맞이
기간에 엔닌에 의하면, 여러 사원은 여태껏 많은 공양을 차려 놓았으
나 황제는 이것을 몰수하고 그 대신에 마음에 드는 도교사원에 그것
을 제공하였다. 그러나 황제가 시민에게 이들 공양을 구경거리로 도
교사원에 참례하도록 명령했을 때 사람들은 황제를 저주하였다. "황
제가 불타에게 바친 공양을 취하여 도교의 여러 영혼에게 바친 것을
누가 좋아하여 구경하러 갈 것인가?"라고 하였다. 황제는 사람들이
오지 않자 놀랐다. 불교사원은 그들의 공양을 빼앗겨 극도로 괴로워
하였다.

일반 민중 측의 탄압을 받는 종교에 대한 이런 종류의 동정은 엔닌
이 기록한 다른 얘기에 의해서도 분명히 알 수 있다.

…… 공덕사가 칙명으로 불교와 도교의 여러 사원에서 경經을 읽어 비
를 기원하도록 통지했는데 어느 경우에도 거의 비가 내리지 않았다. 그러
나 또한 반응이 있어 비가 내리면 도사들만이 칭찬을 받고 불교의 승려와
비구니에게는 아무것도 주어지지 않고 내버려두었다. 시민들은 비웃으면

서 말하였다. '비를 기원할 때에는 불교 승려를 괴롭히면서 칭찬을 줄 때에는 도사들에게만 준다.'

(이상 인용문)

무종이 불교도를 피로하게 하는데 보다 말로 설명하기 힘든 방법의 하나는 여러 사원에 명령하고 그가 종종 사원을 방문할 때에는 막대하게 준비를 시킨 것이다. 엔닌에 의하면, 황제는 궁성 밖으로 나가 여행하기를 좋아하여 거의 2, 3일마다 간격으로 나갔다. 그때마다 사원에 명령하여 '걸상·테두리를 댄 돗자리·깔개를 준비하게 하고, 그들의 탑에는 꽃 모양의 휘장을 걸게 하고 찻잔·차 탁자·접시·의자를 갖고 나오게 했다. 황제의 수행을 동반한 단 한 차례의 여행 때문에 각 사원은 각기 4, 5백련連의 동전을 소비하였다.'고 한다.[27]

엔닌은 장안을 떠나 다시 한 번 산동 반도의 돌출된 곳으로 되돌아온 후에도 그는 황제가 도교를 미칠 정도로 믿는 것을 들을 수 있다. 산동에서 그는 이른바 '일륜차一輪車'의 사용을 금지하는 칙령을 알았다. 그리고 이 아주 흔한 지나의 수레를 사용하는 자는 사형에 처해진다는 것이다. 그 이유는 일륜차가 도로의 한 가운데를 파괴하기 때문이라고 한다. 이 말은 또한 '도교의 심장'이라는 의미로도 해석할 수 있다.

엔닌은 여러 가지 검은 가축을 금하는 다른 칙령을 들었다. 예를 들면, 검은 돼지·검은 개·검은 당나귀·검은 소 등은 사육이 금지되었다. 불교의 승려는 검은색을 착용하고 도사는 황색을 착용한다는

---

27 844년 10월.

이유에서 '만약 흑색이 많으면 황색을 압박하게 되고, 더 나아가 황색이 파괴되는 원인이 되는' 것을 두려워했기 때문이라고 한다. 또한 가령 명령이 하달되어 해안지방의 주와 현은 살아있는 수달은 궁중에 바치지 않으면 안 되며, 또한 여러 주는 '15세 먹은 청춘 남녀의 심장과 간장'을 바치지 않으면 안 된다는 것이다. 엔닌은 이런 명령의 목적을 이해할 수 없었지만 황제가 도사들에게 현혹된 결과라고 추정하였다.[28]

물론 이들 정보는 수도를 멀리 떠난 장소에서 들었기 때문에 전부 잘못이었는지도 모른다. 그러나 이들은 적어도 황제가 불교의 경쟁상대인 종교에 대해 얼마나 시시하고 해로운 탐닉적인 태도를 취했는지에 대해 불교의 동정자들이 생각하고 있었던 점을 나타낸 것이라고 할 것이다.

---

28 845년 8월 27일.

불사不死의 봉우리

　무종과 도사들 간에 일어난 가장 흥미 있는 일련의 사건은 불사의 봉우리(仙臺) 건설과 관련하여 일어났다. 그것은 도사 조귀진趙歸眞의 생각에 따라 건설되었다. 그는 무종의 통치를 기록하는 조정의 역사에도 자주 나타나는 인물로서 841년 6월에 일찍 그의 이름을 볼 수 있다.[29] 그러나 엔닌은 844년 9월이 되기까지 그에 대해 기술한 것이 없다. 엔닌은 그곳에서는 조귀진과 다른 도사들이 황제에게 바친 다음과 같은 각서를 인용하고 있다.

　불타는 서방의 이적 사이에서 태어나 불생不生을 가르쳤습니다. 불생이란 간단히 말하면 죽음입니다. 결국 그는 사람들을 열반으로 개종시켰습니다. 열반이란 죽음입니다. 그는 대개 많은 무상無常·고苦·공空에 대

---

29 『자치통감』 권 246~248 참조. 특히 841년 4월. 844년 4월. 845년 7월 및 846년 4월의 각 항목을 참조. 거듭 『구당서』 권 18A의 845년 1월의 항목을 참조.

해 말하였습니다. 그것들은 특히 으스스한 나쁜 가르침입니다. 그는 사실대로 무위無爲 및 불사不死의 원리를 이해하지 못하였습니다.

가장 높은 사람인 노자는 지나에서 태어났다고 전해 듣고 있습니다. …… 그는 방랑하며 걷고 있는 사이에 자연히 모습을 바꾸었습니다. 늙지 않고 오래 사는 약을 잘 손질하여 그것을 삼켜 불사不死를 획득하고 영혼 경계의 하나가 되어 한없이 위대한 이익을 새로 만들어냈습니다. 바라는 것은 불사의 봉우리가 궁중에 건설되어 그곳에서 우리들은 신체를 깨끗하게 하고 하늘의 안개에 올라 구천을 여기저기 돌아다니며, 만민에게 은혜를 내리고 황제의 만세를 기원하며 영원히 죽지 않는 약을 가지고 싶다고 생각합니다.

(이상 인용문)

엔닌은 10월에, 황제가 좌우의 황제 호위군 3천을 동원하여 흙을 운반해 높이 150피드의 봉우리를 만들게 했음을 알리고 있다. 황제는 하루라도 일찍 그것이 완성되는 것을 보고 싶어서 군대에게 지나의 사순절四旬節, 즉 찬 음식물로 제사를 지내는 7일 간의 휴일을 845년 봄으로 제한하여 군이 주지 않았다. 엔닌은 군대들이 '분하게 여겨 그들의 도구를 들어 올리고 머리를 수그리며 3천 명 모두 일시에 함성을 질렀다. 황제는 두려워서 각자에게 비단 3두루마리를 주고, 3일간의 휴일을 주었다.' 고 기록하고 있다. 이 하나의 큰 건설사업과 관련하여 엔닌은 무종의 제정신과 관련된 소문을 증명하는 얘기를 다음과 같이 전하고 있다.

…… 양군의 총지휘관은 지팡이를 들고 일을 감독하였다. 황제가 시찰하러 가자 지팡이를 가지고 있는 인물이 누구냐고 궁중의 고관들에게 물

었다. 그들은 황제에게 대답하고 양군의 지휘관들은 봉우리 건설을 감독하고 있다고 말하였다. 황제는 그들에게 말하였다. "짐은 너희들이 지팡이를 가지고 있는 것을 바라지 않는다. 일을 해라. 너희들도 스스로 흙을 운반해야 한다." 그래서 황제는 지휘관들에게도 흙을 운반하게 하였다. 뒤에 황제는 다시 봉우리를 건설 중인 장소를 방문하여 그 스스로 활을 당겨 아무 이유도 없이 지휘관 중의 한 사람을 쐈다. 그것은 가장 규율 없는 행위이었다.[30]

(이상 인용문)

엔닌은 물론 황제의 행동거지를 직접 본 사람이 아니라면 편견을 갖지 않은 공평한 관찰자도 아니었다. 그러나 그는 무종의 비이성적 행위를 말하는 얘기꾼이며 통치자의 정신 상태에 의문을 던지는 많은 소문이 거리에 퍼져있다는 것을 나타내 보이고 있다.

그래서 그 이전에 황제가 동도東都인 낙양으로 가는 것을 결심할 때 황제는 칙어를 발포하기를, '만약 측근이 짐의 가는 것을 반대하는 충고를 하면 그는 처형되며, 그의 가족은 모조리 쓸어버릴 것이다.' 라고 했다고 엔닌은 알리고 있다. 다른 소문은 무종이 불교탄압을 반대한 황태후를 독살하고 더욱이 그의 의사표시를 거절하였다는 이유로 그의 계모인 다른 황태후를 화살로 쏴 죽음에 이르게 했다는 것 등이었다.[31]

엔닌은 무종의 제정신이 소문이 아니었다고 한다면 극단적으로 이해할 수 없는 생각으로 돌리고 감춰지지 않은 실정의 다른 두 가지 사

---

30 844년 10월 및 845년 1월 3일.

31 844년 3월 및 8월.

건을 다루고 있다. 노부潞府의 모반을 누르기 위해 파견된 군사들은 그들의 첫 시도가 성공하지 못하였기 때문에 황제의 격노를 두려워 하여 국경지대의 죄도 없는 농부와 목동을 잡아 마치 모반인들을 포로로 한 것처럼 꾸며 수도로 보냈다. 황제는 그들을 괴롭히고 근위병에 의해 '길거리에서 효수형을 당하는 죄인'으로 했다고 한다. 엔닌은 정확한지 어떤지 의문이 있지만, 군사들이 "사람을 죽일 때마다 눈과 살을 잘라 먹었다."고 알리고, 더욱이 "학살된 시체는 길에 흩어지고 피는 흘러 땅을 적시고 끈적끈적한 피가 수렁 같았다. 구경거리가 길에 넘쳤고 황제도 자주 보러 찾아왔지만 깃발과 창이 많이 모여 있었다."고 한다.[32]

똑같은 사건이 3년간 위구르족과 싸워 제일선을 수비하고 있었던 3천 명의 군대들이 태원부에서 개선했을 때 일어났다. 그들이 개선하였는지 아닌지, 즉시 노부의 모반을 진압하기 위하여 다시 출동하도록 명령을 받았기 때문이다. 그들의 저항이 무시를 당하였을 때 그들은 그 지방의 절도사에게 반항하였으므로 절도사는 그들을 잡아 수도로 보냈다. 여기서 황제는 사건의 조사관이 관대한 조치를 권유하였음에도 불구하고 성질이 독살스러운 군인들은 마치 앞서 노부의 모반인들로 위장되었던 사람들에 대하여 취했던 것처럼 괴롭고 슬픈 일을 당하여 학살되었다.[33]

엔닌은 이런 황제의 부당한 행위에 의분을 나타낸 한편 그의 일기는 다른 한편 도사들이 너무 진지하게 믿는 광신적인 황실의 개종자

---

32 844년 7월 15일.

33 844년 8월.

에 대해서 괴로운 나머지 자신의 입장을 나타내어 화제를 바꿔 다음과 같은 재미있는 이상한 소문의 흔적을 더듬어 찾고 있다.

불사의 봉우리 건설은 이제 완성 일보 직전이었다. 도사들에게 불노불사의 약을 조제하도록 칙명이 내려왔다. 도사들의 우두머리인 조귀진은 각서를 황제에게 보내 불사의 약을 만드는 원료가 이 나라에 전혀 존재하지 않지만, 그것이 티베트에 있다고 하여 그 자신이 약을 구하러 티베트로 가겠다고 청하였다. 양군의 사령관들은 이를 허락하지 않고 황제에게 다른 인물이 가지러 가도록 각서를 보냈다. 왜냐하면, 조귀진은 불사의 약을 구하는 사람들의 우두머리이므로 그 자신이 가는 것은 타당하지 않기 때문이다. 황제는 사령관들의 각서에 따라 그를 가지 않게 하였다.[34]

(이상 인용문)

엔닌이 기록하는 다음의 사건에서, 그는 특히 도교의 불로불사의 약 성분이 실제보다 이상하게 들리도록 서술한 것처럼 생각된다. 그가 전하는 얘기는 다음과 같이 말한다.

칙명은 어떤 약이 불사不死를 구하는데 사용되는지 묻고 그 성질을 기록하여 그것에 관한 보고를 요구하였다. 도사들은 약 이름을 아래와 같이 보고하였다. 자두 껍질 10파운드·복숭아 솜털 10파운드·생닭의 껍질과 속껍질 10파운드·거북이의 머리털 10파운드·토끼의 뿔 10파운드이다. 황제는 이들 물품을 시장의 약방에서 구입하도록 명령하였다. 그러나 그들은 그것이 하나도 없다고 했다. 그래서 문서가 발표되어 야단법석을 떨

---

34 이것과 이어진 사건은 모두 845년 1월 3일 항목에서 말해진다.

어서라도 구하려고 했다. 그러나 황제의 근심은 수그러들지 않아 사람들은 드디어 여러 나라에서 찾아 구하려고 했으나 하나도 얻지 못하였다.

(이상 인용문)

봉우리는 드디어 845년 3월에 완성되었다. 엔닌은 그 모양을 다음과 같이 묘사하였다.

> 불사의 봉우리는 높이가 150피드라고 말한다. 정상 부분은 평탄하며 일곱 칸짜리 건물을 세울 정도이었다. 그리고 정상에는 다섯 봉우리의 탑이 세워져 있었다. 사람들은 탑을 만들기 위하여 마련한 땅의 안과 밖에서도 멀리 그것을 볼 수 있었다. 마치 홀로 서있는 봉우리처럼 높게 우뚝 치솟았다. 그들은 종남산 終南山에서 옥석을 운반하여 산의 사방에 절벽을 만들고 동굴이나 바위 길을 배치하였다. 최고로 아름답게 배치된 소나무나 측백나무와 기타 진귀한 나무가 심어졌다.[35]

황제는 완성된 상태를 매우 기뻐하고 즉시 일곱 명의 도사에게 불노불사의 약을 조제할 것을 명령하여 "봉우리 위에서 불사의 약을 구하였다." 양군의 사령관인 환관 두 사람은 그다지 속이기가 쉽지 않았다고 보인다. 엔닌은 기쁨을 감추지 않고 기록하기를, 황제가 두 명의 사령관과 고관 및 도사를 데리고 맨 처음 봉우리에 올랐을 때 두 명의 환관이 조귀진과 그의 추종자를 향해 "오늘은 우리들이 불사의 봉우리로 찾아왔습니다. 우리들은 당신이 불사를 구했는지 어떤지 알고 싶다."고 했다. 불쌍하게도 조귀진은 다만 머리를 수그리고 있

---

35 이 묘사와 이어지는 사건은 모두 845년 3월 3일의 항목에 기록되어 있다.

을 뿐이었다고 한다.

두 번째로, 황제가 봉우리에 올랐을 때 그는 다시 머리가 이상한 모습을 보였다고 소문이 났다. 그리고 또한 이를 계기로, 그의 환관들에 대한 반감이 직후에 일어난 호위군의 인감印鑑 사건으로 되었다. 봉우리 정상에서 황제는 한 명의 가수[音聲人]에게 좌근위군左近衛軍의 장군 양흠의를 봉우리에서 밀어 떨어뜨리라고 명령하였다. 가수가 반대했더니 '황제가 그에게 물었다. "짐이 너에게 그를 뒤에서 밀라고 말했을 때 왜 따르지 않았는가?" 가수는 대답하였다. "장군은 국가의 중요한 중신입니다. 이유 없이 그를 밀어 떨어뜨릴 수 없습니다."라고 하였다. 황제는 노하여 그의 등에 채찍을 스무 차례 가했다.'고 한다.

엔닌이 들은 얘기에 의하면, 황제는 도사를 향해 말하였다. "짐은 두 번 봉우리에 올랐는데, 너희들 중에 누구 한 사람도 불사에 이른 자는 없지 않은가? 이는 도대체 어떻게 된 것이냐?"라고 하였다. 도사들은 "나라에 불교가 도교와 나란히 행해지고 있기 때문에 불사로의 길을 방해하고 있습니다."라고 설명하였다. 황제는 그래서 공덕사두 사람을 향해 말하였다. "경들이여! 짐은 말하자면, 불교의 교사敎師는 누구라고 해도 더 필요 없다는 것을 너희들이 인식하고 있는지 어떤지 걱정이 된다."고 하였다. 불사의 봉우리에 얽힌 어처구니없는 이들 내용이 만약 틀리지 않으면 어쩌면 무종의 생각이 정상이 아니며 부족했다는 것을 증명하는 사건이지만, 엔닌은 그에 대해 마지막으로 다음과 같은 얘기를 전하고 있다. 즉 황제는 다음과 같이 그의 신하인 관료들에게 선언했다고 생각된다.

"사람들이 봉우리를 만들기 위하여 흙을 운반한 후 구덩이가 대단히 깊어 사람들을 두렵게 하고 불안하게 한다. 짐은 다시 그것이 채워지기를 희망한다. 봉우리에 희생을 바치는 날에 너희들은 봉우리를 존경하기 때문에 채식요리가 행해진다고 속여 수도의 반쪽의 승려와 비구니를 모두 모아 좌군의 병영에서 그들의 목을 치고 그걸로 구멍을 채우라."고 하였다.

(이상 인용문)

황제는 겨우 미친 듯한 행동을 관리 한 사람의 탓으로 생각하였다가 그만두었다. 관리는 옳고 그름을 따져 말하였다.

"승려와 비구니라고 하더라도 기본적으로 국가의 보통 인재입니다. 만약 그들이 세속생활로 돌아가 각기 스스로의 생활을 영위하면 나라를 이익되게 할 것입니다. 저는 폐하가 그들을 쫓아낼 필요가 없다고 제언합니다. 저는 폐하께서 관계 관료에게 명령하여 그들을 강제적으로 환속시켜 그들의 고향으로 돌려보내 부역을 부과하도록 현명한 조치를 집행하기를 바랍니다."라고 하였다.

(이상 인용문)

엔닌이 '여러 사원의 승려와 비구니가 이를 들었을 때 그들의 혼은 동요하여 대항할 바를 알지 못하였다.'는 문구로 이 얘기를 끝맺은 것도 무리가 아니다.

철저한 탄압

844년 후반, 불교탄압은 새로운 단계로 들어가기 시작하였다. 이전의 목적은 주로 공인되지 않은 승려를 일소하는 것과 승려와 비구니의 사유재산을 몰수하여 아마 가난한 생활을 맹세하게 하는 것에 있었다고 생각된다. 이 단계에서 '제한한다.' 는 말은 전혀 부적당한 말이 아니었으나 844년 후반에는 탄압이 인도의 종교를 아주 멸망시키려는 부당한 노력으로 기울어지기 시작하였다.

이 변화의 주원인은 틀림없이 무종의 도교에 대한 열광적인 지지와 미친 증세의 진행에 의한 것이었다. 엔닌은 그러나 부분적으로는 국가의 재정적 필요로 돌리고 있다. 왜냐하면, 이 점에 대해 그는 다시 노부의 반란에 대항하는 군대를 동원하기 위하여 막대한 비용이 들었다는 것을 기술하고 있기 때문이다. 반란군을 진압하는 비용은 매일 동전 20만 련連이라는 놀랄만한 숫자로 올랐다고 그는 기록하고 있다. 그는 또한 임시 소득세의 일종이 관리들에게 할당되어 그들

은 '신분에 따라 다소 금액' 을 국고에 지불하였다고 한다.[36]

맨 처음 탄압을 강화하는 조짐은 나라 안에서 정부의 사원으로 등록되지 않은 군소의 불교 사원이나 당탑의 파괴를 명령하는 칙령이 내려진 것이었다. 그래서 그것에 관련이 있는 모든 승려와 비구니를 환속시켜 납세의무자로 만드는 것이었다. 명령은 다시 모든 불교의 돌기둥 및 묘비를 파괴하는 것에 미쳤다. 장안에서만 엔닌의 보고에 의하면, 이 칙령의 결과 3백 개의 불교시설이 파괴되었다.[37] 2, 3개월 후 다른 칙령이 내려와 나라 안의 작은 사원을 공격하는 것으로 범위가 넓혀졌다고 한다.

> ······ 그들 시설의 경전이나 불상은 큰 사원으로 옮겨졌다. 또한 그것들의 사원의 종은 도교의 사원으로 보내졌다. 파괴된 사원의 승려와 비구니 중에 품행이 좋지 않아 계율을 지키지 않은 자는 연령에 관계없이 모두 환속되고 그들의 출신지로 송환되어 지방의 부역을 부과 받았다. 연로하여 계율을 잘 지킨 자는 모두 큰 사원으로 배속되었다. 그러나 젊은 사람은 계율을 잘 지켜도 모두 환속되어 그들의 출신지로 되돌려졌다. 시중에서는 33개의 작은 사원이 파괴되고 칙령에 따라 그것들의 승려들은 엄격하게 제한을 받았다.
>
> (이상 인용문)

같은 무렵 황실의 곤궁한 회계는 어느 정도 좋아졌다. 구사량의 양자가 소유한 재산을 몰수했을 뿐 아니라 돌연 노부의 모반이 괴멸되

---

36 844년 7월 15일.
37 엔닌의 이 조서에 대한 설명은 844년 7월 15일의 항목에 기록되고, 다음 조서에 관한 기사는 844년 10월에 있다.

어 그 결과 유진의 막대한 재산이 들어왔기 때문이다. 하지만 무종은 조금도 불교 공격을 풀려고 하지 않았다. 엔닌에 의하면, 황제는 궁성의 여러 문 가운데 한 문의 위에 있는 탑 가운데 앉아 시의 성벽의 가까운 곳에 창끝에 푹 찔려 있는 유진의 머리를 기분 좋은 듯이 바라다보고 있었다.[38] 그리고 큰 웃음을 하면서 선언하였다. "이제야말로 유진은 괴멸했다. 단 하나 짐이 아직 어찌할 수 없는 것은 나라 안의 불교사원이다. 짐은 승려와 비구니를 완전히 제한하는 것을 아직 마치지 않았다. 제군은 이를 마음에 새기고 있는가? 신들아!" 라고 하였다.

845년 3월, 엔닌은 남겨둔 사원의 노예나 기타 재산을 몰수하려고 계획한 일련의 칙령을 기록하고 있다.

다른 칙령이 발포되어 나라의 사원은 장원을 갖는 것이 금지되고 사원의 노예 수나 토지·금전·곡물·원료 등의 명세서 작성하는 것이 명령되었으며 상세히 기록되어 황제에게 보고되도록 명령이 하달되었다. 양군兩軍의 사령관들은 시내 사원의 명세서를 작성하는 것을 명령받았다. 여러 주와 여러 도독부의 명세서는 황제의 비서 관료와 서기 관료에게 맡겨졌다.

시내 절들의 노예들은 세 종류로 나뉘어졌다. 즉 기술을 가진 자는 군에 넘겨지고 기술이 없어도 젊고 강한 자는 팔렸다. 그리고 나이를 먹고 약한 자는 궁중의 노예로 넣었다. 이때 아아 아버지는 북쪽으로 가고, 아들은 남쪽으로 가는 운명이 되었다. 공덕사는 절들에 대해 다섯 명씩 노예가 하나의 상호보증 집단을 만들며, 만약 집단의 한 사람이라도 도망하였을 때에

---

38 실제로는, 엔닌은 그것이 유진劉稹의 숙부의 머리이었다고 하지만 숙부는 대략 1년 반 전에 죽었다. 엔닌은 항상 숙부와 조카를 혼동하고 있는 것처럼 생각된다. 노부潞府의 모반에 대해 그가 말하는 모든 기록은 마치 숙부가 살아 있으면서 조종하였던 것처럼 씌어져 있다.

는 동전 2천 련連의 벌금을 부과한다고 경고하였다. 사원의 금전이나 노예를 팔아 얻은 돈은 모두 정부로 들어가 관리의 월급으로 충당되었다.[39]

(이상 인용문)

같은 무렵 정부는 남아 있던 승려들을 대량으로 환속하기 시작하였다. 이전의 '제한'에서는 엔닌에 의하면, 추방은 주로 '좋지 않은 행동이 있어서 그들 자신의 종교에 적합하지 않은 사람'만으로 한정되었으나, 이번에는 정부의 인정을 받아 남아있던 대사원의 나머지 승려에게도 미치고 종교적 진지함 또는 공적인 지위 여하에 관계가 없었다. 이번의 대 추방은 계속적으로 일어나 수도에서는 공덕사에 의해 집행되고, 지방에서는 황제의 비서 관료 및 서기 관료의 명령 하에 지방관청에 의해 집행되었다.

수도에서 제1단계는 40세 이하의 모든 승려와 비구니를 환속시켜 그들의 출신지로 되돌려 보내는 것이다. 이 사태는 4월 1일부터 15일에 걸쳐 하루 평균 3백 명의 승려에 대해서 작정대로 나갔다고 엔닌은 전하고 있다. 다음 단계는 50세 이하의 승려와 비구니를 모두 환속시켜 그들의 출신지로 돌려보내는 것이고, 4월 16일부터 5월 10일에 걸쳐 행해졌다. 그 다음날 다시 50세 이상의 승려와 비구니를 선발하여 추방하기 시작하였다. 승려에 관한 업무를 취급하는 정부기관인 사부祠部의 문서를 갖고 있지 않은 자는 모두 바로 환속생활로 돌려져 그들의 출신지로 송환되었다. 엔닌은 그 외의 것을 다음과 같이 말한다.

사부에서 발행한 문서를 가진 자는 모두 군대에 연행되어 심문을 받았

---

39 이것과 이어지는 자료는, 845년 3월 3일, 4월 및 5월의 항목에서 발견된다.

다. 만약 조금이라도 사부에서 발행한 문서에 의문점이 있거나 생년월일이 공덕사의 관리에 의하여 그들의 '신분증명서'에 기재된 날짜와 다르면 그들은 세속생활로 돌아가는 한 패에 더해졌다. 조금도 어그러짐이 없는 문서는 군에 의해 몰수되고 환속시키지 않았으나 여러 사원의 승려와 비구니를 신임장이 없는 입장에 놓아두었다. 여러 사원의 누구도 신임장을 되찾는데 실패한 것은 승려와 비구니를 함정에 빠트리는 계략이며, 그리고 사원의 노예나 금전이 몰수된 것은 사원을 파괴하는 징조라는 소곤거림이 맞았다.

(이상 인용문)

엔닌은 물론 수도에서 절차를 직접 보고 들었음에 지나지 않았으나 그는 '규모가 널리 전국에서 동일하게 행해졌다.'고 이해하였다. 그는 또한 무종이 추방이 진행되는 것에 개인적으로 관심을 기울였음을 알리고 있다. 즉 무종은 몇 번이나 반복하여 사태의 결말을 신하들에게 독촉하듯이 물었다. 추방 기간에 특별한 주의가 기울려져 공덕사들은 다시 승려와 비구니가 각기 사원의 시설에 가까이 오지 못하도록 하고 5, 6명의 관리를 각 사원과 비구니 사원에 파견하여 문을 경비하게 하고, 안에 있는 자가 멋대로 나가는 것을 저지하였다. 공덕사는 또한 만약 이 규칙을 어기는 자가 있으면 사원의 관리가 '문을 지키는 사람들과 함께 각기 등 가운데에 곤장을 스무 차례 받는 형벌이 부과될 것이다. 그리고 밖으로 사원을 나간 승려와 비구니는 한 장소에 모아 사형에 처해질 것이다.'라고 경고하였다. 당연히 환속에 저항을 시도한 승려들은 대체로 사형에 처해지게 되었을 것이다.

외국 승려들은 지금까지는 추방을 면제받았으나 아마 구사량이 살아 있을 때 그것을 저지하고 있었기 때문일 것이다. 그러나 지금 '공덕사들은 황제에게 특별재가를 받아 결정이 나서 칙명이 내려와 만약 외국 승려들이 사부祠部의 문서를 갖고 있지 않으면, 외국인도 또한 강제로 환속되어 그들의 고국으로 되돌려 보내지 않으면 안 된다.'고 포고되었다. 일본인들은 당연히 남인도에서 온 라트나챤드라와 네 명의 제자들, 북인도에서 온 난다 및 수도의 신라 승려들처럼 필요한 문서를 갖고 있지 않았다.

이는 엔닌에게도 물론 승려를 추방하는 최고조의 단계이었다. 한데 시간적으로나 논리적으로도 마지막이 될 또 하나의 사건이 기다리고 있었다. 양주로 가는 도중에 엔닌은 좌천되어 먼 지방의 시원찮은 관리직으로 부임하는 궁중의 학자를 만났다. 이 인물은 엔닌보다 겨우 2주일 늦은 5월 29일 장안을 출발하였다. 그리고 이 인물의 보고에 의하면, 그가 수도를 떠나기 전에 '수도의 승려와 비구니의 환속은 완료되었다. 칙명에 따라 사원의 관리들은 각 사원에 남아 재산목록을 작성하여 정부가 재산을 모으러 오는 것을 준비했다. 그런 후 그들도 절 밖으로 추방되게 되었다.'고 한다.

그는 또한 사원 자체의 파괴도 이미 시작되었으며 가장 유명한 사원 셋은 '황제의 공원으로 합병되었다.'고 알렸다.[40] 탄압에 관한 중대한 정부의 기록에도 보존되어 있는 칙명이 드디어 8월이 되어 나타났다. 이제 와서 그 칙령에 기초하여 해야 할 것은 없었지만, 그것은 이미 이루어졌던 것을 기록하고 신성한 유교의 입장에서 탄압을 정당화하는 문장이었다.

---

40 845년 6월 23일.

엔닌의 추방

　국외로 추방하는 명령은 엔닌에게는 '슬픔과 기쁨의 양면이 있었다.'고 스스로 말하고 있듯이 결코 위안이 없는 비극은 아니었다. 그는 거의 4년간 일본으로 돌아가는 허가를 얻고자 노력했기 때문이다. 그는 가령 그것이 정부의 국외추방 형식으로 다가온다고 해도 결국 그것을 받아들이는 것을 기뻐하였다.

　엔닌이 처음 귀국을 신청한 것은 841년 8월이었다. 인도의 승려 라트나찬드라가 공덕사를 통하지 않고 그것을 시도하여 일으킨 사건을 본받아 일본 승려는 신중히 그의 문서를 구사량에게 보냈다. 엔닌은 이 요구가 거절되었다고 여겨 그 이상 기술하지 않았으나 2년도 지나지 않아 그는 다시 이 문제를 언급하고 있다. 그때 그는 이원좌李元佐란 인물을 시내 그의 자택으로 방문하여 이에 관하여 그의 도움을 간청하였다. 이원좌는 신라계의 열렬한 불교도로서 좌근위군의 수비관[左神策軍押衙]이며 궁중의 많은 관위官位와 관직을 두루 갖고 있었다. 엔닌은 '그는 마음이 따듯하고 가장 우호적이며 고국을 멀리 떠난 내가 무언가 필요할 때에는 언제나 도와주었다.'고 적고 있다.

그러나 이때까지 종교에 대해 동정적이지 않은 양흠의가 이미 구사량을 대신하여 공덕사가 되어 있으므로 좀처럼 그의 친구가 바라는 허가를 획득하기가 어려웠다. 그와 엔닌 측의 노력이 부족하지 않았던 것은 아니었다. 엔닌은 841년과 845년의 4년간 공덕사에게 100차례 이상 편지를 써서 고국으로 돌아가는 것을 허가받도록 탄원하였다. 또한 때때로 뇌물이나 후원자의 영향을 수단으로 썼으나 모두 효과가 없었다.[41]

더해가는 불교 승려에 대한 탄압으로 활동이 좌절된 외국 승려는 엔닌만이 아니었다. 물론 라트나찬드라의 예도 있고, 더구나 엔닌은 그의 여행 동료인 엔사이도 천태산에 있어 곤란한 문제에 직면하고 있다는 것을 듣고 있었다. 843년, 늦게 엔닌은 엔사이가 그의 제자 두 명을 일본으로 송환하는 허가를 받았다는 소식을 들었지만 844년 이른 봄, 엔사이는 스스로 장안으로 가는 허가를 해달라고 구하였으나 완전히 실패하였다. 지방의 한 장교가 궁중으로 약을 가지고 수도로 갈 때 엔사이는 그에게 엔사이를 위한 허가를 받아달라고 의뢰하였으나 부탁을 받은 지나의 장교는 그 소원을 황제에게 아뢰는 것조차 허락되지 않았다.[42]

845년이 되자, 남아 있던 불교 승려에게도 사태는 악화되기 시작하였다. 엔닌은 일본으로 귀국하는 허가를 얻으려는 노력을 갑절로 늘렸다고 생각된다. 이때 공덕사에게 편지를 보내 환속되기를 원하

41 841년 8월 7일. 843년 8월 13일. 845년 5월 14일.

42 843년 12월. 844년 2월.

며 그 결과 귀국이 허가되도록 희망하였으나 이 소원에 대해서조차 어떠한 조치도 이루어지지 않았다. 그러나 간신히 그 해 5월 13일에 엔닌과 이쇼오의 이름이 사부의 문헌을 갖고 있지 않다는 이유로 세속생활로 돌아가는 자성사의 승려 39명의 국가목록에 올려졌다.

　외국 승려에 대한 이 결정을 알게 되자, 엔닌은 속히 출발 준비를 준비하기 시작하였다. 조정의 명령이 내려지기 직전에 그는 다음과 같이 기록하고 있다.

　　나는 문헌을 묶고 베껴 쓴 경전이나 신앙상의 교의서教義書와 만다라를 모두 포장하였다. 서적과 옷은 모두 네 개의 큰 보따리로 정리하였다. 그리고 나서 당나귀 세 마리를 구입하고 나에 대한 결정을 기다렸다. 나는 세속생활로 돌아가는 것을 분하게 생각하지 않는다. 게다가 나는 그 베껴 쓴 성교聖敎를 나와 함께 가지고 갈 수 있게 된 것에만 신경을 쓴다. 불교는 칙명에 의해 배척당하고 있다. 나는 여러 주와 도독부를 통과할 때 만약 성교의 짐이 조사를 받아 진실이 발견되면 칙명을 따르지 않았다고 비난을 받을 것이 두렵다.

　　　　　　　　　　　　　　　　　　　　　　　　　(이상 인용문)

　실제로 엔닌이 자신과 함께 종교상의 짐을 운반하는 데 큰 문제는 일어나지 않았다. 그의 지나 친구들은 모여 그가 짐을 꾸리는 것을 도왔으며 그 밖의 방법으로 도움을 아끼지 않았기 때문이다. 이교오의 장례에 참석하였던 일원의 한 사람으로 환속하였던 승려 한 사람이 동쪽으로 향해 흘러드는 회하의 수원에 가까운 현재 개봉 이전의 변주汴州까지 일본인들을 따라가겠다고 의사를 표시하였다. 그리하여 엔닌은 '그가 마음을 써주는 것이 너무나 크다는 것을 보고 그의 소원을 거절하지 않았다.'고 한다. 자성사에 남아 있던 승려 한 사람은 작별로 백단나무로 만든 주자(廚子 : 문짝이 양쪽으로 열리게 되어 불상을 넣는 상자)와 불상을 일본인에게 주고 사원의 관리들은 다음과 같은 철학적인 인사를 그에게 말하였다.

> 예로부터 지금에 이르기까지 법을 구하는 사람들은 실제로 여러 가지 어려움을 경험하여 왔습니다. 우리들은 귀 승려들이 아무쪼록 평안하기를 바랍니다. 이런 어려움을 만나지 않았다면 귀 승려들은 고국으로 돌아가는 방법도 없었을 것입니다. 우리들은 귀 승려들이 처음부터 마음먹은 숙원을 달성하여 성스런 가르침과 함께 고국으로 돌아가게 된 것을 기뻐하며 말씀을 드립니다.
>
> (이상 인용문)

14일 아침 일찍, 즉 그들이 환속과 추방의 명령을 받은 다음 날 일본인들은 거의 5년 동안 살면서 길이든 집인 사원을 물러나 여권을 얻기 위하여 수도의 주청州廳 소재지인 경조부京兆府로 갔다. 그곳에서 그들은 같은 목적으로 찾아 온 '서방 출신의' 승려 일곱 명을 만났다. 주州의 관리들은 수도의 지방과 동해를 잇는 두 개의 성省을 통과하는데 필요한 문서를 만들어주었다.

다음날 아침 일본인들은 주청 정부의 관리의 안내를 받아 시내의 두 현청縣廳의 하나인 만년현萬年縣으로 함께 갔다. 가는 도중에 그들은 후원자이었던 양揚이란 이름의 지나 고관에게 작별 인사말을 하기 위하여 들렀는데, 그는 작별로 전다(磚茶 : 녹차, 홍차 등의 부스러기 가루를 얇은 판때기 모양으로 눌러 굳힌 차) 한 두름을 주었다. 현청에서 엔닌은 또한 '작별의 인사말로 감싼' 슬픈 편지를, 이전에 궁중의 승려인데 지금은 양의 집에 숨겨져 있는 인물한테서 받았다. 환속한 두 명의 다른 저명한 승려가 엔닌을 찾아왔다. 또한 그의 후원자인 이원좌李元佐는 조카와 함께 찾아왔다. 이들 충실한 친구들은 일본인들에게 깍은 머리를 감추는 모직 모자를 사서 주고 사원으로 돌아가 그들의 짐에 대해 신경을 썼다.

같은 날 밤 엔닌과 수행한 두 사람은 호위를 받으며 먼 동쪽을 향해 시市에서 첫걸음을 내딛었다. 이원좌와 환속한 승려 한 사람은 그들을 따라 시의 문밖까지 가서 거기서 그들은 정말 배웅하는 일행이 되었다. 양은 다른 사람에게 부탁하여 편지를 전해왔다. 편지에는 "귀 승려의 제자인 저는 귀 승려가 가는 도중의 주와 현에 있는 저와 구면이 있는 관리들에게 보냈으며, 저 자신의 필적으로 5통의 문서를 썼습니다. 만약 귀 승려가 이런 편지를 갖고 가면 그들은 귀 승려를 아주 적절하게 잘 도와드릴 것입니다."라고 기록되었다.

종종 사원으로 엔닌을 찾아온 일이 있으며, 그에게 양털 샤쓰·바지와 비단을 조금 준 일이 있는 다른 관리가 아들과 함께 찾아와 떠나가는 일본인들에게 '비단 2 두루마리·차 2파운드·전차 1두름·동전 2련 및 도중에 사람에게 주는 2통의 편지'를 주고 엔닌 자신에게도 편지를 바쳤다. 일본 승려의 후원자인 한 상인은 심부름꾼을 보내 일본 일행에게 '비단 한 두루마리·양털 옷감 1반反(36cm)과 천자문'을 바쳤다. 그 외의 사람들도 일본인들을 뒤쫓아와 "조금 더 머물러주십시오."라고 말하고 작별을 섭섭하게 여겼다.

이李와 양揚의 심부름꾼은 일본인들과 작별하는 것을 바라지 않아 시市의 2, 3마일 동쪽까지 따라와 그들이 처음 휴식한 시외의 장소에서 일본인들과 함께 하룻밤을 지냈다. 여기서 이원좌는 엔닌에게 아

낌없이 단자(緞子 : 광택이 있고 무늬가 있는 비단) 10 두루마리·향기가
많이 나는 백단나무 약간·불상이 들어 있는 백단白檀 나무로 된 주자
2개·향기가 나는 양념 그릇 1개, 5개의 끝이 뾰족한 금강저(金剛杵 :
번뇌를 타파하는 菩提心을 상징하는 쇠붙이로 만든 密敎의 도구) 1개, 엔닌
이 먼저 언급한 양털로 만든 모자 2개, 뒤에 일본 황실의 물건이 된
은으로 만든 문자로 쓰인 『금강경』 1권·부드러운 실내용 신발 한 켤
레 및 동전 2두름을 작별인사로 주었다. 이李는 또한 엔닌의 옷과 가
사를 갖고 싶어서 "그것들을 집으로 가지고 돌아가 나머지 목숨 오랫
동안 향을 피우고 공양을 바치고 싶다."고 원하여 그것들을 받아 갔
다. 그의 송별사는 특히 감흥이 깊었다.

> 귀 승려의 제자는 아주 멀리서 법을 구하려고 온 귀 승려를 만나 뵈올
> 수 있고, 수년 동안 귀 승려를 공양할 수 있었던 것은 생애에 가장 큰 행복
> 이었습니다. 그러나 저의 마음은 만족하지 않으며 귀 승려와 영구히 이별
> 하기를 바라지 않습니다. 귀 승려는 통치자에 의해 지금 괴로움을 만나 귀
> 승려의 고국으로 돌아가게 되었습니다. 귀 승려의 제자는 아마 다시 이 세
> 상에서는 귀 승려를 만나 뵈올 수 없으리라고 생각합니다. 그러나 반드시
> 장래 여러 부처의 정토淨土에서 저는 꼭 오늘처럼 다시 귀 승려의 제자가
> 될 것입니다. 귀 승려가 불과(佛果 : 불도수행으로 얻는 과보)를 성취하실 때
> 제발 귀 승려의 제자임을 잊지 말아주십시오.

(이상 인용문)

다시 길 위에서

　다음날 아침 일본인 일행은 19명의 다른 승려와 함께 여행을 계속 하게 되었다. 집단 중에는 '장안 출신으로 양친·형제·자매가 모두 건재한' 20세의 젊은이가 있었다. 그는 신라 승려의 수행원이었지만 탄압이 시작되었을 때 신라 사람이라고 속여 관헌의 눈을 벗어나 환속되지 않았다. 그러나 지금 하늘의 배제(配劑：우연이라 할 수 없을 만 큼 세상사나 운명이 묘하게 됨)가 그의 몸에 내려와 그는 자신의 저항과 친족의 소리 높은 울음소리에도 불구하고 신라로 추방되는 운명이 되었다. 그러나 이 젊은이는 일행이 아침 일찍 출발하기 전에 모습을 감추었다. 그가 없어졌다는 것은 저녁이 되기까지 발견되지 않았다. 즉시 호위병이 그를 찾으러 파견되었으나 그 보고는 도망자를 계속 찾도록 하라는 통고가 되어 장안의 주청州廳으로 되돌아왔다.

　가짜 신라 승려에게 그 후 어떤 일이 일어났는지 엔닌은 결국 알 수 없었다. 그와 남은 일행은 다음날 이동하기 시작했기 때문이다.

가는 도중에 읍이나 시에서 엔닌은 받은 소개장을 나누어주자, 그가 만났던 관리 세 명으로부터 하나 내지 두 두루마리의 옷감을 받았다. 어느 시에서는 엔닌의 옛 후원자인 관리 한 사람이 있는 곳으로 찾아 갔다. 그는 현재 한가하게 마음 편히 살고 있었다. 그는 엔닌에게 비단 한 두름·복대(배가 차지 않도록 배에 대는 물건)·가벼운 셔츠와 털 셔츠를 주었다. 엔닌이 시市를 할 수 없이 떠나게 되었을 때 이 사람은 마지막 작별을 고하기 전에 말을 타고 시에서 5마일 정도 먼 곳까지 엔닌을 배웅하였다. 서로 차를 마신 후 이 지나인은 짧은 송별의 말을 하였다.

> …… 불교는 이제 이 나라에서는 존재하지 않습니다. 그러나 불교는 동쪽을 향해 흐릅니다. 옛날부터 그렇게 말해졌습니다. 저는 귀 승려가 무사히 고국에 도착하여 거기서 불교를 넓히는 데 최선을 다하도록 염원합니다. 귀 승려의 제자는 귀 승려를 몇 번이나 만나 뵈어 무척 행복하였습니다. 오늘은 이별합니다. 이승에서는 아마 다시 만나 뵈올 수 없을 겁니다. 귀 승려가 불과(佛果 : 수행하여 얻은 결과)를 달성하실 때 귀 승려는 귀 승려의 제자를 버리지 않도록 바랍니다.[43]

(이상 인용문)

거의 1개월의 여행을 허비하여 일본인들은 변주汴州에 도착하였다. 그곳에는 엔닌이 편지를 건네 줄 관리 두 사람이 있었다. 이들 인물 중에 한 명은 무척 우호적이며 변하汴河를 내려가는 여행의 첫 단계에 배를 빌려 주었다. 그 후 일본인은 스스로 배의 임금을 지불하지

---

43 845년 5월 22일, 6월 1일 및 9일.

않으면 안 되었다. 9일 뒤 그들은 사주泗州에 도착하였다. 그러나 이 시市에서 강을 가로 질러 있던 읍의 불친절한 현지사縣知事는 일본인 들이 처음에 생각하고 있었던 강을 따라 초주로 여행을 계속하는 대 신에 거기서 곧바로 대륙을 가로 질러 양주로 가라고 명령하였다. 그 러나 양주에서는 적절할 때에 적합한 뇌물이 효과를 발휘하여 그들 은 다시 초주로 향하는 대운하 길로 되돌아갈 수 있었다. 초주에는 7 월 3일에 도착하였다.[44]

초주楚州에서 일본인들은 바로 그들의 옛 친구로 신라인 통역인 유신언劉愼言과 신라인 지구의 총독인 설전薛詮을 방문하였다. 이 두 사람의 영향력으로 일본인들은 일본으로 향하는 배를 기다리기 위해 그곳에 머무르는 허가를 시내에 있는 현청에 신청하였다. 그러나 관 리는 규칙을 핑계 삼아 "이 주州에서 당신들은 해상으로 나갈 수 없 으며, 당신들은 칙명에 의해 이곳으로 왔기 때문에 우리들은 당신들 을 이곳에 머무르게 두어서는 안 된다. 그러므로 당신은 등주의 변두 리까지 가서 거기서 배를 타고 귀국길에 오르지 않으면 안 된다."고 하였다.

일본인들은 이제 오랫동안 고생스런 산동 반도 끝부분까지의 여행 을 바라지 않았다. 유신언과 설전은 현청의 관리들을 달래어 그들의 결정을 뒤집도록 최선을 다했지만 뇌물도 효과가 없었다. 그래서 이 번에 그들은 상급관청인 주청이 현청의 명령을 번복하도록 공작을 했으나 이 또한 헛수고로 끝났다. 현청에서 그들은 "이곳은 국무대신 이신이 관할하는 영역이다. 만약 칙령에 따라 보내진 자라도 하루나

---

44 845년 6월 13일, 22일, 23일, 28일 및 7월 3일.

이틀 길게 머무는 것은 칙령을 어기게 된다.”라고 들려주었다. 그러나 현청의 관리들은 일본인들을 북쪽이든 남쪽이든 그들이 좋아하는 방향으로 보내주겠다고 제안하였다. 엔닌은 이제 더 이상 논쟁할 것이 없음을 분명히 알아차려 북쪽으로 향해 다른 신라 친구가 있는 산동으로 가는 것을 선택하였다. 그래서 필요한 서류가 작성되고 정부의 고용인들이 일본인들의 여행 도중 호위하도록 하라는 명령이 내려졌다. 정부의 고용인들은 관리보다 뇌물에 약해 300문文으로 일본인들의 출발을 3일간 늦추는 것에 동의하여 지친 여행자들은 유신언의 집에서 쉴 수 있었다.

엔닌은 앞으로 보행자가 많지 않은 지방의 사람들이 ‘마음이 나쁘다.’는 것을 걱정하고, 만약 그들이 법률의 보호를 받지 못하는 종교의 초상화나 경전을 운반하고 있다는 것을 찾아내면 어떤 두려운 사태가 일어날지 마음에 걸려 성교聖敎·종교 그림·법문法文을 싼 큰 보따리 네 개를 모두 유신언에게 부탁하고 떠나기로 결정하였다. 그러나 그래도 또한 그의 짐은 총독인 설전에게서 받은 양말 세 켤레와 유신언에게서 받은 비단 아홉 두루마리·신라의 칼 열 자루·양말 다섯 켤레 그 외의 많은 필수품 등으로 부피가 늘어났다. 엔닌은 또한 도중에 신라 사람에게 보낸 유신언의 편지를 받아 가지고 있었다.

일본인 세 명은 초주를 지정된 날짜에 출발하여 회하를 조금 내려간 연수현漣水縣으로 갔다. 여기서 유신언의 편지 한 통으로 보호를 받아 신라인 지역으로 들어갔는데, 6년 전에 엔닌이 맨 처음 산동의 적산원에서 만난 최崔라는 인물의 주소로 연락이 가기까지 푸대접을 받았다. 최는 엔닌이 가는 길에 휴대하고 가도록 자신의 이름을 써서 주고 일본으로 귀국하는 준비가 완료되었을 때 연수로 그를 방문하면 최는 자신의 배로 귀국하도록 하겠다고 말하였다. 그러나 이 무렵 최는 잘 나가던 자리에서 약간 내려와 분명 그의 배를 잃었다고 생각된다. 하지만 그는 적어도 일본인을 위해 지방의 신라인과 관료들 간에 중재가 되었음에 틀림없다.

관리들은 일본인 일행을 불쌍하게 여겨 그들에게 차와 음식을 권하고, 만약 지방의 신라인들이 자신들의 동료로서 정식으로 인정해 준다면 일본인들이 일본으로 향하는 배를 기다리는 동안에 신라인 지역에 머무르는 것을 찬성하였다. 최의 영향으로 총독을 비롯하여 기타 대부분은 요구받은 것을 승인하는데 찬성하였으나 그들의 일부가 일본인들을 받아들이는 것을 반대하여 결국 신라인들은 필요한 선서서를 만드는 것을 거부하게 되었다.

현의 관리들은 일본인들이 그 지방의 한 사원에 3일간 늘려 체류하는 것을 허가하고 최가 그들의 비용을 부담하였다. 이어서 지방정부가 발행한 새로운 문서와 최가 준비한 배와 일상 소지품이 정돈되자, 엔닌과 그 일행은 다시 회하를 내려와 그 하구에서 가까운 주청州廳의 시市인 해주海州를 향해 출발하였다.

최의 다른 말은 "귀 승려의 제자는 귀 승려를 모시고 여기서 고향까지 보내드릴 수 있으면 좋겠다고 희망하였습니다. 그러나 중간의 일족이 반대하여 정식문서 기한도 끊겨 저의 노력은 수포로 돌아가 저의 소원을 채울 수 없습니다. 가을을 보내면 저는 등주로 가려고 생각합니다. 거기서 귀 승려를 뵈옵기를 낙으로 삼겠습니다."라고 하였다.

해주에서 일본인들은 또 한 번 그럴듯한 이유를 달아 체재 허가를 마지막으로 신청하였다. 그들은 현청에 다음과 같은 문서를 제출하였다.

일본 조공 사절단의 선단 일행은 이곳에 상륙하여 여기서 일본으로 돌아갔습니다. 우리들 엔닌과 일행은 사절단과 함께 지나에 왔습니다만, 지금 고국으로 돌아가는데 당연한 코스이므로 이곳에 보내져 왔습니다. 이곳은 해안이므로 고국으로 돌아가는 배를 찾아낼 때까지 이 현에 당분간 머무를 수 있도록 엎드려 부탁의 말씀을 드립니다.

(이상 인용문)

현지사는 그러나 해주의 주지사가 이미 수도에서 추방된 신라 승려의 똑같은 소원을 거절한 선례가 있기 때문에 이 탄원서를 승인할 수 없다고 지적하였다. 다음날 일본인은 직접 주지사에게 탄원했으나 해주의 매정한 답장은 "당신들은 칙명에 따라 보내져 왔다. 주청정부州廳政府는 당신들을 보류할 수 없다. 당신들은 그렇게 통고 받았다."는 것이었다.[45]

다음날 일본인들은 북방의 등주로 향해 대륙을 횡단하는 긴 여행길에 느린 걸음을 내디디었다. 1개월 남짓하여 그들은 등주에 도착하였다. 그곳에서 그들은 동쪽으로 문등현으로 향해 이 현의 동쪽 끝에서 그들 자신의 소원에 따라 자신들의 옛 고향인 적산원에서 그다지 멀지 않은 연안에 소재한 신라에 관한 사항을 다루는 관청〔勾當新羅所〕으로 갔다. 여기서 그들은 옛 친구이며, 후원자이며 수비관〔押衙〕인 장영張詠의 정중한 환영을 받았다. 그는 문등현 지방에 있는 신라인들의 업무를 맡고 있는 직책으로 사정을 듣고 다음과 같이 말하였다.

---

45 845년 7월 15일 및 16일.

…… 귀 승려가 이곳을 떠날 때부터 현재에 이르기까지 저는 귀 승려에 대해 아무 소식도 듣지 못했습니다. 그래서 마음으로 귀 승려는 이미 일본으로 돌아가게 되었을 것이라고 생각했습니다. 저는 귀 승려가 다시 이곳에서 뵙게 된다고 생각하지 않았습니다. 다시 뵈올 수 있는 것은 대단히 불가사의합니다. 귀 승려의 제자는 귀 승려를 무척 그리워하고 있습니다. 저의 관할 하에 있는 동안에 어떤 일도 귀 승려에게 일어나지 않도록 노력하겠습니다. 부디 안심하고 쉬십시오. 아무것도 마음 쏠 것이 없습니다. 저는 귀 승려가 귀국하실 때까지 매일 낮 공양을 제 스스로 준비하려고 생각합니다. 부디 충분히 잡수시고 수면을 취하십시오.[46]

(이상 인용문)

장영은 일본인의 도착을 현청에 알리고 사태 설명을 관청에서 전형적으로 사용하는 문구로 다음과 같이 설명하였다.

우리들은 문등현에서 문서를 받았습니다. 그것에 의하면 '일본 승려 두 사람 엔닌과 이쇼오는 각기 경조부京兆府의 문서를 가지고 다니고 있는 것이 인정되며, 칙명에 따라 그들의 고국으로 보내지고 있으며 도중에 이 현까지 보내져 왔습니다. 그들은 아뢰어 신라에 관한 업무를 취급하는 관청으로 가 그곳에서 재물을 청하여 오래 살고 있으며, 일본을 바다로 건너가는 배를 기다리며 귀국길에 오르고 싶다고 탄원하고 있다.'는 뜻이 기록되어 있습니다. 그들은 현재 휘어서 굽어진 물가에 있습니다.

(이상 인용문)

10일 뒤에 재확인하는 회답이 왔는데 승려들을 자유롭게 하라. 만

46 845년 7월 17일, 8월 16일, 21일, 24일 및 27일.

약 일본으로 건너가는 배가 있으면 그들의 판단에 맡겨 행하는 것이 좋다고 통고되었다. 엔닌과 제자는 호위를 받으면서 수도를 나온 이후 거의 4개월 만에 간신히 편안하게 머무를 수 있는 피난장소를 찾아냈다.

이는 물론 엔닌을 국외 추방의 마지막을 알리는 것이 아니었다. 왜냐하면, 그는 아직 지나의 땅을 밟고 있기도 하지만 남은 얘기는, 특히 외국의 여행자에 관한 관리의 조치가 현재까지 종종 일어나 갖가지 시시한 모순으로 발전하고 있었기 때문이었다. 일본인들은 장영의 처소에 자리 잡고 있기 때문에, 뒤에 그들은 이미 국외추방이라는 범죄의 실상을 뒤집어썼지만 2, 3개월 후 새로운 칙령이 지금 다시 이들의 이동을 제한하게 되었음을 알았다.

티베트의 승려가 장안에서 추방되어 고국으로 돌아가는 도중에 불타의 유명한 손가락뼈의 고향인 봉상에 머물렀다. 여기서 그곳의 절도사는 청하여 이 인물을 돌봐주라는 허가를 얻어 승려는 세계의 지붕인 출신지로 돌아갈 필요에서 해방되었다. 이 칙령은 티베트 승려한 사람에 대해 봉상의 절도사가 특별히 취한 호의적인 계획이 빚어낸 결과이었다고 할 것이다. 그러나 이는 다른 똑같은 경우처럼 국외로 추방 중인 다른 외국인 승려에 대해 어떠한 조치를 취해야 할 것인가라는 문제를 제공하게 되었다.

아마 장영은 자신의 객승에 대해 이 칙령이 미칠 의문을 해결하기 위하여, 그는 지방의 주청정부에 그의 객승에게 여권을 발행해주도록 신청하였다. 의논이 있었으나, 관리는 "이는 칙령에 담긴 뜻에 어긋난다. 우리들은 그들에게 통행증을 줄 수 없다."고 답하였다. 엔닌과 일행은 지금 완전히 관청 사무의 번잡한 함정으로 떨어져 들어갔

다. 한쪽의 칙명이 그들을 국외추방으로 질질 끌려고 하면, 다른 칙명
은 그들을 산동에 머물도록 하였다.[47]

---

47 845년 11월 3일 및 15일.

주청州廳의 박해

그러나 이러한 불유쾌한 사태는 적어도 엔닌으로 하여금 불교탄압의 마지막을 정확하게 확인하는 데 충분한 만큼 오랫동안 지나에 머무르게 되었다. 그가 장안에서 양주, 다시 초주, 그리고 마침내 산동으로의 긴 여행길과 그가 질질 끌면서 머물렀던 것을 통해 대 탄압이 또한 일시적이고 지역적일 수밖에 없었다는 것을 확인할 수 있었다. 예를 들면, 회하의 연안인 사주泗州에서는 보광왕사普光王寺 대사원의 운명에 대해 알았다. 1년 이상 전에 엔닌은 이 유명한 사원에서 불타의 손가락뼈 제사가 금지되었던 것을 기술하였지만, 지금 그는 '그 재산, 금전 및 노예가 모두 정부에 의해 몰수되고 사원은 황폐해져 누구도 참예하러 오지 않았다. 주청 정부는 칙명에 따라 그것을 파괴하려고 하였다.'는 것을 발견하였다.[48] 2, 3일 후 양주에서 엔닌은 다음

---

48 845년 6월 22일.

과 같이 기록하였다.

우리들은 …… 시의 승려와 비구니가 그들의 머리를 싸고 출신지로 돌려보내지는 것을 보았다. 모든 사원은 파괴되고 그들의 금전·재산·종鐘 등은 정부에 의해 몰수되고 있다. 최근 칙명 문서가 이르렀는데, 그것에 의하면 나라 안의 청동과 철로 된 불상이 모두 파괴되고 무게를 달아 '소금과 철의 관공서〔鹽鐵司〕'로 직접 전해졌다. 그래서 이 기록이 작성되어 황제에게 보고하게 되었다.[49]

(이상 인용문)

엔닌이 그의 종교적인 짐을 초주의 사람 유신언에게 맡긴 것은 나라 안에서도 그곳이 특히 탄압이 혹독했음을 보여주는 것이었다. 그는 뒤에 유신언으로부터 모든 불구佛具를 태우라는 칙명이 내려왔다는 것을 들었다. 그래서 이 칙명을 위반한 자는 '법률이 허락하는 한 엄벌에 처해진다.'고 특히 지시를 받았다. 신라 사람들은 그들의 불교와 관련이 있는 소지품을 모두 불태우고, 엔닌의 '두 가지 큰 태장계胎藏界와 금강계金剛界의 만다라曼茶羅'도 태웠다. 아마 너무 커서 숨기기가 어려웠을 것이다.[50]

등주에서 엔닌은 다른 칙령이 '주나 현의 정부는 금으로 도금한 나라 안의 청동 불상에서 금박을 벗기고 무게를 달아 그것을 황제에게 바치라.'는 명령이 전해졌음을 들었다. 등주에 대해 또한 그는 다음과 같이 기록하고 있다.

---

49 845년 6월 28일.

50 845년 7월 5일. 846년 1월 9일.

...... 이곳은 벽촌이지만 승려와 여승에 대한 속박, 사원 파괴, 경전 금지, 불상 파괴, 모든 사원의 재산 몰수라는 면에서 수도와 다를 바가 없다. 게다가 그들은 불상에서 금박을 벗기고 그것의 무게를 달았다. 얼마나 한심스러운 일인가. 나라 안의 청동·철·금으로 된 불상에 대해 어떤 제한이 이루어졌다는 걸까? 그리고 칙명에 준한다는 이유로 모든 것은 파괴되어 잡동사니로 변해버렸다.[51]

그들을 위하여 장영에 의해 마련된 은신처에서조차 일본인들은 탄압이 다시 진행된 결과를 직접 볼 수 있었다. 그들은 다시 한 번 적산원에 머물기를 희망했으나 더 이상 관헌에 의해 '칙명에 근거하여' 파괴되어 거처할 건물은 하나도 남아 있지 않음을 발견하였다. 장영의 집은 언제나 '관용의 손님'으로 가득하였기 때문에 일본인들은 보다 조용한 장소를 희망하였으므로, 장영은 마침내 그들을 승원의 이전 재산이었던 집 한 채로 옮겼다. 여기서 그들은 적산원에서 온 이전의 신라인 친구 한 사람을 만났다. 이 지금 환속한 승려는 일본에 수년간 거처한 적이 있어서 때때로 찾아와 그 길을 통과하여 가는 일본인 상인을 위하여 통역으로 봉사하고 있었던 듯하다.[52]

그래서 엔닌은 산동 반도의 쑥 내민 끝에서 비교적 한적한 생활을 보내고 있었지만 그 사이에도 또한 탄압 전반에 대해 보다 상세한 사정을 알기에 이르렀다.〔그래서 말한다.〕

최근 칙령이 있어서 말한다.
'세속 생활로 되돌아간 나라 안의 승려와 비구니의 검은 옷은 모두 모

---

51 845년 8월 16일.

52 845년 9월 22일.

아져 각각의 주청이나 현청에 의해 소각되지 않으면 안 된다. 관리들이
…… 그들의 권력을 이용하여 그들의 개인집에 승려나 비구니를 숨겨주고
비밀리에 그들이 검은 옷을 몸에 걸치게 될까 염려된다. 이것들은 용서 없
이 몰수되어 불태워지지 않으면 안 된다. 그리고 그것을 황제에게 보고하
지 않으면 안 된다. 만일 불태운 뒤에도 또한 검은 법의를 걸친 승려와 비
구니가 있다든지, 모두 몰수하지 않아 조사를 할 때에 또한 승려와 비구니
를 숨겨 두는 자가 있으면 그들은 칙명에 의해 사형에 처해질 것이다.' 라
고 하였다.

주와 현은 칙명에 따라 '시市와 향鄕'에 대해 '승려와 비구니의 의복을
모아 그것들을 모두 태우기 위해 주나 현에 모두 신고하라.'고 알렸다.

또한 다른 칙명이 내려와 나라 안의 사원의 보물·보석·금은은 주와
현에 의해 몰수되며 황제에게 바치도록 명령하였다.

다시 다른 칙령이 있어 나라 안의 모든 사원의 승려와 비구니가 사용한
구리의 도구·종·범종·큰 가마·냄비 등은 각주의 소금과 철의 정부 관
리인에 의해 정부의 창고에 모아져 기록되어 황제에게 보고하지 않으면
안 된다.

지나의 승려와 비구니는 당연히 가난하다. 전국 도처에서 그들은 세속
생활로 돌아가 세속생활을 하는 데 입을 옷이 부족하고 먹을 음식이 부자
유했다. 그들은 극도로 곤궁하여 추위나 배고픔을 참고 견딜 수조차 없다.
그래서 그들은 시골이나 마을로 들어가 남의 재산을 훔쳐 비행非行은 한
이 없었다. 주나 현에서 체포한 사람들은 모두 세속생활로 돌아온 승려들
이다. 이 이유 때문에 제한을 받아 세속생활로 이미 되돌아온 승려와 비구
니에 대한 감시의 눈은 한층 엄하게 되었다.[53]

(이상 인용문)

---

53 845년 8월 27일.

엔닌은 그러나 적어도 지나의 한 지방에서는 탄압이 그다지 엄하지 않았음을 알았다. 일기에 그 자신의 탄압 결과를 정리하여 기록할 때 황하의 북쪽 4 도독부·산서의 동남·노부潞府와 북지나 평야의 다른 3지구에서는 예외이었다는 것을 기록하여 말하고 있다.

> …… 그곳에서는 불교가 언제나 존경을 받았다. 사람들은 사원을 파괴하지 않고 승려와 비구니는 제한을 받지 않았다. 그래서 불교는 조금도 혼란을 받지 않았다. 칙사가 조사하러 와 몇 번이나 그들을 벌주려고 했지만 그들은 말하였다. "만약 황제가 스스로 와서 절을 파괴하고 경전을 불태운다면 그것도 할 수 있을 것이다. 그러나 우리들의 손으로는 그것을 할 수 없다."고 하였다.[54]

(이상 인용문)

엔닌이 드디어 불교의 천적天敵인 무종이 사망했음을 들은 것은 역시 산동에서이었다. 이 경축할 사건은 846년 3월 23일에 일어났다. 엔닌은 21일 늦게 그것을 들었다. 동시에 그는 황제가 '육체의 조직이 황폐하여' 사망했다는 소문을 들었다. 아마 도교로 개종한 황제가 마신 불로불사의 약 탓이었을 것이다.

무종의 숙부로서 그의 계승자인 선종宣宗은 다음 해 처음 연호를 대중大中이라고 개원하기 전에, 즉위 후 바로 조카의 일을 멈추게 하였다. 엔닌이 아는 바에 의하면, 846년 5월에 대사면이 단행되었는데 초주에서는 같은 달 22일에 선언되었다고 한다. 엔닌에 의하면, 대사면은 다음과 같은 사태를 동반하였다고 한다.

---

54 845년 11월 3일.

……나라 안의 각 주는 두 사원을 건설하고 절도부(도독부)는 사원 셋을 건설하는 것이 허락된다는 칙명이 내려와 각 절은 50명의 거주 승려를 거느렸다. 전년 세속 생활로 돌아온 50세를 넘는 승려들은 장로로서 불교 교단으로 되돌아오는 것이 허락되었다. 80세에 달한 사람들은 국가에 의해 동전 5런連이 주어졌다. 3개월의 〔菜食月間〕이 부활되고 이전처럼 육식은 법에 의해 이 기간에 금지되었다.[55]

(이상 인용문)

정부는 분명히 불교를 탄압하기보다 평상시에 제한하는 평상의 습관으로 돌아왔다. 그래서 엔닌은 역시 환속되어 멀리 고향을 떠나 있었지만 이를 듣고 마음속으로 안도의 큰 소리를 질렀음에 틀림이 없다.

(이상 인용문)

---

55 846년 4월 15일, 5월 1일 및 7월 22일. 847년 1월.

8 ▶지나의 신라 사람

지나의 신라 사람

　엔닌은 불교탄압이 끝나고 나서도 1년 이상 지나에 머물렀다. 그러나 이 기간에 그가 개인적으로 접촉한 것은 오히려 지나인보다 주로 신라인이었다고 생각된다. 이는 바로 그가 적산원에 맨 처음 머문 기간과 똑같았다. 실제 엔닌의 일기는, 지나에서 겪은 일본인의 여행기이지만 전체 페이지에 등장하는 인물의 숫자에서 지나인과 맞먹는 것은 신라 사람이며 일본인의 모습은 확실히 적다.

　그런데 11세기 남짓 지난 현재처럼 이들 세 민족은 당시에도 세계의 그 부분을 차지하는 중요한 국가군國家群을 형성하고 있었다. 삼자 중에 신라 사람이 차지하는 역할은 가장 알려져 있지 않다. 그러나 우리들이 엔닌의 일기를 보는 한 아마 가장 흥미가 깊은 중요한 역할을 한 것은 신라 사람이었다는 것을 알 수 있다.

신라국

　당시 신라는 지리적, 언어적으로, 그리고 어느 의미에서는 문화적으로도 이미 오늘과 같은 국가이었다. 이는 현대 세계에서 가장 오래된 국가들 중의 하나라는 것을 의미한다. 사실 신라보다 언어, 민족 및 국경이 끊이지 않고 잇대어 유지되고 있는 하나의 현대 국가는 지나뿐이다. 일본은 신라에 필적할만한 국가의 지속성을 자랑할 수 있는 다른 작은 국가들 중의 하나에 속한다. 확실히 현재 유럽의 여러 국가는 신라가 형성되고서부터 한참 뒤에 세계지도상에 현재의 경계선에 거의 가까운 모습을 나타냈음에 지나지 못했다.

　한반도의 통일은 한반도의 동남을 차지하고 있는 신라제국에 의해 처음 달성되었다. 그러므로 엔닌의 일기를 통해 신라라는 이름은 한반도 전체를 부르는 걸로 사용되고 있다. 7세기 중엽 당나라는 수차례에 걸친 지나 측의 한반도 침략의 실패 역사의 뒤를 받아 또 한 차례 한반도를 침략하였다. 신라의 도움으로 당나라 군대는 663년 백제를 멸하고, 668년에는 북방의 고구려高句麗 제국을 멸망시켰다. 이 두 나라는 일본군의 병력 원조를 받았음에도 불구하고 이러한 운명을 맞이하였다. 당나라와 제휴한 덕분으로 영주권을 인정받은 신라는 실질적으로 한반도 전체를 지배하게 되고 분열의 짧은 기간을 제외하면 정치적, 문화적으로 한반도는 통일국가가 되었다.

신라는 918년부터 935년 사이에 새로운 왕조에 길을 열어주어 신 왕조는 '고구려'라는 옛 이름을 수정하여 '고려高麗'라고 했는데, 서구 세계에는 그 나라의 이름[Korea]으로 알려지게 되었다. 1392년, 고리는 조선왕조에 의해 계승되고 이 왕조는 1910년 마침내 일본의 식민지 행정으로 바뀌기까지 계속되었다. 668년부터 현재에 이르는 긴 기간을 통해 한반도의 역사는 한반도가 언제나 외국 세력의 강한 영향 밑에 있었다는 것을 고하고 있다. 즉 서쪽으로는 강력한 지나의 역대 왕조가 있고, 서북쪽으로는 우세한 만족(蠻族 : 유목민족)이 잡아끌며, 근대가 되면 동쪽에는 일본이 있어 위협을 받았다. 그러므로 현재 이들 세 방면에서 한반도에 정치적, 군사적 압력이 가해지고 있는 것은 한반도의 입장에서는 결코 새로운 사태가 아니다. 그러나 자신의 왕조나 외국의 군주들의 교체에도 불구하고 한반도는 뚜렷하게 동족의 건전한 국가 단위로 1200년 이상 지속할 수 있었다.

한반도는 고대에 지나 문화의 첫 자손이며, 일본이 한반도를 점령하기까지 지나의 정신적 전통의 가장 밀접하고 가장 충실한 신봉자이었다. 세계사의 중요한 한 단계, 즉 고대문명의 중심지에서 그 문화가 인접 지역으로 향해 침투해가는 기간을 통해 첫 단계에는 지나 문명이 주로 한반도를 거쳐 일본으로 전해졌다. 더욱 한반도 사람은 일본보다 밀접하고 친밀하게 접촉하고 있었으므로 이 기간에 일본보다 훨씬 먼저 문명의 은혜를 받았다.

그러나 이들 두 나라에서 지나 문명의 영향은 그것과 세계 역사상 대조적인 지중해 문명이 북유럽의 여러 나라에 서서히 문화적 성장을 준 것에 비하면 훨씬 급속하게 눈부신 문화적 홍륭興隆을 가져다 주었다.

신라 사람과 세계무역

　엔닌은 우리들이 보는 한, 아마 지나에서 일본이 문화를 받아들이는 최초의 위대한 기간에 마지막을 장식한 중요한 인물임에 틀림없다. 그러나 그가 대륙에서 만난 신라 사람들은 세계사의 새로운, 그리고 또한 보다 극적인 흐름에 참가하고 있었다고 할 것이다. 즉 그들은 세계 해상 무역의 초기 단계에 가담하고 있었다. 현재는 세계무역이 모두 공중수송의 시대가 되었지만, 또한 동시에 해상무역은 우리들이 살고 있는 세계무역 시대의 시작이었음에 틀림없다.

　인간은 아주 옛날에는 지중해나 다른 비교적 소규모의 물으로 둘러싸인 수역을 지배하는데 머무르고 있었지만 얼마 안 있어 서서히 끝없는 큰 바다로 적극 나서게 되었다. 그 이전에는 아시아의 바다 남쪽 기슭의 큰 바다를 따라 소규모의 무역이 행해지고 있었다. 그리고 일찍이 2세기에 중근동에서 온 사람들은 바다를 넘어 지나의 남쪽 국경까지 와서 로마 황제의 사절이라고 사칭한 일이 있다. 그러나 당나라 시대가 되기까지 세계적 규모에서 해상무역은 인류의 경제를 본질적으로 수정하기 시작할 정도로 성장한 것은 아니었다. 그러나 마침내 그것이 성장하자, 궁극적으로 그 경제 구조를 통해 우리들의 정치적, 사회적 생활도 어쩔 수 없이 수정하기 시작하였다.

페르시아인과 아라비아인은 급속하게 성장하고 있었던 해양무역의 선두를 떠맡은 사람들이었다고 생각된다. 그리고 아마 다시 수세기 후에 인간이 바다를 지배하게 되는 중요한 발명이 지나의 옛 얘기에서 암시를 얻어 출현하였다. 즉 나침반의 탄생이다.

지나인 자신은 해상무역의 초기의 세기에는 해상무역에 거의 종사한 일이 없었다. 그러나 중근동의 무역 상인들이 아득히 먼 인도를 넘어, 또는 남쪽으로 돌아 육로로 말라카의 국경을 더듬어 가 멀리 지나 연안에 도착하여 거둔 무역이야말로 당나라의 풍족한 번영의 주춧돌이 되었다.

이와 같이 지나인의 역할은 처음에 수동적이었으나 당나라 시대의 비할 바 없는 번영이 없었다면, 엔닌의 시대에 이미 일찍 세계무역이 탄생하여 그러한 위대한 역할을 할 수 없었을 것이다. 다른 면에서 7세기부터 13세기에 걸쳐 지나에서 일어난 놀랄만한 경제적, 문화적 성장은 아마 이 외국무역 없이는 실현될 수 없었을 것이다.

이처럼 지나의 국내적 발전은 아마 세계의 해상무역을 촉진하는데 도움이 되었을 것이며, 동시에 지나의 발전 자체는 부분적으로 이 무역이 가져다준 것이라고 할 것이다. 여기서 우리는 다시 늘 말해서 진부해진 닭이 먼저인가, 계란이 먼저인가라는 상황을 보는 것이며, 이거야말로 인류 발전의 전형적인 좋은 실례가 될 것이다.

당나라의 융흥에 잇따라 수세 기간의 방대한 경제적 성장에도 불구하고 초기의 중요한 정치형태가 사회조직과 함께 그대로 살아남아 이 급속한 성장기의 마지막에는 마치 항구적인 것처럼 확립된 것은 지나의 정치조직 및 사회조직의 전통이 매우 우수한 수준과 안정을 유지한 결과임에 틀림없다.

이 경제혁명 결과의 하나로서 적어도 보다 극단적인 사회적, 정치적 변혁을 맨 먼저 가져다주는 역할은 세계무역에 뒤늦게 참가하는 국가들에 남게 되었다. 십자군과 마르코 폴로에 의해 유럽 반도의 비교적 가난하고 문명적으로도 뒤쳐진 사람들이 아시아의 위대한 국가들로부터 서쪽으로 뻗어 나온 문명의 풍족함과 찬란함에서 무엇인가를 배운 것은 대양무역에 참가한 결과이었다. 이 무역상품의 유통으로 인한 부차적인 영향은 서서히 유럽에 도착하고 있었다. 그러나 그 결과는 세계의 그 부분의 불안정한 봉건사회로서는 상당히 큰 획기적인 것이었다. 이와 비슷한 급속적인 변화와 불안정한 사태는 역시 일본의 봉건사회에서도 일어나 일본은 13세기의 세계무역에서 중요한 역할을 하기 시작하였다.

유럽의 경제성장과 그 결과로서 정치적 및 사회적 변혁은, 15세기에서 16세기에 걸쳐 서유럽인들이 그때까지 이미 수세기에 걸쳐 존재한 세계 해양무역의 주도권을 급속히 장악함으로써 뚜렷하게 박차가 가해졌다. 역사가가 이때부터 근대의 서양이 시작되었다고 생각하는 것은 옳다. 그러나 넓게 세계사의 입장에서 보면 근대의 시작을 당나라 시대에 세계무역의 발전시기에 구한다고 하더라도 더욱더 세계무역에 유럽인이 가담한 것을 근대의 내부에서 중요한 시대구분의 시작이라고 보는 것도 어느 의미에서 타당성을 주장할 수 있을 것이다. 또한 현재도 아시아에서 정치적 및 사회적 대변동이 무척 늘어지고 있는데, 이것도 세계 해상무역 시대 중에서 또한 하나의 중요한 시대구분의 시작을 기록하게 될 것이다.

엔닌은 지나에 머무르고 있었던 동안 세계무역의 이 중요한 흐름에 대해 간접적인 접촉을 가졌다. 그것은 당나라의 후반기에 지나의 2대 무역항인 양주와 광동에 중근동의 무역상인의 큰 사회가 존재하고 있었음이 알려졌기 때문이다. 의심할 바 없이 이덕유李德裕의 권유로 양주의 경사스러운 불상을 안치하는 발코니를 중수하기 위하여 동전 1천 련連을 기부한 페르시아인들은 양주에서 중근동 무역상 사회에 속하는 개인이거나 또는 정부의 대표단이었음에 틀림없다. 그들 자신은 다분히 불교도는 아니었을 것이다. 그러나 이익을 도모하는 실업가는 어느 나라에서 그러하듯이 지역 사회의 당사자와 좋은 관계를 유지하기 위하여 자선적인 기부가 효과가 있다는 것을 알고 있었다. 현재 인도 지나의 동남 연안에 있었던 참파제국占婆帝國 사람들은 발코니를 위하여 동전 2백 련을 기부하였는데, 그들은 조공 사절단의 일행이었을 것이다. 그러나 그들도 또한 그들의 고국의 연안을 거쳐 지나로 향하는 강력한 무역 조류를 타고 양주로 찾아왔던 상인들이었는지 모른다.[1]

지나의 신라인 무역업자 사이에서 엔닌은 세계무역의 주류와 직접 마주치는 않았지만 이 중요한 측면의 흐름을 만나고 있다. 중근동의 무역 상인들은 양주에서 동쪽이나 북쪽으로는 발을 펼치지 않았다고 생각된다. 그 대신 이 지점에서 신라 상인들은 이곳을 거점으로 하여 알려진 세계 동쪽의 끝까지 무역의 발을 뻗었다. 엔닌이 우리들에게

---

1 839년 1월 7일.

알려주는 바에 의하면, 지나의 동부인 신라 및 일본은 대부분 신라 출신 사람들의 손에 의해 판로의 대상이 되어 있었다고 생각된다.

세계의 동쪽 끝에 위치하여 비교적 위험한 수역에서 신라 사람들은 서쪽 끝의 온화한 지중해 연안의 상인들이 그 주변지역을 상대로 하였던 것과 똑같은 역할을 할 수 있었다. 이는 충분히 재고하지 않으면 안 되며 역사적 의의가 있는 사실이지만 그 시대에 관한 표준적인 역사 교과서에도, 이들 자료를 근거로 한 현대의 책에도 이 점에 대해 아무런 실질적인 주의가 기울여지지 않고 있다.

궁중의 신라 사람

　당나라의 장안은 지리적 규모나 인구 면에서도 지구상에 일찍이 존재하였던 가장 큰 제국의 궁성이었다. 당연히 백만을 넘는 인구를 거느렸을 수도에는 유럽을 제외하고 당시 알려진 세계의 모든 지역에서 제법 많은 외국인이 방문하고 있었다. 당시 유럽은 야만인의 침략을 만나 세계문명의 다른 지역으로부터 일부분 고립되어 있었기 때문이다. 실제 해마다 아시아의 모든 지역에서 많은 사절들이 당나라의 수도로 찾아왔다. 또한 장안은 유라시아 대륙횡단의 일대 무역로(이른바 실크로드, 즉 天山北路, 天山南路를 가리킴)의 중요한 종착역이기도 하였다. 무종이 모조리 쓸어버린 네스토리우스파 그리스도교도(景敎徒)·조로아스터교도 및 마니교도의 사회는 거의 중앙아시아와 중근동 사람만으로 구성되었을 것이다. 그리고 그들은 장안의 외교적, 상업적인 매력에 이끌려 이곳으로 찾아왔다.

　지나의 수도인 장안의 길모퉁이를 왕래하는 외국인 중에 많은 신라인들이 섞여 있었던 것은 결코 놀랄 일이 아니다. 실제 엔닌의 일기와 다른 많은 역사 자료는 신라인들이 그곳에 거주하는 외국인 중에 가장 많으며, 다른 외국인들보다도 철저히 지나의 생활에 빠져들어 그들 자신의 활동을 했다는 인상을 주고 있다. 정복당한 백제와 고구려의 황족이나 궁정인들은 지나로 연행되어왔다. 당나라의 보호 하에 신라가 한반도의 통일을 달성한 것은 신라에서 장안으로 번번이 드나드는 조공사절단의 흐름이 계속된 것이 원인이 되었다. 때로는 1년에 한 차례 이상 사절단이 파견되었다. 703년부터 838년까지 36년 동안에 45차례 이상의 사절단이 파견되었다고 생각된다.[2]

이들 사절단에는 그들에 비하면 훨씬 빈번하지 않은 일본 사절단처럼 종종 학자나 승려, 궁정인이나 황족의 젊은 세대가 수행하였다. 이들 중에 어떤 사람은 여러 해 동안 지나에 주거를 정해 머무르고, 거기서 두세 사람은 관리를 등용하는 시험에 합격하여 지나의 관계에 크게 진출하였으며 다른 많은 사람들은 근위병에 지원하였다. 아마 신라인은 대부분 늦거나 일찍 고국으로 돌아왔다. 하지만 어떤 사람은 머물러 지나에 영주하였다. 더욱이 이들 중의 소수의 어떤 사람은 지나의 황제를 섬기는 자로서 인상적인 경력을 드러냈다.

신라 출신으로 유명하게 된 여러 인물 중에는 당 왕조의 역사에 공식적인 전기를 가필할 정도의 인물도 있는데, 그중 가장 두드러진 자는 고선지高仙芝이었다.[3] 747년 고선지는 1만 명의 지나 군대를 거느리고 파밀 고원과 힌두쿠시 산맥을 넘어 인더스 강 상류지역에 이르

---

2 일본정부의 조선총독에 의해 일본 통치시대에 걸쳐 편찬되었던 방대한 조선의 공식적인 역사서인 『조선사朝鮮史』(경성, 1933년 간행)의 자료에서 표로 작성되었다.

3 예를 들면, 『구당서』 권 104, 106, 109 및 124 참조.

러, 지나의 대군주에게 적으로 맞선 중앙아시아의 연합군부터 문제를 일으키지만 비평하여 시비를 판정하는 티베트인과 서방에서 침략해 오는 아라비아인들을 배반시키는데 노력하여 성공하였다. 이 원정군은 때로는 1만 5천 내지 1만 6천 피트의 고원을 넘어 2천 마일 이상의 사막지대를 가로 질러 당나라의 황성에서 멀리 떨어진 산들을 정복하여 역사상 최대로 놀랄만한 군사상의 곡예를 하였다

고선지에게 유감스러운 것으로는, 그가 751년 지나에서 멀리 떨어진 중앙아시아의 하나의 큰 산악지대, 소비에트령의 투루키스탄에 있는 탈라스에서 아라비아인들에게 완전히 패한 장군으로 알려진 것이다. 이것 또한 역사의 중요한 날짜의 하나이었다. 이는 지나의 세력이 오랫동안 쇠퇴하기 시작하는 조짐이며 중앙아시아 지대를 모하메드 교도들이 정복하는 전주곡이 되었기 때문이다. 그때까지 이 지방은 지나 황제의 영토이며 정신적으로는 불교의 가르침이 지배한 나라의 땅이었다.[4]

지나로 유학하러 나갔던 신라 승려들도 또한 영주永住하는 이민자가 많았다. 또한 몇 사람은 지나 불교계의 유명한 인물이 되었다. 위대한 지나의 불교인이며 불교경전의 번역가인 의정義淨은 스스로 671년 페르시아 배를 타고 양주에서 인도로 항해하여 24년 뒤에 바닷길로 광동으로 돌아왔는데, 그는 그 자신의 시대 또는 그 직전에 인도를 여행한 56명의 승려들의 기록을 남기고 있다. 이 중에 적어도 7

---

4 오렐 스타인경卿의 「파미르고원 및 힌두쿠시 산맥을 A.D. 747년에 넘었던 중국의 원정대」(『신중국잡지新中國雜誌』 제4, 161~183쪽(Sir Aurel Stein, "A Chinese Expedition Across the Pamirs and Hindukushi A.D. 747", *The New China Review* 4. 161~183) 참조.

명의 인물은 지나인이 아니고 오히려 신라인이었다.

의정의 뒤에도 다른 신라인들은 이 위험한 여행을 계속하였다. 예를 들면, 1908년에 프랑스의 유명한 고고학자인 포르 페리오트Paul Pelliot는 723년 무렵 해로로 지나에서 인도로 건너가 6여 년 뒤에 중앙아시아의 길을 통해 돌아온 혜초慧超라는 신라 출신의 인물이 남긴 여행기의 단편을 발견하였다.[5]

이들 9명의 신라인들이 거둔 순례의 성공에 비하면, 이 아주 먼 옛날 시대에 훨씬 위험한데도 불타의 고국으로 여행한 일본인은 겨우 한 사람 밖에 알려져 있지 않다. 이 인물은 타카오카高丘 친왕親王이라고 불리는데, 청년시대에는 일본 황실의 후계자로 지목되었으나 뒤에 좌천되어 승려가 되고 엔닌의 유명한 선배인 쿠카이(空海 : 774~835)의 제자가 되었다. 세월이 흘러 862년 이미 70대에 이르렀음에도 불구하고 의지가 굳은 친왕은 지나로 떠나 3년 뒤에 장안에 도달하였다. 그곳에서 그는 엔닌의 이전 여행 동료인 엔사이를 만나 그의 도움으로 인도행 허가를 얻었다. 866년, 생각이 분명치 않고 미적지근한 측근을 뒤에 남기고 단신으로 광동에서 성스러운 나라를 향해 출항

---

5 월터스 훅스의 「726년에 서북인도와 중앙아시아를 통과한 혜초慧超의 순례 여행」 [『프러시아 과학아카데미 의사보고(철학 · 역사 부문)』 1938년, 426~469쪽, Walter Fuchs, "Huei-ch'ao's Pilgerreise durch Nord-west-Indien und Zentral-Asien um 726," *Sitzungs-berichte der Preussischen Akademie der Wissenschften (Philosophisch-historische Klsse)* 1938, 426~429] 참조. 의정義淨의 유명한 업적은 프랑스의 지나 학자인 에드왈드 샤반에 의해 『대당제국의 시대에 서쪽의 옛 나라에 법을 탐구하러 갔던 훌륭한 종교가들에 대해 정리된 기억』(파리. 1894년 간행) (Edouard Chavannes, *Mémoire composé à l'époque de la grande dynastie T'ang sur lesrèligieux éminents qui allèrent chercher la loi dans les pays d'occident*, Paris, 1894)라는 제목을 토대로 번역되었다.

하였다. 그런데 그의 소식은 목적지에 도달하기 전에 말라야 주변 어딘가에서 사라져버려 이후 망각의 저편으로 사라졌다.[6]

많은 신라인들이 지나의 수도에 밀어닥쳐 엔닌은 그곳에서 그들 중에 몇 사람을 만났던 것은 당연하다. 실제 그의 후원자로서 궁중의 관리이며 좌신책군左神策軍의 장교인 이원좌李元佐만이 엔닌이 기술한 구체적인 인물 중에 유일한 신라 출신자이지만, 그는 여러 명의 다른 신라 승려에 대해 극히 간단하게 언급한 일이 있었다. 예를 들면, 구仇가 불교탄압이 개시되었을 때 그의 집무실로 소집한 장안의 동반부에 거주하는 외국 승려 21명 중에 10명이 신라인이었음이 분명하다.

다른 자료에 의하면, 비교적 많은 신라 승려가 장안에 있었다는 것은 엔닌이 우리들에게 알려주는 말 가운데 신라 승려의 제자로서 젊은 지나인이 마치 그 자신이 신라인처럼 행동을 교묘하게 함으로써 결국 신라로 돌아가도록 판결을 받았다는 사실이 나타남으로써 엿보인다.[7]

엔닌은 또한 장안이나 지나 북부의 다른 지방에 있었던 여러 명의 신라 승려를 만나거나 소문을 들었다. 예를 들면, 적산원의 주지인 법청法淸은 엔닌이 처음 그를 만나기 전에 이미 30여 년이나 지나의 수도에서 산 일이 있으며, 또한 이 신라 승려 사회의 다른 구성원들도 장안이나 오대산을 여행하고 있다. 태원부에서 가까운 사원에서, 엔닌은 7세기에 수도에 거주한 신라 승려와 관련된 지방의 전설 가운데로 뛰어들었다. 전설에 의하면, 이 신라 승려와 결국 위대한 교단의 사부師父 중의 한 사람이 된 지나 승려는 제멋대로 유명한 불교 여행

---

6 츠지 젠노수케辻善之助의 앞책, 90~98쪽 참조.

7 843년 1월 28일 및 8월 13일. 845년 5월, 5월 14일 및 16일.

가인 현장 밑에서 다투는 제자이었다. 신라 승려는 현장이 특별히 지나인 제자를 위해 어느 경전에 관해 행한 강의를 몰래 청강한 일이 있다. 그리고 이 신라 승려는 그의 경쟁 상대가 진보하는 것을 가로 채고 직접 많은 사람을 모아 그 경전에 관해 그 스스로 강의를 시작하였다. 하지만 현장은 풀이 죽은 제자에게 신라 승려가 알지 못하는 다른 전승傳承을 주어 위로하고 격려하였다고 한다. 그리고 엔닌에 의하면, 그 지나 승려는 그 후 벽촌의 사원으로 찾아와 간사한 꾀에 뛰어난 신라 승려의 방해가 들어가지 않은 장소에서 흡족할 때까지 자유롭게 경전을 강의하였다고 한다.[8]

엔닌은 지나인 사회에서 전혀 신라의 사절단과 마주치지 않았다. 그러나 그는 다른 방법으로 두 사절단에게 직접, 간접으로 교섭을 갖게 되었다. 즉 839년, 적산원에서 그는 지나에서 신라로 돌아가는 30명 이상의 사절단 일행을 만나 새로 즉위한 그들의 왕에 관한 소문을 들었다.

847년 이른 봄, 신라로 돌아가는 사절단 일행이 무종을 위하여 약간 시기를 놓쳐 추도의식을 했다는 것을 들었고, 또한 당나라의 황제가 신라왕에게 다시 봉토를 주었다(당의 속국으로서 신라왕을 고쳐 승인했다는 의미)는 정보를 들었지만, 그들은 엔닌의 신라인 후원자인 장영張詠이 엔닌을 위해 일본으로 돌아가는 배를 만들어주는 것을 저지하였다. 엔닌은 또한 신라와 지나 간에 사절단이 왕래했음을 말하는 증거로 등주에 신라숙소〔新羅坊〕한 채가 있고, 청주의 한 사원 가운데에는 신라 승원僧院이 있으며, 그 시내 서쪽에 있는 예천사醴泉寺

---

8 839년 7월 23일, 9월 1일 및 12일. 840년 7월 26일.

가운데에도 신라 승원이 있는 것을 직접 살펴보고 있다.[9]

이미 언급했듯이 등주에는 발해숙소〔渤海館〕가 있는데, 아마 만주 동부의 제국(帝國 : 발해국)에서 왕래한 사절단의 편의를 위해 제공되었을 것이다. 발해국의 백성은 후일 지나의 만주인 황제〔17세기 지나를 침입하여 청나라(1644~1912)를 세움〕의 선조가 된 퉁구스족이었다. 그리고 신라인처럼 그들도 이 시대에 그들의 벽촌인 삼림 가운데에 대당제국의 작은 모형〔海東盛國〕을 창조하는 일에 분주하였다.

발해국에서도 세속의 사람과 승려들이 지나로 흘러들어왔다. 당연히 엔닌도 그들 몇 사람을 만났다. 그는 청주에 도착하기 전날에 '거칠게 된 들판에서 발해국의 사절단이 수도에서 고국으로 돌아가는 것을' 보았다. 그리고 2, 3일 뒤에 청주에서 엔닌 자신은 발해국의 왕자가 마련하는 채식요리에 초대를 받았다. 이 사람은 아마 사절단 일행에서 흘러나온 사람이었을 것이다.

오대산에서 엔닌은 레이센靈仙의 사망 후 그의 충실한 발해 출신의 제자가 바친 칭찬의 시와 비문을 발견하고 있다. 엔닌이 이 만주의 제국〔발해국〕에 대해 한 말 중에서 가장 놀랄만한 것은, 839년 가을에 발해국의 상선이 산동 반도의 돌출한 끝 부근에 닻을 내렸다는 기사일 것이다. 그러나 보통 신라인에 의해 지배되고 있다고 생각되는 이 수역에 만주의 배가 모습을 나타냈다는 엔닌의 기술은 단 한 차례 밖에 없다.[10]

---

9 839년 6월 28일. 840년 3월 2일 및 24일, 4월 6일. 847년 윤 3월.

10 839년 8월 13일. 840년 3월 2일, 20일, 28일 및 7월 3일.

연안의 무역상

　많은 자료가 지나의 사원에 있었던 신라의 승려라든지, 당나라 황제에게 벼슬한 신라의 궁정인이나 군인들에 대해서는 언급하고 있지만 지나의 동쪽 연안에서 엔닌이 찾아낸 신라 무역상사의 눈부신 발전 모습에 대해서는 약간의 암시밖에 주지 않고 있다. 그러한 암시의 하나로 엔닌과 같은 시대의 위대한 시인 백거이白居易가 지은 시를 찾는대로 하나도 남김없이 사서 구한 신라 상인에 관한 일행의 기사가 있다.

　또 하나의 암시는 엔닌이 머무는 기간에 지나에서 출판된 것으로 생각되는 당나라의 시대의 유명한 화가들에 관한 서적 중에서 발견된다. 이 책에는 4, 50년 전에 초주와 양주 지방에서 당시 어떤 일류 화가가 그린 '수십 점을 좋은 가격으로 사들여' 그것을 신라로 가지고 간 한 신라인의 기사가 기술되어 있다.[11] 그러나 이러한 단편적인

---

　11 아더 웨일리의 『백거이(白居易 : 772~846)의 생애와 시대』 160쪽(Arthur Waley, *The Life and Times of Po Chü-i 772~846* A.D. 160) 및 알렉산더 -. C. 소퍼의

기사는 엔닌이 지나에서 있었던 신라인의 활동에 대해 대조하여 읽을 때 비로소 의미를 충분히 읽을 수 있다.

신라인의 무역상 사회는 산동 반도의 남쪽 연안 일대와 회하 하류 일대에 집중해서 존재하였는데, 그것들이 합치면 신라와 대당제국의 중심을 연결하는 자연수로를 형성한다. 지나와 그 동쪽에 있는 이웃 여러 나라 간의 무역에서 중요한 종착 항구는 분명 초주이었다. 즉 그곳은 대운하와 회하를 전략적으로도 연결하는 중요한 지점이었다. 그곳에는 큰 바다로 나가는 배와 양주에서 오는 작은 거룻배도 모여 합칠 수 있다. 남쪽으로는 양자강의 조직망을 통하여 회하나 다시 변하汴河의 상류로 향해 강배를 나아가게 하면 서쪽으로 수도의 지방으로도 갈 수 있었다.

이미 기술했듯이 초주에는 큰 신라 조계租界가 있는데, 신라인의 총독이 신라인 지역의 행정을 맡을 정도로 거대하였다. 신라인 사회가 컸다는 것을 보여주는 또 하나의 사건은 839년 봄, 일본인 사절단의 신라인 통역 김정남이 초주에서 귀국하는 사절단을 위해 배 9척을 구하고, 이를 운행할 60명의 신라인 뱃사람을 고용할 수 있었다는 것이다. 이들 중 몇 사람은 초주에서 회하를 조금 내려간 장소에 있는 연수현漣水縣의 읍에서 찾아왔다. 엔닌이 845년, 처음 이 읍을 방문했을 때에 읍의 한 구역에 그들 자신의 총독 밑에 있는 신라인 지역이 있음을 그는 발견하였다.[12]

「당조명화록唐朝名畵錄, 당대의 유명한 화가들」〔『아메리카 중국미술연구회기록』 제4권, 1950년 11호(Alexander C. Soper, "T'ang Ch'ao Ming Hua Lu. The Famous Painters of the T'ang Dynasty", *Archives of the Chinese Art Society of America*, 4(1950) 11.)〕 참조.

12 839년 3월 17일 및 25일. 842년 5월 25일. 845년 7월 3일, 5일, 8일 및 9일. 847년 6월 5일.

엔닌은 그가 방문한 지나의 다른 읍이나 시市에서는 왜 그런지 모르지만 신라 조계에 대해 언급한 것이 없다. 그러나 그는 많은 신라인들이 회하의 하구에서 북쪽으로 산동 반도의 돌출한 끝에 이르기까지 연안을 따라 거주하고 있었던 것을 밝히고 있다. 이들 사회에서 가장 큰 집단의 하나가 적산원 가까운 곳에 있었음에 틀림없고, 적산원 밑의 만灣은 신라에서 도착하는 배가 닿는 지점이며, 동시에 그곳에서 지나의 연안을 떠나 고국으로 향해 바다 위를 항행하는 지점이기도 하였다. 그런데 29명의 주민을 거느리고 있는 신라 사원은 언덕 위에 높이 우뚝 솟아있어서 지나와 신라를 연결하는 거친 바다의 해상 안전을 수호하고 있었으며, 이 사원의 주위에는 엔닌의 후원자인 장영의 총 지휘하에 많은 신라인 일반 민중이 살고 있었다.

적산원의 신라인 사회는 연안에 옮겨 심어진 신라인의 진짜 일부에 지나지 않는다. 예를 들면, 8월 15일 엔닌은 사원에서 신라의 국가적인 행사가 시작되었음을 보았다. 이 행사에는 그 지방에 거주하는 신라인이 모두 참가한 듯하다. 엔닌에 의하면, 그들은 이때 국수와 떡을 내놓아 대접하며 유쾌하게 노래를 부르거나 춤을 추었다고 한다. 그 장소의 분위기에 감동을 받아 엔닌은 다음과 같이 기록하였다. '그들은 모든 음식과 마실 것을 마련하며, 노래를 부르고 춤을 추며 악기를 울리는데 3일 간 낮부터 밤까지 계속되어 그치지 않았다. 이제는 이 적산원은 그들의 고국에 대한 추억으로 가득 차 있으며 오늘은 이 축제를 행하고 있다.' 고 했다. 이 축제는 엔닌이 이해하는 바로는 신라가 발해국에 대해 대승리를 거두었음을 기념하는 행사이었다. 사실대로 말하면, 그날은 한반도에서 최후까지 신라의 경쟁상대이었던 고구려가 멸망한 기념일이었다. 그러나 엔닌의 주장에도 이유가 없는 것은 아니다. 고구려의 병력으로 남아 있던 도망자가 그 후 발해국을 건설한 종족과 합류했기 때문이다.[13]

엔닌은 적산원의 세속인 신자에 대해서도 가끔 개인적으로 접촉하고 있는데, 그 규모는 겨울철에 사원에서 열리는 『법화경』에 관한 강좌에 참석한 불교신자의 수에 의해 가장 잘 알 것이다. 이 강의는 엔닌이 알리는 바에 의하면 대부분 신라어로 이루어지며, 신라 사원의 습관에 따랐으며 마지막 이틀 동안 각기 250명 및 200명이 넘는 군중은 엔닌 등 4명의 일본인을 제외하면 모두 신라인이었다.[14]

연안을 따라 있는 신라인 사회는 결코 이 정도만이 아니었다. 귀국하는 일본인 사절단의 신라인 뱃사람들은 그들의 배를 수선하기 위하여 현재 청도 서남쪽의 어느 장소로 가기를 강하게 희망한 것이나 엔닌이 신라인 통역 김정남의 도움으로 같은 장소에 사절단의 배를 남기고 연안의 민가로 몸을 숨으려 했던 계획은, 또한 그 장소에 그에 상당하는 신라인 조계가 있었음에 틀림없다는 것을 말한다. 그러므로 엔닌이 함께 탄 사절의 배가 청도의 동북 연안으로 왔을 때 작은 배를 탄 신라인 한 명이 방문하고 이어서 신라인을 따라 지방의 관리가 방문하였다.

연안을 따라 서남쪽으로 약간 내려가자 일본인들은 말과 당나귀를 타고 해안선으로 접근해 온 30명이 넘는 신라인의 방문을 받았다. 뒤에 그 지방의 수비관이 스스로 신라의 배를 타고 도착하여 신라인 통역을 통해 일본인들과 절충하였다. 엔닌은 통역을 통해 일본 승려들

---

13 839년 6월 7일, 8월 15일 및 840년 1월 15일.

14 839년 11월 (또는 12월) 1일, 16일 및 22일. 840년 1월 15일 및 2월 14일. 847년 윤 3월.

이 상륙하여 안전하게 살 수 있느냐고 물었다. 답은 긍정적이었으나 결국 교섭의 결과는 아무것도 얻지 못하였다. 그러나 이곳에도 하나의 큰 신라인 사회가 있었음이 분명하며 수비관 자신도 먼저 연안지대에서 만난 장영처럼 아마 신라인이었을 것이다.[15]

이들 연안의 신라인들은 말과 당나귀를 소유하였다든지, 뒤에 엔닌이 반도를 여행하였을 때 어우러진 적산의 신라인 중의 한 사람이 짐마차를 소유하고 있었던 것은, 이들 신라인들이 단순히 해상에서 이동하는 자가 아니고 오히려 항구적인 정주자定住者였음을 말한다. 이 결론은 엔닌과 일행이 일본 사절단과 헤어져 회하의 북쪽 하구로 상륙할 때 산동에서 초주로 숯을 수송하는 뱃사람을 엔닌이 만났다고 말함으로써 의문의 여지가 없다. 이들 뱃사람들은 신라 출신이라고 했으나 그들은 그 다음에 더 이상 엔닌 등에게 말하지 않았다고 생각된다. 그것은 분명히 일본인들도 신라인이라고 주장함으로써 속임을 당했기 때문이다.

일부 신라 사람은 다시 내륙지방으로 옮겨가 농부가 되었다. 왜냐하면, 일본인들이 같은 날 바다에서 언덕 몇 개를 넘어 어떤 촌에 겨우 이르렀을 때 그들은 신라 사람의 집 한 채에서 조금 휴식할 수 있었기 때문이다. 그리고 일본인들의 변변찮은 거짓말은 금세 촌의 장로에 의해 폭로되었는데, 그들이 하는 말은 신라 말도 아니거니와 지나 말도 아니라는 것이 발견되었기 때문이다.

신라의 무역상들은 주로 회하 하류의 거리거리나 산동 남쪽 연안을 따라 살고 있었다고 생각되지만 그들은 틀림없이 지나의 다른 많

---

15 839년 4월 1일, 5일, 20일, 24일, 26일 및 29일.

은 부분에서 그들의 판로를 펼치고 있었다. 엔닌은 여러 차례 신라의 배, 또는 신라 사람이 소유하고 조종하였다고 생각되는 배에 대해 기록하고 있는데, 이들 배는 양주를 방문하고 더욱이 양자강 남쪽의 여러 항구에도 모습을 나타내고 있다.

양주에서 엔닌은 지나인 일행 중에서 신라 사람 한 명을 만났는데, 그는 일찍이 일본 연안에서 난파했을 때 부득이 일본에 장기간 머무르게 되어 일본어를 잘 이해할 수 있게 되었다는 것을 알았다. 게다가 엔닌은 내륙의 장안에서는 또한 초주에서 온 신라 사람들을 만났다. 한 사람은 엔닌의 친구인 유신언劉愼言의 편지를 지닌 채 843년 이른 봄에 엔닌을 방문하였다. 유신언이 수도에 있는 엔닌에게 서한을 보낸 다른 두 차례 중에 첫 번째도 초주의 신라 사람 한 명이 보냈다.[16]

적어도 지나 연안의 신라인 사회 중의 어느 부분은 상당한 치외법권의 특권을 누리고 있었다고 생각된다. 똑같은 것이 지나 동남의 거리거리에 있던 회교도 사회에도 적용되었다는 것이 알려져 있다. 그들에게 자치가 허락되어 그들 자신의 사건을 그들 자신의 습관에 따라 처리할 수 있었기 때문이다. 그러니 신라의 무역상들도 똑같은 자치권을 인정받았다고 해도 놀랄 일이 아니다.

초주와 연수漣水에서는 신라인의 자치단위는 물론 신라인 지구이며, 그 우두머리는 총관惣官이었다. 신라인 통역은 이들 사회에서 총관 다음으로 높은 관료이었다고 생각된다. 최초로 이 직책에 있었던 유신언이 몇 년 뒤에 초주에 소재한 신라 지구의 총관자리에서 물러난 설전薛詮의 후계자가 되었기 때문이다.

---

16 839년 1월 8일. 840년 2월 15일. 842년 5월 25일. 843년 1월 29일 및 12월. 845년 7월 5일. 846년 4월 27일, 5월 1일 및 6월 17일. 847년 6월 9일.

적산 사회에서는 직책의 명칭과 벼슬 이름이 약간 달랐다. 장영은 신라인 통역이었을 뿐 아니라 신라 조계의 우두머리이기도 하였다. 그의 중요한 칭호는 등주의 수비관〔押衙〕이었다고 생각된다. 그래서 그의 관청은 신라에 관한 사항을 취급하는 관청〔勾當新羅所〕이라고 불리었다. 엔닌에 의하면, 그는 문등현 지방의 신라인들의 일을 맡듯이 신라 사절단에 대해서도 돌보아주는 역할을 하였다.

설전과 장영의 칭호가 다른 것은 아마 각기 관할하는 지역이 하나는 사람이 많이 살고 있는 번잡한 곳이고, 다른 하나는 연안 지대이었기 때문일 것이다. 그럼에도 불구하고 두 인물은 말하자면 대등한 입장에 있었다고 여겨진다. 엔닌은 설전이 동십장同十將이라는 형체가 극히 약하지만 원래 군사적인 색체를 띤 명예 칭호를 가졌음을 알려주고 있으며, 장영도 또한 산동 지방의 도독부에서 '칙명의 동십장'이었기 때문이다.[17]

지나에서 신라 조계의 자치는 틀림없이 엔닌이 839년 지나 관헌에 의해 일본으로 강제 귀국하게 되었을 때 연안의 신라인 사회 사이에서 그 자신과 일행의 신변안전을 꾀하는 피난소를 찾아내려고 하였던 주된 이유이었고, 또한 관의 허가 없이 상륙했을 때 신라인으로서 통과하려고 시도했던 이유가 되기도 하였다. 이것은 거듭 엔닌이 장영의 비호 하에 가까스로 지나에 머무르게 되었음을 설명하는 이유이기도 하다. 혹시 신라인들이 일본인들을 그들의 치외법권 사회의 일원으로 기꺼이 맞이해 주었다면 지나 당국은 귀국한 일본 사절단의 일

---

17 839년 3월 22일 및 23일. 840년 2월 19일. 845년 7월 3일, 8월 24일 및 27일. 846년 6월 17일. 847년 6월 5일 및 10일.

행이라고 하더라도 그들은 이제 지나에 머무르지 않는다고 판정하여 분명히 이 사실을 기꺼이 받아들여 눈감아 주었을 것이다.

몇 년 뒤에 다시 같은 상황이 일어났을 때 연수현의 관리들은 만일 지방의 신라인 사회가 일본인들을 정식으로 그들의 일원이라고 인정하는 선서문을 제출한다면 환속된 일본 승려들이 그곳에 머무는 것을 허가하는 데 찬성하였다. 그러나 신라인 무역상의 치외법권적 특권에는 몇 가지 제한이 있었다. 초주에서는 엔닌과 일행이 신라인 사회로부터 공식적인 인가를 받았으나 지방의 지나인 관료는 그들이 머무르게 하는 것을 거절하였다.[18]

지나의 동쪽 연안을 따라 사는 신라인들의 영향력에도 한계가 있었으나 이들 연안을 벗어난 수역에서는 틀림없이 그들의 지배권이 우선하였다. 엔닌이 지나 연안 바다에서 멀리 떨어진 바다에서 만나기도 하고 많은 배는 지나와 일본 간의 무역에 종사하고 있었다. 그러나 이들 배를 움직인 사람은 거의 지나인이 아니면 일본인도 아니었다. 이들 배의 소유자나 많은 뱃사람들의 국적은 밝힐 수 없다. 그러나 엔닌은 그중의 여러 척의 배와 여러 명의 무역상들은 분명이 신라인이라고 지적하고 있다. 그들이 등장하는 얘기의 전후로 판단하건대, 아마 다른 많은 사람도 신라계일 거라고 생각된다. 이와 대조적으로 엔닌은 국제무역에 종사한 지나인으로는 단 한 건 밖에 들고 있지 않는데, 게다가 이 인물조차 신라인 세 명과 함께 여행하였으며 그중의 한 사람이 배의 소유자이거나 선장이었다고 생각된다.

---

18 839년 3월 22일 및 23일, 4월 5일 및 29일, 6월 7일 및 29일. 845년 7월 3일, 9일 및 8월 27일.

엔닌은 또한 국제무역에 가담했다고 생각되는 4명의 일본인에 대해 기술하고 있다. 이들 중의 한 사람은 양자강 남쪽, 현재 절강성의 영파寧波, 즉 일찍이 명주明州로 그의 배를 타고 찾아왔다. 다른 세 사람 중의 한 사람은 광동으로 향했지만 기타는 명주에서 귀항하기 위해 국적 불명의 배를 세냈다.[19]

엔닌의 일기도 다른 자료처럼 일본인들이 극동의 해상무역에서 신라인들과 경쟁하기 시작하였다는 것을 나타내 보이고 있지만 그들의 도전은 여전히 미약하였다. 가령 일본 견당사의 관료기구의 사물 처리결과가 좋지 못하고 혼란을 인정한다고 하더라도 일본 선박에 의한 엔닌의 지나 항해와 뒤에 산동 연안의 항해와 일본 견당사의 비극적인 항해기술의 패배를 알리는 기록은 후일 신라의 배가 엔닌을 편안하게 산동 연안을 여러 번 왕복시켜주었고, 드디어 일본으로 데리고 간 속도와 훌륭한 기동력에 비하면 뚜렷하게 대조를 이루고 있었음을 인정하지 않을 수 없을 것이다.

당시 신라인과 일본인의 항해 기술상의 차이는 또한 하나의 사건에 의해서도 잘 알 것이다. 즉 일본 견당사는 그들의 중요한 일행의 귀국에 즈음하여 안전을 기하기 위하여 60명의 신라인 조타수와 뱃사람을 새로 고용하였다. 첫 견당사 선단에 각각 배속된 신라인의 통역 역할도 항해기술을 두고 빠뜨릴 수 없다. 이들은 상륙을 수속할 때 외교적으로 매우 유익했을 뿐 아니라 엔닌 자신이 지나를 향해 바다를 건너는 상황을 전하는 바에 의하면, 각 배에서 항해 기술상 전문가

---

19 839년 5월 25일. 842년 5월 25일. 843년 12월. 845년 7월 5일 및 9월 22일. 846년 1월 9일, 2월 5일 및 9일, 4월 27일, 5월 1일, 6월 17일, 29일 및 10월 2일. 847년 윤3월, 3월 17일, 6월 9일, 10일, 18일 및 27일.

의 우두머리 역할을 한 것이 엿보이기 때문이다.[20]

극동에서 신라 사람이 제해권을 장악하고 있었던 날은 실제로 한계가 있지만 아무튼 엔닌 시대에는 신라인들이 세계의 이 부분에서 해상을 지배하고 있었다.

---

20 838년 6월 28일.

장보고

　　장영이나 설전 같은 인물이 어느 의미에서는 지나에서 신라의 영사관 같은 역할을 했던 시대에는 그들을 바로 신라 정부의 대표라고 보는 것은 잘못일지도 모른다. 그들은 지나 정부에 대해서는 공식적인 지위를 유지할 수 있지만 그들 자신들의 고국 정부에 대해서는 그렇지 않았기 때문이다.

　　장영도 아마 설전과 함께 신라왕에게 봉사하지 않고 사적인 신라 상인으로 터무니없는 위대한 모험가이며 무역왕인 장보고란 인물의 대리인이었다고 생각된다. 이 인물의 이름은 지나와 일본의 공식적인 역사에도 신라의 연대기에서처럼 몇 개의 다른 칭호로 등장하고 있다.[21] 그는 엔닌의 일기에는 직접 개인으로 등장하지 않았지만 종

21　예를 들면, 『신당서』 권 220 및 『속일본후기』 840년 12월 27일. 841년 2월 27일. 842년 1월 10일의 각 항목 참조. 장보고에 관한 중요한 사료는 12세기 한국 측의 연대기인 『삼국사기』(권 10, 11, 44) 및 13세기 한국의 기록인 『삼국유사』(권 2)에서 발견된다.

종 엔닌의 많은 신라 친구나 후원자의 주인으로서 그 배경으로 떠오르고 있다.

극동의 여러 연대기에서 장보고에 관한 여러 기사는 서로 모순되는 것조차 있다. 하지만 그의 생애의 요점은 확실하다. 그는 지나로 이민해온 신분이 명확하지 않은 신라인 출신이며 지나에서 재산을 만들고 회하 하류지역에서 한 장교로 군무에 종사하였으며, 드디어 한 신라 조계의 윗사람으로서 우두머리로 나타나기에 이르렀다. 일찍이 엔닌 시대에 그는 장영과 설전처럼 반半군인적 관리이었다고 생각된다. 828년, 유력한 재산가가 되어 신라로 되돌아와 신라 서남단의 완도莞島에 그의 본거지를 설치하였다. 이곳은 지리적으로 지나에서 신라의 서해안으로 이르는 무역로를 지배할 수 있는 요충지에 위치하며 한반도의 서남단에서 신라의 수도 지역과 일본에 이르는 영역을 한 눈으로 멀리 쳐다볼 수 있었다.

지나에서 장보고는 많은 신라 사람들이 노예 상인들에게 유괴를 당하여 지나로 끌려가고 있는 것을 발견하였기 때문에 그는 신라로 돌아온 후 신라왕에게 이들 노예 약탈로부터 연안지역의 신라인의 안녕을 지키기 위해 그에게 수비관의 지위를 허락받도록 요청하였다. 왕은 그래서 그를 완도에 본거지를 두는 청해진淸海鎭 대사에 임명하였다. 그리고 나서 그에게 1만의 병력을 주었다고 전해지지만 이 점에 관해서는 사실인지 아닌지는 의심스럽다.

아마 이런 왕실의 호의로, 더욱 진짜 이유는 지나와 그 동방의 위성국가들 사이에 중개하여 이익 비율이 좋은 무역권을 장악하고 있어서, 결국 왕실의 총애를 받을 수 있었던 것은 틀림없거니와 그는 신라의 정치에서 중요한 인물이 될 정도로 성장하고 있었다. 837년, 그는 왕위 계승을 둘러싸고 왕위를 획득하는데 실패한 인물의 아들인 우징祐徵이 그의 보호를 구해 도망해 올 때 분쟁의 와중에 휩쓸리게 되었다.

이듬해 우징의 아버지를 죽이고, 그의 경쟁 상대를 왕 자리에 모셨던 사람들은 그들 자신들의 허수아비 왕을 죽이고 일당 중의 한 사람이 그의 왕관을 빼앗았다. 우징은 자신의 아버지의 "암살자들과 함께 같은 하늘을 이고 살 수 없다."고 선언하고, 장보고에게 자신을 왕 자리에 오를 수 있도록 해달라고 부탁하였다. 공식적인 연대기 작가에 의하면, 장보고는 공자의 어록(『논어』)을 인용하여 품위 있게 선언하였다. "옛사람이 말했다. '옳은 것을 보고 그것을 행하지 않는 것은 용기가 부족하기 때문이다.'[22]라고 하였습니다. "저는 아무 힘도 없지만 당신의 명령에 따르겠습니다."라고 하였다. 그는 그의 5천 명의 군대를 우징에게 붙이고 장영에게 그 지휘를 맡겼다. 그는 장보고처럼 지나로 이주한 신라인의 후배이며 연수漣水에서 곤경에 처해있을 때 장보고의 도움을 받은 사내이었다.

장영은 믿어지지 않을 정도로 물속 깊이 잠수할 수 있다고 전해지고 있는데, 이번에는 물과 인연이 먼 육지에서 우징 측에 가세한 다른 군인들과 함께 선전하여 연속해서 승리를 거두었다. 드디어 승전한 군대는 수도를 점령하여 왕위를 빼앗은 자를 죽였다. 그리하여 839년, 우징은 신라의 제45대의 통치자인 신무왕神武王으로 왕 자리에 올랐다. 새로운 왕은 당연히 자신을 숨겨주고 그의 승리를 결정적으

---

22 레그Legge의 앞의 책, 제1권, 154쪽 참조. 장張의 생애의 이 부분에 관한 기사는 『삼국사기』 권 10(828년 3월 이하) 및 권 44(장보고와 정년鄭年의 각 전기)에서 자료가 수집되어 있다.

로 이끈 장영을 치하하고 그에게 군사상의 높은 칭호와 2천 가족이 버티어 나가는 봉토를 주었다.

엔닌이 처음 장보고에 대해 귓결에 들은 것은 그의 생애에서 이 중대한 발걸음의 기간이었다. 우징이 왕 자리를 차지하려고 노력한다는 정보가 지나에 도달해 있었기 때문에, 839년 이른 봄 귀국하는 일본 견당사의 한 사람이 그의 동료들에게 "신라는 장보고와 문제를 일으켜 현재 그와 전쟁 중이다."라고 지적하고 산동의 연안을 따라 항해를 진행하여 신라의 연안에 접근하기보다 회하의 하구에서 직접 일본으로 향해 큰 바다를 가로지르는 것이 좋다고 의논하는 자료로 사용하였다. 2, 3주 뒤에 엔닌은 산동의 신라인한테서 장보고의 군대가 승리를 거두어 그가 그의 후보자를 왕 자리에 나아가게 했다는 정보를 얻었다.

2, 3일 뒤에 엔닌은 우징에게 '왕의 칭호를 주는' 지나의 사절단이 파견되었다는 것을 알았다. 장보고의 승리는 불과 4개월 전에 일어났는데, 그 소식은 재빨리 지나에 도달하여 즉시 지나의 황실이 새로운 왕을 인정한 사실은 신라와 지나를 잇는 해상로海上路의 교통망이 완비되어 있었다는 것을 말하며, 지나인들은 신라인의 이 해상로 지배에 대해 경의를 나타냈다는 것을 보여준다.[23]

적산원에서 엔닌은 멀리 떨어져 있는 장보고의 비호를 직접 받게 된다. 장보고가 이 절을 지었기 때문이며, 이로써 아마 그의 선단은 정신적으로 보호를 받고 그의 여러 대리점에 종교적 수호가 미치기를 원했을 것이다. 그리고 장보고는 사원을 유지하기 위하여 장원莊

---

23 839년 4월 2일, 20일 및 24일.

園을 기부하여 매년 쌀 5백 석의 수입이 있었다고 한다. 이 절을 보살펴 주고 지방의 신라인 사회 전체를 보살핀 장영은 분명 장보고의 부하이었다. 아마 가까운 곳의 다른 신라인도 대부분 그러했음에 틀림없다. 예를 들면, 수년간 일본에 거주했다는 이 절의 주지는 엔닌이 두 번째로 산동을 여행할 때 다시 만났던 인물이지만, 그도 또한 장보고의 배들 가운데 한 배를 타고 일본에서 지나로 돌아와 절을 맡을 수 있었다.

　엔닌이 처음 '장보고가 지나에 물품을 팔기 위하여 보낸 대리인'으로 묘사되고 있는 인물 최崔를 만난 것은 839년 여름 적산원에서이었다. 최도 또한 수비관의 칭호를 갖고 있었는데 신라에서 장보고의 배를 2척 가져왔다. 그가 다음 해 봄에, 양주에서 신라로 돌아오는 항해 도중에 산동 연안에 들렀을 때 엔닌은 그에게 매우 정중한 편지를 보내 최의 덕분으로 적산원에서 승려들로부터 친절한 대접을 받았던 것을 고마워하고 일본인들이 처음 천태산으로 가려고 할 때 연수漣水를 통해 남쪽으로 돌아가는 배를 기분 좋게 제공하도록 신청해준 것을 고마워하였다. 엔닌은 또한 최에게 그의 순례가 끝나 일본으로 돌아가게 되었다는 것을 설명하고 귀환은 낙관적으로 '내년 가을 무렵'으로 예정하고 있다는 것을 알려주고, 그때 그는 또한 장보고를 청해진으로 방문하여 '그의 일신상의 사정을 모두 설명하려 한다.'고 말하였다. 그는 최가 일본인들의 귀국에 즈음하여 그의 부하와 배에 명령하여 특별이 고려해달라 하고 그들의 귀국에 있어 최만을 오직 믿는다는 뜻을 말하고 편지를 맺었다. 동시에 엔닌은 최가 장보고에게 건네줄 편지를 다음과 같이 썼다. 그는 장보고에게 '대사大使'라고 존칭하고 있다.

저는 저의 생애에 각하를 뵈옵는 영광을 받지 못했지만 각하의 위대함은 전부터 삼가 전해 듣고 있습니다. 저는 스스로 마음을 겸손하게 가져 보다 더욱 각하를 존경하고 있습니다. 봄도 절반이 되어 이미 따듯해지고 있습니다. 저는 엎드려 대단히 많은 행운이 각하의 신변과 활약을 축복하도록 바랍니다.

저 엔닌은 훨씬 각하의 은혜를 받아 감사해 마지 않습니다. 긴 세월 마음에 숨긴 소원을 달성하기 위하여 저는 지나에 머물고 있습니다. 미거한 몸이지만 훌륭한 행운에 축복을 받아 저는 각하의 발원으로 축복받은 지역을 여행할 수 있었습니다. 저는 행복을 말로 다 표현할 수 없습니다.

제가 고국을 뒤로 할 때 치쿠센노카미(筑前守 : 북규슈의 한 지방의 총독)로부터 각하에게 보낼 친서를 부탁받았습니다. 그러나 저희들의 배는 뜻하지 않게 바다의 얕은 여울에 좌초되어 저희들의 소지품은 유실되었습니다. 제가 부탁받은 친서도 파도 속으로 가라앉았습니다. 그것이 매일 저에게는 큰 비극의 원인입니다. 저는 각하가 저를 책망하지 않도록 엎드려 간절히 바라며 받들어 모십니다.

저는 어느 날 각하를 뵈올 수 있을지 모르지만 아득히 멀리서 각하의 안부를 여쭙는 말씀을 드리며 편지를 씁니다.

정중하게 간단히 기록합니다.

開成 五年 二月 十七日

日本國求法僧傳燈法師位

圓仁이 편지를 올립니다.

淸海鎭張大使閣下

겸손하고 정중하게[24]

---

24 839년 6월 7일, 27일, 28일. 840년 2월 15일, 17일 및 845년 9월 22일.

장보고가 해가 돋는 위세로 일어나 융성했다는 얘기는 이어서 일어난 몰락의 얘기보다 확실히 잘 알려져 있다. 신라 연대기에서 그의 전기는 신문왕이 그를 수도로 불러 국무대신으로 삼고, 그의 충실한 부관인 장영을 청해진에서 그의 후계자로 했다고 화려하지 않게 기록하고 있을 따름이다. 이 표현은 신라인으로서 일류인 '그들은 그 후 행복하게 세월을 보냈다.'는 관용 문구에 불과하다. 그래서 전기 작가까지 이 기술이 '신라의 기록 문서의 기술과 뚜렷하게 다르다.' 는 것을 인정하고 있다.[25] 이것들은 아마 장보고의 최후를 전하는 다른 두 개의 자료를 가리켰을 것이다. 장보고의 말기는 날짜라든지 상세함에 있어서는 일치하지 않지만 대강 그의 딸을 신라왕과 결혼시키는 노력과 뒤엉켜 비슷한 몰락 얘기를 알리고 있다.

한 쪽의 자료에 의하면, 신무는 왕위에 올라 겨우 반년 만에 사망하였으나 그의 아들인 후계자는 장보고에게 계속 명예를 주어 "청해진 대사는 …… 일찍이 짐의 성스러운 아버지를 도와 무력으로 이전의 지배자들의 큰 도적을 괴멸시켰다. 짐은 어떻게 그의 위대한 공헌을 잊을 수 있을까? 그러므로 짐은 청해진 총독에 임명하고 그에게 명예의 훈장을 준다."고 선언하였다. 그러나 845년, 왕은 장보고의 딸을 두 번째 첩으로 삼으려고 하였을 때 대신들은 지나 통치자의 운명을 끌어대어 혼인의 중대함을 지적하고 왕이 그러한 조치를 취하는 생각을 그치게 하였다. 대신들은 경멸적인 의견을 진술하기를, 장보고는 "섬사람입니다. 어떻게 그의 딸이 왕의 일족이 될 수 있습니까?"라고 결론을 내렸다.

---

25 『삼국사기』 권 44.

이 사소한 사건이 이듬해 장보고로 하여금 모반을 일으키게 하였다. 그때 황실이 발칵 뒤집힐만한 대단히 놀라운 사건이 나타났다. 염장閻長이라는 인물이 용감하게 장보고를 한 손으로 죽여 그의 시체를 왕의 옆에 바쳐 보여드리겠다고 자청하였다. 그리고 나서 염은 모반자를 가장하여 장보고의 집으로 도망쳐 왔는데, 장보고는 건실하고 확실한 인물이 잘 그러하듯이 완전히 방문자에게 속아 그를 명예로운 손님으로 대우하였는데 이 배신자인 궁정인은 조제한 독약을 먹여 장보고는 암살되었다.[26]

다른 자료에 의하면, 우징이 장보고 옆에서 난을 피하고 있었을 때 만일 그가 왕 자리에 오르는데 성공한다면 장보고의 딸을 그의 배우자로 하겠다고 약속했다고 한다. 그러나 그가 일단 신문왕이 되자, 그의 대신들의 찬성을 얻지 못하였으며, 대신들은 장보고가 "보잘 것 없는 인물이므로 그의 딸을 배우자로 하는 것은 왕에게 어울리지 않는다."고 주장하여 생각을 멈추게 하였다. 장보고는 이를 꾸짖고 분노하여 모반을 일으킬지 모른다고 두려워하였으므로 용감한 염장은 왕을 위하여 그를 죽이겠다고 자청하였다. 염장은 청해진으로 가서 그는 왕에게 원한을 품고 있다고 주장하며 장보고의 보호를 구하였다. 그러나 장보고는 몹시 노하고 염장이 그의 딸이 황실로 들어가는 것을 방해한 집단의 한 사람일 것이라고 비난하였다. 그러나 염장은 이 사건에 대해 개인적으로 다른 관료에게 반대했다고 말로 풀어 밝혔으므로 장보고는 드디어 그를 받아들여 위에서 말한 바와 같은 불행한 결과를 초래하였다.[27]

---

26 『삼국사기』 권 11(839년 8월부터 봄에 이름).

27 『삼국유사』 권 2(대무신왕大武神王의 표제標題 아래).

이 두 가지 얘기는 언뜻 보면 양립할 수 없다고 생각되지만 실제로는 그렇지 않다. 왕과 무역왕 간에 인척관계의 약속이 처음에 우징에 의해 처음 이루어졌다는 것이 있을 수 없다는 것은 결코 아니다. 또한 우징의 뜻하지 않은 사망으로 장보고는 우징의 후계자에게 그의 아버지가 한 약속에 좋도록 공작을 했다는 것도 결코 생각할 수 없는 것은 아니다. 만일 장보고의 몰락이 신무왕의 사망 이전에 일어났다면, 엔닌은 840년에 틀림없이 적산원을 떠나기 전에 몰락을 들었을 것이다. 그런데도 엔닌은 845년 여름에, 다시 연안의 신라 조계로 돌아온 뒤에도 왜 그런지 장보고에 대해서는 기록한 바가 없다. 이는 장보고의 사망이 좀 더 이른 시기에 일어났음을 암시한다.

장보고의 암살과 그의 조직 괴멸은 아마 엔닌의 옛 친구인 최崔가 신라에서 도망해 와 연수로 돌아왔음을 엔닌이 845년에 발견하고 있지만, 그런 사태를 부른 '정치적 어려움'이 일어났음을 말하는 것일 게다. 아쉽지만 엔닌은 이런 '정치적 어려움'이 일어난 날짜를 밝히지 않았지만, 그것은 840년 봄에서 845년 여름의 어느 시기에 일어났음에 틀림없다.[28]

그런데 일본의 역사는 잃어버린 날짜를 상당히 신용해도 좋을 정도로 보충하고 있다. 842년 이른 봄, 일본의 역사책은 북규슈로 염장의 신라인 대표가 찾아와 장보고가 죽었음을 전했다고 보고하고 있다. 또한 동시에 그의 부관 한 사람이 모반을 일으켰으나 염장에 의해 진압되었다고 전하고 신라 당국은 모반의 잔당이 '그물망을 벗어나' 일본으로 망명하여 폐를 끼칠까 염려하고 있다고 설명하고 있다. 그

---

28 845년 7월 9일.

러므로 염장은, 일본 측이 그런 도망자를 숨기지 말고 장보고의 이전 부하들로 이미 일본에 도착하였다고 알려져 있는 자와 함께 신라로 송환해 주도록 요청하였다.

이 요청에 대한 일본 황실 측의 응답은 결코 호의적인 것은 아니었다. 일본인들은 염장의 대표를 신용하지 않았다. 그들은 염장이 일찍이 장보고의 부하이었음을 알고 있기 때문이다. 그리고 또한 상인들은 무언가 상업적인 책략과 전술적인 계획을 꾀하고 있을 것이라고 느꼈다. 일본인들은 그가 가지고 온 편지의 형식에 대해서까지 적의를 나타냈다. 그리고 신라인 망명자들을 그에게 넘기는 것은 마치 '헤매는 불쌍한 동물들을 굶주린 호랑이에게 던져주는' 것처럼 느꼈다. 그래서 그들은 이 건(件)에 관해서는 망명자들의 자유의지에 맡기도록 결정하였다.

염장의 대표가 일본을 방문한 것이 물론 이들 망명자 사건을 유명하게 하였다. 망명자들은 그들 자신들을 "장보고의 지배하에 있는 섬사람들"이라고 묘사하고, 841년 11월에 그들의 주인이 사망하고서부터 신라에서는 신변의 위험을 느껴 일본으로 찾아왔다는 것이다. 그리고 그들의 소원은 일본에서 정주하도록 허가를 받는다는 것이었다. 그러나 사건의 평판이 높아 결국 그들은 고국으로 돌아가도록 명령을 받았다.[29]

장보고의 말기에 관한 우리들의 자료를 모두 종합하면, 그는 841년에 사망하고, 염장은 장보고의 사망과 관련하여 중요한 역할을 하고 그의 조직을 결정적으로 파괴했다고 결론을 내릴 수 있다. 장보고

---

29 『속일본후기』 842년 1월 10일.

를 몰락으로 이끈 정확한 진행이 어떤 것이었든 그의 사망과 그에 따른 그의 해상무역 왕국의 소멸은 지나·신라, 그리고 일본 사이에 가로놓인 공해公海에서 최고조에 이른 신라의 제해권이 내리막길로 향했다는 것을 말한다.[30] 세계의 이 분야에서 대양을 여기저기 두루 돌아다닌 무역의 지배권이 서서히 지나인의 손으로 옮겨가기 시작하더니 더욱이 수세기 후에는 서일본에서 다가오는 무역상과 해적[倭寇]들의 손으로 건네주게 된다.

---

30 『삼국사기』 권 11(851년 2월).

9 거국

귀국

　장보고와 그의 해상왕국이 엔닌이 845년에 산동으로 돌아오기 전에 소멸했다고 하더라도 세 명의 일본인 여행자들이 일본으로 귀국함에 즈음하여 거의 완전히 신라인들의 힘에 의존하였다. 그들은 적산의 신라인 사회의 친절한 우두머리 장영에게 음식과 숙박 등에서 폐가 되었을 뿐 아니라 귀항歸航에 있어서도 그의 도움을 구했다. 엔닌은 839년에 산동 연안의 바다에서 불유쾌한 몇 달간을 보낸 것을 생각해보아도 아마 두 번 다시 그 연안을 보려고 하지 않았을 것이다.

　그리고 수도 장안에서 산동 반도의 돌출한 끝으로 이르는 괴로운 느린 걸음으로 긴 여행을 한 뒤에도 그는 그곳에서 일본으로 직접 돌아가기를 희망하고 기대했음에 틀림없다. 하지만 이는 그렇게 간단히 진행되지 않았다. 일본인들이 맨 마지막에 동쪽을 향해 일본으로 출항할 수 있게 되기 전에 산동 연안을 많이 갔다 왔다 하는 여행을 하는 수 없이 준비를 다하고 기다렸다.

장영의 부하 한 사람이 845년 9월, 배를 타고 초주로 파견되었을 때 엔닌은 유신언의 집에 남겨두고 온 종교적 소지품을 갖고 와달라고 부탁하였다. 두 달 뒤에 친절한 장영은 그의 보호를 받고 있는 일본의 은급수령자恩給受領者인 엔닌 등에게 다음 해 봄에 소지품을 싣고 고국으로 돌아가도록 배를 건조해 주겠다고 자청하였다. 엔닌은 지금이야말로 자신들의 일본 귀국이 초미의 급선무라고 느꼈음에 틀림이 없다. 하지만 그의 희망은 곧 철저하게 부서졌다.

장영이 일본인을 위해 신청한 통행증이 거부당하였다. 칙령이 외국 승려 등을 현 상태에서 움직여서는 안 된다고 했기 때문이다. 그래서 846년 1월에, 그의 사내종은 엔닌의 짐을 불교탄압 때문에 보낼 수 없다는 유신언의 답장을 초주에서 갖고 돌아왔다. 장영의 사내종은 또한 엔닌을 찾으러 지나로 찾아 온 2명의 일본 승려도 지나 관헌官憲의 방법대로 환속되었다는 것을 알려주었다.[1]

엔닌은 적어도 그의 짐만은 갖고 돌아가고 싶다고 결심하고 두 달 뒤에 장영을 설득하여 자신의 수행원인 테이유우만丁雄萬이 초주로 짐을 찾으러 가서 그것을 갖고 오도록 계획을 마련하였다. 4월에, 엔닌을 찾으러 온 일행의 우두머리인 쇼카이性海의 편지를 지닌 신라의 무역상 한 사람이 양주에서 도착하였다. 2, 3일이 지나 신라인이 양주로 돌아갈 때 엔닌은 그에게 편지를 부탁하여 쇼카이가 산동에서 엔닌과 함께 하도록 청하였다. 6월에, 엔닌은 초주의 신라인 지역의 총관인 설전薛詮의 편지를 받았는데, 그 편지는 테이유우만이 산동으로 돌아가는 길에 올랐으며 언급한 신라인 무역상이 적산 지역을 뜬

---

1 845년 9월 22일, 11월 3일, 15일 및 846년 1월 9일.

지 20여 일 걸려서 초주에 도착하였다가 다시 양주로 향했다는 것을 알려왔다.

　같은 달 늦게 테이유우만이 되돌아왔다. 불교탄압은 새 황제의 명령에 따라 지난달에 끝이 나서 테이유우만은 곁에 없었던 짐을 가지고 돌아올 수 있었지만 유신언이 맡아가지고 있었던 '매우 화려하고 정밀하게 색을 칠한 태장경胎藏經과 금강계金剛界의 두 대만다라大曼荼羅'를 부득이 태웠다는 것을 엔닌은 알았다. 10월 초에, 쇼카이가 엔닌과 합류함으로써 일본 승려 일행은 이교오가 사망하기 전처럼 네 명이 되었다.[2]

　불교도에 대한 많은 제한이 겨우 제거됨으로써 장영은 그들의 일본인 손님들을 그들의 고국으로 돌려보내는 배를 새로 건조하기 시작하였다. 846년 겨울, 배를 건조하기 시작하여 847년 2월에 완성되었다. 그러나 또 하나의 실망이 엔닌을 기다리고 있었다. 신라 사절단의 부사와 판관이 신라로 가는 도중에, 아마 엔닌이 시사하는 바로는, 그들 자신을 위해 다른 배를 요구했던지 혹은 화가 난 김에 무엇인가 일을 저질렀기 때문인지 엔닌 등의 전체 계획은 수포로 돌아갔다. 엔닌에 의하면, 다음과 같이 말한다.

　　…… 어떤 자가 헐뜯어 이르기를 동십장同十將인 장영은 국가의 법률을 무시하여 외국에서 온 인물을 그럴 듯이 배웅하기 위하여 제멋대로 그들을 위해 배를 만들고 있으며 천자의 사신에게 인사말이라도 하지 않았다고 하였다. 부사와 다른 사람들은 이 헐뜯는 말을 듣고 노해 장영에게 국가의 법률은 누구라도 여행자들에게 배를 제공하여 바다를 건너가게 하

　2 846년 2월 5일, 3월 9일 및 13일. 4월 27일, 5월 1일, 6월 17일, 29일 및 10월 2일.

는 것은 허락되지 않는다고 통고하였다. 장대사는 특히 굳이 그것을 반대하지 않아 문등현 지구에서 바다를 건너 귀국하려는 우리들의 계획은 수포로 돌아갔다.[3]

(이상 인용문)

만일 엔닌이 굳이 귀국하려 했다면 그는 다른 장소에서 배를 찾아내려고 했었음에 틀림없다. 그래서 그는 일본 배가 도착했다고 전해지는 먼 남쪽의 명주로 가기로 작정했다. 지방의 신라인한테서 짐마차를 세를 내, 847년 윤 3월 일찍 떠난 일본인들은 연안을 따라 서남쪽으로 향해 가다가 드디어 현재 청도의 서남 연안에서 숯을 실은 초주 行行 배를 발견하였다. 역풍 때문에 한때 여러 날 멈춰졌으나 배는 같은 달 15일 회하의 하구에 도달하였다. 그러나 해상의 날씨가 좋지 않아 강으로 들어갈 수 없었으므로 결국 초주에 도착한 것은 6월 5일이었다. 이곳에서 최근 신라인 지구의 총관이 된 유신언劉愼言의 특별한 대리인이 그들의 짐을 돌봐주고 일본인들을 정부 건물로 안내하였다.[4]

유신언의 정중한 환대에도 불구하고 초주에서 엔닌과 일행이 들은 정보는 이들을 실망시키는 것이었다. 일본 배는 이미 명주를 떠났다. 그러나 4일 뒤에 다른 일본행 배가 도착했다는 것을 들었다. 승려들은 이를 김진金珍이라고 하는 신라인의 편지와 다른 두 명의 신라인과 지나인 한 명을 통해 들었다. 이들은 5월 11일 양자강 하구, 현재 상해의 어느 곳에서 멀지 않은 소주蘇州에서 온 배를 함께 탔던 사람

---

3 847년 1월, 2월 및 윤 3월.
4 847년 윤 3월부터 6월 5일.

이었다. 청도의 동북쪽의 산동 연안에 도착한 뒤에, 이들 상인들은 적산에서 일본으로 가는 배를 기다리고 있는 일본 승려가 있다는 것을 들었으나 운 좋게 상인들이 상륙하여 출항하기 전에 한 사람이 상인들에게, 승려들은 배를 구해 남쪽으로 갔다고 알려주었다. 상인들은 지금 만일 일본인들이 산동으로 되돌아와 그들과 함께 할 속셈이라면 기다려도 좋다고 제안하였다.

엔닌과 일행은 물론 이 기회를 펄쩍 뛰며 몹시 기뻐하였으며 운이 좋게 겨우 9일 뒤에 초주에서 산동으로 가는 배가 있다는 것을 발견하였다. 유신언은 그들의 여행 때마다 입회하였다. 그리고 장영의 동생과 딸은 이전의 총관인 설전과 함께 모두 나와 그들을 전송하였다. 회하를 내려와 다시 연안을 따라 김진의 배가 정박하고 있는 장소까지 도착하는데 7일이 걸렸다. 그러나 그들이 도착하였을 때 상인들은 가버렸다. 뒤에 오는 일본인을 위해 적산으로 오도록 하라는 전하는 말이 남겨져 있었다. 그러나 이번에는 저주스런 역풍이 오래도록 계속 불었다. 엔닌은 김진의 배가 엔닌 등을 태우지 않고서는 출발하지 않을 것이라고 판단하여 그의 사내종인 테이유우만을 파견하여 육로인 적산으로 출발하라고 재촉하였다. 이것이 일기에 등장하는 테이유우만의 마지막이 되었다. 아마 적산에서 선편을 잃은 그는 그대로 지나에 머무르게 되었을 것이다. 아무튼 우리는 엔닌의 경쟁상대인 엔친圓珍을 통해, 테이유우만이 855년 다시 장안으로 가서 거기서 한 지나인 승려에 의해 엔닌의 전 사내종이라고 인정받았다는 것을 안다.[5]

---

5 『대일본불교전서大日本佛教全書』 제113책, 291쪽에 수록된 『행력초行歷抄』 참조.

기다리고 기다렸던 순풍이 이제 불어왔다. 그래서 엔닌의 배는 다시 연안을 출발하여 이틀 째에 김진의 배를 따라 붙을 수 있었다. 일본인들은 거기서 배를 바꿔 타 다음 날 적산에 도착하였다. 그런데 장영이 배까지 인사하러 찾아와 후에 이별의 편지와 선물을 가지고 왔다. 그러나 김진의 배는 좋은 날씨와 초가을의 서풍을 기다리며 1개월 반정도 적산에 머물렀다. 이 사이에 엔닌은 2년 이상 환속한 신분에서 다시 머리를 깎고 검은 옷을 걸쳤다. 위험한 항해 준비로서 그는 또한 일본 견당사의 배 위에서 종종 했듯이 신도神道의 신들을 예배하였다.

드디어 9월 2일 정오, 김진과 그의 동료들은 지금이야말로 출발할 때라고 결정하였다. 대양의 거친 파도를 막아주는 입강(入江 : 육지로 깊이 들어간 바다)을 뒤로 하고, 그들은 신라를 향해 동쪽으로 항해를 시작하였다. 이때를 마지막으로 엔닌은 9년 이상 내집인 동시에 감옥이기도 했던 당나라 대륙이 멀리 사라져가는 해안선을 언제까지나 바라다보고 있었다.[6]

오후부터 출발하여 만 하룻밤 착실히 곧바로 동쪽으로 향한 항해는 엔닌과 일행을 신라의 서쪽 연안 바다에 여기저기 흩어져 있으며 경치가 뛰어난 섬들로 끌어들였다. 이곳은 산동에서 겨우 110마일 떨어진 지점이었다.[7] 바람은 때마침 북쪽으로 바뀌어 신라 배는 동쪽으로 향하도록 돛을 조절하였다. 만 하루 밤낮 그들은 계속 항해하여 다음날 새벽에 다시 신라의 서남 연안 바다의 섬 그림자를 볼 수 있었다. 더구

---

6 847년 6월 5일부터 9월 2일.

7 이 부분은 일기의 847년 9월 2일부터 12월 14일 사이에 연결된 부분의 자료에 기초하고 있다.

나 동남쪽으로 항해하여 그들은 연안 바다의 많은 섬들을 누비고 나아갔다. 드디어 그날 밤 반도의 서남 끝에 가까운 작은 섬에 도착하였다.

다음날 그들은 역풍으로 방해를 받았으나 한밤중에 출발하여 다음날 아침 다른 섬에 도착하였다. 거기서 멀리 동남방으로 70마일 정도 떨어진 제주도의 6,400피드 정상을 바라다 볼 수 있었다. 여행자들은 그곳이 본토에서 하루 항해 거리라고 배우고 그곳에서 섬의 한 수비병과 매 사냥꾼 두 사람을 만났다. 그들은 신라의 소식을 들려주었다. '국민은 평화롭고', 그리고 '모두 5백 명이 넘는 지나 황제의 사절단이 도성〔경주〕에 있다.'고 한다. 또한 그 해 일찍이 신라와 일본 사이의 해협에 있는 쓰시마對馬에서 온 6명의 일본인 어부들이 신라의 연안에서 오도가지 못하였다. 이들은 인질이 되어 그들의 귀국은 굴레로 묶였으며, 그들 중에 한 사람은 병으로 쓰러져 사망했다고 한다.

여행자들은 순풍의 혜택을 받지 못해 이 섬에 만 이틀 동안 닻을 내리고 머물렀다. 그러나 그 뒤에 그들은 '나쁜 소식을 듣고 무서워서 부들부들 떨었다.' 아마 해적들이 근처를 난폭하게 굴었다든가, 또는 정부의 병력이 장보고의 해상왕국의 잔당을 수사하고 있었다든가 하는 정보이었을 것이다. 바람이 없어 출발하지 못해 '배 안의 일행은 거울과 기타 물건을 신들에게 희생물로 바다에 던져 넣어 순풍을 빌었다.' 한편 승려들은 『금강경』을 읽고 '향을 피워 이 나라의 토지 수호신과 크고 작은 신들을 위해 소리 내어 기도를 하고 무사히 고국에 다다를 수 있도록 빌었다.'

드디어 아침 이른 시간에 그들은 '바람 없이 출발하였다. 땅이 깊이 들어간 바다의 입구에서 나오자마자 갑자기 서풍이 불어와 돛을 올려 동쪽으로 향하였다. 마치 신들이 도움을 준 듯했다.' 고 한다.

하루 낮 하룻밤 연안의 섬들 사이를 동쪽으로 나가자, 이들은 다음 날 아침 출발 지점에서 동쪽으로 110마일 정도 지점의 어느 섬에 도착하였다. 그곳은 신라의 남해안을 따라 정확히 남쪽 연안의 한가운데 중간쯤 되는 앞바다 지점이었다. 거기서 제주도의 높은 꼭대기를 아득히 서남쪽으로 볼 수 있었다. 정오가 조금 지나자, 그들은 다시 출발하여 이번에는 동남쪽으로 뱃머리를 향해 신라의 연안에서 멀어져 넓은 바다로 타고 나아갔다. 다음날 새벽녘에 쓰시마의 남쪽 끝의 해안선이 동쪽으로 낮게 가로 놓여 시야에 들어왔다. 정오에 그들 앞에 '일본의 산이 또렷이 동쪽에서 서남쪽을 향해 늘어선 것이 보였다.' 그 후 그들은 북규슈의 서북 연안 바다의 섬들 중에 한 섬에 도착하여 닻을 내렸다. 아무튼 간신히 일본 땅에 이르렀다. 때는 바야흐로 9월 10일이었다. 같은 달 2일 아침에, 그들은 계속 산동의 연안으로 닻을 올렸을 뿐이었다.

다음날 새벽녘에 지방의 주州 관리와 섬의 우두머리가 배를 방문하였다. 2, 3일 뒤에 여행자들은 규슈의 연안을 따라 내려가 동쪽으로 항해하여 17일에 하카다만(博多灣 : 후쿠오카만)에 도착하였다. 이 곳은 9년 3개월 전에 엔닌이 지나를 향해 출항한 장소이었다. 이틀 뒤에 엔닌과 일행은 외국에서 오는 사절을 위하여 설치된 관청 본부 [鴻臚館]에 우선 자리를 잡았다.

엔닌은 그와 일행이 일본에 도착하면 분명히 요금을 지불하기로 약속을 해서 그 일부를 지불하기 위하여 그는 '배 위에 있는 44명의 겨울 준비를 위하여 관청의 창고에서 비단 80두루마리와 풀솜 2백 보따리를 빌려가지고 나왔다.' 고 한다.

그 사이에 엔닌이 귀국했다는 통지가 수도에 보내졌는데, 공식적인 역사 기록에 의하면 도착은 10월 2일에 도착한 것이 틀림없다. 이 날 일본의 여러 연대기는 기록하기를, '지나에 파견된 천태청익승天台請益僧 엔닌, 두 명의 제자, 42명의 지나인이 지나에서 도착하였다.'고 한다.[8]

승무원 두 사람이 일본의 연대기에서 사라진 것은 틀림없이 필사인의 부주의로 인한 누락이다. 그러나 김진과 적어도 그의 수하에 있는 신라인 승무원의 일부가 지나인으로 바뀐 것은 보다 중대한 의미가 있는데, 많은 일본 측의 기록에 적힌 다른 '지나인' 무역상들도 실은 지나 연안의 신라 조계에서 온 사람이었는지 모른다는 것을 시사한다.

10월 1일, 그 지방의 주청州廳은 신속하게 엔닌의 생활비를 지급하기 시작하였다. 그리고 19일에, 교토京都의 태정관太政官으로부터 통지서가 와서 엔닌과 일행은 급히 상경하도록 요청을 받았으며, 지방정부의 본부인 대재부大宰府는 김진과 그의 43명 동료들에게 지불을 완료하고 휴가를 주도록 명령을 받았다.

하지만 엔닌은 '수도로 가기 위한 문서'를 일주일이 지나도록 받지 못했다고 적혀있다. 일본에서도 지나처럼 여행하려면 통행증이 필요했음을 말한다. 11월 상순, 엔닌이 그의 고향의 승원 사회로 돌아왔음을 환영하기 위하여 히에이잔比叡山에서 세 명의 승려로 이루어진 대표가 도착하였다. 다시 일주일 뒤에 태정관에서 통지서가 이르러 '지나의 여행자 김진과 그 외는' 정중히 대우를 받도록 지시를

---

8 『속일본후기』 847년 10월 2일.

받았다.

　일기의 나머지 달은 거의 엔닌이 스미요시오오카미住吉大神 등 북
규슈의 중요한 신도의 신들에게 행한 불교 경전 독송 등 여러 의식에
대해 간단하게 기록하고 있을 따름이다. 그 신들은 확실히 그를 돌보
아 그의 위험한 항해 기간에 신들의 사당 아래의 연안에서 아득히 먼
지나의 물가까지 구원의 손길을 뻗어 주었다. 엔닌의 믿는 마음이 도
타운 행동에 힘써 도와준 지방의 승려 몇 사람에게 엔닌은 흰 풀솜 2
백 보따리를 사례로 바쳤다.

　847년 12월 14일, 엔닌은 내력이 분명치 않고 어느 곳의 출신인지
판단되지 않는 한 승려가 도착했다는 것을 간단히 적어 두고 있다. 여
기에서 일기는 별안간 관계가 잘못된 마지막을 알리고 있다. 그래서
우리들도 엔닌에게 작별을 알릴 때가 다가왔다. 그는 지금 다시 무사
히 일본 고국의 땅을 밟고 있다. 그는 지금 일본 불교계의 지도자가
되어 드디어 황실로부터 터무니 없는 많은 명예를 받고 그의 동료 승
려들로부터는 애정이 넘치는 존경을 모으는 듯하며 눈부시게 빛나는
경력의 문턱에 서 있다.

　박해를 받은 초라한 순례는 개선장군처럼 화려한 불교계의 개조開
祖가 되도록 하고 있다. 충실한 일기 작가로서 자신의 인간성을 숨김
없이 속속들이 드러내어 의지가 굳고 단단하지만 조심스러운 자세를
똑똑히 나타내고 있는 엔닌은 지금 황실의 연대기 작가나 전기 작가
의 손에 걸려들어 그의 초상에는 영웅적으로 화려한 색채가 칠해지
고 생생한 인간상에서 거대하지만 생명이 없는 공식적인 역사상의
인물 모습으로 바뀌어 버렸다.

엔닌의 연표

서력	지나 연호	일본 연호	나이	엔닌사항
794	唐德宗 貞元 10	延曆 13	1	下野國 都賀郡에서 출생.
802	〃 18	〃 21	9	형을 따라 경전·역사를 배움. 大慈寺의 廣智를 따라 內典(불경 아닌 책을 이르는 말)을 받음.
808	憲宗 元和 3	大同 3	15	廣智를 따라 叡山에 올라 最澄 등을 師事함.
814	〃 9	弘仁 3	21	官試에 급제함(일설에는 弘仁 4년)
815	〃 10	〃 6	22	1월에, 金光明會(금강경을 외우면서 나라를 구하려는 법회)에서 得度함.
816	〃 11	〃 7	23	東大寺에서 具足戒(비구와 비구니가 받는 완전히 구비된 계)를 받음. 여름 大小二部의 戒本을 읽음.
817	〃 12	〃 8	24	3월 6일, 最澄으로부터 圓頓大戒(일체를 빠짐없이 원만하게 갖추어서 신속히 깨달음에 이르게 하는 큰 계율)를 받음.
818	〃 13	〃 9	25	7월 27일 最澄, 여러 제자에게 四種三昧(천태종에서 세운 네 가지 삼매의 하나로 바른 법에 머물게 하여 움직이지 않음)를 배부하고 圓仁에게 常坐三昧堂(네 가지 三昧의 하나로, 90일을 기한으로 항상 부처를 향해 단정히 앉아 마음을 가라앉히고 우주의 참 모습을 주시하며 수행하는 법당)을 짓기 시작케 함.

823	穆宗 長慶 3	〃 14	30	4월 14일, 中堂에서 大乘戒(대승 불교가 지켜야 할 계율)를 받고 敎授師가 됨. 籠山에 들어가 낮에는 天台法門(천태종에서 중생을 涅槃에 들게 하는 문. 즉 부처의 敎法을 이름)을 널리 전하고, 밤에는 一行三昧(坐禪하여 오로지 부처만을 끊임없이 떠올리는 境地)를 修練함.
828	文宗 太和 2	〃 5	35	여름, 法隆寺에서 『法華經』(釋尊은 중생을 평등하게 成佛시키기 위해 이 세상에 출현하였다는 것을 밝힌 경전)을 강론.
829	〃 3	〃 6	36	여름, 天王寺에 머물러 『法華經』과 『仁王經』(부처가 16국의 왕들에게 나라를 잘 보호하고 다스리라고 설법한 것을 내용으로 하는 경전)을 강론. 橫川에 首楞嚴院을 건립. 멀리 關東, 東北의 땅에 『一乘妙典』(묘전은 법화경을 달리 이르는 표현. 衆生이 成佛할 수 있는 유일한 길은 부처의 가르침이라는 것이다.)을 넓힘.
831	〃 5	〃 8	38	초가을, 一字 三禮(불경을 베껴 쓸 때 한 글자마다 세 번 절을 함.)하고 『법화경』을 베낌.
832	〃 6	〃 9	39	12월 16일, 傳燈滿位를 받음.
883	〃 7	〃 10	40	병을 얻어 橫川에 庵居하며 법대로 불경을 베끼는 것을 닦음.(일설에는 天長 6년, 일설에는 天長 8년)

834	〃 8	承知 1	41	西塔院 건립供養에 경 읽는 소리를 부지런히 함.
835	〃 9	〃 2	42	入唐請益의 詔書를 받음.
836	文宗 開成 1	〃 3	43	4월, 首楞嚴院 九條式을 만듦. 5월 14일, 遣唐使와 함께 거친 파도를 떠남. 7월 2일, 大宰府를 떠났지만 逆風 때문에 돌아옴.
837	〃 2	〃 4	44	7월 22일, 遣唐使와 함께 松浦를 떠났지만 逆風을 만나 또 완수하지 못함.
838	〃 3	〃 5	45	6월 13일, 大宰府를 떠나 7월 揚州에 도착. 8월, 開元寺에 거주. 宗叡로부터 悉曇(梵語문자)을 배움.
839	〃 4	〃 6	46	閏正月 21일, 全雅를 따라 念誦法文(마음속으로 부처를 잊지 않고 불경을 욈) 및 胎藏, 金剛 兩部의 曼茶羅 佛畫 등을 받음. 4월 20일, 『入唐求法目錄』(당나라에 들어가 佛法을 구하는 목록) 1권을 지음. 일본으로 돌아오려 하여 배를 탔는데, 물결에 떠돌다가 海州에 닿았으며, 다음에 다시 배를 탔는데 물결에 떠돌다가 登州에 닿음. 6월, 赤山院(支那의 산동반도 登州에 있었던 신라의 절)에 들어가 겨울을 보냄.
840	〃 5	〃 7	47	2월, 赤山을 출발, 3월에 靑州로

				가서 龍興寺에 머묾. 4월, 五臺山에 이르러 두루 돌며 참배함. 志遠에게서 『摩訶止觀』(天台宗에서 『법화경』을 注釋한 책)을 받고, 또 臺疏를 쓰고 玄鑒 등을 拜謁. 7월, 五臺山을 출발하여 8월에 長安의 慈聖寺에 들어감. 10월 18일, 大興善寺의 元政에게 가서 金剛界大法(일체의 번뇌를 깨뜨리는 계명에서 가장 중요한 법)을 배우고 五瓶灌頂(如來의 상징인 五瓶의 물을 제자의 정수리에 부음)을 받고 金剛界曼茶羅(法身如來의 지혜의 세계를 金剛에 비유하여 상징화한 그림)를 그려 베낌.
841	武宗 會昌 1	〃 8	48	5월, 靑龍寺의 義眞에게서 胎藏界立蘇悉地大法을 받음.
842	〃 2	〃 9	49	2월, 玄法寺의 法全에게서 胎藏界大法(중생의 마음에 태아처럼 감추어져 있는 진리의 세계가 있음을 공경하게 이르는 말)을 받고, 5월, 寶月에게서 悉曇(梵語문자)을 배워 바른 발음 가르침을 받음.
843	〃 3	〃 10	50	7월 24일, 惟曉가 長安에서 죽음.
844	〃 4	〃 11	51	7월 2일, 仁好가 다시 入唐, 朝廷에서 圓仁과 圓載에게 각기 금 2百兩을 하사.
845	〃 5	〃 12	52	5월, 勅令에 의해 還俗하여 장안을 떠나 揚州, 楚州를 거쳐 8월에 등주에서 귀국하는 배를 기다림.

846	〃 6	〃 13	53	10월, 性海로부터 太政官牒, 延曆寺牒 및 勅使의 黃金을 받음.
847	宣宗 大中 1	〃 14	54	閏 3월, 登州를 출발하여 楚州를 거쳐 다시 登州로 돌아오고, 9월에 登州를 출발하여 10월 2일 大宰府에 도착.
848	〃 2	嘉祥 1	55	3월 26일, 性海가 惟正 등을 거느리고 京都에 돌아와 本山에 올라 스승의 자취를 찾아다니며 참배함. 法華懺法(『法華經』을 읽으면서 죄를 懺悔한 法要)을 고쳐 전함. 灌頂을 옳게 하는 허가가 내려옴. 6월, 傳燈大法師位를 내려 주심. 7월, 內供奉(조정에서 佛事에 종사하는 僧職)이 됨. 7월, 常行三昧堂(마음을 부동으로 하여 종교적 명상의 경지를 심화시키는 법당)을 건립. 首楞嚴院 根本觀音堂을 건립.
849	〃 3	〃 2	56	5월, 처음 灌頂(진언종에서 佛門에 들거나 修道者가 일정한 지위에 오를 때 정수리에 香水를 붓는 의식)을 거행함. 誓水(불교의 밀교에서 먼저 불교를 닦으려는 사람이 戒를 받으면서 서약의 뜻으로 마시는 물)를 마신 자가 1천여 명, 大伴善男을 칙명으로 파견하여 千僧供(많은 승려를 불러 齋를 베풀어 供養하는 法會)을 베풂.
850	〃 4	〃 3	57	2월, 人壽殿에서 文殊八字法(불교의 眞言宗에서 文殊菩薩을 본존으로

				하여 여덟 자로 된 眞言으로서 災厄, 질병 따위를 없애려고 기도하는 수행 방법)을 거행함. 3월, 淸凉殿(일본 헤이안 시대에 세워진 궁전의 하나. 본디 일본 천황의 거처였으나 근세에는 의식할 때에만 사용됨)에서 七佛藥師(藥師如來를 중심으로 한 일곱 부처) 法會 거행함. 4월, 熾盛光佛頂法(석가모니 부처님의 모든 털구멍에서 활활 타오르는 불꽃을 쏟아내는 방법으로 모든 재앙을 없애고 복을 부르는 수행법)을 거행할 것을 청해 조칙으로 總持院을 건립케 함. 9월 15일, 總持院 14僧을 정함. 12월 14일, 金剛蘇悉地(산스크리트어su-siddhi의 音寫, 妙成就라 번역. 密敎에서 설하는 가르침이나 수행으로 성취된 奧妙한 경지)에서 得度한 사람 2명을 詔勅으로 허락함.
851	〃 5	仁壽 1	58	8월, 五臺山의 常行三昧(천태종에서 90일 동안 도량 안의 불상 주위를 돌면서 아미타불만을 생각하고 그 이름을 부르는 수행 방법)를 叡山으로 옮겨 例時作法(상례로 되어 있는 시간에 지켜야 할 규칙이나 규범을 정함)을 처음 거행함. 仁王會(불교에서 행하는 護國法會)에서 御前 講師가 됨. 『金剛頂疏』(密敎의 3부 秘密經典의 한 경전) 7권을 지음.

854	〃 8	齊衡 1	61	4월, 天台座主(天台宗에서 經論을 강의하는 승려)에 임명됨. 7월, 淨土院廟供을 처음 거행함. 11월, 천황에게 上奏하여 처음 安惠, 惠亮을 三部大阿闍梨(천태종의 敎判에서 다르게 설하여 각자 다른 이익을 얻게 가르치는 비밀교의 학습을 성취했을 때 받는 職階)로 함. 같은 달, 天台大師에게 처음 공양을 거행함.
855	〃 9	〃 2	62	『蘇悉地經疏』(善無畏가 번역한 密敎의 근본 경전을 풀이하여 놓은 글) 7권을 지음. 5월, 遍昭에게 菩薩戒(보살이 위로는 깨달음을 구하고, 아래로는 중생을 교화함을 지켜야 할 계율)를 줌.
856	〃 10	〃 3	63	3월20일, 天皇과 皇子 등에게 兩部灌頂을 받들음. 7월 16일, 처음으로 淨土院(부처나 菩薩이 번뇌의 굴레에서 벗어나 아주 깨끗한 세상을 상징하는 집) 廟供을 거행함. 9월, 東宮, 女御, 藤原良房 등에게 灌頂을 줌.
858	〃 12	天安 2	65	3월, 天皇 및 다른 10여 명에게 大戒를 주고 灌頂을 줌.
859	〃 13	貞觀 1	66	2월, 仁王會에서 御前 講師가 됨. 3월, 天皇에게 大戒를 주고 素眞의 法號를 바침.

860	懿宗 咸通 1	″ 2	67	安樂行品(『法華經』에서 언제나 편안한 마음, 즐거운 마음으로 스스로 행함)을 法華堂에 전함. 4월, 延曆寺에서 舍利會(부처님 舍利에 供物을 供養하고 그 공덕을 讚歎하는 법회)를 처음 행함. 5월, 淳和太后에게 菩薩大戒를 줌. 大乘의 布薩을 처음 행함. 6월, 『顯揚大戒論』(비구와 비구니가 지켜야 할 具足戒를 세상에 높이 드러낸 이론) 8권을 지음. 같은 달, 慈叡, 承雲, 性海, 南忠을 兩部大阿闍梨로 함. 文殊樓(문수보살을 안치한 누각)를 만드는 재료를 하사함.	
861	″ 2	″ 3	68	五臺山의 靈石을 五方에 묻고 文殊樓를 만듦. 10월, 落成. 楞嚴院燈油料, 두 僧侶의 供養衣服을 충분히 지급. 6월, 五條太皇太后에게 菩薩戒를 줌. 8월, 淳和太后 거듭 菩薩戒를 받음.	
863	″ 4	″ 5	70	10월, 太政 大臣良房을 위해 染殿의 계단에서 灌頂함. 같은 달 18일, 熱病이 들음.	
864	″ 5	″ 6	71	정월 13일, 여러 제자에게 대충 8條의 훈계를 남김. 같은 날, 常濟에게 密印灌頂(부처나 보살의 심오한 깨달음, 또는 誓願을 나타낸 여러 가지 손 모양에 향수를 붓는 의식)을 줌.	

			14일, 子刻遷化(入寂). 16일, 寺北天梯尾中岳에 묻힘. 26일, 廟前에서 法印大和尙位를 하사. 10월, 文殊樓會(석가여래를 왼편에 서 모시고 있으며 지혜를 맡아보는 文殊菩薩을 위한 누각에서 열리는 법회)를 행함.
866	〃 7	〃 8	7월 14일, 延曆寺 總持院 千部『法華經』을 供養함. 같은 날, 勅使가 같은 會場에서 慈覺大師란 諡號 및 傳敎大師의 諡號를 하사.
869	〃 10	〃 11	圓仁이 청구한 陀羅尼法文(釋迦의 중요한 가르침 중에서 신비적인 것으로 믿어지는 긴 呪文)을 분실하지 않도록 檢封하는 宣旨가 내려옴.
870	〃 11	〃 12	文殊樓를 公家(종교단체)에 받들어 올림.
878	僖宗 乾符 5	元慶 2	12월, 官牒에 의해 圓仁이 新撰한 『金剛頂蘇悉地兩經疏』(부처와 보살의 경지로 들어가기 위한 법을 전한 금강정과 밀교의 수행법을 체계적으로 밝힌『소실지경』을 풀이하여 놓은 글)를 流傳시킴.
888	僖宗 文德 1	仁和 4	延曆寺 앞에 唐院 및 赤山禪院을 건립.
915	昭宗 天裕 12	延喜 15	4월 13일, 圓印本願『千部金光明經』(金으로 된 북에서 울려오는 이 경전의 說法을 믿고 죄를 懺悔하면 자신과 나라, 왕도 귀신들의 보호를

				받게 된다는 것을 설법한 경전)을 供養함.
916	〃 13	〃 16		2월, 圓仁이 본래 소원한 白檀香으로 된 無量壽佛像을 만들고, 또한 金字의 『金光明經』을 베낌. 5월 15일, 이를 圓仁의 本房에 安置하고 供養함.

엔닌구법순례도圓仁求法巡禮圖

범례:
- ...... 가는 길
- —— 오는 길

太宰府

동 해

서울

평양

동지나 해

赤山

서 해

海陵

揚

발 해

五臺山

東都(洛陽)

長安

0 100 200 300 400 500km

Edwin. O. Reischauer (1910~1990)	– 미국의 일본학자
	– 하바드대학에서 일본사 전공
	– 하바드대학 옌칭(燕京)연구소장
	– 일본국 미국대사(1961~1966)
	– 한국어의 로마자표기법제정

서병국 徐炳國	– 연세대학교 및 동대학원 사학과 졸업
	– 역사학 박사
	– 대진대학교 사학과 명예교수
	– 전공(북방사 : 여진·말갈·거란·몽골·부여·고구려·발해)
	– 동이·발해 역사문화 연구소장
	– 발해학술상 본상 수상
	– 서울말 으뜸상 수상(문화체육관광부장관상)

《저서》
– 『선조시대 여진교섭사 연구』
– 『대동이 탐구』
– 『동이족과 부여의 역사』
– 『고구려제국사』
– 『대제국 고구려역사 중국에는 없다』
– 『고구려인의 삶과 정신』
– 『다시 보는 고구려인』
– 『소중한 우리 고구려』
– 『펼쳐라 고구려』
– 『발해제국사』
– 『고구려인과 말갈족의 발해국』
– 『발해국과 유민의 역사』
– 『발해·발해인』
– 『발해사』(건국·정치·경제·역사지리Ⅲ)
– 『거란제국사 연구』
– 『거란·거란인』
– 『역사 바로 알기』

《역서》
– 『몽골의 관습과 법』
– 『명치유신』
– 『세계석학들의 명치유신 논문집』
– 『이민족의 중국통치사』
– 『북방민족의 중국통치사』
– 『아시아의 역사』
– 『동양의 역사 전개』
– 『만주사통론』

※ 『발해·발해인』에 실린 9편의 논문이 지나(중국)의 『渤海史論集』 (漢語)에 수록됨.

일본인의 당나라 견문록
● 圓仁 일행과 遣唐使

초판 인쇄 2019년 12월 20일
초판 발행 2019년 12월 30일

지은이 | E·O·라이샤워
詳解·完譯 | 서병국
발행자 | 김동구
디자인 | 이명숙·양철민
발행처 | 명문당(1923. 10. 1 창립)
주   소 | 서울시 종로구 윤보선길 61(안국동)
　　　　우체국 010579-01-000682
전   화 | 02)733-3039, 734-4798(영), 733-4748(편)
팩   스 | 02)734-9209
Homepage | www.myungmundang.net
E-mail | mmdbook1@hanmail.net
등   록 | 1977. 11. 19. 제1~148호

ISBN 979-11-90155-28-1 (03910)
28,000원